U0822456

# 音乐版权

MUSIC COPYRIGHT

吴登华 著

法律出版社 LAW PRESS · CHINA
—— 北京 ——

**图书在版编目(CIP)数据**

音乐版权 / 吴登华著. -- 北京 : 法律出版社,
2022(2023.12 重印)
ISBN 978-7-5197-5985-8

Ⅰ. ①音… Ⅱ. ①吴… Ⅲ. ①音乐-版权-研究
Ⅳ. ①D913.04

中国版本图书馆 CIP 数据核字(2021)第 200460 号

**音乐版权**
**YINYUE BANQUAN**

吴登华 著

责任编辑 李 群 陈昱希
装帧设计 汪奇峰

**出版发行** 法律出版社
**编辑统筹** 法规出版分社
**责任校对** 周合芝 王 皓
**责任印制** 耿润瑜
**经　　销** 新华书店

**开本** 710 毫米×1000 毫米 1/16
**印张** 22.25 **字数** 350 千
**版本** 2022 年 1 月第 1 版
**印次** 2023 年 12 月第 2 次印刷
**印刷** 三河市兴达印务有限公司

地址:北京市丰台区莲花池西里 7 号(100073)
网址:www.lawpress.com.cn
投稿邮箱:info@lawpress.com.cn
举报盗版邮箱:jbwq@lawpress.com.cn

销售电话:010-83938349
客服电话:010-83938350
咨询电话:010-63939796
版权所有·侵权必究
**书号**:ISBN 978-7-5197-5985-8
**定价**:98.00 元

凡购买本社图书,如有印装错误,我社负责退换。电话:010-83938349

# 自　序

音乐版权是音乐产业绕不开的话题。音乐产业主要包括现场音乐产业、数字音乐产业、音乐图书与音像出版产业、音乐制作产业、音乐版权经纪管理等。现场音乐离不开音乐作品的表演权，数字音乐的传播需要取得音乐作品信息网络传播权许可，音乐图书和音像出版本质上是行使复制发行权，音乐制作则生成广义上音乐版权之相关权（邻接权），音乐版权经纪更是以音乐版权为交易标的。音乐产业的相关主体均是围绕音乐版权内容的制作和传播开展业务。

如果将音乐作品比作太阳，音乐产业则像是行星，音乐版权则是连接音乐作品和音乐产业的引力。有了音乐版权，作为行星的音乐产业才能围绕音乐作品旋转，形成一个有序的系统。没有了音乐作品和音乐版权，音乐产业就失去了动力。

遗憾的是，国内一直缺乏系统、翔实介绍中国音乐版权的专业书籍。关于音乐版权的零散内容都散落在知识产权相关书籍的部分章节内且通常都是点到为止或者泛泛介绍。在文娱产业较为发达的美国，多年来业内专家在文娱领域深耕细作，已有不少系统介绍美国音乐版权的专业书籍，比较有名的一本是大卫·莫泽著的《Music copyright law》。该书的中文版已经引进我国。由于中美版权法律体系的巨大差异，该类书籍关照的是美国的音乐版权，比较适合从比较法的角度了解美国音乐版权，无法指导作为大陆法系的中国的音乐版权现实。

为了让中国音乐产业从业者全面系统地认识音乐版权，我结合自身在文娱领域的实务经验，采用了教科书式体例，对音乐版权的基础理论和法律实务进行了系统梳理。在本书写作中，我搜集整理了近千份与音乐版权相关的判决书。在阐述相关的法律问题时，我选取与主题最为密切相关的案例加以分析,尽量让读者在案例中轻松地理解音乐版权。本书主体内容完成于 2019 年,当时听闻《著作权法》将进行新一轮修订,于是我推迟了本书的出版计划。2020 年 11 月 11 日,全国人大常委会通过了新修订的《著作权法》。随后,我根据新《著作权法》对书稿进行了全面修订。希望本书对音乐行业从业者系统了解中国音乐版权有所裨益。

由于本人水平有限,书中难免有疏漏或可商榷之处,敬请读者朋友不吝指正,以便本书未来修订时进一步完善。联系邮箱为 wudenghua2005@126.com。

最后,感谢我的父母一直在背后默默支持,让我能够安心工作。感谢我的妻子在工作之余对书稿反复校对。感谢李志先生,没有他可能就没有这本小书。

吴登华

2021 年 11 月 1 日

# 目　录

Contents

# 第一章

# 音乐版权概述

## 第一节 音乐版权

版权是著作权法赋予民事主体对于作品及相关客体所享有的权利。[①] 版权的概念有广义和狭义之分。

狭义的版权,是指著作权法所规定的作者对作品所享有的专有权利。狭义的版权保护的客体是作品。作品,是指文学、艺术和科学领域内具有独创性并能以一定形式表现的智力成果。根据《著作权法》第3条的规定,作品具体包括文字作品,口述作品,音乐、戏剧、曲艺、舞蹈、杂技艺术作品,美术、建筑作品,摄影作品,视听作品,工程设计图、产品设计图、地图、示意图等图形作品和模型作品,计算机软件,符合作品特征的其他智力成果。

广义的版权还包括作者以外的其他民事主体对作品之外的客体所享有的专有权利。作品以外的客体包括演员的表演、录音录像制品、版式设计、广播组织的播出节目信号等,专有权利分别体现为表演者权、录音录像制作者权、版式设计权、广播组织者权等,使表演者、录音录像制作者、版式设计者、广播组织者对其表演、录音录像制品、版式设计、广播组织的播出节目信号等智力成果享有排他性的权利。这些权利区别于作者对于作品本身享有的专有权利,但是又与狭义著作权有紧密的关联,因此,这些权利又被称为"与著作权相关的权利"

① 参见王迁:《著作权法》,中国人民大学出版社2015年版,第1页。

(related rights)或“邻接权”(neighboring rights)。

就音乐版权而言,狭义的音乐版权是指音乐作品涉及的版权,广义上的音乐版权还包括演唱(演奏)音乐作品的歌手(乐手)享有的表演者权,投资制作音乐录音制品、录像制品的录音制作者权、录像制作者权等。

## 第二节 版权与著作权

在生活中,我们经常听到版权和著作权两个概念。从语源上看,著作权和版权均源自日语。而日语“版权”一词,最先是由日本学者福泽谕吉从“copyright”翻译过来。“copy”译为“版”,“right”译为“权”,合译为“版权”。日本《出版条例》(1875 年)、《版权条例》(1887 年)、《版权法》(1893 年)等法律法规均采用“版权”一词。后来,日本文部大臣水野炼太郎根据德语“Urhebemecht”、法语“droitd'auteur”译为“著作权”,舍弃了既有的版权之译。1899 年,日本加入《保护文学与艺术作品伯尔尼公约》。为了与公约保持一致,强调著作人的权利,日本修改 1893 年《版权法》颁布了《著作权法》。自此,日本立法用语中开始使用著作权一词并一直沿用至今。①

1910 年,清政府进行著作权立法时主要参考了当时的日本著作权法,制定了中国历史上第一部著作权法《大清著作权律》,采用了著作权的概念。1915 年北洋政府颁布的《中华民国著作权法》,1928 年国民政府修订了《中华民国著作权法》,包括我国台湾地区所谓的“著作权法”,均采用著作权的概念而不是版权。

从管理机构来看,我国主管著作权的行政管理部门为版权局,如国家版权局、北京市版权局、江苏省版权局等。国家版权局下设有中国版权保护中心。而国家版权局作为主管机关,中国版权保护中心作为主办机关出版的核心刊物叫作《中国版权》。

---

① 参见萧雄淋:《著作权法论》(2015 年最新版),台北,五南图书出版股份有限公司 2015 年版,第 3~4 页;王兰萍:《近代中国著作权法的成长(1903—1910)》,北京大学出版社 2006 年版,第 4 页。

从法律层面看，在新中国第一部著作权法颁布之前，部分行政法规和规章中依然使用版权概念，如1984年文化部颁布的《图书、期刊版权保护试行条例》，1986年广播电影电视部颁布的《录音录像出版物版权保护暂行条例》等。

1986年4月12日，第六届全国人民代表大会第四次会议通过的《民法通则》第94条规定，公民、法人享有著作权（版权），依法有署名、发表、出版、获得报酬等权利；第118条规定，公民、法人的著作权（版权）、专利权、商标专用权、发现权、发明权和其他科技成果权受到剽窃、篡改、假冒等侵害的，有权要求停止侵害，消除影响，赔偿损失。这两条均将著作权和版权作为同义语使用。

新中国第一部著作权法即1990年颁布的《著作权法》采用了著作权的表述，其第51条规定，"本法所称的著作权与版权系同义语"，从法律层面上确认版权和著作权属于同义。之后，著作权法的历次修正，均采用著作权的概念而不是版权。

本书的书名使用"音乐版权"一词，仅仅是为了顺应音乐行业内的表达习惯，在本书正文中，版权和著作权在绝大多数场合不做区分，是同义词，可以替换。当然，在某些特殊的情况下，著作权和版权在使用上依然存在差别，不能完全画等号。如果把所有使用著作权的地方替换成版权，就有可能存在误差。如"著作权人"和"版权人"的含义并不相同。版权人可能是指从事版权工作的人，而不是享有著作权法意义上作品权利的著作权人。

## 第三节　版权制度的产生和发展

### 一、版权思想的诞生

古代文化传播主要通过最原始的口耳相传、手抄誊写，这类传播方式传播范围有限，效率不高。造纸术和印刷术的发明对文化传播产生了深远的影响。古代版权保护的客体主要是文字作品。文字作品的传播主要依赖印刷技术。郑成思教授认为：东西方的知识产权法学者，都无一例外地认为版权是随着印刷术的采用而出现的。[①] 可以说，是印刷术催生了版权思想，并最终导致著作权法的诞生。

## 二、版权制度的发展

### （一）作品类型逐渐增加

著作权从一开始就是技术之子。[②] 随着制图工艺、摄影技术、电影摄制技术和计算机技术的出现，地图、摄影作品、电影作品和计算机软件也陆续被纳入著作权的保护对象。[③]

1839 年摄影技术在法国诞生，5 年后传入中国。1910 年中国第一部著作权法《大清著作权律》将“照片”纳入著作权保护范围。电影诞生于 1888 年，1896 年传入中国上海。1944 年国民政府颁布的修正著作权法首次将“电影片”纳入著作权保护范围。

### （二）权利种类不断丰富

新中国第一部著作权法即 1990 年《著作权法》并未规定信息网络传播权。随着计算机技术、网络技术的迅速发展，网络环境下的作品保护成为一个迫切需要解决的问题。为了适应新的时代，2001 年修改《著作权法》时，增设了新的权利：信息网络传播权、机械表演权。2006 年国务院专门针对信息网络传播制定了《信息网络传播权保护条例》。今后技术的发展还可能催生新的著作权客体和权利种类。2020 年 11 月，《著作权法》又进一步修改，于 2021 年 6 月 1 日起施行。

### （三）“三时期”理论

为了方便我们从宏观上理解著作权发展历史，近代以来的学者通过对著作权发展历史阶段的划分，提出了“三时期”理论。

---

① 参见郑成思：《版权法》，中国人民大学出版社 2009 年版，第 2 页。

② 参见[美]保罗·戈斯汀：《著作权之道——从谷登堡到数字点播机》，金海军译，北京大学出版社 2008 年版，第 22 页。

③ 参见王迁：《著作权法》，中国人民大学出版社 2015 年版，第 9 页。

中国最早提出著作权发展“三时期”理论的是商务印书馆的陶保霖①。陶保霖在1910年的商务印书馆的《教育杂志》撰文《论著作权法出版法急宜编订颁行》，认为著作权发展历史分为：特许时期，权利主义时期和世界的权利时期。②

1. 特许时期

陶保霖认为：“溯法律上认著作权为特种之权利，实在印刷术发明以后。当欧洲十五六世纪之间，政府始有保护原著书者之利益。而禁止翻刻之事，于一定期限内，原著书者享有专卖权。若有翻刻者，可向之要求损害赔偿。此为著作权之起源。略如今日之专卖特许，故学者称此时期为特许时期。在此时期，其著作权应保护与否，全由政府之任意判断，盖其宗旨在奖励出版事业。欲奖励，故不可不有以偿出版者之费用。若政府审查认为不必奖励，即不必保护也。”③

在中国，特许时期大致是指从唐宋以来一直到清末1910年《大清著作权律》颁布之前。这一时期，尚未产生现代意义上正式成文的著作权法，不存在全国范围内统一适用的著作权法律制度。所谓特许是指封建政府或君主对特定的人授予的特定书籍的专有出版特权。由于传播技术对著作权的决定性影响，特许时期的一个显著特点是著作权保护的作品类型主要是图书。政府对民间的私刻本图书发布“犹禁擅镌”令。例如，宋淳祐八年（1248年）杭州国子监受会昌县丞段维清之请，颁发了禁止翻版《丛桂毛诗集解》的公据。

---

① 陶保霖，号惺存，浙江嘉兴人，1905年留学日本法政大学法政速成科，第二期修业。曾任职清末资政院法典股，作为浙江全省民选议员，任省谘议局议员。曾于1907年受聘商务印书馆总编译部任高级职员，1911年商务印书馆创办的《法政杂志》聘为主编。1919年5月24日接任《东方杂志》主编，1920年7月8日病故。参见程燎原：《清末法政人的世界》，法律出版社2003年版，第54、276、285页；《商务印书馆百年大事记》，商务印书馆1997年版；张树年：《张元济年谱》，商务印书馆1991年版，第169、195页。《商务印书馆职员目录》。转引自王兰萍：《近代中国著作权法的成长（1903—1910）》，北京大学出版社2006年版，第177页。

② 参见陶保霖：《论著作权法出版法急宜编订颁行》，载《教育杂志》1910年第1卷第2期。转引自周林、李明山主编：《中国版权史研究文献》，中国方正出版社1999年版，第83页。

③ 陶保霖：《论著作权法出版法急宜编订颁行》，载《教育杂志》1910年第1卷第2期。转引自周林、李明山主编：《中国版权史研究文献》，中国方正出版社1999年版，第83页。

行在国子监，据迪功郎新赣州会昌县丞段维清状，维请先叔朝奉昌武，以《诗经》而两魁秋贡，以累举而擢第春官，学者咸宗师之。印山罗史君瀛尝遣其子侄来学，先叔以《毛氏诗》口讲指画，笔以成编。本之东莱《诗纪》，参以晦庵《诗传》，以至近世诸儒。一话一言，苟足发明，率以录焉，名曰《丛桂毛诗集解》。独罗氏得其缮本，校雠最为精密。今其侄澧贡樾锓梓以广其传。

维清窃惟先叔刻志穷经，平生精力，毕于此书，倘或其他书肆嗜利翻板，则必窜易首尾，增损音义。非惟有辜罗贡士锓梓之意，亦重为先叔明经之玷。今状披陈，乞备牒两浙福建路运司备词约束，乞给据付罗贡士为照。未敢自专，伏候台旨。呈奉台判牒，仍给本监。除已备牒两浙路、福建路运司备词约束所属书肆，取责知委文状回申外，如有不遵约束违戾之人，仰执此经所属陈乞，追板劈毁，断罪施行，须至给据者。

右，出给公据付罗贡士樾收执照应。

淳祐八年七月给。

公据说明：段昌武撰述《丛桂毛诗集解》，“刻志穷经，平生精力毕于此书”。段维清为了保护其已故叔父段昌武的著作，防止“其他书肆嗜利翻板，则必窜易首尾，增损音义”，请求国子监给出版该著作的罗贡士颁发禁止其他人翻版的公据作为独家出版的特许证，同时“备牒两浙路、福建路运司”，用于约束所管辖区内的书肆，防止翻版。

在英国，1557 年成立了由出版商组成的印刷公会，印刷公会的成员包括装订业者、印刷人、出版商等。皇室特别授予印刷公会的成员出版书籍的垄断权，并授权公会搜查并销毁非法印刷的书籍。印刷公会的成员对于特定出版物的特许出版类似于现在的专卖特许。

需要注意的是，特许出版权并不是现代意义上的著作权。皇室特别授予印刷公会的出版权，杭州国子监颁发的用以保护《丛桂毛诗集解》的刻书者罗贡士出版的公据，主要保护的都是出版者的利益而不是作者。①

① 参见王迁：《著作权法》，中国人民大学出版社 2015 年版，第 4 页；王兰萍：《近代中国著作权法的成长（1903—1910）》，北京大学出版社 2006 年版，第 177 页。

2. 权利主义时期

陶保霖认为："权利主义时期乃因著作者事实而当然发生之权利也。此权利与有体物（动产不动产等）之所有权全同。盖由人之脑力所生出物，即无形之劳力所作出者。法律上当然有此权利。其权利非由政府之审查认定而生，乃因著作之事实而生。至此而著作权始为完全之财产权矣。"①

中国进入权利主义时期的标志是1910年《大清著作权律》的颁布。与特许时期的区别是这一阶段，著作权"非由政府之审查认定而生，乃因著作之事实而生"。

《大清著作权律》第11条规定："凡著作权，均以注册日起算年限。"根据秦瑞玠在《大清著作权律释义》中的解释，著作权以注册日起算年限，谓注册为权利确定之始期。故计算年限，应自注册日起。所谓权利确定者，盖即权利巩固之义，非谓注册后始取得其权利。著作权自为著作者所固有，惟不经注册，不足以主诉赔偿，故注册实为对抗第三者之条件，而非著作权成立之要素。年限从注册日起算，非权利从注册日创得，此宜注意区别者也。②

这一时期，著作权保护的主体是作者，不再是经过政府审定之出版者。由于复制传播技术的发展，中国著作权保护的客体由图书扩大到文艺、图画、贴本、照片、雕刻、模型等。

3. 世界权利时期

陶保霖认为："至第三期，乃进而为世界的权利时期。从前著作权之保护，仅限于国内。然保护著作权之性质，决非可以限于一国。盖著作物之利益，非国所可独享。故其保护，亦不能限于一国。且出国境一步，即可翻制，其保护亦未为完全。是以近来各国，皆互结条约，互相保护。驯至因学者之提倡，美国美艺协会成立，旋经各国政府公认，卒成国际同盟，于瑞士开万国会议，而定著作权保护之万国同盟条约矣。"③

中国进入世界权利时期的标志是1992年《实施国际著作权条约的规定》的

---

① 陶保霖：《论著作权法出版法急宜编订颁行》，载《教育杂志》1910年第1卷第2期。转引自周林、李明山主编：《中国版权史研究文献》，中国方正出版社1999年版，第83页。

② 参见秦瑞玠：《大清著作权律释义》，商务印书馆2015年版，第14页。

③ 陶保霖：《论著作权法出版法急宜编订颁行》，载《教育杂志》1910年第1卷第2期。转引自周林、李明山主编：《中国版权史研究文献》，中国方正出版社1999年版，第83页。

发布。其中第 1 条规定,为实施国际著件权条约,保护外国作品著作权人的合法权益,制定本规定。第 2 条规定,对外国作品的保护,适用我国《著作权法》《著作权法实施条例》《计算机软件保护条例》和本规定。

这一时期,中国著作权保护的主体不再限于中国著作权人,而是扩大到参加《保护文学和艺术作品伯尔尼公约》的成员国的著作权人。著作权保护的客体更加广泛。

## 第四节　音乐版权立法简史

音乐产生于劳动。原始人在集体劳动中,为了协调劳动动作,减轻劳动中的疲劳,以及交流思想感情而发出某种劳动呼声,那就是最初的歌唱。[①]

中国古代音乐史源远流长,甚至可以追溯至远古社会。传说舜时有种叫作《韶》的乐舞,它的主要伴奏乐器是箫,据《左传》(襄公二十九),吴季札在鲁国看到《韶》的演出后评价:“德至矣哉,大矣! 如天之无不帱也,如地之无不载也。虽甚盛德,其蔑以加于此矣。观止矣! 若有他乐,吾不敢请已。”孔子在齐国看了《韶》,三月不知肉味,曰:“不图为乐之至于斯也。”

春秋时期的《诗经》是中国最早的一部诗歌总集,共收集古代诗歌 305 首。这些诗歌文本原是用来配乐而歌的歌词,但在长期流传中乐谱失传,最后只剩下诗歌文本。因此,《诗经》也可以看作中国最早的民歌歌词本或音乐作品集。

中国古代既没有针对音乐作品保护的专门立法,也鲜见古人为了保护音乐作品而采取行动的事例。一直到清王朝被推翻的前一年即 1910 年,中国才诞生了历史上第一部著作权法《大清著作权律》。1911 年 10 月 10 日辛亥革命爆发,《大清著作权律》尚未来得及实施。但是,《大清著作权律》毕竟开启了中国保护著作权的历史篇章。《大清著作权律》第 1 条规定,“称著作物者,文艺、图画、贴本、照片、雕刻、模型等是”。该条明确了著作权保护的客体。根据秦瑞玠在《大清著作权律释义》中的说明,“文艺,照草案原文第一条附注,系指诗文、曲

① 参见夏野:《中国古代音乐史简编》,上海音乐出版社 2010 年版,第 2 页。

本、乐谱、笔记、说部、戏本，是为概括的规定”[①]。《大清著作权律》规定保护的曲本、乐谱并不是保护纸质的曲本和乐谱本，而是其中“看不见的”乐曲。也就是说，《大清著作权律》保护的客体包括音乐作品[②]。但需要注意的是，乐谱记录的仅是音乐作品的曲部分，如果是带词的音乐作品，由于歌词部分尚未包含在乐谱里，还无法作为乐谱的一部分得到著作权法的保护。

1915 年北洋政府颁布的《中华民国著作权法》不再采用概括的方式使用“文艺”一词，而是采取更具体的列举法。其第 1 条规定，下列著作物，依本法注册专有重制之利益者，为有著作权：(1)文书、讲义、演述；(2)乐谱、戏曲；(3)图画、帖本；(4)照片、雕刻、模型；(5)其他有关学艺、美术之著作物。这是首次在法律文本上正式将“乐谱”列为著作权法保护的客体。

1928 年国民政府颁布的《中华民国著作权法》继续沿用乐谱的概念。国民政府 1944 年修正《中华民国著作权法》时，在继续沿用乐谱外，还单独规定了文字之著译。至此，对于带词的音乐作品，歌词部分可以作为文字作品而正式受到著作权法的保护。只是对于一首音乐作品，词曲分开作为不同的著作类型受到保护。

值得一提的是，由于录音技术的发展，出现了留声机和唱片，国民政府 1944 年修正的《中华民国著作权法》还将“发音片”纳入著作权保护范围。我国台湾地区 1985 年“著作权法”修正后，正式将“发音片”改为“录音著作”。这里的发音片或录音著作大致相当于中国著作权法中规定的录音制品。1992 年我国台湾地区修正“著作权法”，主管机关在相关文件中规定，音乐著作包括曲谱、歌词及其他之音乐著作。至此，在我国台湾地区，歌词正式作为音乐作品受到保护并一直延续至今。

1949 年后，我国将版权保护的重点放在图书、期刊。1986 年 9 月 15 日中国广播电影电视部颁布了《录音录像出版物版权保护暂行条例》，就音像出版单位录制出版音乐作品进行了相关规定。如其中第 5 条第 1 款规定，凡录制已经公开发表的音乐作品，音像出版单位可不征得原音乐作品的版权所有者的同

① 秦瑞玠：《大清著作权律释义》，商务印书馆 2015 年版，第 7 页。

② 1790 年美国国会制定了第一部版权法，版权保护的客体只包括地图、图表和图书。1831 年修改版权法才将音乐作品纳入版权保护客体的范围。

意，但出版时必须注明作品名称和作者姓名，并向原作品的版权所有者支付报酬。这可能是《著作权法》当中录音法定许可制度①的雏形。同时，根据该条例，如需对音乐作品改编，则应征得原音乐作品的版权所有者书面同意，出版时除改编者署名外，仍应署原作者姓名。1990 年我国正式颁布《著作权法》，将音乐作品纳入保护范围。

## 第五节　音乐版权和音乐产业

音乐产业主要包括现场音乐产业、数字音乐产业、音乐图书与音像出版产业、音乐制作产业、音乐版权经纪管理等。

根据《2020 中国音乐产业发展总报告》，2019 年演出市场总体规模达 200.41 亿元，同比增长 9.9%。音乐类演出票房总收入 73.79 亿元，同比增长 8.2%。其中，剧场演出票房收入 27.45 亿元，大型演唱会、音乐节票房收入 42.59 亿元，Live house 票房收入 3.75 亿元。2019 年中国数字音乐产业规模达到 664 亿元，同比增长 8.4%；数字音乐用户规模超过 6.07 亿人，同比增长 9.2%，网络音乐用户渗透率达到 71.1%。2019 年中国音乐图书与音像出版产业统计口径内总体规模为 13.44 亿元，同比增长 0.45%。其中，音乐图书类产业规模为 10.44 亿元，同比增长 1.3%；音像类出版产业规模则下降至 3.00 亿元，同比萎缩 2.3%。2019 年中国音乐著作权协会许可收入达到 4.04 亿元，同比增长 27.88%；中国音像著作权集体管理协会的总收入达到近 2.91 亿元，同比增长 27%。同时从卡拉 OK 场所收取著作权使用费的管理成本扣除比例为 25%，创历史新低。②

现场音乐离不开音乐作品的表演权，数字音乐的传播需要取得音乐作品信息网络传播权的许可，音乐图书和音像出版本质上是行使复制发行权，音乐制作则生成广义上音乐版权之相关权（邻接权），音乐版权经纪更是以音乐版权为

① 法定许可制度的相关介绍参见本书第七章。

② 中国传媒大学音乐产业发展研究中心项目组：《新鲜出炉！〈2020 中国音乐产业发展总报告〉来了》，载搜狐网 2020 年 12 月 11 日，https://www.sohu.com/a/437722006_152615。

交易标的。音乐产业的相关主体均是围绕音乐版权内容的制作和传播开展业务。如果将音乐作品比作太阳,音乐产业则像是行星,音乐版权则是连接音乐作品和音乐产业的引力。有了音乐版权,作为行星的音乐产业才能围绕音乐作品旋转,形成一个有序的系统。在版权尚未产生的时代,即便存在音乐作品,也无法催生音乐产业。没有了音乐作品和音乐版权,音乐产业就失去了动力。

# 第二章

# 音乐作品

著作权中的“著作”指的是作品。没有作品，著作权无从谈起①。根据《著作权法实施条例》第 4 条规定，音乐作品是指歌曲、交响乐等能够演唱或者演奏的带词或者不带词的作品。

## 第一节　词

音乐作品主要包括词(歌词)和曲两部分。曲属于音乐作品，一般没有异议，至于歌词是否属于音乐作品一直存在争议。在我国台湾地区，歌词属于音乐作品。我国台湾地区著作权主管机关制定的相关文件中规定，音乐著作包括曲谱、歌词及其他之音乐著作。类似地，美国《版权法》第 102 条也规定，音乐作品包括歌词在内。而英国《版权法》第 3 条则规定，音乐作品是指由乐曲构成的，不包括任何伴随音乐用于说、唱的文字，或表演的动作的作品。

### 一、歌词

一般说来，单独的歌词本身即具有独立的文学性。抛开旋律，歌词本身就

① 目前，我国台湾地区“著作权法”仍然将作品称为著作。其第 5 条将作品类型分为：语文著作，音乐著作，戏剧、舞蹈著作，美术著作，摄影著作，图形著作，视听著作，录音著作，建筑著作，计算机程序著作。

是一种短小、通俗的文字作品[①]。文字作品是和音乐作品并列的受著作权法保护的作品种类。无论歌词是为了配合谱曲而创作，还是在谱曲之前就已经存在，歌词（文字作品）的著作权人均是作词人（作者）。在一般情况下，讨论单独的歌词属于文字作品还是音乐作品只具有学理上的意义。无论歌词作为文字作品还是音乐作品，在实务上受到的保护都是相同的。但是从歌曲的整体来看，歌词是被唱出来的文字作品。一旦歌词和曲有机结合成一首音乐作品时，此时的歌词本身就不再是独立的文字作品，而是属于音乐作品的一部分。

在著作权法设定的使用音乐作品制作录音制品的法定许可制度下，区分歌词是否属于音乐作品有一定的法律意义。根据《著作权法》第 42 条第 2 款的规定：录音制作者使用他人已经合法录制为录音制品的音乐作品制作录音制品，可以不经著作权人许可，但应当按照规定支付报酬；著作权人声明不许使用的不得使用。也就是说，在符合法定许可的情况下，录音制作者使用之前已经被合法录制为录音制品的音乐作品制作新的录音制品时，只要按照规定支付报酬，事先可不经过著作权人即词曲作者同意。

假设是带词的音乐作品，词作者就不能主张词不适用使用音乐作品制作录音制品的法定许可制度。比如，音乐作品《儿时》是由唐映枫作词、刘昊霖作曲。该音乐作品已经被合法录制成录音制品并收录在刘昊霖专辑《鱼干铺里》中出版发行。虽然包含这首歌曲的专辑在首次出版发行时，注明“版权所有，翻录必究”，但这只是对于直接翻录 CD 音频而言，并非声明不许使用音乐作品。作为词作者的唐映枫不能阻止其他公司聘请歌手在录音棚重新演唱这首《儿时》并录制新的专辑进行出版发行[②]。

## 二、短词

有些歌曲的歌词比较短小，词作者比较关心短小歌词是否享有著作权。一

---

① 参见《著作权法实施条例》第 4 条规定，文字作品，是指小说、诗词、散文、论文等以文字形式表现的作品。

② 当然，即便适用法定许可，也需要支付词曲作者相应的费用。另外，如果是组织歌手现场演出，不是专门为了录制发行专辑而进行的演唱，则不符合上述法定许可的条件，需要词曲作者授予表演权。

般情况下，歌词的长短并不当然决定其是否享有著作权。较短的歌词只要具有独创性即享有著作权。如齐豫演唱的歌曲《答案》的歌词：

天上的星星为何像人群一般的拥挤呢
地上的人们为何又像星星一样的疏远
啊……啊……

张洪量的《纽约》歌词：

烂吉它
破城市
想回家

上述歌词虽然简短但并不影响其依法享有著作权。但是，如果相关的词过于简短，无法体现作者的思想，则很难得到著作权法的保护。

在郭某夫诉杭州娃哈哈集团公司侵犯著作权及不正当竞争案中就涉及“娃哈哈”作为歌词是否应当受到保护的问题，国家版权局版权管理司在给上海市第二中级人民法院《答复函》中认为：①

著作权保护作者的独立创作。这是著作权保护的基本原则。这一原则运用到不同类型的作品时，表现的形式则由于作品类型的不同而不同。对文字作品的保护就不同于对美术作品的保护，也不同于对音乐作品的保护。就是在文字作品当中，对小说的保护也不同于对诗歌的保护。以小说和诗歌的对比为例，一般来说，小说中的某个句子可能仅是一句普通的日常对话，虽然这一句普通对话式的句子也表现了作者的思想，但是得不到著作权保护，因为这种日常式的对话虽然也反映了作者的思想，但是不具备作者独立创作的特点，也不是

① 国家版权局版权管理司《关于某儿童歌曲标题著作权纠纷给上海市第二中级人民法院的答复》。

作者创作整部小说的思想的实质部分。只有当句子与句子之间的关联能够反映出作者所要表达的全部思想或者思想的实质部分,并且能够反映作者独创的特点时,才能够得到著作权保护。诗歌则是另一种情况。由于诗歌的构成通常比较简练,特别是古体诗词,常常只有几十字,几个句子。如果每个句子都有独到之处,那么这些句子都可以单独受著作权保护。当然,并不是说,只要是诗歌,著作权就保护到每个句子。单独的诗歌句子能否得到著作权保护,仍取决于其是否以独特的方式反映了作者的思想或者思想的实质部分。但是,总体来看,诗歌的句子受保护的机会远大于小说的句子。由此可见,将保护诗歌的具体形式用到保护小说上,则有可能将不受著作权保护的也纳入保护范围;反过来,如果将保护小说的具体形式适用于诗歌,则有可能大大缩小保护的范围。

同理,对于歌曲的著作权保护,也应根据歌曲创作的特点来确定其具体的保护形式。就歌曲而言,旋律部分和歌词部分各有其著作权保护的特点。鉴于本案仅涉及歌词部分,以下仅论述歌词的著作权保护。歌词的著作权保护基本上与诗歌的情况相同。除此之外,歌词的另一特点在于其常常同旋律一起使用。为了配合旋律的需要,有时会以某个象声词或者感叹词等没有多大实际意义的词或者字充当歌词部分。这类没有实际意义的词或者字单独存在的时候,虽然也可能具备某些内涵,但是,并不属于某个特定人的思想的独特表现;当处在全部歌词当中的时候,由于起到上下连接的有机作用,则与全部歌词融为一体,成为受著作权保护的作品。这类现象并不少见。各类作品中不断有新的语词出现,丰富着我们的语言。当某个没有多大实际意义的词或者字充当歌词部分时,无论该词或者字是否是常见的词、字,是否是作者独创的,仅就这些词与字而言,都不能反映歌词作者创作歌词的全部思想或者思想的实质部分,因此,我们认为得不到著作权保护。

## 第二节　曲

我国《著作权法》将音乐作品的保护限定在词曲,那么到底什么是曲?曲是由旋律、节奏、和声、调性等要素以有机的方式组合而成。

## 一、旋律

旋律是一系列音连续发出的声响。因为每个音都有音高和长短,所以旋律体现了两个方面的运动:时间(节奏)的运动和音高(旋律线)的运动①。易言之,旋律本身自带节奏,节奏是旋律的背景,节奏一般伴随着旋律同步出现。曲最核心的要素是旋律,独创性也体现在旋律上。音乐作品乃是将思想或感情以旋律表现之著作。② 一段具有独创性的旋律可以构成著作权法意义上的曲作品。

当然,并非任何旋律都具有独创性,比较典型的是简短的音阶型旋律,如按照音阶顺序排列的简短旋律 1234567、7654321 等,只能说具备机械性,难以成立著作权法上的独创性,无法受到著作权法的保护。

歌曲旋律写作中,一般首先产生音乐动机,然后以音乐动机为根基,通过重复、模进等延展手法扩展成乐句。单纯的音乐动机通常包括一两个重音,整个动机包括两个或两个以上的音,长度为一个或两个小节。一般情况下,由于动机的乐音太少,过于简短,很难达到著作权法意义上的独创性要求。单独的动机难以作为音乐作品获得保护。

## 二、节奏

抽离旋律,单纯的节奏固然可以视为一段音乐,但由于节奏本身的强弱、速度变化有限,一般认为单纯的节奏不具有著作权法意义上的独创性,不构成曲作品。

## 三、和声

和声是一组同时发声的音的组合,在不同的调性下表现为不同的和弦。同一段旋律,不同的编曲人可以为之编配不同的和声进行作为伴奏。和声进行为旋律服务,起着烘托主旋律的作用。抽离了旋律,起着烘托作用的和声进行就

① 参见[美]布鲁斯·本沃德、芭芭拉·加维·杰克逊、布鲁斯·R.杰克逊:《认识乐理:视唱练耳同步学》,蒋瑀译,北京联合出版公司 2016 年版,第 189 页。

② 参见罗明通:《著作权法论Ⅰ》(第 8 版),2014 年自版发行,第 219 页。

失去了服务的对象,仅为纯伴奏。以常见的和声进行编配纯伴奏一般也不被认为具有著作权法意义上的独创性,也不是曲作品。

但随着音乐制作技术的进步、编曲理论和实践的发展,如果编曲人编配出独特的和声进行,甚至这样的和声进行带有独特的旋律线,也不能完全排除这类和声进行或者说编曲成果享有著作权的可能性。

### 四、调性

调性是调的主音和调式类别的总称。调式是以一个稳定音为中心,按照一定音程关系有机组合构成的体系。不同的调式,由于音程关系不同,在听觉上的色彩不同。一般而言,大调色彩明亮,小调色彩幽暗。大调音阶的排列为“全、全、半、全、全、全、半”。以乐音体系中的C音为调式中的C,按照大调的音阶排列,可以得出C大调的音阶。如下:

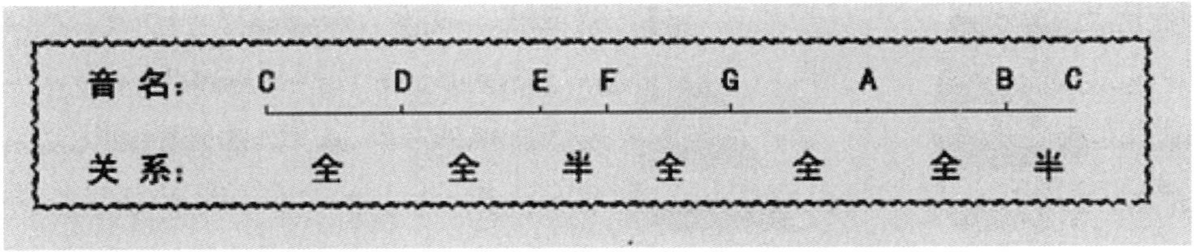


只要给定主音,都可以推导出以其为主音的调式音阶。歌曲的调性可理解为音乐上的“通用公式”,属于思想的范畴。现实中,大小调,各种民族调式的歌曲不计其数,著作权法不保护通用的歌曲调性。

## 第三节　编　　曲

编曲是在既有音乐作品的主旋律的基础上,根据音乐作品所表达的思想和情感增加、改变其他部分,使主旋律在结构、深度、广度上得以延展,发展成完整的歌曲。毋庸置疑,编曲是为音乐作品服务的。编曲对于音乐作品至关重要,同一首歌,不同的编曲人编曲后呈现的效果大相径庭。很多耳熟能详的音乐作品在首次发行后无人问津,但是经过高手重新编曲和知名歌手演唱后,往往能“起死回生”。

很多音乐行业从业者都很关心编曲到底有没有著作权。一般情况下，编曲并不享有著作权。可以从两个方面来理解这个问题，首先，编曲人对于原有的音乐作品本身不享有著作权。编曲人一般没有参与原有音乐作品的创作，无创作自然不享有著作权。其次，编曲人对于其完成的编曲成果也不享有著作权。除了表演者外，著作权法没有为编曲人以及其他参与歌曲录制环节的人员分别规定专有权利，但是著作权法对于包括编曲人在内的歌曲录制参与人员付出的劳动其实已经给予了保护。

《著作权法实施条例》第5条规定：“录音制作者，是指录音制品的首次制作人。”录音制作者对其制作的录音制品享有录音制作者权。这里的录音制作者或首次制作人并非指录音师，而是统筹安排整个录音制作工作并且承担成本的投资方，如唱片公司。录音制作者需要租赁录音棚、录音器材，聘请制作人、编曲人、乐手、录音师、混音师并支付相应的报酬。如同电影的著作权归属制片方的原理一样，录音制作者投入大量的成本录制歌曲，著作权法赋予其享有录音制作者权。录制完成后，录音制作者可以许可他人复制、发行、通过信息网络向公众传播录音制品来收回成本、获取利润。

录音制作者如唱片公司与编曲人签订委托编曲制作合同，在性质上相当于承揽合同。编曲者的劳动付出作为录音制作工作的一部分，与录音、缩混、后期制作等一起凝结为录音制作者权，受到著作权法的保护。只不过权利主体不是编曲人、录音师等，而是投资方。

在李某霞诉李某、陈某、蔡某庆侵犯邻接权纠纷案中，原告李某霞主张对涉案伴奏录音制品的编曲享有相应的著作权和邻接权，法院经审理认为：[①]

李某霞主张权利的性质，与交响乐的编曲不同，本案所涉的歌曲编曲并无具体的编曲曲谱，它的劳动表现为配置乐器、与伴奏等人员交流、加诸电脑编程等，编曲劳动需借助于演奏、演唱并最终由录音及后期制作固定下来。不可否认，经过编配、演奏、演唱、录音等诸项劳动所形成的“活”的音乐与原乐谱形式

① 北京市海淀区人民法院民事判决书，(2003)海民初字第9033号。

的音乐作品并不完全相同，构成了一种演绎。但是离开了乐器的演奏（或者电脑编程）及其他因素的配合，编曲的劳动无法独立表达，因此一般并不存在一个独立的编曲权。作为录音制作过程中的一个重要环节，就如同录音师并不享有特定的权利一样，按照行业惯例，上述劳动在被整合为录音制品后，该劳动成果所形成的权利由制作者享有。因此原告李某霞所主张的编曲权即著作权法中的录音制作者权。

又如，在田某与北京乐海盛世国际音乐文化发展有限公司等侵犯录音制作者权纠纷一案中，对于原告田某主张享有《香烟爱上火柴》的"音乐版权"，一审法院认为，从其所诉事实及提供的相关证据看，其所谓"音乐版权"本意应是基于对涉案作品在录制过程中进行的编曲、混录音等享有的权利，即作为录音制作者享有的权利。二审法院认同一审法院的分析：[①]

田某主张其制作的《香烟爱上火柴》录音制品中除张某演唱的声音之外，其他的声音都是田某制作的，属于一种音乐作品，由于这些声音不属于上述著作权法实施条例规定的音乐作品，田某的主张缺乏法律依据，本院不予支持。田某实际上主张的是其对于涉案作品在录制过程中进行编曲、混录音等享有的权利，也就是其作为录音制作者享有的权利。

美国《版权法》第 101 条规定演绎作品的定义，根据该定义，编曲可构成演绎作品。但是在司法实践中，也并非不加辨别地将任何编曲形成的成果都认定为演绎作品。只有那些做出了实质性改变的编曲才有可能构成演绎作品。

我国台湾地区"著作权法"第 3 条第 11 项规定："改作：指以翻译、编曲、改写、拍摄影片或其他方法就原著作另为创作。"编曲属于改作。同时，我国台湾地区"著作权法"第 6 条规定："就原著作改作之创作为衍生著作，以独立之著作保护之。"也就是说，如果是对音乐作品进行编曲，则可能会形成衍生作品，作为独立的作品得到著作权法的保护。编曲者是衍生作品的著作权人。

① 北京市第一中级人民法院民事判决书，（2009）一中民终字第 5897 号。

我国台湾地区学者章忠信认为编曲是将曲调抒情的情歌简谱编为交响乐、合奏曲或爵士乐等。[①] 罗明通认为，编曲是为演奏效果而更改演奏乐器谱成新的乐曲，钢琴曲改为交响乐、古典乐曲改为现代音乐及既存曲改为变奏曲等均是。[②] 在我国台湾学者陆义淋所著的《著作权案例汇编（2）音乐著作篇》中就“编曲者可否享有著作权”设置了一个案例：“甲创作完成一首歌之歌曲，乙很喜欢这首歌，灵感一来，未经甲的同意，即将该歌曲编成钢琴演奏曲，乙擅自编曲能否主张其享有该钢琴演奏曲的著作权。”在解答部分，该书认为：“乙将甲创作的歌曲改编成钢琴演奏曲，系属改作甲之歌曲，虽然擅自改作会涉有侵害甲之著作权，但依据第6条第2项之规定，乙改作完成之衍生著作，应以独立著作保护之。”可见，在我国台湾地区，无论是学者还是著作权主管部门均认为构成衍生作品的编曲主要包括转换乐器演奏形成新曲，钢琴曲、交响乐等之间的转换改编等。跨乐器转换包括多声部乐器之间互转、单声部乐器之间互转、单声部乐器转换到多声部乐器、多声部乐器转换到单声部乐器。多声部乐器之间互转、单声部乐器转换到多声部乐器的创作空间较大，比较容易产生新作品。单声部乐器之间互转、多声部乐器转换到单声部乐器，最终音乐的编排都落实到单声部乐器，创作空间相对较小，但产生衍生作品也不是完全不可能。

美国《版权法》中的演绎作品和我国台湾地区“著作权法”中的衍生作品相当于中国著作权法规定的改编行为。美国《版权法》中的编曲行为和我国台湾地区“著作权法”中的编曲行为均是一种改编行为。王迁教授也认为，“把钢琴曲在琵琶上弹奏出来，不仅是需要乐器本身的转换，而是必须对曲子本身进行相当程度的修改，否则没有办法用琵琶弹奏，这个过程有可能会产生新作品”[③]。

笔者认为，如果编曲的成果，尤其是编曲人编的前奏、间奏、尾奏部分，对主题动机进行了剪裁、发展、变化或是脱离主题动机的展开，且具有独创性，或者编曲人编配的独特的和声进行，甚至和声进行中带有明显的旋律线，笔者认为不排除就该部分的“编曲”可以构成对原作品的改编的可能性。此时，编曲人实为改编者，对于“编曲”后的改编作品享有著作权。

---

① 参见章忠信：《著作权法逐条释义》，台北，五南图书出版股份有限公司2017年版，第9页。

② 参见罗明通：《著作权法论》（第8版），2014年自版发行，第650页。

③ 王迁：《著作权保护的若干新问题和疑难问题》，载《中国版权》2019年第3期。

但是在实践中，编曲很难以类似音乐作品的曲谱形式整体呈现，只能通过现场演奏或录音方式被感知。从整体的录音制品中比较容易辨别和分离出编曲与原词曲作品。就编曲本身而言，其构成改编的独创性部分很难从常规的编曲元素中分离出来。

## 第四节　作品标题

《著作权法实施条例》第2条规定："著作权法所称作品，是指文学、艺术和科学领域内具有独创性并能以某种有形形式复制的智力成果。"独创性中的"独"是指"独立创作、源于本人"，[①]"创"是指一定水准的智力创造高度。[②] 因此，著作权法保护的作品是具有独创性的智力成果，应当符合"独立创作"和"最低限度的创造性"。

音乐作品的标题即歌名，一般都是从歌词或歌曲表达的思想、情感、意境中提炼出来，被前人反复使用的词汇，一般不具有"独创性"的特点。

即使歌名是没有被使用过的词汇，是歌曲作者的"独立创作"，但由于歌名太短小，不足以独立表达作者的思想和情感，不具有"最低限度的创造性"。

因此，中国著作权法不承认作为音乐作品标题的歌名具有独立的著作权，没有单独规定歌名可以作为著作权法保护的对象。现实中歌曲的同名现象也很普遍，不存在著作权法意义上的侵权问题。

在郭某夫诉杭州娃哈哈集团公司侵犯著作权及不正当竞争案中，原告郭某夫于1954年11月创作了歌曲《娃哈哈》，1956年在《儿童音乐》发表。郭某夫拥有《娃哈哈》歌名、歌词的著作权。歌词如下：

我们的祖国是花园　花园里花朵真鲜艳
和暖的阳光照耀着我们　每个人脸上都笑开颜

① 王迁：《知识产权法教程》（第3版），中国人民大学出版社2011年版，第25页。
② 王迁：《知识产权法教程》（第3版），中国人民大学出版社2011年版，第31页。

娃哈哈　娃哈哈　每个人脸上都笑开颜
大姐姐你呀快快来　小弟弟你也莫躲开
手拉着手儿唱起那歌儿　我们的生活多愉快
娃哈哈　娃哈哈　我们的生活多愉快

"娃哈哈"既是歌名,又是其中的歌词。被告杭州娃哈哈集团公司未经郭某夫同意,将"娃哈哈"作为文字商标、文字与图形组合商标申请注册,在全国各地销售以"娃哈哈"为商标的商品。郭某夫以杭州娃哈哈集团公司侵犯其《娃哈哈》歌名、歌词的著作权为由提起诉讼。上海市第二中级人民法院经审理认为①:

我国1990年《著作权法》第3条、1991年《著作权法实施条例》第2条对著作权法的保护范围及含义作了明确规定,根据这些规定,作品名称不在著作权法的保护之列。由于法律没有明文规定对作品名称予以保护,原告的诉讼主张没有现行法律上的根据,本院不予支持。

在该案的审理过程中,由于相关各方对于歌曲标题是否构成歌曲的重要内容,是否受我国《著作权法》保护等问题意见分歧较大,上海市第二中级人民法院于1999年3月23日曾向国家版权局征询意见,国家版权局版权管理司于1999年7月6日答复②:

虽然本案诉争的儿童歌曲的标题是歌曲的重要内容,但是,其重要性在于该词在整部歌词中起到上下连接的有机作用。如果仅就标题三字来看,应是标题—主谓结构的缩略语,其表现的内涵并不属于某个特定人的思想的独特表现,也无法认为其反映了作者的全部思想或者思想的实质部分。因此,单就本案诉争的儿童歌曲的标题而言,得不到著作权保护。

---

① 上海市第二中级人民法院民事判决书,(1998)沪二中知初字第5号。

② 国家版权局版权管理司《关于某儿童歌曲标题著作权纠纷给上海市第二中级人民法院的答复》。

北京市高级人民法院于 2018 年 4 月 20 日发布的《北京市高级人民法院侵害著作权案件审理指南》第 2.5 条规定："作品标题、人物称谓一般不作为作品给予保护。"

但是歌名作为音乐作品的一部分,在特定的情境下,如果擅自修改歌名,可能侵犯作品修改权或保护作品完整权,具体参见本书第三章修改权、保护作品完整权部分。

这两年,通过设计字体方式将歌曲名称制作成图案①,之后再将这些图案用于手机壳、文化衫等产品并在淘宝、微店销售的现象比较普遍,单独从一首歌曲名称看不构成侵害著作权,似乎可以"打擦边球"。但是不代表这种行为不受约束,权利人可以利用不正当竞争的理由起诉维权。

## 第五节　乐　　谱

乐谱是以特定的记谱符号来表现乐曲的一种形态,通常是指纸质的乐谱本。

乐谱是记录乐曲旋律的载体,但不等于乐曲本身。同样一段旋律,以不同的记谱方法记录,会形成形式上不同的乐谱,但本质上依然是同一段乐曲。一首以简谱记录的音乐作品,不会因为以五线谱重新记录而形成一首新的音乐作品。1992 年,我国台湾地区将曲谱列为音乐作品的内容之一。将乐谱作为示例列为音乐作品在台湾地区也一直受到批评。现实中,常常有直接将作品表述为乐谱的情况,这是不准确的。乐谱只是音乐作品的纸质载体,就像 CD 本身不是录音制品只是录音制品的载体一样。

### 一、记谱方法

现实中,最常见的记谱方法是五线谱或简谱。记谱方法只是一套记录音乐

① 当然,还有很多利用歌曲的歌词、歌手肖像、商标等元素制作图案,则可能构成侵害著作权、肖像权、商标权等。

作品的技术解决方案。著作权法只保护具有独创性的表达，而操作方法、技术方案等属于思想的范畴，不受著作权法的保护。

在谭某然、深圳普乐文化传播有限公司与北京千琦科贸有限公司、幺亚强侵犯著作权纠纷案中，原告谭某然独创了一种钢琴记谱方法《钢琴 OK 娱乐速成法》，其乐谱的标注形式既非五线谱亦非简谱，仅用阿拉伯数字 1、2、3、4、5 进行标注，数字表示五个手指指法位置。原告使用该方法将进入公有领域的歌曲转换成以该钢琴记谱方法记录的乐谱，使学习钢琴者能够很快识谱并进行钢琴弹奏。谭某然将其《钢琴 OK 娱乐速成法》及改编的曲谱许可深圳普乐文化传播有限公司独占使用。被告北京千琦科贸有限公司曾于 2007 年与原告深圳普乐文化传播有限公司订立加盟协议，深圳普乐文化传播有限公司授权其使用该《钢琴 OK 娱乐速成法》及相关曲谱。但加盟期届满后，两被告未经两原告许可，擅自继续使用该《钢琴 OK 娱乐速成法》及相关曲谱，以"疯狂钢琴"的名称开设多家门店开展钢琴的教学业务。原告认为被告侵犯了原告的署名权、复制发行权和获得报酬的权利。

如果原告谭某然所述的《钢琴 OK 娱乐速成法》是其编写的教材，那么《钢琴 OK 娱乐速成法》跟其他的教材、书籍没有本质区别，可以认定为文字作品，如果其他开展钢琴教学培训业务的机构使用其教材，则侵犯了其文字作品的著作权。但在本案中，原告仅提供了《钢琴 OK 娱乐速成法》的《著作权登记证书》，没有提交该作品。法院最后认定：[①]

基于查明的事实，两原告在本案主张的作品包括文字作品《钢琴 OK 娱乐速成法》以及《生日歌》等八首改编曲谱的音乐作品。其中《钢琴 OK 娱乐速成法》仅提供了《著作权登记证书》，没有提交该作品。本院无法通过《著作权登记证书》判断该作品的外在表现形式，亦无法进行侵权判定。因此两原告关于两被告侵犯该文字作品著作权的主张，缺乏事实和法律依据，本院不予支持。

① 北京市第一中级人民法院民事判决书，(2009)一中知民初字第 9159 号。

而对于被告是否侵犯使用原告钢琴记谱方法记录的乐谱的著作权，法院认为：①

对于两原告在本案提出的《生日歌》等八首改编自公有领域曲谱的音乐作品的主张。根据两原告的陈述，本院认为两原告在本案中提交的所谓“改编曲谱”，并非通常意义上使用简谱、五线谱的记谱形式创作的音乐作品，仅仅是一种便于不识简谱、五线谱的人员能够使用钢琴弹奏上述已经进入公有领域作品的指法及指位标记。两原告亦未将上述使用其自称独创的记谱方法编写的八首曲谱，以通常的记谱方法——简谱或五线谱的形式进行作品的再现。本院亦无从判断其主张的“改编”是否具有独创性。因此，两原告关于对涉案八首已经进入公有领域的曲谱进行改编的主张，缺乏事实和法律依据，其主张的作品不属于《著作权法》规定的受保护的作品。

在本案中，假设原告展示了其所谓独创记谱方法编写的曲谱，则法院需要将该曲谱与原歌曲的旋律、节奏、调式等进行对比，如果属于独创性的改编，则可以认定其为改编作品。而如果与原歌曲的旋律、节奏等相比没有任何变化，存在一一对应的关系，仅仅是记谱方式的不同，则其编写的曲谱的表达依然是原音乐作品。记谱方法不属于著作权法意义上的作品。

## 二、存在形式

《著作权法实施条例》第 2 条规定，《著作权法》所称作品，是指文学、艺术和科学领域内具有独创性并能以某种有形形式复制的智力成果。

著作权法并没有要求音乐作品必须以有形形式固定下来。作词作曲完成之后事实上已经产生了音乐作品，这首音乐作品可能以曲谱或者录制的 DEMO 小样的形式存在，也可能只是存在于作者的头脑里，没有固定于任何物质载体上。

① 北京市第一中级人民法院民事判决书，(2009)一中知民初字第 9159 号。

## 第六节　未完成的音乐作品

《著作权法实施条例》第 6 条规定:“著作权自作品创作完成之日起产生。”关于如何认定作品创作完成,《北京市高级人民法院关于审理著作权纠纷案件若干问题的解答》(京高法发字〔1995〕192 号)第 4 条进行了详细解答:著作权自作品创作完成之日起产生。所谓“作品创作完成”,不仅指整部作品的创作已全部完工,还指作品的局部的创作完工,只要作者的某一思想或某一构思已经完整地以某种形式表达出来了,即使这只是他全部构思的一个组成部分(甚至是非主要的组成部分),也应视为作品在一定阶段上的完成。因此,草稿、草图以及连载小说的一部分等,都应视为已创作完成。《北京市高级人民法院侵害著作权案件审理指南》第 2.3 条再次强调:“作品创作完成,既包括整体的创作完成,又包括局部的创作完成。创作完成的部分能够以某种形式完整表达作者的思想,可以认定该部分属于创作完成的作品。”

流行音乐的歌曲结构即所谓的曲式,一般来说,以两个乐段构成的为二段体(AB 式结构),以三个乐段构成的为三段体(ABA 或者 ABC 式结构),当然,如果以一个完整的乐段构成的即为一段体。乐段由两个或两个以上的乐句组成,乐段结尾的乐句一般都有比较明显的终止感,即回到主音。

因此,判断未完成的音乐作品是否享有著作权,主要取决于未完成部分是否具有相对完整性和独创性。如果作曲人已经写好了一个乐段,既可以认为已经完成了一首一段体的乐曲,也可以认为只是完成了一首二段体作品的 A 段,具体认定只能依照具体情形判断。只要已经完成创作的这部分具有相对的独立性,能够表达作者的思想、情感,那么作者对于这部分创作就应该享有著作权。如果完成的这部分只是一两个短小乐句,还不足以表达作者的思想、情感,则这部分的创作不能享有著作权。

## 第七节　戏剧音乐作品

《著作权法实施条例》第 4 条规定，戏剧作品，是指话剧、歌剧、地方戏等供舞台演出的作品。歌剧、音乐剧、地方戏等戏剧作品中存在大量的音乐、唱腔、唱段，因此这类戏剧作品与音乐作品之间存在重合。

所谓戏剧音乐作品，是指在一部戏剧作品，例如“蝴蝶夫人”中，既有基本的故事情节，又有大量的音乐成分。戏剧作品的版权人可以许可他人表演整部戏剧作品。[①] 非戏剧音乐作品的范围非常广泛，既包含戏剧作品、电影作品中可以脱离原作品单独加以表演的音乐作品，还包括其他音乐作品，例如流行音乐、乡村音乐、宗教音乐等。[②]

非戏剧音乐作品与戏剧音乐作品的区别，只有针对戏剧作品的时候才是有意义的。关于二者的划分标准，美国著名版权学家尼莫教授指出：“音乐作品的表演，如果有助于故事的表述，就是戏剧音乐，反之则不是。”[③]

司法实践中，有些法院直接将其中的唱腔音乐、唱段作为音乐作品来处理。笔者认为可以将这类戏剧作品理解为一类特殊的音乐作品，鉴于其主要供舞台演出使用，归类为戏剧作品似乎更为适宜。不过，在中国著作权法的体系下，分清其中的音乐属于戏剧作品还是音乐作品可能仅具有理论意义，无论属于哪种其受到的保护都是相同的。

传统戏剧音乐作品往往是剧团人员合作产生，相关剧目的“编曲”“作曲”“音乐设计”等署名并不当然推定相关人员享有相应音乐著作权，个人要主张享有戏剧音乐作品著作权需要充分证明戏剧中音乐元素、编曲、唱腔设计、音乐设计等系个人原创且具有独创性。在王某卫诉王某昌、河南省新华书店许昌市店、河南文艺出版社、马某晨、范某方、郭某宇著作权纠纷案中[④]，王某卫主张越

---

① 参见李明德：《美国知识产权法》（第 2 版），法律出版社 2014 年版，第 317 页。

② 参见李明德：《美国知识产权法》（第 2 版），法律出版社 2014 年版，第 317 页。

③ 参见李明德：《美国知识产权法》（第 2 版），法律出版社 2014 年版，第 317 页。

④ 河南省许昌市中级人民法院民事判决书，（2005）许民三初字第 71 号。

调戏《白奶奶醉酒》的唱腔、音乐、配器、指挥全部由其一人创作，其诉讼请求分两部分：一是确认之诉，要求法院确认其对《白奶奶醉酒》剧的音乐设计、唱腔设计以及《火焚绣楼》《无佞府》《李双喜借粮》等剧的记谱享有著作权；二是侵权之诉，要求法院确认六被告的行为侵犯了其应当享有的著作权。关于王某卫是否享有所诉戏曲作品《白奶奶醉酒》剧的音乐设计、唱腔设计著作权问题，法院审理认为①：

《白奶奶醉酒》剧是在《老赵常借闺女》剧的基础上改编而来，当然其相关的编曲、唱腔或音乐设计也是由原剧改进而来。该剧 1980 年 6 月由原许昌地区越调剧团首演，1981 年由长春电影制片厂拍成彩色戏曲影片。电影剧《白奶奶醉酒》中注明编曲为“王某卫、林某松、王某昌”，舞台剧《白奶奶醉酒》中注明音乐设计为“王某卫、王某昌”。由此可以看出，王某卫所称的唱腔设计、音乐设计事实上是指编曲或音乐设计。根据对双方所提交的证据的分析和认定，《白奶奶醉酒》剧的编曲或音乐设计应当是王某卫和王某昌二人合作完成。民间戏曲的编曲或音乐设计是否享有相应的著作权，应当以该种编曲或音乐设计是否具有独创性为标准进行判断。而对民间戏曲的编曲或音乐设计是否具有独创性的判断，要从专业音乐知识、民间戏曲音乐的特点及历史和社会效果等方面进行多角度的界定，总的原则应当考虑两个因素：一是考虑民间戏曲唱腔音乐源远流长，是数代人、众多人传播、继承、发扬光大的结果，任何人不能据为己有，即使是改编者也只能对其独创的内容享有权利，而不能独占它所含有的来自民间戏曲音乐的内容；二是考虑尊重编曲者和音乐设计者的独创性劳动，如果编曲者和音乐设计者改编的民间戏曲音乐能够达到独立且可明显区别的程度，就应给予其相应的著作权法的保护。这也是保持民间戏曲音乐的艺术生命力和鼓励民间戏曲音乐工作者进行不断创作的源泉和动力。民间戏曲的编曲或音乐设计主要是根据演唱者的演唱特点和风格由作曲者记谱并加以改进而成，音乐工作者通过把演唱者的唱腔以曲谱的形式表现出来而进一步对唱腔进行改进和完善，并不是由其完全创作后再由演员演唱的，但也不能否认音乐工

① 河南省许昌市中级人民法院民事判决书，(2005)许民三初字第 71 号。

作者在这中间的创作成分。《白奶奶醉酒》剧中“白奶奶”的饰演者毛某莲也当庭作证，该剧的音乐设计是根据她的唱腔记谱、整理、加工而来，是边唱边记边改，而非他人单独直接创作，这些证词是与当时特定的历史背景相吻合的。《白奶奶醉酒》剧的曲谱是在原许昌地区越调剧团的主持下，通过组织演员、音乐工作者等对《老赵常借闺女》共同改编完成，并由剧团来承担该剧演出后可能产生的相应责任。当时我国尚未建立著作权保护制度，有关著作权方面的法规文件也未对改编作品的著作权归属等作出明确规定，而且当时的文化氛围、政治环境和创作条件也决定了对民间戏曲音乐的改编离不开音乐工作者所在单位的主持和组织。因此，《白奶奶醉酒》剧作为可供演出的民间戏曲作品，其编曲或音乐设计的著作权理应由原许昌地区越调剧团享有。王某卫当时作为剧团乐队的工作人员，专门从事越调戏曲音乐工作，并领取相应的薪水，根据剧团的安排从事职务活动，而且曲谱改编完成20多年来，《白奶奶醉酒》剧的音乐被剧团使用至今，其也从未就该使用行为提出过任何异议。因此，王某卫对《白奶奶醉酒》剧的编曲或音乐设计应当属于职务行为，其主张对该剧的编曲或音乐设计享有著作权的理由不能成立。

尽管王某卫对《白奶奶醉酒》剧的编曲或音乐设计不享有著作权，但是从相关证据来看，该剧一直以来均有其与王某昌作为编曲者或者音乐设计者署名。本院认为，越调作为民间戏曲的一种，其有关剧目的编曲或音乐设计的署名应当符合历史和现实情况。尽管王某卫不是《白奶奶醉酒》剧的编曲或音乐设计的著作权人，但其参与了曲谱的改编工作，著作权人原许昌地区越调剧团在该剧完成后即为其署名至今，应当视为其与王某昌就《白奶奶醉酒》剧的编曲或者音乐设计的署名和剧团达成了合意，这种情况并不违反法律的规定。王某昌虽然提供了证人证言来证明当时王某卫并未参与《白奶奶醉酒》剧的编曲或者音乐设计工作，但是有证据证明，无论是电影剧还是舞台剧《白奶奶醉酒》，编曲或者音乐设计中均有王某卫署名，而且王某昌提供的证言材料仅能说明《白奶奶醉酒》剧在郑州演出期间王某卫不在场，并不足以否定王某卫的编曲者或音乐设计者身份。因此，结合现有证据，综合考虑本案的实际情况，应当尊重王某卫和王某昌二人一直以来共同对《白奶奶醉酒》剧的编曲或音乐设计的署名事实，可以认定二人共同对《白奶奶醉酒》剧的编曲或音乐设计享有署名权。

关于王某卫主张享有《火焚绣楼》《无佞府》《李双喜借粮》的记谱著作权问题,法院审理认为①:

对戏曲唱段的记谱是戏曲音乐工作者根据戏曲演唱者的唱腔进行的记录和转述,是一种非创造性的辅助劳动,而且,戏曲演唱者对于自己的唱腔作品,会随社会环境、个人思想理念以及艺术素养的变化而不断对其加工提高,使原唱腔作品得到不断的发展和升华。因此,对戏曲演唱者唱腔作品的一次性"记谱",只能反映戏曲演唱者某一时期的艺术创造。也就是说,"记谱"具有一定的局限性和时段性,它所反映的只是一段时间内唱腔作品的情况,而不能反映唱腔作品变革历程中各个阶段的不同面貌。这就是说,对于一个变化着的唱腔作品,应该允许有不同时段的"记谱"来反映变化着的事实。而且,即使对同一时段同一艺术品的"记谱",也会因个人感受力、认知力、表现力的差异,在音符、旋律、配器、过门等方面出现理解上、记述上的不同,会产生不同的"记谱"结果。因此,对于戏曲演唱者的唱腔作品,应该允许有多种记谱存在,每一个记谱者都不能享有相应的著作权。据此,王某卫并不能享有《火焚绣楼》《无佞府》《李双喜借粮》的记谱著作权。

## 第八节　民　　歌

民歌属于民间文学艺术作品。民歌的产生远远早于现代著作权制度。在现代著作权法的架构下,民歌等民间文学艺术作品很难获得保护。民歌是在某一族群中世代流传的民间歌曲,早已过了著作权规定的作品保护期。同时,民歌主要通过口耳相传,在时空流转中被不断修改,具有不确定性和不断变化的特点,往往由于年代久远,很难考证民歌的具体作者。目前的司法实践中,法院通常认为,原生态的民歌等民间文学艺术作品不受著作权法的保护,"任何公民

① 河南省许昌市中级人民法院民事判决书,(2005)许民三初字第71号。

或者单位均可以恰当的方式自由地使用,也可以对其进行改编或者整理等"[①]。在1994年国家版权局给文化部的《关于民歌版权买卖给文化部的复函》中,国家版权局也认为:"对于世代流传、原作者已无从考证的民歌,从著作权角度来看,属于进入公有领域的作品,不受现行著作权法的保护。"

## 一、民歌与根据民歌再创作的作品

我们现在能够听到的民歌主要有两类。第一类是原生态的民歌。这类民歌是记录人通过民间采风等方式,对民歌的忠实记录。我们不能否认记录人对于民歌的保护和传承作出了巨大贡献,但是从著作权的角度来看,记录人并不是民歌的创作者,记录本身没有融入记录人的创造性劳动,不能视为创作,因此,记录人不是民歌的作者,不享有著作权。《关于民歌版权买卖给文化部的复函》也认为"根据著作权法只保护创造性劳动的原则,原原本本地记录不能视为创作,因此记录人不享有著作权。"

当然,如果记录人通过录音录像设备,对当地民间艺人演唱民歌进行了录音录像,记录人对于该录音录像可享有录音录像制作者权,同时演唱的民间艺人享有表演者权。

第二类并非真正原生态的民歌,而是由音乐家根据原生态民歌的元素进行改编、整理等再创作产生的作品。根据《著作权法》第13条[②]的规定,改编、整理的音乐家享有根据民歌改编、整理的民歌的著作权。《关于民歌版权买卖给文化部的复函》也强调"音乐家自己创作或者在原民歌基础上改编的歌曲,根据著作权法第11条、第12条[③]的规定,这类歌曲的著作权属于创作或改编民歌的音乐家。"

在中国音乐著作权协会与江苏广播电视集团有限公司、江苏盛世影视文化有限公司、江苏新天地演艺中心、南京中央商场股份有限公司侵犯著作权纠纷案中,对于涉案民歌《阿拉木汗》和《达坂城的姑娘》,被告认为,该两首歌曲为

---

① 江苏省南京市中级人民法院民事判决书,(2006)宁民三初字第384号。

② 《著作权法》第13条:"改编、翻译、注释、整理已有作品而产生的作品,其著作权由改编、翻译、注释、整理人享有,但行使著作权时不得侵犯原作品的著作权。"

③ 2020年《著作权法》第13条系2010年《著作权法》第12条。

新疆维吾尔族民歌,王某宾对此不享有著作权,并提供了不同出版物上的署名方式、理论文章等证据予以证明。法院经审理认为[①]:

《阿拉木汗》和《达坂城的姑娘》为新疆维吾尔族民歌,经由世代传承而流传下来,属于民间文学艺术作品,任何公民或者单位均可以恰当的方式自由地使用,也可以对其进行改编或者整理等。王某宾先生对《阿拉木汗》和《达坂城的姑娘》是否享有著作权,主要看王某宾先生收集整理所形成的成果是否属于著作权法意义上的作品范畴。现有的证据表明,一方面,王某宾先生早在20世纪三四十年代即已对新疆民歌(包括《阿拉木汗》和《达坂城的姑娘》)进行了收集整理。另一方面,虽然现有出版物上的署名方式各有不同,社会各界对于如何署名以及王某宾先生应否享有著作权等存在一定争议。但是,本案相关证据,特别是杜某雄文章中涉及上述两首民歌时至少均使用"王某宾记谱译配",说明王某宾为此进行了智力劳动。新疆维吾尔自治区艺术研究所的文章亦印证最早的收集整理译配者已无从考证,此亦证明王某宾为现存较早的收集整理或者记谱译配者。该文同时认为对上述两首民歌"王某宾所作修改、加工甚微"和"王某宾将词曲稍做改动",这进一步证明不论王某宾对上述两首民歌修改、加工成分多少,至少证明王某宾对此是有加工或者改动的。由此可以证明,王某宾是涉案两首民歌的收集、整理者。另外,涉案两首民歌现有的流行版本主要是王某宾先生整理的版本。根据我国《著作权法》第12条的规定,基于整理而形成的作品,其著作权由整理人享有。因此,王某宾先生对其收集整理所形成的作品应当享有著作权。当然,这并不妨碍其他人对上述民歌进行收集整理,并对所产生的作品享有著作权。

## 二、使用他人根据民歌改编的音乐作品付酬问题

根据民歌改编的音乐作品存在特殊的双重权利结构。对于使用他人根据民歌改编的音乐作品如何支付报酬在实践中一直存在争议。

在广东大圣文化传播有限公司与王某成、王某星、王某燕等侵犯著作权纠

---

① 江苏省南京市中级人民法院民事判决书,(2006)宁民三初字第384号。

纷案中，大圣公司主张《亚克西》是王某宾根据民歌改编并作词的音乐作品，王某宾只是音乐作品《亚克西》的词作者，不享有曲作者权，不应获得该曲目的全额分配。最高人民法院提审认为[①]：

民歌一般具有世代相传、没有特定作者的特点，根据民歌改编的音乐作品的著作权人，依法对改编的音乐作品享有著作权，使用他人根据民歌改编的音乐作品制作录音制品并复制、发行的，可以向改编者支付全额报酬。

笔者认为，根据民歌改编并作词的音乐作品是否向改编者支付曲作品版税，主要取决于改编者对民歌编曲是否作出独创性改动，如果作出独创性改动，则应享有其改编版本的曲作品版权，有权获取相关版税。

## 三、民歌版权保护的未来可能

《著作权法》第6条规定："民间文学艺术作品的著作权保护办法由国务院另行规定。"事实上，1991年施行的我国第一部著作权法即规定了该条并一直沿用至今。时隔23年，国家版权局于2014年才发布了《民间文学艺术作品著作权保护条例（征求意见稿）》，公开征求意见。根据《民间文学艺术作品著作权保护条例（征求意见稿）》，民间文学艺术作品是指由特定的民族、族群或者社群内不特定成员集体创作和世代传承，并体现其传统观念和文化价值的文学艺术的表达。民间文学艺术作品包括民间歌曲、器乐等以音乐形式表达的作品。[②]民间文学艺术作品的著作权属于特定的民族、族群或者社群。[③] 保护期不受时

---

① 最高人民法院民事判决书，（2008）民提字第57号。

② 《民间文学艺术作品著作权保护条例（征求意见稿）》第2条（定义）本条例所称民间文学艺术作品，是指由特定的民族、族群或者社群内不特定成员集体创作和世代传承，并体现其传统观念和文化价值的文学艺术的表达。民间文学艺术作品包括但不限于以下类型：（1）民间故事、传说、诗歌、歌谣、谚语等以言语或者文字形式表达的作品；（2）民间歌曲、器乐等以音乐形式表达的作品；（3）民间舞蹈、歌舞、戏曲、曲艺等以动作、姿势、表情等形式表达的作品；（4）民间绘画、图案、雕塑、造型、建筑等以平面或者立体形式表达的作品。

③ 《民间文学艺术作品著作权保护条例（征求意见稿）》第5条（权利归属）民间文学艺术作品的著作权属于特定的民族、族群或者社群。

间限制。[1] 使用民间文学艺术作品,应当取得著作权人的许可并支付合理报酬,或者向国务院著作权行政管理部门指定的专门机构取得许可并支付合理报酬。[2] 如果《民间文学艺术作品著作权保护条例》在征求意见稿的框架内正式出台,将彻底改变目前民歌著作权保护的制度设计。

## 第九节 国 歌

中国的国歌为《义勇军进行曲》。国歌的著作权跟其他歌曲没有本质区别。国歌的作词者为田汉,作曲者为聂耳。根据《著作权法》的规定,国歌的作者的署名权、修改权、保护作品完整权的保护期不受限制。作曲者聂耳 1935 年去世,至今已经过了 50 年。作词者田汉 1968 年去世,歌词的保护期至作者死后的第 50 年的 12 月 31 日即 2018 年 12 月 31 日。之后,从著作权保护期的角度,国歌的词曲进入公有领域。

2017 年中国制定了《国歌法》,其中第 6 条规定,奏唱国歌,应当按照本法附件所载国歌的歌词和曲谱,不得采取有损国歌尊严的奏唱形式。第 8 条规定,国歌不得用于或者变相用于商标、商业广告,不得在私人丧事活动等不适宜的场合使用,不得作为公共场所的背景音乐等。因此,在 2019 年 1 月 1 日之后,虽然不存在著作权法意义上的侵犯国歌著作财产权的可能,但是使用国歌依然需要遵守《国歌法》的相关规定,尤其不能进行不尊重国歌的行为。

对于其他国家的国歌,按照中国《著作权法》第 2 条规定,如果国歌的作者所属国或者经常居住地国同中国签订的协议或者共同参加的国际条约享有著作权的,也受中国著作权法保护。

---

① 《民间文学艺术作品著作权保护条例(征求意见稿)》第 7 条(保护期)民间文学艺术作品的著作权的保护期不受时间限制。

② 《民间文学艺术作品著作权保护条例(征求意见稿)》第 8 条(授权机制)使用民间文学艺术作品,应当取得著作权人的许可并支付合理报酬,或者向国务院著作权行政管理部门指定的专门机构取得许可并支付合理报酬。

## 第十节　无 声 音 乐

约翰·凯奇是20世纪美国的先锋派作曲家,其最著名的一首音乐作品叫《4分33秒》。这首作品可以为任何乐器而作,共分为三个乐章,时长4分33秒。整个作品的乐谱没有任何音符,三个乐章项下的标记均是"Tacet"(拉丁语:沉默)。该作品于1952年8月29日在纽约以钢琴作品的形式首演。演奏者走上舞台,在钢琴前静坐,第一乐章时长33秒,第二乐章时长2分40秒,第三乐章时长1分20秒。每一乐章开始前,演奏者将琴盖合上,结束时将琴盖打开。4分33秒后离开。该次演出首次将"无声音乐"带上舞台,引起了巨大的争议①。

2002年2月,彼得斯音乐出版社认为英国作曲家兼歌手迈克·巴特创作的歌曲《一分钟的沉默》侵犯了约翰·凯奇的《4分33秒》著作权,向法院提起诉讼。后双方在法院的调解下达成庭外和解,被告向原告支付了6位数的赔偿金。这也使得在该案中,法院没有通过裁判的方式表明观点。

那么,无声音乐在中国现行《著作权法》的框架下,是否属于音乐作品享有著作权呢?音乐的基本要素是节奏和旋律,可以用人声演唱或器乐演奏。虽然音乐作品中为了表达情绪,经常出现暂时停顿和静止,但是不会出现整首歌曲都是静默,除了一个长达4分33秒的休止符没有任何其他音符的极端情况。根据《著作权法实施条例》第4条的规定:音乐作品是指歌曲、交响乐等能够演唱或者演奏的带词或者不带词的作品。很显然,《4分33秒》等无声音乐无法用人声演唱或器乐演奏,演奏者所谓的表演或演奏只是坐在钢琴前或站在舞台中央,实际上根本不存在表演或演奏。无声音乐本身就是一个矛盾的词汇,有音才有乐,无声何来音乐。因此,无声音乐本身不属于著作权意义上的音乐作品,无法获得著作权法的保护。

需要说明的是,虽然无声音乐本身不属于音乐作品,无法获得著作权法的

① 此后又出现了一些"无声音乐",如20世纪60年代初,美国有一位名叫拉蒙特·扬格的作曲家,创作了一部引起轰动的"无声音乐",演奏这部新乐曲的人只要往台上一站,放出一只蝴蝶,让它在音乐厅飞来飞去,等到蝴蝶从窗口飞出后,这部作品就宣告演奏完毕。

保护。但是如果将"演奏"《4 分 33 秒》等无声音乐的过程拍摄下来,形成的影像则可能属于录像制品或视听类作品。如果他人未经许可使用该影像,则构成侵权。拍摄制作方作为录像制品的录像制作者或视听类作品的著作权人,可以依据著作权法的规定进行维权。

## 第十一节 AI 创作的音乐作品

近年来,人工智能(artificial intelligence)的迅速发展改变了作品的创作方式,人工智能参与创作的报道常常引发关注。如微软公司人工智能"小冰"创作了诗歌集《阳光失了玻璃窗》并出版,谷歌公司人工智能 Deep Dream 可以对图片进行分析和处理。谷歌公司旗下的 Magenta 计划的目标是将人工智能应用到音乐和艺术创作上。2016 年 Magenta 计划的最新成果是应用人工智能技术谱出了一段 90 秒的旋律。

利用人工智能参与音乐创作并不是近年才出现。加州大学圣克鲁斯分校的音乐教授大卫·考普早在 20 世纪 80 年代就进行了人工智能作曲的尝试,并开发了 Emmy 系统。1993 年大卫·考普发行了 Emmy 的第一张音乐专辑《巴赫的设计》,之后又陆续发布了《虚拟莫扎特》和《虚拟拉赫曼尼洛夫》等音乐专辑。①

计算机程序之所以能"作曲"是应用了统计学中的马尔可夫链(一种通过历史状态来预测未来状态概率的数学模型)用于选择音调。② 通过分析大量的音乐作品,可以发现音调之间的搭配与和谐关系。例如,如果当前的音调是 C,那么下一个音调则可能是 G(概率 70%)、E(概率 15%)、F(概率 10%)或 A(概率 5%),不同的概率由不同的马尔可夫链模型所决定。③

① [美]约翰·弗兰克·韦弗:《机器人也是人——人工智能时代的法律》,郑志峰译,台北,元照出版有限公司 2018 年版,第 258~259 页。

② 参见李星燕:《算出音乐来》,载《新发现》2009 年第 8 期。转引自王迁:《论人工智能生成的内容在著作权法中的定性》,载《法律科学》2017 年第 5 期。

③ 参见李星燕:《算出音乐来》,载《新发现》2009 年第 8 期。转引自王迁:《论人工智能生成的内容在著作权法中的定性》,载《法律科学》2017 年第 5 期。

这样，整个谱曲工作被分为三个阶段：初始化——包括建立规则表和数学模型；生产——计算机随机生成单个音符；测试——计算机根据初始化中的规则测试随机音符是否有效。于是，通过不断重复生产和测试环节，越来越多有效音符被选择出来并组成了完整的乐曲。①

## 一、弱人工智能音乐作品

目前所有的人工智能都属于弱人工智能。弱人工智能具有深度学习的能力，其在大量学习人类提供的素材后可以进行“创作”。从事新闻写作的机器人，创作诗歌的小冰，谷歌公司能够作曲的 Magenta 计划都属于这类。

进行深度学习的弱人工智能，可以在仅仅开启的情况下，独自进行“创作”，并且特别高产。大卫·考普开发的人工智能系统 Emmy 是一位高产的“作曲家”。一天，大卫·考普离开 Emmy 出去吃了顿午餐，当他回来时，Emmy 已经创作了 5000 首巴赫风格的赞美诗。② 正如大卫·考普所言，Emmy 可以像水龙头一样输出音乐作品。③ Emmy 之后的升级版本是 Emmy Howell。Emmy Howell 有一个庞大的音乐库，它可以从中获取素材并创作规则。从 16 世纪的意大利宫廷音乐到 Cope 自己的音乐都是它的素材。正如 Howell 所诠释的那样，它的规则就是这些音乐作品的规则。④

从目前有关人工智能的各种报道和描述来看，至少在现阶段，人工智能生成的内容只是应用某种算法、规则和模块的结果，与为形成作品所需要的智力创作相去甚远。⑤ 所谓的“创作”过程实际是程序运行的过程，完成的“创作物”看似与人类完成的作品相同，实则是计算机程序运行的结果。⑥ 笔者赞同此种

---

① 参见李星燕：《算出音乐来》，载《新发现》2009 年第 8 期。转引自王迁：《论人工智能生成的内容在著作权法中的定性》，载《法律科学》2017 年第 5 期。

② ［美］约翰·弗兰克·韦弗：《机器人也是人——人工智能时代的法律》，郑志峰译，台北，元照出版有限公司 2018 年版，第 259 页。

③ ［美］约翰·弗兰克·韦弗：《机器人也是人——人工智能时代的法律》，郑志峰译，台北，元照出版有限公司 2018 年版，第 276 页。

④ ［美］约翰·弗兰克·韦弗：《机器人也是人——人工智能时代的法律》，郑志峰译，台北，元照出版有限公司 2018 年版，第 259 页。

⑤ 参见王迁：《论人工智能生成的内容在著作权法中的定性》，载《法律科学》2017 年第 5 期。

⑥ 参见李菊丹：《“人工智能创作物”著作权保护探析》，载《中国版权》2017 年第 6 期。

观点，弱人工智能创作的音乐作品并非人类智力创作的成果，不享有著作权。需要注意的是，虽然不享有著作权，但不代表弱人工智能创作的成果完全不能获得著作权法的保护。弱人工智能创作的音乐作品一般都是以数字音频即录音制品的形式出现，完全可以录音制品涉及的录音制作者权获得保护。

### 二、强人工智能音乐作品

如同电影中出现的具有独立意识、情感的强人工智能目前尚未出现，而且短期内也不可能出现。如果将来真的出现强人工智能，那么其创作的音乐作品是否享有著作权可能不是一个那么重要的问题了，人类构建的整个法律体系都将面临巨大的挑战。

### 三、弱人工智能音乐作品与计算机制作的音乐作品

如今很多音乐人创作音乐作品尤其是电子音乐经常借助于电脑音乐软件。但是借助电脑音乐软件创作的音乐与人工智能完成的音乐作品完全不同。音乐软件程序只是音乐人创作的工具，音乐素材的选择、编排凝结着音乐人的聪明才智。这种情况下，音乐人是相关音乐作品的作者，这类音乐与非借助音乐软件创作的音乐作品没有本质区别，均享有著作权。

## 第十二节　违法音乐作品

一般来说，违法作品包括因内容本身违法而不能出版发行的作品和内容本身并不违法，只是出版发行等传播行为不符合出版发行等方面的行政法规的作品。前一类比较典型的是淫秽照片，后一类比较典型的是以买卖书号的方式出版图书。就音乐作品来说，被文化部门列入"黑名单"的作品即属于前一类内容违法的作品。没有取得版号就私自印刷销售的音乐专辑即属于后一类，其内容本身并不违法，但是违反了没有取得版号不得私自出版的规定。还有一类可以列入违法作品的是抄袭和未经授权的演绎作品等侵权作品。

## 一、“黑名单”作品

2015年8月，文化部开展了网络音乐产品的集中排查工作，并公布了120首内容违规的网络音乐产品“黑名单”，并要求互联网平台下架。原因是进入“黑名单”的网络音乐产品含有宣扬淫秽、暴力、教唆犯罪或者危害社会公德的内容，违反了《互联网文化管理暂行规定》（2011年修订）第16条的规定，已被列入网络音乐管理黑名单，任何单位和个人不得提供。

《互联网文化管理暂行规定》（2011年修订）第16条[①]实质上是对于互联网文化产品内容是否违禁的原则规定。[②] 根据该规定第2条[③]，互联网文化产品是指通过互联网生产、传播和流通的文化产品，包括在互联网传播的音乐娱乐产品。因此，如果音乐娱乐产品存在内容违法，则文化部门有权禁止其在互联网传播。

那么，这些内容违法的进入“黑名单”的音乐作品是否享有著作权，能否受

---

① 《互联网文化管理暂行规定》（2011年修订）第16条：互联网文化单位不得提供载有以下内容的文化产品：（1）反对宪法确定的基本原则的；（2）危害国家统一、主权和领土完整的；（3）泄露国家秘密、危害国家安全或者损害国家荣誉和利益的；（4）煽动民族仇恨、民族歧视，破坏民族团结，或者侵害民族风俗、习惯的；（5）宣扬邪教、迷信的；（6）散布谣言，扰乱社会秩序，破坏社会稳定的；（7）宣扬淫秽、赌博、暴力或者教唆犯罪的；（8）侮辱或者诽谤他人，侵害他人合法权益的；（9）危害社会公德或者民族优秀文化传统的；（10）有法律、行政法规和国家规定禁止的其他内容的。

② 在《出版管理条例》（2016年修订）《音像制品管理条例》（2016年修订）中，对于出版物、音像制品内容违规作出了同样的规定。《出版管理条例》（2016年修订）第25条：任何出版物不得含有下列内容：（1）反对宪法确定的基本原则的；（2）危害国家统一、主权和领土完整的；（3）泄露国家秘密、危害国家安全或者损害国家荣誉和利益的；（4）煽动民族仇恨、民族歧视，破坏民族团结，或者侵害民族风俗、习惯的；（5）宣扬邪教、迷信的；（6）扰乱社会秩序，破坏社会稳定的；（7）宣扬淫秽、赌博、暴力或者教唆犯罪的；（8）侮辱或者诽谤他人，侵害他人合法权益的；（9）危害社会公德或者民族优秀文化传统的；（10）有法律、行政法规和国家规定禁止的其他内容的。《音像制品管理条例》（2016年修订）第3条：出版、制作、复制、进口、批发、零售、出租音像制品，应当遵守宪法和有关法律、法规，坚持为人民服务和为社会主义服务的方向，传播有益于经济发展和社会进步的思想、道德、科学技术和文化知识。音像制品禁止载有下列内容：（1）反对宪法确定的基本原则的；（2）危害国家统一、主权和领土完整的；（3）泄露国家秘密、危害国家安全或者损害国家荣誉和利益的；（4）煽动民族仇恨、民族歧视，破坏民族团结，或者侵害民族风俗、习惯的；（5）宣扬邪教、迷信的；（6）扰乱社会秩序，破坏社会稳定的；（7）宣扬淫秽、赌博、暴力或者教唆犯罪的；（8）侮辱或者诽谤他人，侵害他人合法权益的；（9）危害社会公德或者民族优秀文化传统的；（10）有法律、行政法规和国家规定禁止的其他内容的。

③ 《互联网文化管理暂行规定》（2011年修订）第2条：本规定所称互联网文化产品是指通过互联网生产、传播和流通的文化产品，主要包括：（1）专门为互联网而生产的网络音乐娱乐、网络游戏、网络演出剧（节）目、网络表演、网络艺术品、网络动漫等互联网文化产品；（2）将音乐娱乐、游戏、演出剧（节）目、表演、艺术品、动漫等文化产品以一定的技术手段制作、复制到互联网上传播的互联网文化产品。

到著作权法保护呢？1990年《著作权法》第4条规定："依法禁止出版、传播的作品，不受本法保护。"所谓的禁止出版、传播的作品，主要就是内容本身违法的作品。该条规定在1990年《著作权法》草案和送审稿中都没有。在后期审议期间，为了明确规定对反动、淫秽的作品不享有著作权，不予保护，修改稿中新增了一条："依法禁止出版和以其他形式传播的作品，不享有著作权。"[①]1990年6月14日，国家版权局会同国务院法制局联合致函全国人大法律委员会，认为"这样规定不妥"。全国人大法律委员会最终将该条修改为"依法禁止出版、传播的作品，不受本法保护"提交审议。含有第4条的《著作权法》(1990年)最终表决通过，但是一直受到法学界质疑，主要的理由包括与著作权是因创作行为而自动产生的原则相冲突等[②]。2010年《著作权法》修订时，该条被废除。《著作权法》(2010年修正)第4条规定："著作权人行使著作权，不得违反宪法和法律，不得损害公共利益。国家对作品的出版、传播依法进行监督管理。"

对于内容违法的进入"黑名单"的音乐作品，依然能够受到著作权法的保护。如果仍然有平台在继续传播这些作品，除了主管机关文化部门可以依照相关的行政法规禁止其传播外，作为这些"黑名单"作品的著作权人依然有权以侵犯其著作权为由，依照著作权法提起诉讼，要求相关平台删除涉案歌曲。需要注意的是，由于该作品违反宪法、法律、损害公共利益，相关著作权人不能自行或授权他人使用或传播，更不能从使用或授权他人传播中获得经济收益，著作权人即使维权也不能适用损害赔偿的救济方式，即不能获得经济赔偿。

## 二、私自印刷销售的音乐专辑

没有取得版号即私自印刷销售的音乐专辑违反了国家关于音像制品制作出版发行的规定，但是其内容本身并不违法。著作权人只要愿意，就可以授权正规的出版社进行出版发行。对于这类音乐作品的保护应当等同于已经获得合法出版发行许可的音乐作品。如果他人对这类音乐作品侵权，著作权人完全

---

① 宋木文：《依法禁止出版传播的作品不受著作权法保护的由来与归宿》，载刘春田主编：《中国著作权法律百年论坛文集》，法律出版社2013年版，第352页。

② 参见宋木文：《依法禁止出版传播的作品不受著作权法保护的由来与归宿》，载刘春田主编：《中国著作权法律百年论坛文集》，法律出版社2013年版，第352~353页。

可以依据著作权法的规定,提起相关的诉讼。与内容违法的作品不同的是,相关的著作权人如果维权,可以适用损害赔偿的救济方式并能够获得经济赔偿。

### 三、抄袭和未经授权的演绎作品等侵权音乐作品

在著作权侵权案件中,很多被告在发现原告的作品可能存在抄袭后,都会提出原告的作品涉嫌抄袭,不能获得著作权法的保护的答辩意见,主张原告无权提起针对被告的诉讼。那么部分抄袭的作品到底是否享有著作权呢?

美国《版权法》第 103 条(a)规定,第 102 条规定的版权客体包括汇编作品和演绎作品。但是对于使用具有版权的已有材料的作品的保护,不得延伸到作品中任何含有非法已有材料的部分。

中国著作权法并未对抄袭和未经授权的演绎作品等侵权音乐作品是否享有著作权作出规定,但是在司法实践中,并不否认侵权音乐作品享有合法著作权。

《北京市高级人民法院关于审理著作权纠纷案件若干问题的解答》(京高法发字〔1995〕192 号)第 5 条规定:未经许可演绎他人作品产生的演绎作品尽管对原作作者来说是侵权作品,但它不是对已有作品的抄袭或复制,它本身是创作活动的产物,它的作者也付出了创造性劳动,它本身是有著作权的,演绎作品作者有权禁止他人使用演绎作品。但由于这类作品毕竟是未经授权演绎产生的,故使用时应经原作者的许可,未经许可进行使用是侵权的。

在广州龙源影视有限公司与佛山市顺德区孔雀廊娱乐唱片有限公司侵犯著作财产权纠纷案中①,何某阳于 2004 年创作完成音乐作品《月亮之上》,佛山市顺德区孔雀廊影音电器有限公司以转让方式取得《月亮之上》的著作权。佛山市顺德区孔雀廊影音电器有限公司于 2005 年发行了专辑《凤凰传奇——月亮之上》。2006 年 7 月 20 日,被告广州龙源影视有限公司制作发行了 CD《牛建党个人专辑》,曲目为 14 首,其中包含涉案歌曲《月亮之上》。经比较,广州龙

---

① 广州市白云区人民法院民事判决书,(2009)云法民三知初字第 137 号;广东省广州市中级人民法院民事判决书,(2010)穗中法民三终字第 235 号。同类的案例还有广东火烈鸟文化发展有限公司与佛山市顺德区孔雀廊娱乐唱片有限公司侵犯著作财产权纠纷上诉案,参见广东省广州市中级人民法院民事判决书,(2010)穗中法民三终字第 215 号。

源影视有限公司发行的《牛建党个人专辑——敖包的美丽》中的歌曲《月亮之上》较佛山市顺德区孔雀廊影音电器有限公司发行的录音制品《凤凰传奇——月亮之上》中涉案歌曲《月亮之上》歌词减少了 Rap 部分,其余部分歌词基本相同,歌词基本相同部分曲也相似。广州龙源影视有限公司主张:涉案曲目《月亮之上》侵犯了歌曲《敖包相会》的著作权①,不应受到法律的保护。一审法院经审理认为:

本案的焦点之一是孔雀廊公司是否享有对涉案歌曲《月亮之上》的歌词和曲的权利。孔雀廊公司通过受让的方式,取得涉案歌曲《月亮之上》的著作权的事实有《著作权登记证书》等证据证实,虽然歌曲《月亮之上》的间奏六小节被生效判决认定为侵权作品,但该六小节间奏在《月亮之上》整首歌曲中所占比例极小,对整首歌曲的著作权并没有根本性的影响,故孔雀廊公司享有歌曲《月亮之上》除间奏六小节以外的词曲著作权。

## 第十三节　合 作 作 品

《著作权法》第 14 条规定:“两人以上合作创作的作品,著作权由合作作者共同享有。没有参加创作的人,不能成为合作作者。”合作作品是指两个以上作者共同创作而形成的作品。当词曲作者为同一人,无论是先作词后谱曲,还是先作曲后填词,或者词曲同步完成,音乐作品的著作权人都是该作者。当词曲作者不是同一人,如果存在创作合意,根据我国《著作权法》的规定属于合作作品。

要构成合作作品,需要两人以上作者有共同创作音乐作品的愿望,合作作者各自都知道自己是在和其他人共同进行创作。例如,某某乐队出版的同名专辑中的歌曲,其词作者是乐队的贝斯手某甲,曲作者是乐队的主唱某乙。如果某乙与某甲协商,由某甲先作词,之后由某乙作曲,那么某甲在作词的时候已经

① 关于该案见本书关于歌曲抄袭部分的相关分析。

明确知道这首词是会被某乙谱曲的,这种情况可以视为双方存在创作合意,那么最终由某乙谱曲的这首歌曲属于合作作品。当然,合作作者只需知晓是与他人合作创作音乐作品即可,不一定必须知道另一个合作作者具体是谁。如果某甲在写词的时候,压根没有跟某乙或者其他人的合作意图。后来,某乙偶然发现这首词并进行了谱曲,那么由于双方并没有创作的合意,形成的音乐作品则不属于合作作品,而是属于演绎作品。

需要说明,以下这几种情况,均不属于合作创作,形成的作品不是合作作品。合作作者各自创作的部分需要具备可版权性,如果他人仅在原作的基础上进行微小的改动,如改动了歌词中几个字词,个别的词句过于短小,其本身无法受到著作权法的保护。改动个别字词不能使其成为合作作者。为创作者提供资料、素材供参考等,属于创作的辅助性工作,并非创作本身。提供创作思路、意见则属于思想的范畴,尚未形成具体的表达。这些行为均不能使其成为合作作者。

## 一、合作作品的权利结构

合作作品可分为可以分割使用的合作作品和不可分割使用的合作作品。如一首音乐作品为合作作品,其中作词者为一人,作曲者为另一人,那么这首音乐作品属于可以分割使用的合作作品。作词者对于其创作的歌词,作曲者对于其创作的乐曲,可以不经过另一方同意发表或授权他人使用自己独立享有著作权的歌词或乐曲。

如果一首乐曲的作曲人为两人,这首乐曲是经过两人多次讨论修改而成,乐曲的每一小节是由谁创作的已经全然不可分辨,那么这首乐曲就属于不可分割使用的合作作品。对于不可分割使用的合作作品,一般情况下,如果发表或使用,经过合作作者同意即可。但是,如果双方关系恶化,一人打算授权他人使用,另一人坚决不允许,如何处理呢?著作权法规定,在协商不成的情况下,其中一方仍然可以单方独立授权许可他人使用,只不过应当将授权许可获得的报酬合理地分配给另一方。①

《著作权法》第 14 条第 1 款规定，“两人以上合作创作的作品，著作权由合作作者共同享有”；第 3 款规定“合作作品可以分割使用的，作者对各自创作的部分可以单独享有著作权，但行使著作权时不得侵犯合作作品整体的著作权”。从条文来看，可以分割使用的，作者对各自创作的部分可以单独享有著作权。即词作者享有词作品的著作权、曲作者享有曲作品的著作权，这点一般不存在争议。但仔细观察，似乎还存在一个共同享有的合作作品的整体著作权。这是否意味着词作者或曲作者可以就词曲作品整体主张著作权呢？在上诉人北京众得文化传播有限公司与被上诉人万达影视传媒有限公司、新丽传媒集团有限公司、天津金狐文化传播有限公司、岳某刚②侵害作品改编权纠纷案③中，其中一个核心问题是原告作为词作者专有使用权人，能否就作为合作作品的词曲作品整体主张改编权？

歌曲《牡丹之歌》创作于 1980 年，乔某作词，吕某、唐某作曲。该歌曲是电影《红牡丹》的主题曲，歌词为：

啊，牡丹，百花丛中最鲜艳
啊，牡丹，众香国里最壮观
有人说你娇媚，娇媚的生命哪有这样丰满
有人说你富贵，哪知道你曾历尽贫寒
啊，牡丹，啊，牡丹，哪知道你曾历尽贫寒
啊，牡丹，百花丛中最鲜艳
啊，牡丹，众香国里最壮观
冰封大地的时候，你正蕴育着生机一片

---

① 《著作权法》第 14 条第 2 款规定：“合作作品的著作权由合作作者通过协商一致行使；不能协商一致，又无正当理由的，任何一方不得阻止他方行使除转让、许可他人专有使用、出质以外的其他权利，但是所得收益应当合理分配给所有合作作者。”《著作权法实施条例》第 9 条：“合作作品不可以分割使用的，其著作权由各合作作者共同享有，通过协商一致行使；不能协商一致，又无正当理由的，任何一方不得阻止他方行使除转让以外的其他权利，但是所得收益应当合理分配给所有合作作者。”

② 艺名为岳某鹏。

③ 天津市第三中级人民法院民事判决书，(2019)津 03 知民终 6 号。

春风吹来的时候，你把美丽带给人间

啊，牡丹，啊，牡丹，你把美丽带给人间，你把美丽带给人间

本案中，被告方电影《煎饼侠》使用了由岳某刚参与填词，吕某、唐某作曲，姚某编曲的《五环之歌》作为背景音乐和推广曲。《五环之歌》的歌词分为两部分，一部分是某歌手的说唱，这部分与原歌词完全无关。原告的主张针对的是岳某刚填词、演唱的部分，该部分歌词为：

啊，五环，你比四环多一环

啊，五环，你比六环少一环

终于有一天，你会修到七环

修到七环怎么办，你比五环多两环

本案原告经过两次转授权取得词作品的专有使用权。[①] 原告认为，歌曲《牡丹之歌》是一个完整的合作作品，词曲不可分割，其有权就该歌曲整体的改编权主张权利。一审法院认为[②]：

认定万达公司、新丽公司、金狐公司、岳某刚是否侵害了歌曲《牡丹之歌》词作品著作权人享有的改编权，首先应判断涉案《五环之歌》歌词的改动是否构成对歌曲《牡丹之歌》歌词的改编，即被诉行为是否属于改编权的控制范围，对此可以从以下几方面将两者进行比对并综合考量：

---

① 2018年4月5日，歌曲《牡丹之歌》的词作者乔某甲出具授权书，被授权人为乔某乙，授权内容为：(1)授权人是音乐作品《牡丹之歌》《爱我中华》《一条大河》等的词作者，享有完整的著作权。(2)授权人将第一条所述全部词作品的著作权财产权利以独占排他的方式不可撤销的授予被授权人。授权期限自创作完成之日至作品保护期届满为止(最后故去的作者死后的第50年的12月31日，如日后法律修改，以新颁布的法律保护期为准)，授权地域为全世界范围内。被授权人有权进行转授权，亦有权对侵权进行维权并获取经济赔偿。2018年4月8日，乔某甲出具授权书，被授权人为众得公司，授权内容为：(1)授权人是音乐作品《牡丹之歌》《爱我中华》《一条大河》等的词作品权利人，享有完整的著作权。(2)授权人将第一条所述全部词作品的著作权财产权利之改编权、信息网络传播权、表演权、复制权以独占排他的方式不可撤销的授予被授权人。授权期限自创作完成之日至2021年12月31日，授权地域是中国(含港澳台)。被授权人有权进行转授权，亦有权对侵权行为进行维权并获取经济赔偿。

② 天津市滨海新区人民法院民事判决书，(2018)津0116民初1980号。

首先，从两者的作品名称看。《牡丹之歌》与《五环之歌》这两首歌曲的名称中仅后半部分“之歌”二字相同，但“××之歌”本身系对歌曲这种作品形式的一种惯常表达，而歌名中反映歌曲核心内容的主题部分显然不同。

其次，从两者的内容和主题看。作为电影《红牡丹》主题曲的《牡丹之歌》，从牡丹历尽贫寒、把美丽带给人间着笔，通过对牡丹壮美形象的描写，表达了对于“国花”牡丹的喜爱与赞誉，而《五环之歌》则通过对北京城市道路状况的戏谑性描述，表达了对于北京交通拥堵现象的无奈与感叹，两首歌的歌词的核心内容和表达主题并不相同。

再次，从两者的具体表达方式看。《五环之歌》中岳某刚演唱的部分与《牡丹之歌》的前三分之一部分相对应，众得公司主张该部分内容为歌曲《牡丹之歌》的高潮部分、具有高识别性，但经比对，两首歌对应部分的歌词中仅有“啊”字这一不具有独创性的语气助词相同。除此之外，《五环之歌》的歌词中并未使用或借鉴《牡丹之歌》歌词中具有独创性特征的基本表达，且为配合歌曲的整体风格，《五环之歌》的歌词中还加入了说唱元素，故可以认定涉案《五环之歌》的歌词已脱离歌曲《牡丹之歌》的歌词，形成了独立的一种新的表达。

最后，从整体角度上看，两首歌曲的创作背景及歌词部分所体现的风格与表达的情感也存在差异。

通过以上分析，即便涉案《五环之歌》的灵感和素材源于《牡丹之歌》，并使用了与歌曲《牡丹之歌》中对应部分的曲谱，容易使人在听到这首歌时联想到《牡丹之歌》，但本案并不涉及对《牡丹之歌》曲谱使用行为的认定，仅就歌词部分而言，涉案《五环之歌》的歌词不构成对歌曲《牡丹之歌》歌词的改编。故可以认定，岳某刚创作并演唱涉案《五环之歌》的行为，并不构成众得公司对歌曲《牡丹之歌》词作品享有的改编权的侵害。

可以看出，在本案中，法院并没有认可在合作作品上存在一个词曲作品整体著作权，而是从改编权的角度切入分析。改编权是指改变作品，创作出具有独创性的新作品的权利。改编通常都利用了原有作品基本内容。岳某刚创作的《五环之歌》歌词，虽然灵感来自《牡丹之歌》，但与《牡丹之歌》歌词存在根本差异，可以说是重新创作，并非对原歌词的改编行为。最终，二审法院认同了一审法院的认定,维持了原判[①]。

笔者认为,我国《著作权法》将合作作品分为可以分割使用的合作作品和不可分割使用的合作作品,使属于合作作品的范围过大。我国台湾地区“著作权法”第8条规定:“二人以上共同完成之著作,其各人之创作,不能分离利用者,为共同著作”。我国台湾地区学者罗明通认为:共同著作系指二人以上基于共同目标,合力完成创作,且其个人之创作,不能分离利用者而言,至于各创作者创作比例大小均非所问。[②] 德国《著作权法》第8条第1款规定:“如果数人共同创作了一部作品,并且各自创作的部分不能被分开使用,则他们是这部作品的合作作者。”合作作者要求数人共同创作了一部作品并且各自创作的部分不能被分开利用。[③] 不难看出,我国台湾地区“著作权法”中的共同著作、德国《著作权法》中的合作作品相当于我国《著作权法》中的不可分割使用的合作作品。

德国《著作权法》第9条规定了结合作品[④],多个作者为了共同利用而将其作品互相结合,任何作者都可以要求其他作者按照诚实信用原则准许自己发表、利用、修改该结合的作品。我国台湾地区“著作权法”中虽然没有规定结合作品,但在学理上认为词与曲可以分别利用,应该是两个作品,而不是合作作品,属于结合作品[⑤]。

结合作品与合作作品的最大区别有两点:一是能否分割使用。不能分割使用的为合作作品,可以分割使用的为结合作品。二是权利结构。合作作品是一个作品,只有一个整体合作作品的著作权。而结合作品并非一个作品,而是由两个或两个以上作品结合而成,不存在作为整体的结合作品的著作权,构成结合作品的各部分分别享有各自的著作权。

词作者和曲作者的创作合意,创作联系是比较弱的,所谓的合意仅在于将

---

① 天津市第三中级人民法院民事判决书,(2019)津03知民终6号。

② 参见罗明通:《著作权法论Ⅰ》(第8版),2014年自版发行,第280页。

③ 参见[德]图比亚斯·莱特:《德国著作权法》,张怀岭、吴逸越译,中国人民大学出版社2019年版,第51页。

④ 也有译为合成作品,参见[德]图比亚斯·莱特:《德国著作权法》,张怀岭、吴逸越译,中国人民大学出版社2019年版,第55~56页。

⑤ 参见章忠信:《著作权法逐条释义》,台北,五南图书出版股份有限公司2017年版,第35页。

词曲结合在一起使用,形成带词的音乐作品。

## 二、合作作品的起诉主体

合作作品如果被侵权,首先需要解决的是起诉主体问题。

### (一)可分割使用的合作作品

对于可分割使用的合作作品,各作者对可分割的部分分别享有著作权,因此,他们也可以就各自的著作权部分主张权利。

在王某馨与北京华谊兄弟音乐有限公司、翁某仁、唐某恬、何某侵犯著作权纠纷案①中,王某馨和翁某仁合作创作完成了歌曲《请不要对我说 Sorry》。北京华谊兄弟音乐有限公司于 2012 年年底开始在互联网上传播何某演唱的歌曲《请不要对我说 Sorry》。该歌曲还被收录进何某演唱的个人专辑《敢爱》当中,署名的词、曲作者分别为唐某恬和翁某仁。原告王某馨认为该歌曲系翁某仁擅自将其作品提供给唐某恬修改后所产生。虽然在歌词的具体表达上对原告创作的歌词进行了改动,但二者的歌曲名称、歌词创意和表达的情感是一致的,构成了实质性相似,故以翁某仁和唐某恬未经同意对原告创作的歌词作品进行修改,何某擅自演唱侵权歌曲,并由北京华谊兄弟音乐有限公司进行录制和传播侵犯发表权、署名权、修改权、信息网络传播权和获得报酬权为由诉至法院。就原告是否有权单独主张权利,一审法院经审理认为:

除法律另有规定外,作品的著作权属于作者;合作作品可以分割使用的,作者对各自创作的部分可以单独享有著作权。根据本案查明的事实,王某馨和翁某仁于 2009 年 6 月合作创作完成了歌曲《请不要对我说 Sorry》,王某馨系该歌曲的歌词创作者。由于歌曲的歌词和乐曲可以分割使用,故王某馨作为歌词的作者,可以就上述歌曲的歌词部分单独主张权利。

《北京市高级人民法院侵害著作权案件审理指南》第 1.13 条规定:"对于可

① 北京市朝阳区人民法院民事判决书,(2013)朝民初字第 02543 号。

分割使用的合作作品，作者可以单独对其享有著作权部分主张权利”，对此问题进行了明确。

（二）不可分割使用的合作作品

对于不可分割使用的合作作品，是需要所有合作作者共同主张权利，还是任一合作作者都有权主张权利是一个疑难问题。在殷某宗与上海音像出版社、上海南新雅文化艺术交流苑、北京新华外文书店股份有限公司音乐书店侵犯著作权及表演者权纠纷案中，钢琴协奏曲《黄河》的改编者除本案原告殷某宗外还有其他人，该作品属于不可分割使用的合作作品，殷某宗在本案中撤回了对钢琴协奏曲《黄河》著作权提出的主张，法院予以确认。[①]

该案发生年份较早，对于殷某宗为何撤回部分诉讼请求，我们不得而知。《北京市高级人民法院关于审理知识产权纠纷案件若干问题的解答》第 7 条，似乎必须通知其参加诉讼，作者下落不明，公告送达[②]。这样难免拖延时间。殷某宗撤回部分诉讼请求，也有可能是因为找不到共同改编者，又不想耽误时间公告送达。

如果今后再发生类似案例，可以参照《北京市高级人民法院侵害著作权案件审理指南》第 1.14 条规定处理。其规定“对于不可分割使用的合作作品，如果能够查清权利人基本情况，以全部权利人作为共同原告。明确表示放弃实体权利的权利人，可不予追加；不愿意参加诉讼，又不放弃实体权利的，将其列为共同原告，其不参加诉讼，不影响对案件的审理。如果结合在案证据难以查清权利人基本情况，可以将已查清的部分权利人作为共同原告，但在判决论理部分为未参加诉讼的权利人保留相应的权利份额”。

---

① 北京市第二中级人民法院民事判决书，（2004）二中民初字第 1067 号。

② 《北京市高级人民法院关于审理知识产权纠纷案件若干问题的解答》第 7 条：争议作品是合作作品，作者人数众多的，如何确定诉讼当事人？合作作品的著作权由合作作者共同享有。因此，涉及争议作品是合作作品的诉讼是必要共同诉讼，合作作品的作者均为必要共同诉讼的当事人；合作作品作者没有参加诉讼的，应当通知其参加诉讼；作者下落不明，或者利用直接送达等方式无法送达的，可以依照《民事诉讼法》第 84 条的规定公告送达。涉及争议合作作品可以分割使用的，作者对其创作部分单独享有著作权，因此，作者仅对其享有著作权部分主张权利的，不是必要共同诉讼。

## 第十四节 演绎作品

我国现行著作权法并没有直接使用“演绎作品”的概念。演绎作品，又称派生作品，是指在保持原有作品基本表达的基础上，对原表达加以发展，并使新表达与原表达融为一体而形成的新作品[①]。《著作权法》第 13 条规定：改编、翻译、注释、整理已有作品而产生的作品，其著作权由改编、翻译、注释、整理人享有，但行使著作权时不得侵犯原作品的著作权。学理上将上述改编、翻译、注释、整理产生的作品称为演绎作品。对于音乐作品而言，最常见的演绎方式是改编。《著作权法》第 10 条第 1 款第 14 项规定：改编权，即改变作品，创作出具有独创性的新作品的权利。也就是说，改编音乐作品既是使用原作品的行为，同时也是创作改编作品的行为。

### 一、音乐作品改编

如果先写好词，就已经产生了作为文字作品的歌词著作权，著作权归作词者享有。作曲者根据歌词谱曲之后才形成通常所见的带词的音乐作品；同样，如果先写好曲，则作曲完成后就已经形成了音乐作品，属于不带词的音乐作品。填词人根据旋律填写了歌词，则填词完成后就形成带词的音乐作品。这两种方式改编形成的音乐作品并不是合作作品，而是演绎作品。前一种改编，使歌词从文字作品变成了带词的音乐作品，作品类型发生了变化，后一种则从不带词的音乐作品变成了带词的音乐作品，作品类型没有发生变化。

实践中，有观点认为，改编作品必须改变作品的类型。这种观点是错误的。在司法实践中，我国法院明确认可在原有音乐作品的基础上创作出新的音乐作品属于改编。

《想情郎》是一首世代流传在乌苏里江流域赫哲族中的民间曲调，已无法考证该曲调的最初形成时间和创作人。该曲调在 20 世纪 50 年代末第一次被记

① 王迁：《著作权法》，中国人民大学出版社 2015 年版，第 123 页。

录下来。在同一时期，还首次收集记录了与上述曲调基本相同的赫哲族歌曲《狩猎的哥哥回来了》。1962年，郭某、汪某才、胡某石到乌苏里江流域的赫哲族聚居区进行采风，收集到包括《想情郎》等在内的赫哲族民间曲调。在此基础上，郭某、汪某才、胡某石共同创作完成了《乌苏里船歌》音乐作品。[①]

1999年11月12日，中央电视台与南宁市人民政府共同主办了“99南宁国际民歌艺术节”开幕式晚会。在郭某演唱完《乌苏里船歌》后，中央电视台节目主持人说：“刚才郭某老师演唱的《乌苏里船歌》明明是一首创作歌曲，但我们一直以为它是赫哲族人的传统民歌。”南宁国际民歌艺术节组委会将此次开幕式晚会录制成VCD光盘，中央电视台认可共复制8000套作为礼品赠送。[②] 黑龙江省饶河县四排赫哲族乡人民政府认为《乌苏里船歌》系改编作品，并非郭某原创，将郭某和中央电视台等单位告上法庭。关于歌曲是否属于改编作品这一问题，北京市高级人民法院审理认为[③]：

著作权法上的改编，是指在原有作品的基础上，通过改变作品的表现形式或者用途，创作出具有独创性的新作品。改编作为一种再创作，应主要是利用了已有作品中的独创部分。对音乐作品的改编而言，改编作品应是使用了原音乐作品的基本内容或重要内容，应对原作的旋律作了创造性修改，却又没有使原有旋律消失。根据鉴定报告关于《乌苏里船歌》的中部乐曲的主题曲调与《想情郎》和《狩猎的哥哥回来了》的曲调基本相同的鉴定结论，以及《乌苏里船歌》的乐曲中部与《想情郎》和《狩猎的哥哥回来了》相比又有不同之处和创新之处的事实，《乌苏里船歌》的乐曲中部应系根据《想情郎》和《狩猎的哥哥回来了》的基本曲调改编而成。《乌苏里船歌》乐曲的中部是展示歌词的部分，且在整首乐曲中反复三次，虽然《乌苏里船歌》的首部和尾部均为新创作的内容，且达到了极高的艺术水平，但就《乌苏里船歌》乐曲整体而言，如果舍去中间部分，整首乐曲也将失去根本，因此可以认定《乌苏里船歌》的中部乐曲系整首乐曲的主要部分。在《乌苏里船歌》的乐曲中部系改编而成、中部又构成整首乐曲的主部的

① 北京市第二中级人民法院民事判决书，（2001）二中知初字第223号。

② 北京市第二中级人民法院民事判决书，（2001）二中知初字第223号。

③ 北京市高级人民法院民事判决书，（2003）高民终字第246号。

情况下,《乌苏里船歌》的整首乐曲应为改编作品。

就改编与作品体裁的关系问题,《北京市高级人民法院侵害著作权案件审理指南》第5.13条也作了规定:侵害改编权不以作品体裁、类型的变化为要件。

## 二、演绎作品的权利结构

从《著作权法》第13条的规定可以看出,演绎作品存在双重的权利结构。如果我们要使用根据原作品改编创作的演绎作品,不仅需要取得演绎作品的著作权人的许可,还需要取得原作品著作权人的许可。

例如,海子创作了诗歌《九月》,这首诗当然属于文字作品。后来张慧生将其谱曲,形成带词的音乐作品《九月》。海子在写这首诗的时候,显然没有和张慧生共同创作音乐作品的合意。因此,张慧生版的音乐作品《九月》①属于在诗歌作品《九月》基础上改编的演绎作品。使用张慧生版的音乐作品《九月》,除了需要取得海子《九月》著作权继承人的同意,还需要取得张慧生演绎作品著作权继承人的同意②。

另外,很多民间文学艺术作品中的音乐作品是通过整理而成的,具体分析见前述有关民歌部分。

## 三、侵权的演绎作品

《北京市高级人民法院关于审理著作权纠纷案件若干问题的解答》(京高法发字〔1995〕192号)第5条规定:“改编、翻译、注释、整理、编辑已有作品产生的作品称演绎作品。未经许可演绎他人作品产生的演绎作品尽管对原作作者来说是侵权作品,但它不是对已有作品的抄袭或复制,它本身是创作活动的产物,它的作者也付出了创造性劳动,它本身是有著作权的,演绎作品作者有权禁止他人使用演绎作品。”据此,侵权的演绎作品依法享有著作权,应当受到著作

① 周云蓬版的音乐作品《九月》是在张慧生版的基础上进行了进一步的改编、整理,又形成了新的演绎作品。因此,如需要使用周云蓬版的音乐作品《九月》,除了需要取得海子《九月》著作权继承人、张慧生版音乐作品《九月》著作权继承人的授权外,还需要取得周云蓬的授权。

② 张慧生于2002年去世。

权法的保护。如果有其他方非法使用了侵权演绎作品,依然属于侵权行为。

美国《版权法》第 103 条第 1 款规定:“第 102 条规定的著作权客体包括汇编作品和演绎作品,对于利用已存在版权的资料创作的作品的保护,不延及这些作品中非法使用已存在版权的资料的部分。”第 103 条第 2 款规定:“汇编作品和演绎作品中的著作权只延及此类作品作者创作的不同于作品中采用的已存在版权的资料的部分,这表示,著作权不包含对已有资料享有任何专有权利。”①

按理说这条的意思非常明确,即对于非法使用其他材料的汇编作品和演绎作品,可以对其保护,但对于汇编作品和演绎作品中非法使用的材料部分,不应当保护。但很多学者却认为,美国版权法规定侵权演绎作品不能受到版权保护。如李明德教授对第 103 条的理解是:“按照第一款的规定,无论是汇编作品,还是演绎作品,对于享有版权材料的使用,都必须符合法律的规定,如获得版权人的许可等。如果没有获得许可,无论是汇编的部分还是演绎的部分,都不能获得版权。”②王迁教授认为,“这意味着如果未经许可创作的演绎作品完全是以他人作品为基础,则该演绎作品不能受到版权保护”,“美国版权法第 103 条否认了‘侵权演绎作品’受保护的资格”③。

著作权法之所以承认演绎作品,就在于演绎作品是在原有作品的基础上有了独创性的表达。给予演绎作品的保护也仅限于该部分的表达。正如威廉·S. 斯特朗所言:“一件派生作品可能派生自有版权保护的作品或者属于公有领域的作品。如果是派生自有版权的作品,而这件作品的作者又没有授权允许复制,那么这件派生作品则构成侵犯版权。在任何情况下,对派生作品提供的保护只限于作者原创的部分”④。

在龚某杰与浙江泛亚电子商务有限公司、王某著作财产权纠纷案⑤中,原告龚某杰有感于股市兴旺,创作了《死了都不卖》歌词,并请王某演唱,挂到网上后红遍全国,被誉为中国股市第一“股歌”。龚某杰对此歌词享有著作权。作品走红后,浙江泛亚电子商务有限公司曾要求与龚某杰合作,并提供格式合同电子

---

① 《美国版权法》,杜颖、张启晨译,知识产权出版社 2013 年版,第 10 页。

② 李明德:《美国知识产权法》(第 2 版),法律出版社 2014 年版,第 275 页。

③ 王迁:《著作权法》,中国人民大学出版社 2015 年版,第 240 页。

④ [美]威廉·S. 斯特朗:《版权实用指南》,李凡、卢丹译,辽宁人民出版社 1991 年版,第 5 页。

⑤ 上海市浦东新区人民法院民事判决书,(2007)浦民三(知)初字第 120 号。

文本，但因其不支付稿酬，龚某杰未予同意。事后发现浙江泛亚电子商务有限公司与王某签约，将王某包装成歌手，随后以王某为歌词创作人身份对外宣传，在浙江泛亚电子商务有限公司网站上以营利为目的使用上述作品。龚某杰以浙江泛亚电子商务有限公司和王某的行为严重侵害其署名权、修改权、保护作品完整权、改编权、表演权、信息网络传播权、复制发行权、获得报酬权为由诉至法院。三首歌歌词对比见表1。

**表1　歌词对比**

| 《死了都要爱》 | 龚某杰版《死了都不卖》 | 王某版《死了都不卖》 |
| --- | --- | --- |
| 把每天当成是末日来相爱 | 把股票当成是投资才买来 | 把股票为了是赚钱才买来 |
| 一分一秒都美到泪水掉下来 | 一涨一跌都不必害怕掉下来 | 一涨一跌都不用害怕掉下来 |
| 不理会别人是看好或看坏 | 不理会大盘是看好或看坏 | 不理会大盘是看好或看坏 |
| 只有你勇敢跟我来 | 只要你翻倍我才卖 | 只要你翻倍我才卖 |
| 爱不用刻意安排 | 我不听别人安排 | 我不听别人安排 |
| 凭感觉去亲吻相拥就会很愉快 | 凭感觉就买入赚钱就会很愉快 | 凭感觉就买入赚钱我会很愉快 |
| 享受现在别一开怀就怕受伤害 | 享受现在别一套牢就怕受失败 | 可是现在有人套牢就怕受失败 |
| 许多奇迹我们相信才会存在 | 许多奇迹中国股市永远存在 | 许多奇迹中国股市永远存在 |
| 死了都要爱 | 死了都不卖 | 死了都不卖 |
| 不淋漓尽致不痛快 | 不给我翻倍不痛快 | 不给我翻倍不痛快 |
| 感情多深只有这样才足够表白 | 我们散户只有这样才不被打败 | 我们散户只有这样才不被打败 |
| 死了都要爱 | 死了都不卖 | 死了都不卖 |
| 不哭到微笑不痛快 | 不涨到心慌不痛快 | 不涨到心慌不痛快 |
| 宇宙毁灭心还在 | 投资中国心永在 | 股市牛市一直在 |
| 穷途末路都要爱 | 就算深套也不卖 | 就算深套也不卖 |
| 不极度浪漫不痛快 | 不等到暴涨不痛快 | 不等到暴涨不痛快 |
| 发会雪白土会掩埋 | 你会明白卖会责怪 | 你会明白操作不好 |
| 思念不腐坏 | 心态会变坏 | 心态会变坏 |
| 到绝路都要爱 | 到顶部都不卖 | 到顶部我才卖 |
| 不天荒地老不痛快 | 做股民就要不摇摆 | 做股民就要不摇摆 |
| 不怕热爱变火海 | 不怕套牢或摘牌 | 不怕套牢或洗牌 |
| 爱到沸腾才精彩 | 股票终究有未来 | 股票终究有未来 |

浙江泛亚电子商务有限公司和王某认为,《死了都不卖》的歌词抄袭了《死了都要爱》的歌词,两者句式结构相同,字数也相等,只是将内容由爱情改为股票,原告的歌曲属于侵权作品,不享有著作权,依法不应受保护。法院经审理认为:

根据 2002 年《著作权法实施条例》第 2 条规定,《著作权法》所称作品是具有独创性并能以某种有形形式复制的智力成果。原告的歌词具备以有形形式复制的特点,这是毫无疑问的。关键是原告的歌词是否具备独创性而成为著作权法意义上的作品。本院认为,独创并不是首创,独创既可以是从无到有地、独立地创作一个作品,也可以是在他人作品的基础上创作,但发挥了智力创造性,使之与原作品之间存在客观上容易识别的差异,构成新的作品。原告根据其自己的炒股经历和对股票市场的认识而作的《死了都不卖》歌词,与《死了都要爱》歌词相比,主题、内容都不同,文字表达上存在较大的差异,客观上足以识别为一个新的文字作品。该文字作品符合我国《著作权法》所保护的作品应达到的独创性要求,故原告对此享有著作权,应受我国著作权法的保护。两被告以龚某杰版《死了都不卖》抄袭《死了都要爱》歌词和使用《死了都要爱》曲调为由抗辩原告的权利,但两被告不是《死了都要爱》歌词的权利人,原告歌词对《死了都要爱》歌词是否构成侵权,不是本案审理的范围,即使原告歌词与《死了都要爱》歌词之间存在侵权嫌疑,也是原告与《死了都要爱》歌词作者之间的关系,且这只可能影响到原告利用作品,但并不影响原告在自己作品被侵权时向他人主张权利。原告填写歌词,使用了《死了都要爱》一歌的乐曲,原告应处理好与《死了都要爱》曲作者之间的关系,未经曲作者许可,不得利用改填词后的歌曲。但这同样不影响原告就其创作的文字作品在被他人侵权时主张保护的权利。故两被告以《死了都要爱》歌曲抗辩原告对《死了都不卖》歌词之文字作品的著作权,理由不足。至于两被告以原告作品侵犯他人著作权为由引据我国 2001 年《著作权法》第 4 条认为原告作品不应受法律保护问题,本院认为,该条规定的"依法禁止出版、传播的作品,不受本法保护",主要是指因内容违反法律、宣扬色情、暴力、封建迷信等而被禁止出版、传播的作品,并非指可能涉嫌侵犯他人著作权的作品。故两被告关于原告作品不受著作权法保护的主张,本院不予采纳。

## 第十五节　委 托 作 品

唱片公司为了出版发行旗下歌手唱片，常常会邀请知名词曲作者为该歌手量身定制音乐作品。词曲作者的本次创作与其自发创作的音乐作品不同，唱片公司一般会提出具体的创作要求。词曲作者只能按照唱片公司的要求，如作品的主题、专辑的市场定位、歌手的音域等来创作音乐作品，属于“命题作曲”。电影的出品方或制作方也常常邀请词曲作者为电影创作主题曲，同样会要求完成的音乐作品符合电影的主题。这类音乐作品均属于受托人根据委托人的委托而创作的作品，即委托作品。

### 一、委托作品的归属

2020 年《著作权法》第 19 条规定：“受委托创作的作品，著作权的归属由委托人和受托人通过合同约定。合同未作明确约定或者没有订立合同的，著作权属于受托人。”双方在签订委托创作合同中会约定委托作品的著作权归属。根据法条的规定，既可以约定为归委托人所有，也可以约定为归受托人所有。当然如果约定为双方共有也是可以的，并不违反法律的规定。根据《最高人民法院关于审理著作权民事纠纷案件适用法律若干问题的解释》第 12 条规定：“按照著作权法第十七条①规定委托作品著作权属于受托人的情形，委托人在约定的使用范围内享有使用作品的权利；双方没有约定使用作品范围的，委托人可以在委托创作的特定目的范围内免费使用该作品。”据此，如果双方没有做出明确的约定或者没有签订委托创作合同，那么委托作品的著作权归属受托人即创作者。

### 二、委托作品的著作人身权

著作权包括著作权人身权和著作权财产权。《著作权法》第 19 条仅规定委托人和受托人可以通过合同约定著作权的归属。这条所说的著作权包括著作

---

① 即 2020 年《著作权法》第 19 条。

权财产权一般不会产生疑问,但是否包括著作人身权却一直存在争议,即委托人能否约定著作人身权也归其所有?

《著作权法》第 18 条第 2 款之二规定的是特殊职务作品,其署名权归属作者,其他权利归属法人或其他组织。笔者认为,委托作品也应作类似理解,应当坚持的底线是无论是否存在约定,署名权应归属作者,其他权利可约定归属受托人或委托人。否则,学生雇用“枪手”代写论文,然后自己署名发表就可以委托创作的名义将其合法化。同样,歌手可以向词曲作者“买歌”,合法地署自己的名。《北京市高级人民法院侵害著作权案件审理指南》第 3.7 条规定:“受托人与委托人对著作人身权的行使进行约定,未违反公序良俗的,不宜一概认定无效,可以根据合同内容进行审查。”显然,上述“代写论文”“买歌”行为都是违反公序良俗的,应当认定为无效。

## 三、委托作品的产生时间

一般来说,委托作品是在签订委托创作合同(或者达成口头协议)之后,受托方根据委托方的要求创作完成的作品。现实中,经常遇到音乐作品已经创作完成,双方在此之后依然还签订委托创作合同。这种情况下,不能依据《著作权法》第 19 条的规定来确认著作权的归属。在所谓的“委托创作合同”签订前,音乐作品的著作权归属作者。双方签订的委托创作合同本质上可能是著作权转让合同或著作权授权许可合同。

## 四、委托创作合同

《著作权法》第 19 条的条文使用了“委托创作”“合同”概念,但值得注意的是,该合同并不是《民法典》上规定的委托合同。《民法典》第 919 条规定:“委托合同是委托人和受托人约定,由受托人处理委托人事务的合同。”而受委托创作作品并不是受委托处理委托人事务。第 770 条规定:“承揽合同是承揽人按照定作人的要求完成工作,交付工作成果,定作人支付报酬的合同。承揽包括加工、定作、修理、复制、测试、检验等工作。”受委托创作是受托人根据委托人的要求完成音乐作品的创作,并向委托人交付工作成果即音乐作品,双方形成的是承揽合同关系。

### 五、委托作品的质量标准

在委托创作合同中，一个重要的问题是对于受托人创作的成果的质量标准的约定。对于音乐作品的创作，很难确立一个客观的标准。委托人常常在合同中约定，对于委托创作的成果由委托人验收，如不符合委托人的要求，委托人可要求受托人修改直至委托方满意等。这等于给委托人以质量不合格为由解除合同留下了空间。作为受托人可要求约定为，在委托人给定的主题思想、内容要求下，只要创作的作品符合音乐行业的一般标准即视为合格。

## 第十六节　职务作品

### 一、职务作品的概念

《著作权法》第18条规定，自然人为完成法人或者非法人组织工作任务所创作的作品是职务作品。构成职务作品一般需要满足两个基本条件，一是创作作品的自然人是法人或非法人组织的员工，与法人或非法人组织之间是劳动或雇佣关系，如果创作者与法人或非法人组织之间没有劳动或雇佣关系，则不可能构成职务作品；二是创作的作品系为了完成法人或非法人组织的工作任务。根据《著作权法实施条例》第11条的规定，《著作权法》第16条[①]第1款关于职务作品的规定中的“工作任务”，是指公民在该法人或者该组织中应当履行的职责。因此，创作是履行职务行为。

在田某与中央人民广播电台、北京中创音悦创意文化有限公司著作权权属纠纷、侵权纠纷上诉案[②]中，对于涉案音乐作品的性质是否属于职务作品，法院经审理认为：

根据本案查明的事实，田某在担任被告中创音悦公司音乐创作人期间，广

---

① 即2020年《著作权法》第18条。

② 北京市第一中级人民法院民事判决书，(2011)一中民终字第6467号。

播电台与中创音悦公司之间签订了《北京中创制作服务协议》，约定中创音悦公司为广播电台制作节目包装音乐作品。协议签订后，中创音悦公司为履行该协议，将创作音乐作品的任务交由田某等公司音乐创作人完成。田某根据中创音悦公司的指派和相关工作要求进行音乐创作工作，后交付了由其创作的两首涉案音乐作品，并用于中创音悦公司承揽的广播电台"经济之声"的"大开音乐"和"央广财经快报"两首栏目曲的背景音乐。故涉案音乐作品属于田某在中创音悦公司任职期间，为完成法人工作任务所创作的作品，属于《著作权法》规定的职务作品范畴。

是否为了完成单位的工作任务进行的创作是认定职务作品的关键，如果创作行为与职务无关，则不能构成职务作品。假设在前述案例中，田某比较喜欢绘画，那么他创作的美术作品则不属于职务作品，而是属于其个人作品。

## 二、职务作品的版权归属

《著作权法》第 18 条规定，自然人为完成法人或者非法人组织工作任务所创作的作品是职务作品，除本条第 2 款的规定以外，著作权由作者享有，但法人或者非法人组织有权在其业务范围内优先使用。作品完成两年内，未经单位同意，作者不得许可第三人以与单位使用的相同方式使用该作品。根据《著作权法实施条例》第 12 条，职务作品完成两年内，经单位同意，作者许可第三人以与单位使用的相同方式使用作品所获报酬，由作者与单位按约定的比例分配。作品完成两年的期限，自作者向单位交付作品之日起计算。

因此，职务作品的著作权原则上属于创作作品的员工，单位在业务范围内享有优先使用的权利。同时，作为作者的员工不得许可第三人以与单位使用的相同方式使用该作品。经单位同意后，可以许可第三人以与单位使用的相同方式使用该作品，获取的报酬由双方按照约定的比例分配。

## 三、特殊职务作品的版权归属

我国《著作权法》第 18 条第 2 款规定了特殊职务作品：第一类法定的特殊职务作品主要是利用法人或者非法人组织的物质技术条件创作，并由法人或者非法人组织承担责任的工程设计图、产品设计图、地图、示意图、计算机软件等职务作品。根据《著作权法实施条例》第 11 条,《著作权法》第 16 条①第 2 款关于职务作品的规定中的“物质技术条件”,是指该法人或者该组织为公民完成创作专门提供的资金、设备或者资料。虽然《著作权法》的条文对这类特殊职务作品进行了部分列举,但是并不能就此排除未被列举的其他类型作品不可能构成特殊职务作品。很多的影视作品都属于特殊职务作品,但法条也没有对其进行专门列举。

音乐作品作为特殊职务作品也并非完全不可能。但是主张构成特殊职务作品的单位一方,需要拿出充足的证据,证明作品的创作系利用了单位的物质技术条件。《北京市高级人民法院侵害著作权案件审理指南》第 3.6 条规定:法人或者非法人组织根据《著作权法》第 16 条②第 2 款第 1 项主张职务作品著作权的,应举证证明该作品主要是利用法人或者非法人组织的物质技术条件完成创作的。

在佛山市顺德区孔雀廊娱乐唱片有限公司与上海永乐通讯设备有限公司、东莞市步步高视听电子有限公司著作权和录音制作者权纠纷案中,原告佛山市顺德区孔雀廊娱乐唱片有限公司为了证明对涉案歌曲《为什么相爱的人不能在一起》享有著作权,将 2004 年 7 月 8 日与郑某源(艺名为郑某)所签订的《经理人合约》,郑某源出具的《职务创作说明书》《著作权登记证书》等提交法庭。《经理人合约》中约定“甲方(指佛山市顺德区孔雀廊娱乐唱片有限公司)为乙方(指郑某源)制作的所有节目的音像制品的海内外一切版权都归甲方独家永久拥有。”《职务创作说明书》中记载:“本人郑某源(艺名为郑某)系佛山市顺德区孔雀廊影音电器有限公司签约歌手,本人原创(作词/作曲)的歌曲《为什么相爱的人不能在一起》是由公司提供相关条件及录音等设备完成的,因此,该首歌曲属于职务创作,该首歌曲之词曲的相关著作权利全归公司独家在全球永久专有。”《著作权登记证书》记载:“申请者佛山市顺德区孔雀廊影音电器有限公司(中国)提交的文件符合规定要求,对由郑某源(艺名为郑某)于 2004 年创作完

① 即 2020 年《著作权法》第 18 条。
② 即 2020 年《著作权法》第 18 条。

成,于2004年在中国广州首次发表的《为什么相爱的人不能在一起》(词曲),申请者以职务作品著作权人身份依法享有著作权。"[①]法院最终认可佛山市顺德区孔雀廊娱乐唱片有限公司对涉案歌曲《为什么相爱的人不能在一起》享有著作权。其重要原因在于本案歌曲《为什么相爱的人不能在一起》是由公司提供相关条件及录音等设备完成的,即利用了公司的物质技术条件。该歌曲应当属于特殊职务作品。

第二类是法定的特殊职务作品是报社、期刊社、通讯社、广播电台、电视台的工作人员创作的职务作品。这类主要是针对诸如报社、期刊社、通讯社、广播电台、电视台等特定单位的工作人员完成单位工作任务创作的作品。

第三类是约定的特殊职务作品,即《著作权法》允许单位和作者通过合同约定著作权由法人或者非法人组织享有的职务作品。这类特殊职务作品本质上依然属于普通的职务作品,但是普通的职务作品的著作权原则上属于作者,单位仅享有优先使用权。根据合同自由的原则,《著作权法》允许单位与作者通过协商约定的方式,将其变为特殊职务作品,著作权归属单位。

① 上海市第一中级人民法院民事判决书,(2007)沪一中民五(知)初字第313号。

# 第三章

# 音乐作品版权内容

## 第一节 概 述

根据《著作权法》的规定，著作权包括下列人身权和财产权：发表权、署名权、修改权、保护作品完整权、复制权、发行权、出租权、展览权、表演权、放映权、广播权、信息网络传播权、摄制权、改编权、翻译权、汇编权、应当由著作权人享有的其他权利。由此可见，著作权是由十七种具体的“子权利”捆绑在一起组成的“权利束”。其中前四项属于著作人身权，后十三项属于著作财产权。

著作人身权，又称精神权利，是与著作财产权或经济权利相对的一个概念。作品不但具有经济价值，还体现了作者独特的人格、思想、意识、情感等精神状态。作者对作品中体现出的人格和精神享有的权利就是著作人身权。[①] 著作财产权又被称为著作权中的经济权利，是指那些作者和其他著作权人享有的以特定方式利用作品并获得经济利益的专有权利。[②] 著作人身权和著作财产权的主要区别表现在适用范围、转让、继承、授权等方面。

### 一、适用范围

每一种作品类型都享有著作人身权中的四项子权利。著作财产权是根据

① 王迁：《著作权法》，中国人民大学出版社 2015 年版，第 144 页。

② 王迁：《著作权法》，中国人民大学出版社 2015 年版，第 162 页。

具体作品的使用方式来设定，并非每一种作品类型均包含十三种具体的著作财产权。不同作品的具体使用方式在现实中不尽相同，有些作品无法用特定的方式使用，也就不存在对应的小权利。比如，美术作品无法进行翻译和表演，当然就不存在翻译权和表演权。美术作品和摄影作品享有展览权，其他作品一般不存在展览这种使用方式，相应地也不存在展览权。就音乐作品来说一般不涉及出租权、展览权、放映权。

## 二、可否转让

《著作权法》第 10 条第 3 款规定了著作财产权可以全部或者部分转让，未提及著作人身权可否转让。我国台湾地区“著作权法”第 21 条明确规定：著作人格权专属于著作人本身，不得让与或继承。一般来说，著作人身权不得转让。著作权转让合同一般仅涉及转让全部或部分的著作财产权。如果涉及约定转让著作人身权和著作财产权的条款，则该转让合同将会被认定为部分无效，即涉及人身权转让的部分无效，其余涉及著作财产权的部分依然有效。

## 三、可否继承

如果著作权人死亡，则其著作财产权可以继承。如著名音乐人苏某享有著作权的《黄土高坡》等音乐作品被侵权，苏某发起了一系列的维权行动。苏某于 2018 年 8 月 22 日去世时多起案件尚未审结。苏某的妹妹苏甲继承了苏某著作权继续进行维权诉讼。著名音乐家王某宾去世后，其子女作为继承人继承了其著作权，也发起了一系列的维权诉讼活动。

需要注意的是，继承人继承的为著作财产权，一般不涉及人身权。只有在特定的情况下，继承人才可以行使著作人身权。《著作权法实施条例》第 15 条规定：“作者死亡后，其著作权中的署名权、修改权和保护作品完整权由作者的继承人或者受遗赠人保护。”

在宋某祥、江某、郑某通、农某诉乔某等侵害作品署名权纠纷案①中，《山歌好比春江水》是以柳州彩调剧《刘三姐》剧本为基础改编而成的歌舞剧《刘三

① 广西壮族自治区南宁市中级人民法院民事判决书，(2012)南市民三初字第 120 号。

姐》的主题曲。1960 年 7 月,歌舞剧《刘三姐》剧本由广西壮族自治区人民出版社正式出版、发行,其中包括《山歌好比春江水》。该歌曲与剧中的其他所有歌曲一样,原来并没有歌名,为方便起见,使用者用歌词中的“山歌好比春江水”作为歌名,流传至今。1978 年,歌舞剧《刘三姐》被搬上银幕,广西电影制片厂拍摄、上海电影制片厂协助的民间歌舞剧舞台艺术片《刘三姐》中第一首歌以及主题曲也是《山歌好比春江水》。2000 年 4 月 5 日,广西壮族自治区文化厅和广西壮族自治区版权局联合发布“关于确认歌舞剧《刘三姐》剧本改编执笔人署名权的公告”,确认郑某健、卞某、江某、宋某祥、田某、古某享有歌舞剧《刘三姐》剧本改编执笔人署名权。2000 年 7 月 30 日,广西壮族自治区文化厅与上述人员通过签订协议书的形式,正式确认郑某健、卞某、江某、宋某祥、田某、古某享有歌舞剧《刘三姐》剧本改编执笔人署名权。但是长期以来,署名作词乔某的《山歌好比春江水》作品通过公开发行、出售 DVD 光盘、歌集及网络视频等形式广为传播,并经常在重要的文艺晚会以及大型的商业性文艺晚会上演出。原告认为,被告侵犯了歌曲作者的署名权,对于原告的诉讼主体资格问题,法院认为:

就本案而言,郑某健、卞某、江某、宋某祥、田某、古某享有涉案作品《山歌好比春江水》的署名权,而郑某健、田某、卞某、古某均已去世,根据《实施条例》(2013 年修订)第 15 条第 1 款规定,“作者死亡后,其著作权中的署名权、修改权和保护作品完整权由作者的继承人或者受遗赠人保护”。因此,已故作者郑某健、田某、卞某、古某的署名权由其继承人保护。其中郑某健和田某的继承人郑某进、郑某迈、郑某琪,卞某的继承人农某,古某的继承人梁某引、古某华、梁某声均明确表示放弃在本案中的实体权利,郑某通作为郑某健和田某的继承人以及农某作为卞某的继承人有权为保护被继承人的署名权提起诉讼。宋某祥、江某、郑某通和农某认为被告没有参与涉案作品《山歌好比春江水》的创作,却在涉案作品上署名为词作者,侵犯了郑某健、卞某、江某、宋某祥、田某、古某的署名权,其与本案有直接利害关系,故宋某祥、江某、郑某通、农某有权提起本案诉讼,为本案的适格原告,本院对被告的该项主张不予支持。

## 四、可否授权

《著作权法》第 10 条第 2 款只规定了著作财产权可以许可他人行使,未提及著作人身权可否许可。一般而言,著作人身权不得授权他人代为行使。如著作权人加入著作权集体管理组织后,著作权集体管理组织管理的仅涉及著作权财产权部分。中国音乐著作权协会只管理会员音乐作品的复制发行权、表演权、广播权、信息网络传播权等著作财产权,不管理著作人身权,中国音乐著作权协会不能提起侵害著作人身权之诉。涉及侵犯音乐著作人身权的诉讼,只能由著作权人本人提起。

值得注意的是,实践中授权他人修改或发表作品是很常见的,这并不等同于承认著作人身权可授权。著作人身权不得授权他人代为行使与授权他人进行涉及著作人身权的具体行为并非一回事。

《著作权法》第 10 条第 1 款第 3 项规定:"修改权,即修改或者授权他人修改作品的权利。"从修改权的定义可以看出,修改权包括两种情形,一种是作者自己修改作品的权利,这种权利没必要也无法授权他人,一旦授权就不是自己修改了。另一种是授权他人修改作品。但这里的"授权"仅是授权他人"修改",并非授权他人代为行使修改权,获得修改许可的人应按照作者的要求修改作品,修改后的版本需要经过作者的审核同意。如果未经同意,任意修改作品导致作者社会评价降低,则可能侵害修改权或保护作品完整权。同时,未经许可,被许可人也不能再次授权第三方修改作品。如有其他方未经许可擅自修改,侵害的是作者的修改权,并非侵害被许可人的修改权。侵害修改权的维权诉讼必须由作者提起。

《著作权法实施条例》第 20 条规定:"著作权法所称已经发表的作品,是指著作权人自行或者许可他人公之于众的作品。"通过该条的规定,不难看出,作者可以授权他人发表作品。但被许可方只能按照约定行使发表权,并非享有发表权。在被许可方尚未发表前,如果有其他方提前发表了作品,侵害的是作者的发表权,不是被许可方的发表权。只有作者有权提起侵害发表权的诉讼,被许可方不能提起诉讼。

## 第二节　音乐作品著作人身权

### 一、发表权

《著作权法》第 10 条第 1 款第 1 项规定："发表权，即决定作品是否公之于众的权利。"发表权包括是否将作品公之于众，何时何地将作品公之于众，以何种方式将作品公之于众的权利。

#### （一）公之于众

《最高人民法院关于审理著作权民事纠纷案件适用法律若干问题的解释》第 9 条规定，《著作权法》第 10 条第 1 项规定的"公之于众"，是指著作权人自行或者经著作权人许可将作品向不特定的人公开，但不以公众知晓为构成条件。《北京市高级人民法院关于审理著作权纠纷案件若干问题的解答》第 8 条规定了如何认定作品是否已经发表，作品完成后，如以表演、播放、出版、展览、摄制电影等方式使作品在不特定人范围内公开的，即将作品公之于众的，应视为作品已经发表。所谓公之于众应理解为是一种状态，即作品处于不特定人能够通过正当途径得知的状态，并不要求必须有人已经知晓的事实。

就音乐作品来说，常见的公之于众的方式有出版实体专辑或乐谱、现场演出、网络传播、电台电视台播放等。除前述方式外，在专辑正式出版前，也有不少音乐人将自己制作的录音小样发到网络供大家欣赏。例如，歌手贰佰在 2011 年将音乐作品《我在太原和谁一起假装悲伤》录制成小样上传到豆瓣小站。由于豆瓣小站是向公众开放的，任何人都可以上网搜索贰佰的豆瓣小站的主页，点击播放按钮就可以听到这首歌曲。尽管这首音乐作品经过重新录制，到 2017 年才收录到贰佰个人专辑《嘿，抬头！》中正式发行，但该歌曲实际上在贰佰 2011 年上传至网络时已经发表。

贰佰的《我在太原和谁一起假装悲伤》在豆瓣小站上发布后，播放量惊人，显然该作品已经发表。但假设这首歌曲上传在豆瓣小站后无人问津，甚至根本没人知道贰佰建立的个人豆瓣小站，也没人去点击播放。但是由于豆瓣小站的开放性，任何人都可以登录，在法律效果上，其实没有差别，都属于公之于众，上传歌曲的那一刻歌曲已经完成发表。

在一些小型的演出场所演唱一首全新的音乐作品，算不算发表？尽管来看现场演出的人很少，可能只有几十个人，甚至几个人。只要购票就可以进入并观看演出，因此这些观众也属于不特定的人，首唱从未发表的音乐作品，符合将作品向不特定的人公开的要件，属于发表行为。

但如果音乐人写好了一首新歌，在私下的好友聚会中演唱，或者把音乐作品的录音传给师友，以征求意见，或者为了准备即将进行的演出，在乐队排练时演唱，这些都不能算发表。因为接触到作品的人与音乐人存在亲密的师友、伙伴关系，不属于不特定的人。

在很多抄袭侵权案中，原告需证明被告有可能接触到原告的作品。作品如果发表，则很可能被法院认定被告有可能接触到原告作品。如果作品尚未发表，则原告需要举证证明被告接触过作品，如果作品仅仅进行了登记，是否可以认定为发表呢？

在坤联（厦门）照相器材有限公司与深圳市宝安区公明八航五金塑胶厂等著作权侵权案中，原告坤联（厦门）照相器材有限公司主张被告涉嫌抄袭复制其作品。原告涉案作品已经取得了福建省版权局颁发的作品登记证书，但该作品并没有与其产品一起公开销售，原告没有其他证据证明被告接触其作品。最高人民法院认为，作品登记的主要作用在于证明权利的归属，一般不构成著作权法意义上的发表，在没有其他证据的情况下不宜以此推定被告接触过原告作品。①

### （二）发表权的行使

1. 发表

发表权包括是否将作品公之于众。作者可以决定是否发表作品。《著作权

① 《最高人民法院知识产权案件年度报告（2010）》，参见最高人民法院知识产权审判庭编：《最高人民法院知识产权案件年度报告 2008—2015》（中英文版），中国法制出版社 2017 年版，第 194～195 页。

法实施条例》第20条规定："著作权法所称已经发表的作品，是指著作权人自行或者许可他人公之于众的作品。"《著作权法》第52条规定，未经著作权人许可，发表其作品属于侵权行为。通过这些规定，不难看出，作者既可以自行发表作品，也可以授权他人发表作品。

作者自行将音乐作品上传至网络即属于典型的自行发表。现实中，更多的情况是授权他人发表作品。例如，音乐作品的词曲作者将复制发行权授权或转让给唱片公司，唱片公司以音乐专辑的形式发表音乐作品。数字音乐时代，很多歌手不再出版实体专辑，而是将歌曲音频授权给互联网平台，如网易云音乐，通过网络传播。数字音乐在互联网平台首发即属于授权平台方发表。

2. 不发表

作者也可以决定不发表作品，不发表可以理解为作者有权阻止他人将作品公之于众。在作品尚未发表前，如果有人未经许可，将作品公之于众，则属于侵害了著作权人的发表权。

现实中，一般不存在单独的侵害发表权的行为，因为发表是通过某种行为将作品公之于众的行为。至于具体通过什么行为，在所不问。而著作财产权均是根据作品具体使用方式规定的。因此，侵害发表权通常和侵害其他著作财产权连在一起。如在作品尚未发表前，使用他人音乐作品进行表演，则同时侵犯了著作权人的发表权和表演权。

值得注意的是，未发表的作品，通常都不适用合理使用，侵害未发表的作品无法以合理使用作为抗辩理由。

### （三）发表权的限制

1. 推定同意发表

如果词曲作者将未发表的音乐作品转让给他人，或者授权他人使用其未发表的音乐作品，鉴于发表总是和其他具体使用作品的方式连在一起，词曲作者则不能再保留发表权，推定作者同意受让人或者被许可人发表音乐作品。受让人或者被许可人行使著作财产权必然要将作品公之于众，产生作品公开的后果。如果转让或许可协议达成后，作者却禁止受让方或被许可方发表，等于是禁止其使用。受让人购买著作权或被许可人取得的许可没有任何实际意义。

例如,音乐作品的词曲作者将未发表的作品授权唱片公司出版发行专辑,之后也不能以授权许可合同没有约定可否发表作品为由,主张唱片公司违约或者侵害发表权。如果词曲作者对发表权有所要求,应在著作权转让或许可时进行一定的限制。

2. 法定同意发表

一般来说,发表由作者本人,或是作品的受让方或被许可方行使。《著作权法实施条例》第 17 条规定:"作者生前未发表的作品,如果作者未明确表示不发表,作者死亡后 50 年内,其发表权可由继承人或者受遗赠人行使;没有继承人又无人受遗赠的,由作品原件的所有人行使。"

也就是说,如果作者在世时没有发表相关作品,也没有明确表示不发表,那么在作者去世后的 50 年内,继承人、受遗赠人、作品原件的持有人均有权决定是否发表作品。

3. 发表权一次用尽

发表权只能行使一次。无论以何种方式,只要是著作权人或经过著作权人许可,将作品首次公之于众后,即使事后再有他人侵害著作财产权的行为,同时将作品再次公之于众,再次公之于众即使构成侵权但并不会构成侵害发表权。

4. "被动"发表

北京市高级人民法院于 2018 年 4 月 20 日发布的《北京市高级人民法院侵害著作权案件审理指南》第 4. 3 条规定:"发表权属于一次性权利,即使作品的发表未经著作权人同意,但作品已经公之于众,他人使用该作品,著作权人主张侵害发表权的,不予支持。"

据此,如果因侵权行为导致作品"被动"发表后,作品已经公之于众,这时候如有其他方再次对作品进行侵权,著作权人只能向首次侵权导致作品"被动"发表的侵权方主张侵害发表权,不能再向后续的其他侵权方主张侵害发表权了。发表权只能行使一次,对发表权进行维权也仅有一次。

## 二、署名权

《著作权法》第 10 条第 1 款第 2 项规定:"署名权,即表明作者身份,在作品上署名的权利。"署名权包括是否署名和如何署名两方面的内容。作者可以在自己的作品上署真名，也可以署假名、笔名，或者不署名。

从著作权保护的角度看，署名权的意义在于推定作者。《著作权法》第12条第1款规定："在作品上署名的自然人、法人或者非法人组织为作者，且该作品上存在相应权利，但有相反证明的除外。"除非法律规定或者当事人之间另有约定，著作权一般归属作者。因此，署名对于明确著作权的归属尤为重要。在司法实践中，相当多的案件，法官均是通过合法出版物的署名来确定著作权的归属。

### （一）在作品上署名

署名权的意义在于表明作者身份，而表明作者身份的方式是在作品上署名。知识产权意义上的作品，必然依附于一定的载体，因此，在作品上署名可以理解为在作品所依附的载体上署名。①

音乐作品以歌谱的方式出版发行，可以在歌谱的封面和版权页署名。将音乐作品录制成CD出版，则在实体专辑的内页和封套包装上署名。在实体专辑内页署名时，最好在每首歌词对应的位置完整署上词曲作者姓名。当然，如果绝大部分词曲是同一个人，可以在注明词曲作者后，单独指明个别作品的词作者或曲作者姓名。

署名权的本质是彰显作者的身份。有的时候，虽然没有按照行业惯例在作品上署名，但是如果不会造成公众的误解，不影响作者与作品之间的关联和对应关系，一般不认为侵犯署名权。如在许某与新会佩斯光电有限公司、中国长城艺术文化中心、广州泰一文化发展有限公司著作权纠纷上诉案②中，许某主张被告未经许可，未署作者姓名，在出版发行的CD唱片中使用许某享有著作权的音乐作品，侵犯了许某对其作品依法享有的署名权、复制权和发行权。对于是否构成侵犯署名权，法院认为：

该录音制品名称本身就表明其是对许某作品的再创作，也没有再署名其他

① 参见周晓冰：《著作人格权的保护》，知识产权出版社2015年版，第37页。

② 广东省高级人民法院民事判决书，(2009)粤高法民三终字第416号。

词曲作者，录音制品扉页有“当‘巴萨诺瓦’遇上‘许某’”“要用青春的冲动，去颠覆反转这许某封印的歌界”等字样，封二更有“……用清新 BOSSA NOVA 结合中国民谣演绎许某成名主打，不仅保留了许某的原味……”等表述，充分凸显出许某是作品的原创作者和表演者，不会导致相关公众对涉案作品词曲作者的误认。因此，长城艺术中心、泰一公司对《反转许巍》进行复制、发行，佩斯公司接受长城艺术中心委托进行加工制作的行为，没有侵犯许某的署名权。许某认为该录音制品名称侵犯其署名权的诉请理由不成立，本院不予支持。

在作品上进行署名，还应当具有显著性。如果太隐蔽，甚至无法通过外包装识别，则很可能被认定为侵犯署名权。如在罗林与广东飞乐影视制品有限公司、贵州文化音像出版社、广州合众光碟制造有限公司、北京华融家乐福商业有限公司著作权侵权纠纷案[①]中，罗某诉称飞乐公司与贵州社使用我的作品时，盘盒封底、歌片及光盘盘面均没有给我署名。飞乐公司辩称，因包装需要，未在歌片等印刷品上署词曲作者姓名，但专辑播放画面中以清晰的文字标注了涉案6首歌曲词曲作者的艺名“刀某”。法院认为：

罗某有表明作者身份，在作品上署名的权利。涉案 VCD 光盘的播放画面上标明涉案6首歌曲词曲作者为“刀某”，是表明罗某作者身份的一种体现，但只能通过播放才可使人知悉涉案歌曲的词曲作者。该 VCD 盘盒封底、歌片及光盘盘面上分别载有曲目名称和歌词，却均没有标明词曲作者姓名，消费者在购买光盘时，无法通过光盘的包装了解涉案歌曲的词曲作者情况。而且，光盘与盘盒、歌片可以单独使用，对于不借助适当设备播放光盘的公众而言，无法通过盘盒、歌片等将相应曲目与词曲作者联系起来。因此，飞乐公司只在光盘播放画面上为罗某署名，不能充分表明罗某的词曲作者身份，构成对罗某作品署名权的侵犯。飞乐公司以在播放画面上为罗某署名进行答辩，本院不予支持。作为涉案 VCD 的制作者、发行者，也是歌片、盘盒封底、光盘菲林的制作者，飞乐公司应就侵犯罗某署名权承担停止侵权、赔礼道歉的民事责任。

---

① 北京市朝阳区人民法院民事判决书，(2005)朝民初字第3250号。

不难看出,此案中,法院认定构成侵权的关键是“消费者在购买光盘时,无法通过光盘的包装了解涉案歌曲的词曲作者情况。”也就是说,通过外包装无法建立作者和作品之间的关联和对应关系。

### (二)网络环境下的署名

通过网络传播音乐作品,没有物质载体,如何为词曲作者署名一直是个问题。很多音乐类网站在提供音乐试听、下载服务中也不太重视署名问题。在笔者代理的李志诉北京酷我科技有限公司侵害著作权纠纷案[①]中,李志主张酷我公司在手机客户端使用涉案歌曲时未标明其为词曲作者。由于酷我公司侵权的曲目众多,手机客户端没有署名的情况主要分为以下几种:一是有歌词文字内容的滚动播放,在歌名后面注明李志,而非词曲李志;二是有歌词文字内容的滚动播放,但未署名李志,仅署“旭然制作”;三是没有歌词文字内容的展现,仅标注“好音质在酷我”;四是没有歌词文字内容的展现,而是额外添加了一段介绍性文字。关于手机客户端的行为是否侵犯署名权,法院认为:

对于未直接展示歌词内容的歌曲,要求酷我公司仍需署名词曲作者的方式并不合理,不能认定为侵犯了李志的署名权,故李志要求酷我公司就此赔礼道歉,本院不予支持。对于能直接展示歌词内容的歌曲,酷我公司应当为词曲作者进行正确署名,酷我公司仅署名“李志”或“旭然制作”,并不能起到表明李志为词曲作者的公示作用,且酷我公司在部分歌曲中确实也做到了既署名演唱者为李志,又署名词曲作者为李志。故酷我公司在手机客户端歌曲《斜》、《梵高先生》(2015Live 看见版)、《梵高先生》(2015 伴奏版)、《离婚》(2015Live 看见版)、《董卓瑶》(2015Live 看见版)、《董卓瑶 2012Live》、《忽然 2012Live》、《青春 2012Live》、《阿兰 2012Live》、《热河》(2015Live 看见版)、《热河 2016unplugged》中未明确署名李志为词曲作者,侵犯了李志享有的署名权。李志要求酷我公司就此赔礼道歉,本院予以支持。

---

① 北京市海淀区人民法院民事判决书,(2017)京 0108 民初 11811 号。

该案后来被列为2017年度北京法院知识产权司法保护十大创新性案例之一。[①] 在该案的创新性评价中提到：在线试听过程中同时可供用户选择展示歌词或不展示歌词，不展示歌词且无其他署名便利条件的情况下，音乐类应用软件经营者可以不为词曲作者署名。判断音乐类应用软件是否规范署名，应当结合行业内惯常的署名方式及对词曲等内容的使用情况进行判断，既要考虑署名的必要性，又应考虑署名方式的便利性。[②]

笔者认为，海淀区人民法院以是否展示歌词来判断是否侵犯署名权是不恰当的。首先，不存在法院所认为的“不展示歌词且无署名便利条件”，平台方既然能提供歌曲试听和下载，为何不能从技术上做到提供歌词，注明词曲作者？无论是滚动歌词还是直接展示对于平台来说都是轻而易举的事情。

其次，在展示歌词的情况下，不仅需要保护词作者的署名权，还需要保护曲作者的署名权。曲作者的署名权是否保护依赖歌词展示。法院认为，展示歌词是直接提供词作品的行为，应当署名。按照这个逻辑，展示歌词但没有展示曲谱的情况下，法院应该仅支持侵犯词作者署名权，不支持侵犯曲作者署名权。而在此案中，对于展示歌词的曲目，法院认定酷我公司侵犯了李志的词曲作者署名权，而不仅仅是侵犯了词作者署名权。事实上，提供音乐在线播放和下载本质上就是提供词曲作品内容。无论以何种方式提供了词曲内容，都应当给词曲作者署名，不需要再单独考虑是否提供了歌词或者曲谱。如果非要认为必须提供歌词或曲谱才算提供音乐作品，提供歌曲音频的试听下载不算直接提供作品的话，那么本案中就著作财产权侵权部分，海淀法院就不能判决酷我公司侵犯李志音乐作品的信息网络传播权，仅能支持侵犯李志表演者权和录音制作者权。但实际上，关于酷我公司是否侵犯李志所主张的信息网络传播权，北京市海淀区人民法院认为：[③]

---

① 参见《2017年度知识产权“十大创新性”案例》，载北京法院网，http://bjgy.chinacourt.gov.cn/article/detail/2018/04/id/3273700.shtml。

② 参见《2017年度知识产权“十大创新性”案例》，载北京法院网，http://bjgy.chinacourt.gov.cn/article/detail/2018/04/id/3273700.shtml。

③ 北京市海淀区人民法院民事判决书，(2017)京0108民初11811号。

酷我公司未经许可，在其“酷我音乐”PC客户端和手机客户端应用中提供了涉案歌曲的在线播放和下载服务，使公众可以在其个人选定的时间和地点获取涉案歌曲，侵犯了李志作为词曲作者、表演者和录音录像制作者所享有的通过信息网络传播其作品、表演和录音录像制品的权利。

最后，本案中李志的《你离开了南京，从此没有人和我说话》本来就没有歌词，是一首乐曲，李志享有曲著作权。如果没有歌词，也就无法展示，那么这时就不用保护曲作者的署名权了？这显然是荒谬的。

### （三）现场表演中的署名

现场演出属于对音乐作品的表演，是最常见的音乐作品使用方式，应当指明作者姓名。比较常见的是，通过主持人报幕的方式指明音乐作品的词曲作者，也可以由表演者在演唱前口播词曲作者姓名。在一些大型现场演出中，舞台背后搭建了LED大屏幕，供现场VJ播放视频，这时可以在屏幕中指明作者姓名、作品名称。

### （四）艺名与署名

#### 1. 艺名与作者身份的对应关系

《北京市高级人民法院侵害著作权案件审理指南》第3.3条规定：“作者署非真名时，主张权利的当事人对该署名与作者身份之间存在真实对应关系负有举证证明责任。通过互联网发表的作品，作者署非真名的，主张权利的当事人通过登录账号等方式能够证明该署名与作者之间存在真实对应关系的，可以推定其为作者。”

词曲作者使用艺名是很常见的。在相关的出版物上，也一般署艺名。如果署名为艺名，那么则需要其他相关的证据证明作者与艺名之间存在对应关系。如果歌手个人专辑内收录的音乐作品均是其本人原创，在歌词内页对应的位置署艺名时，可以在内页的其他位置附上歌手本人的照片。例如，在专辑《白银饭店》的歌词页中注明词曲：张玮玮、郭龙，而歌词页、唱片封套、盘面上则附有多幅张玮玮和郭龙的照片和漫画。张玮玮系艺名，如果存在侵权情况，那么张玮玮通过专辑词曲署名、照片，对应上张玮玮的身份证，很容易确认这张专辑的音乐作品词曲著作权的归属。相反的例子是，李志在早年的专辑《被禁忌的游戏》《梵高先生》《这个世界会好吗》中均署名词曲 BB，这几张专辑内页也附上了李志的照片，但是由于照片多是侧脸或者模糊，很难确认 BB 即李志。在本人代理的李志起诉相关侵权方的案件中，法官也对此提出疑问，最后是通过其他证据证明这三张专辑署名的 BB 系李志。

除了出版物外，书面协议也可以证明艺名和作者之间的对应关系。如果协议中签约的作者一方使用的系真名，即身份证上的名字，同时注明相应的艺名和身份证号码，通过协议很容易确定作者与艺名之间的对应关系。

确定了艺名与作者之间的对应关系，也就确定了著作权的归属。在郭某莉诉被告广东白天鹅光盘有限公司、北京新联国际文化发展有限公司等著作权侵权纠纷案中，原告郭某莉诉称其在市场上发现自己作词的《明天》《寻找》《雨天》《陨落的缘分》《I' m Sorry》《寒夜》《戒不掉的想念》《绝配》八首歌曲被侵权制作成《王珏 2002》CD 光盘并非法销售。光盘彩封和盘芯上标有“明瑛公司提供版权”。附随该光盘的歌本显示，除《爱情像一块巧克力饼干》外，其余九首歌曲的歌词均署名为蓝某，《寒夜》（钢琴版）与《寒夜》（人声版）的歌词完全一致。明瑛公司出具证据，证明郭某莉为其公司的签约艺人，艺名为蓝某。白天鹅公司辩称，根据郭某莉提交的主张权利的 CD 光盘，其主张的八首歌曲的歌词的著作权是由北京市明瑛发展有限公司享有的，郭某莉可能仅享有署名权；另外，附随光盘的歌本上显示这些歌曲的词作者均为蓝某，而不是郭某莉，所以郭某莉无权主张著作权。法院经审理认为：

根据《著作权法》规定，如无相反证明，在作品上署名的公民、法人或者其他组织为作者，著作权属于作者。尽管在美卡公司发行的《王珏 2002》CD 光盘和彩封上均标有“明瑛公司提供版权”，但在附随该光盘的歌本上，《明天》《寻找》《雨天》《陨落的缘分》《I' m Sorry》《寒夜》《戒不掉的想念》《绝配》八首歌曲的词作者均署名为蓝某，而白天鹅公司对此也没有提出相反证据，因此应当认定蓝某是该八首歌曲的词作者。另外，根据明瑛公司出具的证明，蓝某就是郭某莉。因此，郭某莉作为该八首歌曲的词作者享有著作权，任何人未经郭某莉许可不得擅自使用其享有著作权的歌词。在白天鹅公司没有就郭某莉的著作权人身份提供反证的情况下,其提出涉案曲目歌词著作权由明瑛公司享有,郭某莉可能仅有署名权的辩称,本院不予支持。对于白天鹅公司否定蓝某就是郭某莉的辩解,本院认为,艺人的艺名无须在国家有关机关登记备案,其签约公司即可证明艺人的真实身份,在白天鹅公司没有提出蓝某是郭某莉的反证的情况下,应当认定蓝某就是郭某莉。

2. 署艺名不侵犯署名权

陈某、胡某泉两人系创作型歌手。陈某是歌曲《彩虹》《难道》的词作者,是歌曲《把爱留给爱你的人》《彩虹》《风声边界》《冷酷到底》《难道》《我要》的曲作者。胡某泉是歌曲《叶子》的词作者和曲作者,是歌曲《烟》的曲作者。2005年6月,北京市新华书店朝阳分店(以下简称朝阳新华书店)销售的《经典MP3-合辑五》(CD光盘)中收录了上述歌曲。根据光盘盘芯上标注的光盘生产源识别码,该光盘由大百科光盘公司复制。大百科光盘公司及朝阳新华书店未经许可,以营利为目的,大量复制、发行和销售侵权录音制品,侵犯了陈某享有的著作权。陈某为此诉至原审法院,请求判令大百科光盘公司及朝阳新华书店立即停止侵权行为、公开致歉、赔偿经济损失。关于被告是否侵犯原告署名权问题,法院经审理认为:①

陈某、胡某泉两人组合,由于涉案侵权光盘上标明了组合的署名,已经表明了陈某的权利人身份,因此并未侵害其享有的著作权中的人身权利,陈某要求大百科光盘公司向其致歉的诉讼请求缺乏事实及法律依据,本院不予支持。

### (五)合作作者的署名

署名顺序纠纷多半发生在合作作者之间。一般而言,署名在前的作者总给人一种他是作品的主要作者的感觉,但其实无论署名在前或在后,著作权法意

---

① 北京市第二中级人民法院民事判决书,(2008)二中民终字第5886号;北京市第二中级人民法院民事判决书,(2008)二中民终字第5883号。

义上的作者地位是一样的。《北京市高级人民法院关于审理著作权纠纷案件若干问题的解答》(京高法发字〔1995〕192号)第9条第1款规定:“如作者之间就署名顺序有约定,可按作者之间的约定处理;如无约定,只要在作品上署名了,作者之间就署名顺序发生争议的,不予保护。”由于法律没有明确规定,早期我国法院对于合作作者之间的署名顺序纠纷一般会驳回起诉或诉讼请求。

《最高人民法院关于审理著作权民事纠纷案件适用法律若干问题的解释》第11条规定:“因作品署名顺序发生的纠纷,人民法院按照下列原则处理:有约定的按约定确定署名顺序;没有约定的,可以按照创作作品付出的劳动、作品排列、作者姓氏笔画等确定署名顺序。”一般情况下,合作作者在发表作品时,会就署名顺序问题达成一致。有约定的,一般尊重合作作者的自行约定。如果没有约定或者就署名顺序问题达不成一致意见,法院可以根据各方对作品的贡献大小确定作者署名顺序。如果贡献相当,可以按照作者姓名笔画或者姓氏拼音首字母顺序等来确定署名顺序。

有观点认为,只要署名了,署名顺序问题不构成侵犯署名权。笔者比较赞同周晓冰法官提出的“署名淡化”理论。“署名淡化”理论以作者和作品之间的“基准关联关系”为参照,认为任何违背作者意图的淡化、破坏、改变“基准关联关系”和错误建立其他关联关系的行为,都是“署名淡化”的行为即侵犯作者署名权的行为。[①] 在合作作者署名顺序的问题上,应用“署名淡化”理论解释就比较好理解,本来是第一作者却被列为第二作者,则淡化了其作为第一作者与作品之间的紧密关联,属于侵犯署名权的行为。[②]《北京市高级人民法院关于审理著作权纠纷案件若干问题的解答》(京高法发字〔1995〕192号)第9条第2款规定:“作者以外的第三人未经许可,改变作者之间的署名顺序的,侵犯作者的署名权。”据此,如果合作作者之外的第三方擅自改变作者署名顺序,根据前述理论和规定,可以认定构成侵犯署名权。

### (六)词曲作者署名与表演者署名

《著作权法》第39条规定了表演者对其表演享有表明表演者身份的权

① 参见周晓冰:《著作人格权的保护》,知识产权出版社2015年版,第50页。

② 参见周晓冰:《著作人格权的保护》,知识产权出版社2015年版,第54~55页。

利，一般也将其称为表演者署名权。给表演者署名是为了表明表演者与其表演的对应关系。虽然都称为署名权，但是二者分属不同的权利类型，不能等同。

在容某某甲与四川中联影音连锁有限公司、茂名市(水东)佳和科技发展公司等著作权、表演者权侵权纠纷案①中，原告容某某甲主张被告侵犯署名权。被告辩称，涉嫌侵权光盘在使用容某某甲享有著作权的词曲时虽未署名，但可以从表演者是容某某甲的事实推断词曲作者是原告容某某甲。法院审理后认为：

根据《著作权法》第 10 条第 1 款第 2 项的规定，署名权是指表明作者身份，在作品上署名的权利。容某某甲作为词、曲作者，享有署名权。署名权与表演者权是不同的权利类型，不能等同代替。故佳和发展公司的该主张无事实依据，亦无法律依据，本院不予支持。

基于上述理由，法院最终确认被告构成侵犯署名权。

(七)编曲署名与作曲署名

从音乐创作的角度看，作曲和编曲的地位不同。作曲的原创性最强，所以我国著作权法将“曲”作为作品保护。编曲是在音乐作品基础上的搭建配器、编写和弦及和声等。编曲和录音、混音等智力劳动一起凝结为录音制作者权受到保护。编曲和作品的关系是服务和被服务的关系。如果将作曲者署名为编曲，根据前述“署名淡化”理论，显然淡化、改变了作曲者与作品的“基准关联关系”。

在宁某与中国电影合作制片公司、北京北大华亿影视文化有限责任公司、英国联华影视公司、广东省电影公司、中国唱片上海公司侵犯著作权纠纷案②中，宁某主张被告中国唱片上海公司将宁某作为编曲署名，侵犯了其署名权。被告则认为编曲署名和作曲署名是一样的。法院经审理认为：

---

① 四川省成都市中级人民法院民事判决书，(2005)成民初字第 134 号。

② 广州市中级人民法院民事判决书，(2001)穗中法知初字第 191 号。

虽然“编”在汉语中系多义字,也有“创作”之意,但其在某一特定领域被特定化后,即在固定环境中只有特定的含义。在音乐创作领域,作曲主要指主(伴)唱旋律创意及写作。编曲主要指配器、编写和弦及和声等;作曲的创作地位要比编曲高。被告中国唱片上海公司作为一个专业的音像制品出版者,对此应该十分清楚,中国唱片上海公司虽承认《丝路驼铃》是宁某创作,却把署名写成“编曲”,其行为构成对宁某署名权的侵犯。

### (八)署名权的限制

署名权的保护并不是绝对的。《著作权法实施条例》第19条规定:“使用他人作品的,应当指明作者姓名、作品名称;但是,当事人另有约定或者由于作品使用方式的特性无法指明的除外。”

首先需要明确,只有在使用作品的情况下才负有为作者署名的义务。如果没有使用作品则不存在侵犯署名权的可能。奖项评选活动本质上属于对所涉作品的评价行为,不属于对所涉作品的使用行为。

在周某良与中国音乐学院侵害作品署名权纠纷案[①]中,法院根据《青春版牡丹亭》巡演过程中对外公示的信息以及江苏省苏州昆剧院出具的证明,认定周某良参与了《青春版牡丹亭》音乐部分的创作。但是对于是否侵害署名权,法院分析认为:

就本案而言,中国音乐学院主办的太极传统音乐奖只是一项评选活动,其本质上属于对所涉作品的评价行为,不属于对所涉作品的使用行为,评选活动中并不涉及对《青春版牡丹亭》整体或其中音乐部分的使用,故中国音乐学院在评奖过程中并不负有逐一标明戏曲主创者或音乐创作者身份的义务,否则,将扩大署名权的保护范围,给社会公众施加过重的义务,并有违社会惯例。并且,从太极传统音乐奖评选活动中涉及《青春版牡丹亭》的颁奖词、项目简介、提名理由以及太极传统音乐奖官方网站上相关文章的内容来看,中国音乐学院将奖项授予白某勇是基于其身为《青春版牡丹亭》总制作人的身份和《青春版牡丹

---

① 北京市朝阳区人民法院民事判决书,(2013)朝民初字第34660号。

亭》在传播昆曲艺术方面的贡献,且提及了创作团队的贡献,中国音乐学院的涉案评奖行为不会使人误认为《青春版牡丹亭》的音乐部分由白某勇创作,并未割裂周某良与《青春版牡丹亭》音乐创作之间的关联。

笔者同意法院的判决理由。《北京市高级人民法院侵害著作权案件审理指南》第4.7条规定:判断被告行为是否侵害署名权,应当以被告直接使用作品内容为前提。评选活动属于对作品的评价行为,不属于对作品的使用行为。没有使用,则不会构成侵害署名权。

另外,在一些特殊的使用方式中,即便想进行署名也确属不便。如在公共场所播放录音制品中的音乐作品,没有办法要求使用方以合适的方式署名或指明作者姓名。因此,即便发现大型超市未经许可播放歌曲作为背景音乐,也只能构成侵犯音乐作品的表演权,不侵犯署名权。

### (九)© by 署名

"© by"是《世界版权公约》第3条规定的为取得版权保护而标明的版权标记。《世界版权公约》第3条规定:作品在首次出版时,每份复制本上均需标记"版权标记",方能在所有成员国中受到保护。如已经有了"版权标记",各成员国就不应再要求其履行登记手续或其他手续。版权标记应包含三项内容:第一,作品的出版年份;第二,版权保留声明(一般以英文"C"并且外加一圆圈表示);第三,版权人名称。①

因此,在"© by"之后的"版权人名称",不等于作者的姓名。版权人不一定是作者。作者将版权转让出去之后,受让人就成为"版权人"。以"© by"形式显示版权标记彰显著作权的归属,但并不能以此方式为作者署名。

### (十)OP 署名

在由港(台)原版引进内地(大陆)出版发行的音乐专辑上,我们常常可以看到奇怪的英文缩写,如OC、OA、OP、SP等。OC是Original Composer的缩

① 参见郑成思:《版权法》,中国人民大学出版社2009年版,第496页。

写,翻译过来是原曲作者。OA 是 Original Author 的缩写,翻译过来是原词作者。OP 是 Original Publisher 的缩写,翻译过来是原出版商。标注 OP 意味着 OC 和 OA 已经将词曲著作权授权给 OP 专属使用和代理。OP 取得专属使用权后,常常会继续往下转授权给分销商 SP,SP 是 Sub Publisher 的缩写。

需要注意的是,如果在中国大陆出版发行专辑,笔者建议不要采用这类英文或英文缩写来署名。如果想采用,最好在后面附上对应的中文翻译。否则以此类署名确定词曲作者或词曲版权专有使用权人,很可能不会得到法院的认可。

在索雅音乐版权代理(北京)有限公司与上海步升大风音乐文化传播有限公司、北京世纪卓越信息技术有限公司侵犯著作权纠纷案中,原告索雅公司提出涉案专辑的音乐作品中 OP 署名为商新索台湾分公司,商新索台湾分公司是上述音乐作品相应的词曲独家专有授权权利人。索雅公司为证明 OP 的上述含义,向法庭提交了一份我国台湾地区的某音乐著作权协会①出具的一份《关于录音制品光盘(CD)上 OP 署名的含义说明》,该说明称:"OP 是 Original Publisher 的简称,字面译作原始出版商,它与 OA 和 OC 同时印在 CD 光盘的彩封上,跟随在彩封内页中的每首歌词之后,是词曲著作权人的固定署名方式。词曲作者虽然在作品上有署名,但如果出现 OP,则表明词曲作者已将著作权中的财产权交由 OP 管理,一般而言 OP 获得的授权是专属授权,它取代了词曲作者对著作财产权行使完全的权利。OP 这种署名方式已被国际音乐界普遍采用,是一种行业惯例。"法院经审理认为②:

> 我国目前的法律、法规、规章等规范性文件中并没有索雅公司所主张的 OP 的含义,且只凭这份说明也不足以证明词曲独家授权权利人在音像制品上均署名为 OP 是一种行业惯例,不足以证明署名为 OP 的主体为词曲独家授权权利人。

---

① 某音乐著作权协会是我国台湾地区的管理音乐作品的著作权集体管理组织。我国台湾地区管理音乐作品的著作权集体管理组织有多家,而我国大陆的管理音乐作品的著作权集体管理组织仅有中国音乐著作权协会。

② 北京市朝阳区人民法院民事判决书,(2011)朝民初字第 14198 号。

由于法院不认可原告索雅公司关于 OP 署名含义的解释说明，索雅公司也没有提供其他证据证明其享有专有使用权，法院最终驳回了索雅公司的诉讼请求。

### （十一）假冒他人署名

一般情况下，侵犯署名权都是在他人的作品上署自己的名。如《著作权法》第 52 条第 1 款第 2 项规定：未经合作作者许可，将与他人合作创作的作品当作自己单独创作的作品发表的；第 3 项规定：没有参加创作，为谋取个人名利，在他人作品上署名的。这既属于侵犯署名权，也涉嫌抄袭侵权的问题。

实践中还有一种与此完全相反的署名行为，即在自己的作品上署上他人的名字。这里的他人常常是比较有名的作者。目前，音乐作品中尚未发现这种“逆向”假冒署名的案例。20 世纪八九十年代，常常在书摊上看到署名为知名武侠小说家的伪书。《著作权法》第 53 条第 8 项针对这种情况专门作出规定，制作、出售假冒他人署名的作品构成侵权。由于这条是规定在著作权法当中，并且第 53 条第 1 项至第 7 项均是规定各类典型的侵犯著作权行为，这里的侵权似乎理所当然侵犯的是“著作权”，更具体地说是侵犯了署名权。我国司法实践中，也发生过法院判决假冒他人署名构成侵犯署名权的案例。但是这类判决引发了较大的争议。笔者认为《著作权法》第 53 条第 8 项规定的情形不宜认定为侵犯著作权。侵犯著作权的前提是被侵权方创作了涉案作品并享有著作权，如果涉案的作品不是被所谓的侵权方创作，被侵权方的署名权也就无从附着。这种情况认定为侵犯姓名权较为适宜。

## 三、修改权

《著作权法》第 10 条第 1 款第 3 项规定：“修改权，即修改或者授权他人修改作品的权利。”词曲作者有权对其音乐作品进行修改或者授权他人进行修改。修改是对作品内容作局部的变更以及文字、用语的修正[①]。例如，李志在 2006

---

① 参见胡康生主编：《中华人民共和国著作权法释义》，法律出版社 2002 年版，第 43 页。

年发行了专辑《这个世界会好吗》，其中包括歌曲《这个世界会好吗》。2015年，李志重新录制了一版《这个世界会好吗 2015》作为电影《闯入者》推广曲，其中李志将歌词进行了部分调整。局部调整没有改变歌曲原有表达，属于比较典型的对音乐作品的修改。

在翟某与人民音乐出版社侵犯著作权纠纷案①中，原告翟某诉称，人民音乐出版社于 2004 年 11 月出版的《中国少年儿童歌曲博览》中刊载了其作词的歌曲《红领巾之歌》，把其中的原创歌词"永远跟着毛泽东"篡改为"奔向锦绣前程"，把"我们热爱人民的祖国"篡改为"我们是新中国的少年儿童"。翟某认为，被告人民音乐出版社侵犯了其作品修改权，请求法院判令被告停止侵权、赔偿损失。法院审理后认为：

> 修改权是指修改或者授权他人修改作品的权利，除文字性修改外，出版社修改他人作品一般应取得作者许可。人民音乐出版社在《中国少年儿童歌曲博览》中修改了翟某的歌词，未经翟光许可，且其修改行为并非必要的文字性修改，侵犯了翟某的修改权，应依法承担相应的侵权责任。

值得注意的是，《著作权法》第 36 条规定："图书出版者经作者许可，可以对作品修改、删节。报社、期刊社可以对作品作文字性修改、删节。对内容的修改，应当经作者许可。"因此，出版单位的责任编辑仅可以进行文字性修改，如错别字等。如要修改作品内容，应当事先取得著作权人翟某的许可。本案中，法院认为将"永远跟着毛泽东"改为"奔向锦绣前程"，将"我们热爱人民的祖国"改为"我们是新中国的少年儿童"并非必要的文字性修改，构成对修改权的侵犯。

侵犯修改权不一定同时侵犯保护作品完整权。在前述翟某与人民音乐出版社侵犯著作权纠纷案中，原告翟某还认为被告侵犯了保护作品完整权。法院认为：

① 北京市海淀区人民法院民事判决书，(2007)海民初字第 14899 号。

保护作品完整权是保护作品不受歪曲、篡改的权利，只有人民音乐出版社的修改行为对作品的内容、观点进行了歪曲、篡改，才能认定侵犯了翟某的保护作品完整权。翟某创作的《红领巾之歌》作为一首儿童歌曲，主要体现了新中国的少年儿童对祖国的热爱，表现了少年儿童在共产党、青年团、革命先辈领导下建设新中国的决心。修改后的歌词并未歪曲、篡改《红领巾之歌》主旨，故人民音乐出版社的修改行为并未侵犯翟某的保护作品完整权。

修改权中的修改只涉及对作品的少量修改，如果进行了创造性修改产生了新作品，则属于改编行为。一般而言如果构成侵犯改编权，就不再认为同时构成侵犯修改权。如在李某波诉云南俊发宝云房地产有限公司、北京搜狐互联网信息服务有限公司侵害著作权纠纷案[①]中，云南俊发公司未经李某波同意，使用歌曲《一封家书》制作视频，并在其微信公众号“昆明俊发城”中发布，用于宣传促进楼盘销售。李某波主张被告侵犯了其对《一封家书》词曲享有的署名权、修改权、保护作品完整权、改编权等。在法院已经认定构成侵犯了改编权后，对于是否侵犯修改权，法院认为：

关于修改权，由于涉案视频词曲构成对歌曲《一封家书》词曲的改编，不仅仅是对歌曲《一封家书》词曲局部的、简单的修正，故不属于修改权控制的行为。

## 四、保护作品完整权

《著作权法》第10条第1款第4项规定：“保护作品完整权，即保护作品不受歪曲、篡改的权利。”歪曲是指故意改变事物的真相或内容，篡改则是用作伪的手段对作品进行改动或曲解。[②]《北京市高级人民法院关于审理著作权纠纷案件若干问题的解答》第32条对于如何认定对保护作品完整权的侵犯的解答具有一定的指导性，该条规定：保护作品的完整权是指保护作品的内容、观点等不受歪曲、篡改的权利。如果只是对作品作了一定的改动、删节，但这种改动、

① 北京市海淀区人民法院民事判决书，(2018)京0108民初11116号。

② 参见王迁：《著作权法》，中国人民大学出版社2015年版，第155页。

删节尚未达到对作品的内容、观点进行歪曲、篡改的程度，尚未破坏作品的完整性，就不能认定构成侵犯保护作品的完整权。《北京市高级人民法院侵害著作权案件审理指南》第4.8条再次强调：判断是否侵害保护作品完整权，应当综合考虑被告使用作品的行为是否获得授权、被告对作品的改动程度、被告的行为是否对作品或者作者声誉造成损害等因素。

作者将其著作权转让或者许可他人之后，受让人或者被许可使用人根据作品的性质、使用目的、使用方式可以对作品进行合理限度的改动。判断是否属于在合理限度内进行的改动，应当综合考虑作品的类型、特点及创作规律、使用方式、相关政策、当事人约定、行业惯例以及是否对作品或者作者声誉造成损害等因素。其中是否对作品或者作者声誉造成损害是认定是否构成侵犯保护作品完整权的特别关键的因素。

如在张某庭与北京牧宇兄弟文化传媒有限责任公司、上海全土豆网络科技有限公司著作权权属纠纷、侵权纠纷案[①]中，原告于2004年创作（作词、谱曲、编曲、演唱、录音、混音）完成公益歌曲《1937南京大屠杀纪念单曲》。被告未经原告许可，擅自把《1937南京大屠杀纪念单曲》的歌名篡改成《曾经的誓言》，并由旗下艺人演唱，同时进行网络传播。法院经审理认为：

我国《著作权法实施条例》规定，保护作品完整权是指保护作品不受歪曲、篡改的权利。歌曲名称是一首歌的主题，是歌曲非常重要的、不可分割的组成部分，体现了作品的创作背景和创作者所要表达的内容和思想，具有画龙点睛的作用，他人无权擅自对歌曲名称进行修改和歪曲、篡改。《1937南京大屠杀纪念单曲》是原告为纪念南京大屠杀创作的歌曲，讲述了一位老船工在南京大屠杀期间与女友失散，从此杳无音讯的故事。每一位了解中国历史的人，很容易就从该歌名联想到1937年爆发的日军侵华战争，从而知道该首歌曲讲述的是那个年代的故事。原告的作品名称《1937南京大屠杀纪念单曲》被修改为《曾经的誓言》后，虽然“曾经的誓言”也可以体现作品的主题，但从作品中已无法找到1937年的时代烙印，无法体现《1937南京大屠杀纪念单曲》的创作背景，更无

① 上海市浦东新区人民法院民事判决书，（2009）浦民三（知）初字第262号。

法体现作者在该首歌曲中所要表达的特殊的思想和情感，从而使社会公众对原告的作品产生曲解，破坏了作品的完整性。故被告北京牧宇兄弟文化传媒有限责任公司侵犯了原告张某庭对歌曲《1937 南京大屠杀纪念单曲》享有的修改权和保护作品完整权。

而在宁某与中国电影合作制片公司、北京北大华亿影视文化有限责任公司、英国联华影视公司、广东省电影公司、中国唱片上海公司侵犯著作权纠纷案中，宁某主张，《卧虎藏龙》中使用的《丝路驼铃》片段，原曲该段长度为 2 分 55 秒，刘某演奏的该段长度为 2 分 40 秒，而制片方在《卧虎藏龙》中使用的该段缩节为 2 分 18 秒，侵犯了作品的完整权。一审法院经审理认为①：

首先，宁某对于本案三电影著作权人删减《丝路驼铃》的行为仅仅从时间上进行了陈述，并未充分举证证明三电影著作权人在电影中删减的具体情形和删减了哪些曲段。其次，电影作品中使用音乐作品，只要在不影响其所选用作品的风格及表现力的情况下，按照电影的需要，对音乐作品做出适当的、小范围的删节或改动是允许的。保护作品完整权中所指的"歪曲、篡改他人作品"，是指歪曲、篡改原作者思想或作者的意思表示。虽然电影制片方把宁某欲表现沙漠驼队坚韧不屈精神的《丝路驼铃》用于剧中人物的打斗场面，但纵观全剧剧情，剧中想表现的恰恰也正是女主人公玉娇龙的不屈与坚韧的个性。综上所述，宁某未能证明《丝路驼铃》在《卧虎藏龙》中存在被歪曲、篡改使用的情形。故宁某提出三电影著作权人侵犯其保护作品完整权的主张不成立。

二审法院认为②：

根据 1990 年《著作权法》第 10 条第 4 项之规定，保护作品完整权是指保护作品不受歪曲、篡改的权利。本案中制片人对音乐作品使用时虽然进行了缩节

① 广州市中级人民法院民事判决书，(2001)穗中法知初字第 191 号。
② 广东省高级人民法院民事判决书，(2006)粤高法民三终字第 244 号。

性的技术处理,但这只是为了适应剧情节奏的改编,主观上没有歪曲、篡改原作者创作思想的故意,客观上也没有给作者及作品的声誉造成损害,没有侵犯著作权人的保护作品完整权。

法院没有认定构成侵犯著作权人的保护作品完整权,关键在于本案中对《丝路驼铃》并没有歪曲、篡改原作者思想或作者的意思表示,也不足以对作品或者作者声誉造成损害。

## 第三节　音乐作品著作财产权

《著作权法》第 10 条第 2 款和第 3 款规定,著作财产权可以许可、全部或者部分转让。多数情况下,使用音乐作品的并非作者。通过授权许可和转让,可以最大限度地促进音乐作品的使用和传播。与此同时,对作品的使用和传播必然带来经济利益。著作财产权的具体权利类型是对作品的使用方式、传播途径的概括。

### 一、复制权

#### (一)概念

复制权是最原始的著作权权利类型之一。著作权的英文为“copyright”。copy 即复制。《著作权法》第 10 条第 1 款第 5 项规定:“复制权,即以印刷、复印、拓印、录音、录像、翻录、翻拍、数字化等方式将作品制作一份或者多份的权利。”

就音乐作品而言,以印刷、复印的方式制作乐谱属于复制比较好理解。根据著作权法的规定,录音、录像、翻录等都是复制,因此,将音乐作品词曲通过演唱录制属于复制,对演唱会进行实况录像也是复制。例如,在殷某宗与上海音像出版社、上海南新雅文化艺术交流苑、北京新华外文书店股份有限公司音乐书店侵犯著作权及表演者权纠纷案[①]中，法院认为：

> 作者对音乐作品享有的复制权和发行权应包括许可他人以录音等方式制成录音制品并以销售或赠予等方式向公众提供该录音制品的权利。依据现有证据，南新雅艺术苑未经许可对涉案上海大剧院的演出进行了现场录音，并许可音像出版社出版发行由其现场录音的涉案CD光盘，侵害了殷某宗对音乐作品钢琴伴唱《红灯记》所享有的复制权、发行权、获得报酬权，亦侵害了殷某宗作为两首音乐作品演奏者所享有的表演者权，其应就此承担停止侵权行为、赔偿经济损失的法律责任。

复制权相当于我国台湾地区"著作权法"规定的重制权，我国台湾地区"著作权法"第3条第1项第5款规定："重制：指以印刷、复印、录音、录像、摄影、笔录或其他方法直接、间接、永久或暂时之重复制作。于剧本、音乐著作或其他类似著作演出或播送时予以录音或录像；或依建筑设计图或建筑模型建造建筑物者，亦属之。"其中明确规定对于音乐作品的演出或播放进行录音、录像均属于重制即复制。在现场演唱会上，常常看见身边的观众拿起手机进行录音录像。观众的录音、录像行为构成著作权法意义上的复制。如果仅录制片段的声音或录像供自己欣赏，主办方一般不会干涉。但是，近年来随着手机拍摄技术的发展，录制的视频画面非常高清，很多观众录制的是整首歌曲的演唱视频，甚至有的观众带着专门的摄像设备进行全程录像。此种录制行为本身会导致"市场替代"的效果。如果事后再上传到网络，则更进一步侵害了著作权人的信息网络传播权。因此，很多大型演唱会的主办方会禁止观众进行录音录像，主办方的做法是于法有据的。

录制属于复制，其实母带完成后如果进行实体专辑发行，出版社需要委托压盘厂复制光盘，委托印刷厂复制带有歌词的专辑内页，也属于复制。

2020年《著作权法》调整了复制权的定义，增加了"数字化"的复制行为。数字化作为复制行为之一，在理论上和实务中并没有争议，这次的修订只能算

① 北京市第二中级人民法院民事判决书，(2004)二中民初字第1067号。

是以立法的形式进行确认。在目前与网络平台签订的数字音乐授权协议中，平台为了确保权利取得的完整性，在明确要求授予信息网络传播权外，还会要求授予复制权。平台要求的复制权主要是数字化的复制。

### （二）复制权与发行权

无论是复制纸质乐谱还是实体专辑制作中涉及的压盘行为、印刷专辑歌词内页，复制行为都涉及作品或作品复制件有形载体的复制。复制完成后，如果进行发行，则发行多少乐谱书籍或者 CD，就必须复制多少。复制的数量控制着后续发行的数量。因此，司法实践中，侵害发行权的同时往往还侵害复制权。

如果未经许可复制了他人作品，但尚未发行，可否认定构成侵害复制权？根据《北京市高级人民法院关于审理著作权纠纷案件若干问题的解答》第 30 条的规定，虽然仅复制了他人作品，但是举不出充分证据证明复制不是为了发行的可以认定构成侵权。

### （三）无载体传播与复制

传统的发行、出租在传播中需要作品的存储载体。销售专辑、歌谱，音乐作品的载体实体专辑、书籍会发生转移。广播、网络传播则无须存储作品的载体就可以实现传播，但是无载体传播往往也涉及复制。对于信息网络传播而言是将数字化的歌曲音源上传至服务器，对于广播行为而言是将作品转化为电子信号，然后再通过信号发射装置传送到远端。网络传播中，用户可以下载歌曲为本地音乐，事后在没有联网的情况下，也可以播放，有的甚至可以直接下载到电脑硬盘。无载体传播中的前置“上传”“转化为电子信号”是为了后续传播做准备，下载、缓存是无载体传播的形式或结果。如果没有传播前后的复制行为，则广播、信息网络传播无法进行。如果不进行后续传播，之前的复制行为也不具有独立的经济意义。因此，笔者认为传播前后的所谓复制行为均被具体传播涉及的权利，如广播权、信息网络传播权所吸收。目前在涉及广播权、信息网络传播权的授权许可协议中，被授权方一般不会要求授权方同时授予复制权。即便没有在授权协议中约定授予复制权，合同签订后，授权方也不能以只约定授予广播权或信息网络传播权而主张侵犯其复制权。

### （四）影音同步与复制

如前所述，录音录像属于复制。在涉及影音同步（Synchronization）的场合下，也可能涉及复制。笔者经常听到业内人士谈到影音同步权。其实这是行业内的说法，并非《著作权法》规定的一项子权利。所谓的影音同步是指在拍摄的视觉画面中嵌入事先制作好的音频形成视听节目，典型的影音同步如音乐MV，在电影、电视剧等视听节目中使用场景音乐、背景音乐等也属于影音同步。嵌入是复制行为，但嵌入只是制作工作的一部分，是为后续传播做的准备。

在中国音乐著作权协会与芝兰玉树（北京）科技股份有限公司著作权权属、侵权纠纷案中，原告中国音乐著作权协会与王立平等歌曲作者签订的《音乐著作权合同》，对《大海啊故乡》《小螺号》《猴哥》三首歌曲词曲有权行使著作权。中国音乐著作权协会授予北京源泉知识产权代理有限公司对其管理的包括涉案的三首歌曲在内的全部词曲作品授权信息网络服务提供者发放包括音乐在线欣赏、MV 下载、MV 在线欣赏等业务类型下的信息网络各项业务中的著作权许可使用权利。被告自北京源泉知识产权代理有限公司的关联公司源泉公司处取得了涉案词曲的信息网络传播权的授权许可后，在制作 Flash 动画中使用涉案词曲并进行网络传播。中国音乐著作权协会表示其向北京源泉知识产权代理有限公司授予权利是包括涉案词曲作品在内的作品信息网络传播权，源泉公司有权在授权范围内再转授权，但不包含涉案歌曲在影音合成作品中的复制权。

本案主要争议在于：原告认可被告经许可取得了涉案词曲作品的信息网络传播权，但主张在进行网络传播前，被告将涉案词曲作品与其自行制作的视频画面相结合制作成 Flash 动画构成侵犯涉案词曲作品的复制权是否成立。

诉讼中，被告提出了两点重要的辩解理由：一是被告在经营的网站及通过终端软件向用户提供涉案 Flash 动画，属于行使涉案词曲的信息网络传播权，而非复制权。被告已经就涉案词曲取得合法授权，原告的索赔主张没有事实和法律依据。二是尽管复制权、信息网络传播权适用不同的传播途径，但在本案中信息网络传播权吸收了复制权和表演权。北京市海淀区人民法院审理认为[①]：

① 北京市海淀区人民法院民事判决书，（2015）海民（知）初字第 19657 号。

著作权法之所以在规定复制权后,又规定信息网络传播权,是为了顺应数字化技术和互联网发展带来的传播方式革新对著作权人权利保护的需要。虽然作品要通过信息网络传播,会涉及作品以数字化等形式在信息网络中进行“复制”的行为,但该行为不满足复制权所规范的复制行为的上述要件,所涉权利并不属于复制权范畴。……另一方面,该行为(指复制行为——笔者注)服务于将涉案词曲通过贝瓦网进行信息网络传播的最终行为,也就不能割裂看待芝兰公司在Flash动画中“复制”涉案词曲的行为和Flash动画在贝瓦网进行传播的信息网络传播行为。当然,本案中,芝兰公司对涉案词曲的使用行为,显然也满足中国音乐著作权协会授予源泉知识产权公司将相关词曲许可信息网络服务提供者通过音乐在线欣赏、MV下载、MV在线欣赏等行为的权利范围。同时,芝兰公司在Flash动画中使用涉案词曲的行为亦不违背词曲作者与中国音乐著作权协会就“信息网络环境下的复制权”为“信息网络传播权”组成部分的合意。……综上,本院认为,芝兰公司的行为不侵害中国音乐著作权协会就涉案词曲作品享有的复制权。中国音乐著作权协会的主张,缺乏事实和法律依据,本院不予支持。

笔者认同本案中被告没有侵害复制权。值得一提的是,本案中,法院认定的理由之一是以数字化等形式在信息网络中进行“复制”的行为,不满足复制权所规范的复制行为的要件,所涉权利并不属于复制权范畴。这一点是笔者不能认同的。2010年《著作权法》对于复制权的定义,即“以印刷、复印、拓印、录音、录像、翻录、翻拍等方式将作品制作一份或者多份的权利”,过于强调了提供作品的复制件。这已经不能适应网络时代数字化已经非常普遍的现状。鉴于此,《著作权法第三次修正送审稿》对于复制权的定义作出重大调整,第13条第3款第1项规定:“复制权,即以印刷、复印、录制、翻拍以及数字化等方式将作品固定在有形载体上的权利。”2020年修改的《著作权法》最终调整了复制权的定义,增加“数字化”的复制行为。

## 二、发行权

### (一)概念

《著作权法》第 10 条第 1 款第 6 项规定:“发行权,即以出售或者赠与方式向公众提供作品的原件或者复制件的权利。”传统的发行是以出售或者赠与的方式向公众提供作品原件或复制件的行为。发行的对象是作品的原件或者复制件,作品的有形物质载体。现实中涉及音乐作品的典型发行行为,如书店销售乐谱类书籍、音像店销售唱片。

### (二)发行权用尽

著作权法意义上的发行不仅仅是第一次印刷销售,二手 CD 或书籍重新进入市场销售也属于发行行为。但是著作权人对于发行权的行使受到一定程度的限制。“发行权一次用尽原则”,又称为“首次销售原则”“发行权穷竭原则”,具体是指作品的原件或复制件经过合法授权许可,首次销售或赠与后,再次被销售或赠与的行为,尽管也属于发行行为,但是著作权人不能再控制或阻止。音像店从批发商手里进货,销售正版 CD,个人将其购买的正版 CD 在淘宝上再次转卖,都不需要经过著作权人的许可。当然,这里需要强调的是,销售的 CD 必须为正版,正版即意味着首次制作销售(包括数量、期间、地域范围等)是经过著作权人许可的,著作权人已经“用了”一次发行权。

发行权穷竭原则适用于首次销售。但如果超越了著作权人的授权范围(包括数量、期间、地域范围等)进行的销售行为,则构成侵犯发行权。在滚石国际音乐股份有限公司与上海强生音像器材有限公司、上海金某光盘制作有限公司、上海音像有限公司侵害录音录像制作者权纠纷案①中,被告上海音像有限公司的前身上海音像公司获得滚石国际音乐股份有限公司的前身滚石有声出版社有限公司的授权,许可其在中国大陆发行《当初应该爱你》录音专辑,授权期限为 1995 年 10 月 13 日至 1998 年 10 月 13 日。但在授权期限届满后,上海音

① 上海市徐汇区人民法院民事判决书,(2012)徐民三(知)初字第 15 号。

像有限公司继续向各零售商销售1998年10月12日以前没有销售掉的库存，以及音像零售商的退货。对于授权期限届满后继续销售的行为是否侵害了原告的发行权，是否适用发行权穷竭原则，法院经审理认为：

发行权的权利穷竭原则又称“首次销售原则”或“发行权一次用尽原则”，是指在作品原件或复制件已经过著作权人授权在市场公开流通的情况下，著作权人不得限制买受人转售其购得的作品原件或复制件。适用权利穷竭原则的一个前提是知识产权产品已进入流通领域。本案中，由于上海音像有限公司的库存专辑未进入流通领域，其销售库存的行为属于首次销售，不适用权利穷竭原则。关于零售商的退货部分，由于退货的本质是商品所有权返还原主，而非商品继续向下游环节流通，故退货专辑回到上海音像有限公司后就属于退出流通领域的商品，上海音像有限公司再次销售这些专辑仍属于将商品投入流通领域的首次销售行为，也不适用权利穷竭原则。因此，上海音像有限公司销售其库存和退货的行为属于著作权法意义上的发行行为，上述行为发生在授权期间以外，构成对原告发行权的侵害。

当然，如果销售的是盗版，无论是首次销售，还是后续的再次流转，都不能适用“发行权一次用尽”原则，因为著作权人一次也没“用”发行权，自然也就不存在用尽的问题。

发行不仅包含销售，还包括赠与，对于赠品也适用发行权一次用尽原则。

美国环球唱片公司向许多音乐评论人和广播电台制作者寄送了用于试听的赠品CD，其在该CD上声明：该CD是唱片公司的财产，只许可收件人个人使用。接受本CD就表明同意遵守许可条款。不得转售或转让CD，否则，可能根据联邦法或州法承担责任。有一家公司并没有收到环球唱片公司寄送的CD，但其设法从其他收件人手中弄到了这种CD，并通过eBay网站出售，环球唱片公司起诉其侵犯发行权。本案的关键问题在于，对于该赠品是否适用“首次销售原则”。法院认为虽然唱片公司在CD上作了声明，但美国《未经订购商品法》明确规定：对于未经订购而主动寄送的商品，接收人有权持有、使用、丢弃或以任何方式处置，而不会导致对寄送者负有责任。CD上的声明因与该规定明显相抵触而无效。因此,环球唱片公司主动寄送CD的行为导致CD所有权的转移。根据“首次销售原则”,接收者可以不经环球唱片公司许可而销售该CD。①

（三）网络发行

互联网时代,我们经常听到网络发行、数字发行等概念。但是网络环境其实不适用发行权,理由是,如前所述,发行权控制的是向公众提供作品的原件或者复制件的权利,而无论是原件还是复制件均是实体物。没有实体物存在就谈不上发行。网络发行只是行业内通俗的说法,网络发行这个概念本身是矛盾的,有网络传播即不存在实体物,也就不存在发行,同理,发行即意味着有实体物,而网络传播不存在实体物。网络发行其实要表达的是通过网络传播数字音乐,属于信息网络传播权的控制范围②。关于信息网络传播权将在后文专门论述。

## 三、出租权

《著作权法》第10条第1款第7项规定:“出租权,即有偿许可他人临时使用视听作品、计算机软件的原件或者复制件的权利,计算机软件不是出租的主要标的的除外。”因此,出租权只针对视听作品、计算机软件,音乐作品一般不涉及出租权。《著作权法》第44条规定,录音录像制作者对其制作的录音录像制品,享有许可他人出租的权利。被许可人出租录音录像制品,还应当取得表演者许可,并支付报酬。因此,当音乐作品被录制成音乐录音录像制品时,录音录像制作者和表演者享有许可他人出租的权利。

## 四、展览权

《著作权法》第10条第1款第8项规定:“展览权,即公开陈列美术作品、摄影作品的原件或者复制件的权利。”因此,展览权只针对美术作品、摄影作品,音

① See UMG Recording v. Tony Augusto, 628 F. 3d 1175(9th Cir., 2011), at1180-1181. 转引自王迁:《著作权法》,中国人民大学出版社2015年版,第183页。

② 参见信息网络传播权部分的分析。

乐作品一般不涉及展览权。但需要注意,邀请书法家用毛笔抄写歌词形成的书法作品、词曲作者的手稿可用于展览,但这时候展览的书法、手稿不再是音乐作品,而是美术作品。

## 五、表演权

### (一)概念

音乐作品是最常见的用于表演的作品。《著作权法》第 10 条第 1 款第 9 项规定:"表演权,即公开表演作品,以及用各种手段公开播送作品的表演的权利。"以演唱、演奏、舞蹈、朗诵等方式公开表演作品也被称为"活表演",通过技术设备向公众传播作品或者作品的表演是典型的"机械表演"。

### (二)现场表演

在音乐节、演唱会中公开表演歌曲涉及的权利是表演权。这种"活表演"必须是公开表演,听众是不特定的人。因此,表演权实际上是公开表演权。如果像小型内部联欢会表演歌曲,在私人聚会或饭局上自弹自唱,属于自娱自乐型,虽然也是表演,但由于系非公开行为,不受表演权的控制,无须取得著作权人的授权。

实践中,有的版权使用方使用他人音乐作品录制出版发行唱片,除了要求获得复制发行权许可外,还要求获得表演权的许可。理由是歌手在录音棚演唱了音乐作品。事实上,录音棚中的演唱,并不涉及表演权。因为录音棚不属于公开的场所,虽然录音时可能在场的有录音师、制作人、乐手等人。但是这些人是工作关系或者朋友关系,录音棚仍然属于非公开场所。而表演权涉及的现场表演是公开表演。歌手在录音棚演唱录制歌曲,仅涉及复制权。录音棚中的演唱是非公开行为,属于表演,但不属于著作权法意义上的表演权控制范围。因此,录音棚中的演唱属于表演,但是不受表演权的控制,无须取得著作权人的授权许可。

另外,网络主播在网络直播间演唱歌曲,由于直播间只有网络主播一人,最多有几个辅助的工作人员,不属于公开表演,不需要取得著作权人的授权许可,但是网络直播通过平台将直播间的表演实时直播,依然需要取得词曲著作权人的授权,至于具体涉及什么权利,将在后文其他权利部分详细讲解。

1. 谁应当取得著作权人许可

实际操作中,到底是由表演者本人取得著作人的许可,还是由演出组织者取得著作人的许可一直存在争议。《著作权法》第 38 条规定,使用他人作品演出,表演者应当取得著作权人许可,并支付报酬。演出组织者组织演出,由该组织者取得著作权人许可,并支付报酬。笔者认为,根据该法条的文意,原则上是谁表演谁需征得许可并支付报酬,如果有演出组织者组织演出,则由组织者取得著作权人许可并支付报酬。从责任承担的角度看,未经授权公开翻唱他人歌曲,有主办方的,主办方是侵权的第一责任方,演唱者本人一般不被认为是侵权方。

在上诉人重庆市演出管理处与被上诉人中国音乐著作权协会、原审被告北京北炫星文化传播有限公司、重庆圣奇广告文化传播有限公司著作权侵权纠纷案①中,2006 年 3 月 25 日,由三名被告及中国重庆第七届垫江牡丹节组委会共同承办的“06 中国 · 重庆第七届垫江牡丹节开幕式暨大型文艺演出”在垫江县体育场举行,该演出的节目单载明,承办:中国重庆第七届垫江牡丹节组委会、重庆市演出公司、重庆圣奇广告文化传播有限公司、北京北炫星文化传播有限公司。被告重庆市演出管理处(以下简称演出管理处)答辩称,该处不是涉案音乐作品的表演者或演出的实际组织者,不应承担责任;原告主张的著作权使用费无法律依据。被告北京北炫星文化传播有限公司(以下简称北炫星公司)答辩称,同意被告演出管理处的答辩意见,该公司仅负责协办该演出,没有分配演出收入,与原告产生纠纷是因为有关支付著作权使用费的沟通不及时,不应承担侵权责任。

2006 年 3 月 6 日,被告圣奇公司(甲方)与重庆市演出公司(乙方)签订《演出合同书》,约定本次活动主办单位为圣奇公司,承办单位为重庆市演出公司;甲方按照规定提供办理演出报批手续的必备材料,包括:与演员合同或演出经纪公司合同、演唱曲目、场地合同或场地许可证明、场地实际容纳人数;甲方承

---

① 重庆市高级人民法院民事判决书,(2007)渝高法民终字第 228 号。

担演职员演出劳务费、承担租用演出场地等费用;甲方签订合同时一次性支付乙方劳务费人民币贰万元整和价值壹万元的演出门票。乙方只负责办理歌手参加本次演出的文化同意手续;此次活动由甲方全额投资自负盈亏,乙方不承担任何经济责任和法律责任。2006年3月17日,文化部作出批复,同意重庆市演出公司邀请新加坡歌手孙某姿于2006年3月25日到重庆垫江演出。对于主办方的认定,法院审理认为:

本案的争议焦点是演出管理处是否是演出组织者。本案事实是,圣奇公司与演出管理处签订的合同中,明确约定演出管理处是承办单位,演出管理处负责办理歌手参加本次演出的文化部同意手续,演出的节目单载明的承办单位包括演出管理处,而且本次演出如期进行,外籍歌手孙某姿也经文化部同意参加了演出。上述事实足以说明,演出管理处履行了演出合同所规定的义务,为该演出的举行发挥了作用,因此,可以认定演出管理处是演出组织者。

不过,在某些特殊的情况下,法院会让演唱者与主办方共同承担侵权责任,如被侵权歌曲系歌手指定演唱的,或者此前著作权人已经明确禁止该歌手演唱,但该歌手依然演唱等。

如陈某诉沙某亮、北京现代力量文化发展有限公司、吴江市同里镇人民政府、苏州太湖国际旅行社著作权侵权纠纷一案①。陈某诉称,2002年5月,陈某为电视连续剧《金粉世家》创作了歌曲《暗香》的歌词,是该歌词的著作权人。自2002年5月以来,北京现代力量文化发展有限公司未经许可,擅自组织其签约歌手沙某亮在多种场合以多种方式使用歌曲《暗香》。2003年10月,陈某曾就北京现代力量文化发展有限公司的侵权行为提起诉讼,法院终审判决未经许可,北京现代力量文化发展有限公司不得使用陈某作词的歌曲《暗香》。然而,在法院判决后,沙某亮和北京现代力量文化发展有限公司在明知未经许可不得使用歌曲《暗香》的情况下,仍继续故意不经许可不断在商业演出中使用歌曲《暗香》。2004年4月18日,沙某亮又在未经许可,也未支付报酬的情况

① 北京市朝阳区人民法院民事判决书,(2005)朝民初字第13560号。

下,公然在同里镇政府和太湖国旅共同组织的商业演出“中华情同里之春”大型演唱会中演唱歌曲《暗香》,侵犯了陈某对《暗香》歌词享有的著作权。经过审理,法院认为:

陈某作为歌曲《暗香》的词作者,其依法享有的著作权受法律保护。按照我国著作权法的规定,演出组织者组织演出,由该组织者取得著作权人许可,并支付报酬。“同里之春”演唱会出售门票,有承办单位,应属有演出组织者的营业性演出。演员在该演唱会中表演作品,应由演出组织者征得作品著作权人的许可,并支付报酬。

“同里之春”演唱会的承办单位应属该演出的演出组织者。根据网站宣传内容,结合同里镇政府和中央电视台海外中心签订的合同可以认定,同里镇政府是涉案演出的承办单位之一,其应就演唱会上使用他人作品承担征得著作权人许可并支付报酬的责任。

我国2001年《著作权法》第36条规定:“使用他人作品演出,表演者(演员、演出单位)应当取得著作权人许可,并支付报酬。演出组织者组织演出,由该组织者取得著作权人许可,并支付报酬。”本条虽然规定,演出组织者组织演出的,可以由该演出组织者征得著作权人的许可并付酬。但是,本条规定的基本原则仍然是谁表演谁征得许可并付酬。涉案的情况是,陈某以诉讼的方式,明确表示不允许沙某亮演唱由其创作歌词的歌曲《暗香》。为此,沙某亮也清楚地知道陈某不允许其演唱该歌曲。而且,陈某在上述案件裁判后,已经致函中国音乐著作权协会声明其保留对歌曲《暗香》歌词部分的著作权,该行为进一步表明了其不允许沙某亮演唱歌曲《暗香》的意愿,并表明其已经预见到存在涉嫌侵权的可能。在此前提下,沙某亮继续演唱歌曲《暗香》已超出了仅由演出组织者征得作者许可的范围,即沙某亮坚持继续演唱歌曲《暗香》,具有明显的侵权故意,侵犯了陈某对该歌曲歌词部分享有的著作权。

从诚实信用原则的角度看,公民从事民事活动时,应讲求诚实、守信用,以善意的方式履行其义务,不得规避法律和合同。也就是说,权利人在行使其权利时,都应尊重他人的利益,以善意的方式行使权利,并获得利益,不得以损害他人为目的而滥用民事权利。本案中,沙某亮明知陈某不允许其再演唱歌曲

《暗香》，却不尊重歌曲词作者的意愿，并以规避法律的方式，推托应由演出组织者征得陈某的许可，而故意继续演唱歌曲《暗香》，其行为属主观恶意明显，并以损害陈某的利益而获得自身的劳务利益。故沙某亮的行为同时违背了诚实信用原则，而侵犯了陈某享有的合法民事权利。

据此，法院认为沙某亮作为涉案演出的表演者，同样侵犯了陈某对歌曲《暗香》歌词享有的著作权。

在潘某江与杭州名星文化艺术传播有限公司、高某安等著作权权属、侵权纠纷案[①]中，法院认定杭州名星文化艺术传播有限公司等作为"2012 菏泽国际牡丹花会开幕式暨专场文艺晚会"的主办单位和承办单位，未经原告潘某江许可，组织被告高某安演唱《红尘情歌》，侵犯了原告潘某江对涉案歌曲的曲所享有的表演权。而对于表演者高某安在晚会上演唱的《红尘情歌》是否侵犯原告对该歌曲的曲所享有的著作权，应否承担侵权责任的问题，法院经审理认为：

本案原告潘某江系涉案歌曲《红尘情歌》的曲作者，其对该曲所享有的著作权受法律保护，未经原告许可，任何人不得以著作权法规定的合理使用以外的方式使用该曲。根据《著作权法》第 37 条第 1 款"使用他人作品演出，表演者（演员、演出单位）应当取得著作权人许可，并支付报酬"的规定，被告高某安在晚会上演唱的涉案歌曲《红尘情歌》与原告潘某江在版权局登记备案的《红尘情歌》系同一首歌曲，且被告高某安明知涉案歌曲《红尘情歌》的曲作者是原告潘某江，在未经原告潘某江许可的情况下在商业性晚会上演唱该歌曲，侵犯了原告对涉案歌曲的曲所享有的表演权。由于晚会上演唱的涉案歌曲由被告高某安指定，故被告高某安应承担侵权责任。

2. 支付报酬的标准

（1）如果该作品已经发表，且著作权人即词曲作者已经加入中国音乐著作权协会，同时将该作品委托协会管理，这时候翻唱者需要在其开始演出前 10 日

---

① 浙江省杭州市萧山区人民法院民事判决书，（2013）杭萧知初字第 104 号。

内向协会提出申请,填写《作品使用申请表(现场表演)》,在其申请获得协会或其授权代表批准并签署协议时,向协会支付本场演出的著作权使用费。

根据国家版权局公告的《关于使用音乐作品进行表演的著作权许可使用费标准》,音乐会、演唱会等现场表演的收费,按以下公式计算:音乐著作权使用费=座位数×平均票价×4%。[1] "座位数",指演出场地可以提供给观众的实际座位数。"平均票价"应依申请人演出前提供的预计出售门票的价位及其相应票数的清单计算;申请人未提供的,按各档票价之和除以档数计算。超过5分钟的音乐作品,每5分钟按一首音乐作品计。其中,超过部分不足5分钟的,按5分钟计。不售票的演出,每首音乐作品均应按照上述标准中的最低使用费计算。

当然,按照这个公式计算的是该场音乐会、演唱会总的音乐著作权使用费,如果需要计算每一首歌曲的使用费,还需要根据演唱的曲目数进行分摊。

(2)如果该作品虽已经发表,但著作权人即词曲作者没有加入中国音乐著作权协会,或者加入但该作品未委托协会管理,或者为未发表作品,翻唱者只能联系著作权人获得许可,并支付报酬。报酬标准依据双方协商确定。

### (三)机械表演

通过技术设备向现场听众播放作品被称作"机械表演"。在商场、超市、酒店、餐厅等各类经营场所播放背景音乐都属于机械表演。如在2018年6月发生的海底捞涉嫌侵犯音乐人林某音乐作品著作权纠纷事件中,音乐人林某通过新浪微博发声,称海底捞播放其音乐作品《琵琶语》等属于恶意侵犯其著作权,引发媒体关注。后双方均通过新浪微博继续发声,林某称已经向北京市海

---

[1] 2011年10月27日国家版权局《关于使用音乐作品进行表演的著作权许可使用费标准》(国家版权局公告2011年第3号)还规定了每首音乐作品的最低使用费,按该公式计算,分摊至每首音乐作品时,最低使用费为:座位数在1000(含)以下时,每首音乐作品收费低于100元的,按100元计;座位数在1001~2000时,每首音乐作品收费低于200元的,按200元计;座位数在2001~5000时,每首音乐作品收费低于300元的,按300元计;座位数在5001~10,000时,每首音乐作品收费低于500元的,按500元计;座位数在10,001~20,000时,每首音乐作品收费低于1000元的,按1000元计;座位数在20,001~30,000时,每首音乐作品收费低于1500元的,按1500元计;座位数在30,001~40,000时,每首音乐作品收费低于2000元的,按2000元计;座位数在40,001~50,000时,每首音乐作品收费低于2500元的,按2500元计;座位数在50,001(含)以上时,每首音乐作品收费低于3000元的,按3000元计。

淀区人民法院提起诉讼。海底捞在其店内通过设备播放音乐作品即属于典型的机械表演。机械表演跟“活表演”一样，均需要取得著作权人的同意。

根据国家版权局《关于使用音乐作品进行表演的著作权许可使用费标准》的规定，就酒吧、咖啡厅、餐厅、超市、宾馆、商场、汽车 4S 店、音像店、健身房等不同场所的机械表演制定了不同的收费标准。如针对酒吧、咖啡厅、餐厅等，仅提供机械表演的：营业面积不足 40 平方米的，每平方米每天收费 0.025 元；营业面积超过 40 平方米的，增加的部分每平方米每天收费 0.02 元。提供机械表演和现场表演的：营业面积不足 40 平方米的，每平方米每天收费 0.05 元；营业面积超过 40 平方米的，增加的部分每平方米每天收费 0.04 元。如设有荧光屏播放音乐作品，则每个荧光屏每年加收 350 元。

### 六、放映权

《著作权法》第 10 条第 1 款第 10 项规定：“放映权，即通过放映机、幻灯机等技术设备公开再现美术、摄影、视听作品等的权利。”因此，放映权只针对美术作品、摄影作品、视听作品。

如前所述，商场、超市等经营场所播放背景音乐属于利用设备播放歌曲（录音制品），属于机械表演，受表演权的控制。音乐作品一般不涉及放映权。而放映权是利用设备播放美术作品、摄影作品、视听作品。放映权实际上是针对美术、摄影、视听作品的一种特殊“机械表演权”。

经营 KTV 业务既可能涉及表演权，也可能涉及放映权。因为 KTV 播放的视频①，部分属于录像制品。如演唱会实况录像，或者将简单的风景画面配上歌曲音频制作而成的视频，这类视频拍摄、制作手法简单，尽管有一些镜头的切换、变化，但总体来说创造性有限，不具备著作权法意义上的独创性，法律上不将其视为作品，而是制品。对这类视频的播放，属于播放录音录像制品，是对音乐作品的机械表演，需要取得词曲著作权中的表演权许可。

而另一类视频，制作方按照音乐作品风格、表达的思想等事先拟定的脚本

---

① 这里使用“视频”一词，没有使用 MV、MTV，是因为行业内有时会笼统地将部分属于录像制品的视频也称作 MV、MTV。

进行拍摄,制作一般相对精良,成本也较高。拍摄、制作的手法类似于电影电视剧,其应当作为视听作品给予保护。KTV 利用设备播放这类视频与电影院播放电影性质一样,属于放映行为,KTV 经营者需要取得视频制作方放映权的许可。

## 七、广播权

### (一)概念

《著作权法》第 10 条第 1 款第 11 项规定:“广播权,即以有线或者无线方式公开传播或者转播作品,以及通过扩音器或者其他传送符号、声音、图像的类似工具向公众传播广播的作品的权利,但不包括本款第十二项规定的权利。”

### (二)广播行为

根据上述广播权的含义,广播权控制三类广播行为:

1. 无线传播

传统的广播电台、电视台是以无线方式把声音、图像转化为电磁波,通过无线信号发射装置传送出去。人们通过收音机、电视机将接收到的信号还原成声音和图像。这种传播方式属于典型的广播行为。在无线传播的基础上,如果再将接收的无线广播信号通过无线方式或有线电缆等加以同步传播、转播,则无线或有线转播是对无线传播的接力传播。将接收到的无线广播信号再通过无线方式转播,依然属于无线传播的范畴,属于广播行为。以有线方式转播,是广播电台、电视台指将接收到的无线广播信号通过有线电缆等加以同步传播、转播,也属于广播行为。

2. 有线传播

2010 年的《著作权法》并没有规定初始传播是直接通过有线电缆方式进行非交互性传播的行为。当网络直播、网络定时传播、实时转播线下演唱会等商业行为出现时,此等传播行为并非 2010 年的《著作权法》规定的广播权涵盖的初始传播为无线广播的行为,因此不属于广播权的控制范围。同时因为其进行的是非交互性传播,也不属于信息网络传播权的控制范围,在司法实践中,只能将其作为兜底的其他权利进行保护。

有两种比较典型的网络直播与音乐版权有关。一种是演唱会、音乐节等主办方在举办线下演出的同时与网站合作进行同步的音频或视频的网络直播。另一种是网络主播在直播平台注册账号后也可以进行直播秀，在直播过程中，主播与粉丝互动聊天、介绍产品带货、表演才艺、解说游戏和体育比赛，可以说是应有尽有，其中也涉及主播在直播间演唱歌曲。

根据《互联网直播服务管理规定》第2条第2款的规定，互联网直播是指基于互联网，以视频、音频、图文等形式向公众持续发布实时信息的活动。这两种直播都符合互联网直播的定义，也都涉及歌曲表演。那么这两种网络直播表演需要取得词曲著作权人的权利授权是否一致呢？

首先，演唱会、音乐节的线下演出有现场观众，因此属于公开表演，需要取得词曲作者表演权的许可。而网络主播的直播间只有主播一人，没有现场观众，因此网络主播的演唱虽然是表演，但不受表演权的控制，这部分无须取得表演权的许可。

其次，对于实时的网络直播这部分，二者是没有差别的，都是互联网直播。其特点均是通过有线网络以非交互式的方式向不在场的观众传播作品的表演。按照现行《著作权法》的规定，则均属于广播行为。

在2020年《著作权法》修订前，理论界和司法实务界一致认为这种传播方式既不属于信息网络传播权，也不属于广播权。网络直播虽然是通过网络传播，但是传播方式与传统的广播电视一样是单向的，只能在固定的时间（直播时）观看（如果将直播内容同步录制，可以回看、点播，则回看、点播应属于信息网络传播权的控制范围，关于信息网络传播权参见本章第八节的分析）。因此，这种传播是控制交互式传播的信息网络传播权无法覆盖的，不存在侵犯词曲作者信息网络传播权的可能。

同时，网络直播并非以无线方式广播作品或作品的表演，也不是通过无线或有线方式对无线广播进行传播，而是直接以有线方式传播。如果通过传统的卫星电视对演唱会进行实况直播，则其属于无线广播行为，落入广播权的控制范围。如果是以有线或无线的方式对无线广播进行转播，则属于无线或有线转播的行为，也落入广播权的控制范围。直接通过有线网络传播的特点不符合当时2020年《著作权法》规定的关于广播权的要件。

当时,理论界和司法实务界对网络直播的权利属性的认定存在分歧,主要有两种观点,一种认为2010年《著作权法》关于表演权条文的后半部分表述为"用各种手段公开播送作品的表演的权利",从字面上理解"用各种手段公开播送"已经包含了广播权、信息网络传播权涉及的各类传播行为。但《著作权法》另行将"交互式传播""无线广播"等本来可能属于"表演权"的行为纳入广播权、信息网络传播权的控制范围。在逻辑上,著作权各项子权利应当管控不同的行为。因此,应当将除广播权、信息网络传播权之外的以有线方式直接公开播送音乐作品的表演归入表演权范围。前述的有线网络以非交互式的方式对演唱会、音乐节等进行现场实况直播、网络直播中的演唱应当取得词曲作者表演权的授权许可。但是根据该种观点,如果直接以有线网络(如有线电视)播放电影、类电影作品(如音乐MV),如前所述,由于直播的"有线传播""单向性"的特点,不符合2010年《著作权法》规定的关于广播权、信息网络传播权的构成要件。电影、类电影作品并非对其他作品的表演,线下播放电影、类电影作品属于放映权的控制范围。最终,有线电视实时播放电影只能纳入《著作权法》第10条第1款第17项即兜底条款来保护。

王迁教授在其著作《著作权法》中持第一种观点。① 比较有意思的是,王迁教授后来专门发表了两篇论文②,修正了他的观点,认为网络直播应归入兜底条款,即第二种观点。第二种观点认为不能对表演权作扩大解释。按照参与《著作权法》立法的学者对表演权的解释,"用各种手段公开播送作品的表演的权利"指的是"机械表演",机械表演指借助录音机、录像机等技术设备将前述表演公开传播,即以机械的方式传播作品的表演。③ 机械表演与放映权是非常相似的。对于美术、摄影、电影等作品而言,同样是利用设备播放,著作权法单独规定了放映权,即通过放映机、幻灯机等技术设备公开再现美术、摄影、电影和以类似摄制电影的方法创作的作品等的权利。放映权实际上是针对美术、摄影、电影作品的"机械表演权"。通过网络直播电影作品等,法院并不会适用放映

---

① 参见王迁:《著作权法》,中国人民大学出版社2015年版,第188、191页。

② 参见王迁:《网络主播在直播中演唱歌曲的法律定性》,载《中国版权》2018年第5期,第24~29页;王迁:《论网络环境中表演权的适用——兼评〈著作权法修改草案(送审稿)对表演权的定义〉》,载《比较法研究》2017年第6期。

③ 参见胡康生主编:《中华人民共和国著作权法释义》,法律出版社2002年版,第50页。

权,而是归入兜底权利。如果以相同的技术手段传播音乐作品的表演适用表演权,则无法解释同样的行为(网络直播),仅仅因为传播内容的不同(一个传播的是词曲作品的表演,一个传播的是电影、类电影作品)而将其归入不同的权利类型。

在武汉斗鱼网络科技有限公司与中国音乐著作权协会著作权权属、侵权案中,2018 年 2 月 14 日,网络主播冯某莫在斗鱼公司经营的斗鱼直播平台的直播间进行在线直播,其间冯某莫播放了歌曲《恋人心》,时长约 1 分 10 秒(歌曲全部时长为 3 分 28 秒);歌曲在播放时显示词曲作者为张某。播放该歌曲前,主播冯某莫与观看直播的用户互动说:“一起安静听歌”;在时长为 1 分 10 秒播放歌曲《恋人心》的过程中,主播冯某莫不时与观看直播的用户进行解说互动,感谢用户赠送礼物打赏,并哼唱了该歌曲歌词中的“长江水”三个字。直播结束后,此次直播视频被主播制作并保存在斗鱼直播平台上,观众可以通过登录斗鱼直播平台随时随地播放观看和分享。庭审中,中国音乐著作权协会明确,本案所诉的侵权行为并不是主播在直播中的行为,而是直播后该直播视频被上传到斗鱼直播平台供人观看分享的行为,斗鱼公司作为视频的权利人,直接侵害了中国音乐著作权协会享有的信息网络传播权,应当承担侵权责任。

根据上述分析,笔者认为,如果在本案中确认起诉的是主播在直播中的行为,按照当时《著作权法》的规定,法院应当认定构成侵犯的是其他权利,而不是信息网络传播权。至于为什么中国音乐著作权协会仅起诉直播后该直播视频被上传到斗鱼直播平台供人观看分享的行为,而放弃主播在直播中的行为,不得而知。笔者猜测,很可能是中国音乐著作权协会仅管理该歌曲的信息网络传播权,没有取得兜底条款涉及的其他权利的管理权限。如果按照现行《著作权法》的规定,则应当属于侵犯广播权。

常见的网络电视、网络电台如果定时播放歌曲,但不能点击回播,则不能适用信息网络传播权。因为信息网络传播权控制的并不是所有通过信息网络传播作品的权利,而只适用于通过信息网络“交互式”传播作品的权利。

在 2020 年《著作权法》修订前,为了解决定时播放问题,《北京市高级人民法院审理涉及网络环境下著作权纠纷案件若干问题的指导意见(一)(试行)》(京高法发〔2010〕166 号)第 10 条特别规定:“网络服务提供者通过信息网络按照事先安排的时间表向公众提供作品的在线播放的,不构成信息网络传播行为,应适用著作权法第十条第一款第(十七)项进行调整。”《北京市高级人民法院侵害著作权案件审理指南》第 9. 24 条对定时播放再次作出规定:“网络服务提供者未经许可通过信息网络按照事先安排的时间表向公众提供作品在线播放的,不构成侵害信息网络传播权,但著作权人依据著作权法第十条第一款第十七项主张权利的,应予支持。”

现行《著作权法》对广播权进行了重构,增加了有线传播。因此,通过非交互性传播的,如网络直播、网络定时传播、实时转播线下演唱会等商业行为,均归入广播权的控制范围。

3. 公开播放广播

公开播放广播,是指人们通过收音机、电视机接收到广播电视节目后,以广播、电视机、扩音器、大屏幕等设备向公众播放,如商场内外的大屏幕播放电视节目画面,超市内连接了收音机的扩音器播放电台音乐节目。这种播放广播的行为受到广播权控制,此历来受到非议和抵触。一般情况下,通过家用的收音机、电视机收听广播、收看电视节目,属于单纯接收节目信号之行为,不受广播权的控制,这是比较好理解的。著作权人在授予广播电台、电视台广播权时,无论是无线广播,还是有线传播、转播,著作权人能预料到人们可以通过家用收音机、电视机接触到作品。但加装扩音设备、大屏幕,扩大其播送效果,这已经超出了著作权人授权广播电视台的受众预期。大型卖场、超市如以这种方式播放广播、电视节目,应当获得著作权人广播权的许可并支付报酬。无线广播、有线传播、转播的主体通常是广播电视台,而公开播放广播的主体更多的是线下接收终端的商事主体。

### (三)广播权与表演权

在上述公开播放广播的讲解中提到的超市内连接了收音机的扩音器播放电台音乐节目与机械表演非常相似。机械表演也是通过技术设备传播作品或者作品的表演。以超市为例,两者最大区别在于:作为广播权控制范围内的公开播放广播行为,超市内的广播接收的内容是广播电台正在播放的节目,超市无法改变电台播放节目的内容、时间、顺序,只能被动收听;而作为机械表演,超市可以通过播放设备按照自己的喜好、时间、顺序播放选定的音乐。但是从超市内顾客的角度来看，可能两者没有区别，都是听到了一段音乐。

在我国台湾地区，公开播送权①中的公开播送②包括无线广播、有线广播、对无线广播进行无线转播、对无线广播进行有线转播、对有线广播进行无线转播，对有线广播进行有线转播等③。对比前述广播权的定义，仅涵盖了无线广播、对无线广播进行无线转播，对无线广播进行有线转播。对于本应该纳入广播权范畴的有线广播、对有线广播进行无线转播、对有线广播进行有线转播，只能根据法律解释将其纳入表演权或作为兜底的其他权利保护，造成了法律体系的混乱。

同时，我国台湾地区"著作权法"将我国广播权控制的第三种行为即公开播放广播行为纳入公开演出权④的范畴。我国台湾地区"著作权法"第 3 条第 1 项之 9 规定："公开演出：指以演技、舞蹈、歌唱、弹奏乐器或其他方法向现场之公众传达著作内容。以扩音器或其他器材，将原播送之声音或影像向公众传达者，亦属之。"公开演出权相当于我国著作权法中的表演权。根据我国台湾地区相关文件的规定，"扩音器或其他器材"系指与一般家用接收之收音机或电视等器材以外所附加扩大其播送效果之器材，是于公共场所以一般家用接收设备单纯接收广播电台所播送之音乐，仅属于单纯接收信息之行为，并无公开演出之行为，惟如另外加装扩音设备，再扩大其播送效果，已属公开演出音乐著作之行为。⑤

## 八、信息网络传播权

### （一）概念

《著作权法》第 10 条第 1 款第 12 项规定："信息网络传播权，即以有线或者

① 公开播送权相当于《著作权法》中的广播权。

② 即广播行为。

③ 我国台湾地区"著作权法"第 3 条第 1 项之七规定，公开播送：指基于公众直接收听或收视为目的，以有线电、无线电或其他器材之广播系统传送信息之方法，借声音或影像，向公众传达著作内容。由原播送人以外之人，以有线电、无线电或其他器材之广播系统传送信息之方法，将原播送之声音或影像向公众传达者，亦属之。

④ 公开演出权相当于我国著作权法中的表演权。

⑤ "一般家用的接收设备"，系指该设备效果是否与一般人所认家用设备所能达到的效果相当作为判断的标准，如有争议，则宜由司法机关依具体个案认定。

无线方式向公众提供,使公众可以在选定的时间和地点获得作品的权利。”

如前所述,信息网络传播权是著作权众多的权利束中一项较新的子权利。该权利系为了适应计算机技术、网络技术的迅速发展而增设的。为了更好地理解信息网络传播权,这里简要说明信息网络传播权的立法背景。《伯尔尼公约》赋予作者八项经济权利,具体为翻译权(第 8 条)、复制权(第 9 条第 1 款)、表演权(第 11 条)、广播权(第 11 条之 2)、朗诵权(第 11 条之 3)、改编权(第 12 条)、录制权(第 13 条)、摄制权(第 14 条)。各项传播都是单向性的,受众只能被动地接受作品的传播。包括广播权在内的各项权利都无法涵盖交互式传播。

世界知识产权组织于 1996 年在日内瓦召开会议,与会各国缔结了《世界知识产权组织版权条约》《世界知识产权组织表演与录音制品条约》。《世界知识产权组织版权条约》第 8 条规定:文学和艺术作品的作者应享有的专有权利,以授权将其作品以有线或无线方式向公众传播,包括将其作品向公众提供,使公众中的成员在其个人选定的地点和时间可获得这些作品。《世界知识产权组织表演与录音制品条约》也同步规定了表演者和录音制作者享有交互性传播的专有权利。我国 2001 年修订《著作权法》时增设信息网络传播权即为了加入上述两个国际条约,细心的读者可能发现,信息网络传播权的条文完全源于《世界知识产权组织版权条约》第 8 条的后半句,即“包括将其作品向公众提供,使公众中的成员在其个人选定的地点和时间可获得这些作品”,只控制交互式传播。2006 年国务院专门针对信息网络传播权制定了《信息网络传播权保护条例》。

### (二)信息网络

《最高人民法院关于审理侵害信息网络传播权民事纠纷案件适用法律若干问题的规定》第 2 条规定:信息网络,包括以计算机、电视机、固定电话机、移动电话机等电子设备为终端的计算机互联网、广播电视网、固定通信网、移动通信网等信息网络,以及向公众开放的局域网络。在三网融合、万物互联的背景下,交互式信息网络传播并非局限于传统的互联网。有线电视网、移动互联网、电信网络被整合为统一网络,电脑、电视、手机、手表等任何终端只要连上前述任一种网络,即可进行交互式传播,进而落入信息网络传播权的控制范围。

### （三）信息网络传播行为

理解信息网络传播行为需要把握以下几个要点：

1. 信息网络传播控制交互式的网络传播

传统的多数传播行为进行的是单向的。例如，户外音乐节上，歌手在舞台上对着下面的观众演唱，这种传播是单向的，听众只能在指定的时间进入音乐节演出场地才可以听到作品。再如，在前网络时代，广播电台播放流行歌曲，听众也只能在播出的时间段被动收听节目。如果错过相应的内容，听众也无能为力，无法让时间倒流。而进入网络时代，只要将作品上传至网络，作品在服务器上处于持续性的存在状态，任何人在其选定的时间、选定的地点访问网站就接触作品。接触作品需要受众主动发起，即登录相应的网站后点击相应作品的播放、下载按钮。如果没有受众的主动行为，传播行为无法实质发生。这种传播是双向的、交互式的。另一个需要把握的关键是，信息网络传播权控制的仅仅是交互式传播，通过信息网络进行的非交互式传播，如网络直播、定时播放等，不受信息网络传播权控制。

2. 信息网络传播权的定义中的“提供”作品只是提供了公众接触作品的可能性，不代表公众实际已经接触了作品

提供行为本身不是直接传播，只是提供了获得作品的可能性。假设张三写了一首歌曲，将其上传至网站，但是不幸的是，这首歌无人问津，没有任何人听过这首歌。但是依然不能以此否认张三提供了作品。北京市高级人民法院印发的《关于审理涉及网络环境下著作权纠纷案件若干问题的指导意见（一）（试行）》第2条也明确规定：“信息网络传播行为是指将作品、表演、录音录像制品上传至或以其他方式将其置于向公众开放的网络服务器中，使公众可以在选定的时间和地点获得作品、表演、录音录像制品的行为。将作品、表演、录音录像制品上传至或以其他方式置于向公众开放的网络服务器中，使作品、表演、录音录像制品处于公众可以在选定的时间和地点下载、浏览或以其他方式在线获得，即构成信息网络传播行为，无需当事人举证证明实际进行过下载、浏览或以其他方式在线获得的事实。”

3. 信息网络传播中所述的“选定的时间和地点”是为了解释交互式传播，不

能将其绝对化理解为任意时间和地点

例如，我们可以随时打开一款听歌 App，如“网易云音乐”，选择相应的歌曲，点击播放即可试听。如果网易云音乐的后台服务器每天晚上 12 点开始关闭 6 个小时，那么在关闭的时间段，则无法收听。但是网易云音乐上传播放歌曲的行为依然属于信息网络传播权的控制范围。因为在除了关闭的时段外，用户依然可以在自己选定的时间，比如上午 9 点，选择播放歌曲。否则以后只要网站将服务器关闭一会，就可以声称不是信息网络传播行为，可以随意传播了。在音乐版权的授权中，通常会约定授权的地域范围。常见的有几种，如全世界范围、中国大陆、港澳台地区。如果授权网易云音乐在中国大陆地区独家上架歌曲，则在中国大陆以外地区都无法通过网易云音乐收听。授权地域范围为中国大陆，表示用户可以在中国大陆选择任何地点登录网易云音乐欣赏歌曲。

### （四）增值电信业务

《电信条例》（2016 年修订）第 2 条第 2 款规定，电信，是指利用有线、无线的电磁系统或者光电系统，传送、发射或者接收语音、文字、数据、图像以及其他任何形式信息的活动。第 8 条规定，电信业务分为基础电信业务和增值电信业务。基础电信业务，是指提供公共网络基础设施、公共数据传送和基本话音通信服务的业务。增值电信业务，是指利用公共网络基础设施提供的电信与信息服务的业务。

基础电信业务中最典型的是固定电话和手机的语音通话业务。而手机彩铃、来电铃声、IVR 业务等则是典型的电信运营商提供的无线增值电信业务。中国移动用户可以在中国移动旗下的网站通过付费开通彩铃功能，可以在咪咕音乐 App 上开通视频彩铃①。只要登录该网站或下载安装咪咕音乐 App，即可下载彩铃。这种交互性传播也属于信息网络传播权控制范围。如在汪某与深圳市华动飞天网络技术开发有限公司、北京创盟音乐文化发展有限公司侵犯著作权及表演者权纠纷案②中，汪某是《怒放的生命》专辑中 11 首歌曲的词曲作者

---

① 提供增值业务需要《增值业务许可证》，在咪咕音乐的网站底部。

② 北京市朝阳区人民法院民事判决书，（2009）朝民初字第 4331 号。

和表演者。北京创盟音乐文化发展有限公司、深圳市华动飞天网络技术开发有限公司在未经许可的情况下，擅自将上述11首歌曲提供给中国移动音乐门户网站12530提供彩铃下载服务。法院认为：

本案中，华动飞天公司使用涉案11首歌曲用于彩铃业务只是得到了创盟音乐公司的授权，并未征得汪某许可，也未向汪某支付报酬，故侵犯了汪某作为涉案11首歌曲的词曲作者和表演者所享有的信息网络传播权，应当承担停止侵权、赔偿经济损失及合理费用的法律责任。

（五）IPTV

“三网融合”指的是电信网络、计算机网络和有线电视网这三种原本相互独立的网络被整合成了兼具三者功能的统一网络。交互式的互联网电视（Internet Protocol Television，以下简称IPTV）是在“三网融合”的背景下产生的新的业态，与传统电视不同，IPTV在播放后一定的时间内还可以回播、点播。如安装歌华有线机顶盒的用户，如果错过了当日播出的电视节目，还可以通过系统内的“回看”选择相应的卫视和节目回看。IPTV既有传统电视直播的特点，也具有类似于互联网视频网站可以点播的特点。通过IPTV进行电视节目的点播、回播属于信息网络传播权的控制范围。有些互联网电视可以点播歌曲音频和演唱会录像，这种情况应当取得词曲的信息网络传播权许可。传统的电视直播，如果发生侵权，是很难取证的，而IPTV具有回看的特点，在可以回看的时间段（一般为48小时到72小时）可以进行公证取证工作，为后续的维权做好准备。如笔者代理的李志诉湖南卫视著作权侵权案，湖南广播电视台（湖南卫视）连续两期在其制作播出的《中餐厅》节目中使用李志享有著作权的歌曲《你离开了南京，从此没有人和我说话》作为背景音乐。笔者就是利用歌华有线机顶盒可以回看的特点，联系公证处立即取证，保证了后续案件的胜诉。

目前，有一些法院将IPTV回看定性为广播权控制范围。[①] 如在乐视网信息

---

① 参见杭州互联网法院民事判决书，（2018）浙0192民初4603号；广州市中级人民法院民事判决书，（2013）穗中法知民终字第1174号。

技术(北京)股份有限公司与广州珠江数码集团有限公司侵犯著作财产权纠纷案①中,案件争议的焦点在于:被告广州珠江数码集团有限公司根据与案外人浙江广播电视集团节目覆盖办公室签订的《节目传输播出合同》,通过卫星传输接收"浙江卫视"频道信号,将"浙江卫视"频道播放的节目进行录制后,通过有线电视网络提供给其有线电视用户"回看"和"点播"的行为,是否侵犯原告享有的信息网络传播权。一审中,广东省广州市越秀区人民法院认为:

首先,根据《著作权法》关于"广播权,即以无线方式公开广播或者传播作品,以有线传播或者转播的方式向公众传播广播的作品,以及通过扩音器或者其他传送符号、声音、图像的类似工具向公众传播广播的作品的权利"②的规定,可以看出,广播权的实施主体具有特殊性,一般是广播电台、电视台。本案中,浙电(浙江广播电视集团节目覆盖办公室——笔者注)是"浙江卫视"频道对外覆盖入网签约部门,有数字电视频道传输和营销资质。被告的前身是广州市有线电视网络工程有限公司,经广州市委、市政府批准授权,负责广州市行政区域内有线电视网络建设、管理和运营。根据浙电与被告的传输合同,双方在被告有线电视网络覆盖区域内进行合作,浙电负责将频道信号通过卫星传输到被告前端,再由被告自行传送给用户,被告将浙电节目频道摆放在数字电视平台中播出,节目频道的传输播出费用由浙电按本合同约定价格支付给被告。可见,无论是浙电,还是被告,均是具有广播电台、电视台性质的特殊的广播主体。

其次,从广播权的表现行为来看,共有三种,分别是无线广播作品的行为、有线传播或转播被无线广播的作品的行为、以扩音器等工具传播被无线广播的作品的行为,三种行为之间具有一种事实上的承接关系,也就是说,从发生先后顺序来看,先有第一种行为,即先有无线广播组织发射无线节目信号,然后再有第二种或者第三种行为,即在无线广播组织发射出信号后,再由有线电视网络经营者通过其设备转播或者传播无线广播组织发射的信号,或者再由他人通过扩音器等工具传播无线广播组织发射的信号。法律规定第二种和第三种广播

① 广东省广州市越秀区人民法院民事判决书,(2012)穗越法知民初字第1101号。

② 该案发生时,适用的是2010年的《著作权法》。

行为的初衷是为了更好地传送广播节目，由于电磁波的覆盖面、地形等原因，有的地区接收不到或者不能很好地接收电磁波信号或者为了更好、更稳定地接收电磁波信号，需要有线传输解决这一问题。本案中，涉案电视剧由浙电的“浙江卫视”频道首播，可认定其取得了涉案电视剧的广播权。浙电将“浙江卫视”频道信号通过卫星传输给被告，被告作为广州地区的有线电视网络运营商，通过自己的设备转播浙电发射的无线信号，属于广播行为中的有线转播行为。

最后，浙电将节目同步传输给被告，仅限于被告在约定的期限内传输给其网络内的用户收看，被告不得擅自对电视频道内容进行调整、变更、修改，不得擅自截传、转让、扩散，不得插播广告，虽然被告经许可将“浙江卫视”节目进行录制，用于其开展的电视“回看”和“点播”业务，但仍必须保留“浙江卫视”台标，因此，本质上被告是对“浙江卫视”频道节目的重复使用，其实施的还是广播行为。而且，被告提供作品的对象仅限于其有线电视的用户，并非所有的社会公众，不符合我国《著作权法》规定的“使公众可以在其个人选定的时间和地点获得作品”的信息网络传播权的定义。

综上所述，被告根据与案外人浙电签订的《节目传输播出合同》，通过卫星传输接收“浙江卫视”频道信号，将“浙江卫视”频道播放的节目进行录制后，通过有线电视网络提供给其有线电视用户“回看”和“点播”的行为，属于传统广播电视业务的发展和延伸，其行为性质是广播行为，不构成对原告信息网络传播权的侵害，故原告要求被告停止侵权、赔偿损失和合理费用的诉讼请求，缺乏事实和法律依据，该院不予支持。

而2019年年底，杭州互联网法院审理的西藏乐视网信息技术有限公司与被告中国电信股份有限公司杭州分公司侵害作品信息网络传播权纠纷案中，争议焦点也是如何认定IPTV限时回看功能的法律属性。法院分析认为，在提供主体和来源上，“IPTV回看”服务的主体、来源均为广播组织，提供的内容节目台标、编排等都不会改变，“回看”功能播放的信号仅限于相应电视台限定时间内播放的信号；在传播途径上，电信的IPTV专用网络是电信部门利用互联网架设的“专网”，明显区别于公开公用的互联网；在受众上，IPTV用户是利用特定终端并拥有专网访问权限和节目访问权限的特定用户，被告提供作品的对象并非所有的社会公众,而是仅限于已经相对特定的专网内的用户,其他公众不可能在不安装 IPTV 专网及终端的任何其选定的地点获得,故“IPTV 回看”行为的受众与信息网络传播权中的“公众”范围有所区别;在时间和地点上,回看点播服务仅能在安装专网终端的电视上、节目播出后 72 小时内观看。

不难看出,两案的判决理由有很多相似的部分。笔者认为,判断 IPTV 回看的法律性质应当注意以下几点:首先,著作权法规定的公开传播性质的权利,如信息网络传播权、广播权之间的区分体现在传播方式上,条文也紧紧围绕如何描述传播行为。不能以传播主体是否是广播电视台或其授权的主体为认定权利性质。

其次,《最高人民法院关于审理侵害信息网络传播权民事纠纷案件适用法律若干问题的规定》第 2 条规定,信息网络,包括以计算机、电视机、固定电话机、移动电话机等电子设备为终端的计算机互联网、广播电视网、固定通信网、移动通信网等信息网络,以及向公众开放的局域网络。很显然,最高人民法院的司法解释已经将信息网络扩展至广播电视网,甚至包括向公众开放的局域网。虽然法院认为 IPTV 专用网络是电信部门利用互联网架设的“专网”,明显区别于公开公用的互联网。但其实任何用户只要愿意安装相应的机顶盒就可以进入这样的“专网”观看节目。“专网”最多相当于一个特殊的局域网,依然属于信息网络的范畴。

最后,从传播方式来看,如同张伟君教授所言,它既不属于无线传播或(无线)广播他人作品,也不属于(以有线或无线方式,同步)转播广播的作品,更不属于用扩音器或类似工具(大屏幕)传播广播的作品。同时,IPTV 回看不属于网络直播,也不是网络(同步)转播,但是符合公众在个人选定的时间和地点获得作品的特征,属于网络点播。电视台要取得这项授权,不一定非得取得整个“信息网络传播权”的许可,只要通过合同约定取得“IPTV 回看”的授权就可以了,但不能以广播权的许可来覆盖这个授权。①

欣喜的是,在司法实践中,也有法院在查明 IPTV 业务形态后,认定其属于

① 张伟君:《IPTV 传播作品的著作权问题》,载微信公众号“同济知识产权与竞争法中心”2019 年 12 月 26 日。

信息网络传播权的控制范围[1]。笔者非常赞同。

### (六)深层链接

互联网上资源都有各自的网络地址,以“http://”开头。网络链接的作用是从一个网页指向这些目标资源。一般的普通链接或者浅层链接是指,为了访问第三方网站中的内容,能够引导浏览器跳转至该第三方网站,用户点击链接后网页会跳转至该网站。设链网站本身并不存储链接指向的内容。由于页面的跳转,用户自然知道进入第三方网站后接触的资源并非设链的网站提供。普通链接的作用在于信息定位或导航。

《著作权法》规定的侵权是指行为人未经著作权人的许可,在没有法定理由(如合理使用、法定许可等)的情况下,实施了受专有权利控制的行为。就网络传播来说,只要行为人将内容上传至服务器以其他方式置于向公众开放的网络服务器中,就很难认定行为人直接侵害了信息网络传播权。当然,如果行为人明知道被链接的网站内容属于侵权,依然设置链接,则可能构成间接侵权。

而深层链接是指设链网站所提供的链接服务使得用户在未脱离设链网站页面的情况下,即可获得被链接网站上的内容,此时页面并没有进行跳转,网络地址栏里显示的是设链网站的网址。对于用户来说,从感知上似乎是设链网站的服务器上存储内容,向用户提供内容。但是实际上,设链网站并没有将内容上传至自身服务器,而只是利用爬虫等技术,在后台盗用被链接网站服务器上的内容提供给用户。这样一来,利用这个技术,设链网站不需要购买音乐、影视等版权内容也可以达到向用户提供内容的目的,从而获取流量。还有一种加框链接,设链网站只是通过技术抓取目标网页的一部分内容,然后对该部分进行加框,然后再将加框的部分嵌套在自己的网页或客户端上。从普通用户感知的角度,也会误以为是设链网站在提供该作品。网络视频行业的加框链接比较常见,设链网站往往只链接被链网站的目标页面上的视频播放器,同时在自己的页面上设置一个窗口,使该视频播放器正好嵌在窗口上进行播放。加框链接是深度链接的一种。

---

① 广东省深圳市中级人民法院民事判决书,(2014)深中法知民终字第328号。

以深层链接为基础的网络技术产生了多种聚合服务，如视频聚合、音乐聚合、新闻聚合。所谓“聚合”，是指对他人网站服务器中存储和传播的大量作品提供以作品名称形式出现的“深层链接”，并进行分类和排序。用户在点击作品名称（背后是“深层链接”）之后，通常在不脱离设链网页的情况下就可以欣赏被链接作品。[①] 就音乐网站而言，如采用深层链接，设链网站在提供歌曲检索的同时，只要点击搜索结果列表中的歌曲标题，就能进行试听或相应下载，整个试听及下载过程均能在设链网站的页面中进行。笔者记得几年前在网络发现一些网络收音机网站，把很多广播电台的制作的节目分类、聚合到一个页面，点击相应的广播电台的名称就可收听。这其实就是一种聚合。

前文已经分析过信息网络传播定义中的“提供”的含义。最高人民法院《关于审理侵害信息网络传播权民事纠纷案件适用法律若干问题的规定》第3条第2款规定：通过上传到网络服务器、设置共享文件或者利用文件分享软件等方式，将作品、表演、录音录像制品置于信息网络中，使公众能够在个人选定的时间和地点以下载、浏览或者其他方式获得的，人民法院应当认定其实施了前款规定的提供行为。北京市高级人民法院印发的《关于审理涉及网络环境下著作权纠纷案件若干问题的指导意见（一）（试行）》第2条也明确规定：“信息网络传播行为是指将作品、表演、录音录像制品上传至或以其他方式将其置于向公众开放的网络服务器中，使公众可以在选定的时间和地点获得作品、表演、录音录像制品的行为。将作品、表演、录音录像制品上传至或以其他方式置于向公众开放的网络服务器中，使作品、表演、录音录像制品处于公众可以在选定的时间和地点下载、浏览或以其他方式在线获得，即构成信息网络传播行为，无须当事人举证证明实际进行过下载、浏览或以其他方式在线获得的事实。”上述司法解释和北京高院的指导意见对“提供”的含义进行了细化说明。可以看出，要构成信息网络传播行为，一个关键性的判断标准是行为人需要将内容上传至或以其他方式置于向公众开放的网络服务器。这就是所谓的“服务器标准”。从服务器标准的角度看，深层链接并没有将作品等上传至其设链网站自身的服务器。

---

① 王迁：《论提供“深层链接”行为的法律定性及其规制》，载《法学》2016年第10期。

设置深度链接与真正的信息网络传播行为最大的区别是,信息网络传播行为是将内容上传至服务器,而设置链接是通过技术把他人网站内容盗取呈现在自己的网页。信息网络传播行为人可以控制内容,而无法最终控制被链接网站内容,一旦内容提供者删除了文件,深度链接的作用就消失了。笔者认同以服务器标准认定是否构成侵害信息网络传播。

国内司法界和学术界一度将深层链接认定为信息网络传播行为,应当受信息网络传播权控制。认定标准主要有两种,一种是“用户感知标准”。所谓的用户感知标准是指,因为深层链接会使用户在不离开设链网页的情况下就可以欣赏被链作品,导致从用户感知的角度,会以为是设链网站在提供该作品。因此,应当认定链接提供者实施了信息网络传播行为。另一种是“实质呈现标准”。认为深层链接实质性改变了作品的呈现方式,设链者控制的用户界面实质呈现了他人作品,将他人作品作为自己网页或客户端的一部分向用户展示,用户无须访问被链接的网站。设链者应当被视为作品的提供者。实际上两者在本质上是相同的,只是侧重点不同,两者都认为提供链接使用户点击后能在设链网站中展示作品的行为属于信息网络传播权。差异仅在于前者强调用户的主观感受,即用户会误以为被链作品源于链接提供者,后者则强调客观效果,即实质呈现了被链作品。[①] “用户感知标准”以用户的感知作为界定行为性质的依据,不符合行为评价的客观准则。“实质呈现标准”表面上强调行为的客观性,但实质并不是指提供“深层链接”的行为与公认的信息网络传播权(将作品置于服务器中供用户获得)在行为上具有同一性,而是强调提供“深层链接”的效果是展示作品的内容。[②] “用户感知标准”“实质呈现标准”与“服务器标准”的最大区别在于,“用户感知标准”是完全的主观标准,“实质呈现标准”虽然强调客观呈现,但是并没有进一步追问客观呈现的形成原因,以结果推测形成原因归根结底也是主观标准。而服务器标准以行为(是否将作品置于服务器中供用户获得)来判断,是真正以客观行为为标准。

虽然“用户感知标准”“实质呈现标准”不适合作为判断深层链接属于信息

---

① 王迁:《论提供“深层链接”行为的法律定性及其规制》,载《法学》2016 年第 10 期。

② 王迁:《论提供“深层链接”行为的法律定性及其规制》,载《法学》2016 年第 10 期。

网络传播权的标准,但是它们在司法实践中可以发挥作用。因为对于原告来说,往往难以发现被告是否采用了深层链接技术,出现疑似,也很难拿出有力的证据。在原告已经按照“用户感知标准”或“实质呈现标准”提供证据证明被告存在侵权行为时,被告必须提供证据证明其没有提供作品,而是采用深层链接技术。否则法院很可能推定被告实施了信息网络传播行为,构成侵害信息网络传播权。

如果能够查明被告确实是为了“搭便车”,利用深层链接盗取被链网站的音乐等内容,笔者认为,由于其不符合信息网络传播权规制的“提供”行为,不应认定其构成侵害信息网络传播。被链网站之所以愿意支付版权费,就是为了以优质内容吸引用户,通过用户浏览、投放广告或者购买会员等方式收回成本、获取利润。深层链接行为不需要购买版权内容,就可以达到同样的效果,明显具有不正当性,如不加以规制,则会极大地破坏市场规范。这种情况下,维权的思路也可以向普通链接一样跳转页面,应考虑适用《反不正当竞争法》的相关规定。

一般情况下,购买正版内容的网站为了保护自己的利益,多数都会采取技术措施,隐藏相关内容的绝对地址,防止盗链。2020 年《著作权法》第 53 条第 6 项的规定,禁止未经著作权人或者与著作权有关的权利人许可,故意避开或者破坏权利人为其作品、录音录像制品等采取的保护著作权或者与著作权有关的权利的技术措施。《信息网络传播权保护条例》(2013 修订)第 26 条对于何为技术措施作了进一步规定:技术措施,是指用于防止、限制未经权利人许可浏览、欣赏作品、表演、录音录像制品的或者通过信息网络向公众提供作品、表演、录音录像制品的有效技术、装置或者部件。如果原告有证据证明其采取了技术措施,防止其他人盗链。这时候就需要被告证明没有采取规避技术的措施。如其不能证明,可以直接适用《著作权法》第 53 条关于禁止避开技术措施的规定,判令被告承担停止侵害、赔偿损失等责任。

## 九、摄制权

《著作权法》第 10 条第 1 款第 13 项规定:“摄制权,即以摄制视听作品的方法将作品固定在载体上的权利。”《著作权法》并未明确规定哪些作品享有摄制权。通常来说,最典型的享有摄制权的作品是小说、剧本等文字作品。

音乐作品是否享有摄制权存在一定争议。按照参与《著作权法》立法的学者对摄制权的解释,“公约和我国著作权法的规定都只明确了电影类作品,但并不仅仅指将小说拍成电影片、电视剧等,未经许可将一部乐曲作为电影的音乐,未经许可将美术或摄影作品摄入电影、电视等也构成侵犯摄制权。”①据此,参与立法学者认同音乐作品享有摄制权,只要电影电视中呈现音乐即可能构成侵犯摄制权。在早期的司法案例中,有法院确认使用词曲作品制作卡拉OK构成侵犯摄制权,即便卡拉OK的画面与歌词无关。如在罗某与广东飞乐影视制品有限公司、贵州文化音像出版社、广州合众光碟制造有限公司、北京华融家乐福商业有限公司著作权侵权纠纷案②中,飞乐公司使用前述歌曲制作了其他歌手演唱并配以风光画面的卡拉OK。法院认为:

罗某是涉案6首歌曲的词曲作者,对其音乐作品享有摄制权,即以摄制电影或者以类似摄制电影的方法将其作品固定在载体上的权利。飞乐公司以制作卡拉OK形式使用涉案音乐作品,将其固定在《刀郎 卡拉OK》VCD上,应当征得词曲作者罗某的许可,并支付报酬。其未履行该义务,侵犯了罗某对涉案音乐作品享有的摄制权,应承担停止侵权、赔偿损失的民事责任。

在近年来一些案例中,法院逐渐转变了对摄制权的认识。如在前文所述的李某波诉云南俊发宝云房地产有限公司、北京搜狐互联网信息服务有限公司侵害著作权纠纷案③中,云南俊发公司未经李某波同意,使用歌曲《一封家书》制作视频,并在其微信公众号“昆明俊发城”中发布,用于宣传促进楼盘销售。李某波主张云南俊发公司侵犯了其享有的摄制权,法院认为:

关于摄制权,涉案视频内容主要讲述了三个故事,与歌曲《一封家书》词曲内容不相关。

---

① 胡康生主编:《中华人民共和国著作权法释义》,法律出版社2002年版,第57~58页。
② 北京市朝阳区人民法院民事判决书,(2005)朝民初字第3250号。
③ 北京市海淀区人民法院民事判决书,(2018)京0108民初11116号。

最终,法院认为视频内容与歌曲词曲内容不相关,不构成侵犯摄制权。因此,可以反过来理解,如果视频内容与词曲相关就可能构成侵犯摄制权。但是具体达到怎样的相关才构成侵犯摄制权依然不明确。

在笔者代理的李志诉深圳市腾讯计算机系统有限公司、霍尔果斯哇唧唧哇娱乐文化有限公司、腾讯音乐娱乐科技(深圳)有限公司、上海腾讯企鹅影视文化传播有限公司、第三人北京梦织音传媒有限公司著作权权属、侵权纠纷案[①]中,原告除了主张被侵犯表演权、信息网络传播权、汇编权外,还主张综艺节目《明日之子》第2季第1期的制作者侵犯了原告对音乐作品《天空之城》享有的摄制权。法院认为:

> 摄制权是指以摄制电影或以类似摄制电影的方法将作品固定在载体上的权利,摄制权并不是单纯通过摄像机将作品固定在载体上的权利,而是需要制片人、导演、编剧、摄影等共同参与的进行影视作品的创作的权利,即将文学或艺术作品拍摄成电影、电视剧等影视作品的权利。本案中,综艺节目《明日之子》第2季第1期的制作者以类似摄制电影的方法摄制该综艺节目的过程中组织歌手邱虹凯公开表演音乐作品《天空之城》并组织进行拍摄,音乐作品《天空之城》仅是该综艺节目的一个构成元素,该节目制作者并非将音乐作品《天空之城》拍摄成电影、电视剧等影视作品,故该综艺节目的制作者并未侵犯原告对音乐作品《天空之城》享有的摄制权。

因此,即便以摄制电影或者以类似摄制电影的方法将音乐作品固定在载体上,也不一定构成侵犯摄制权。只有电影或类电影作品(包括属于类电影作品的MV)表达、故事情节是根据音乐作品歌词表达的情节改编摄制而来,才可能构成侵犯摄制权。实际上,法院等于一定程度上否认了音乐作品享有摄制权,或者说如果音乐作品享有摄制权,实质是指音乐作品中的歌词享有摄制权。这样似乎又回到了小说、剧本等文字作品享有摄制权的原点。只有那些歌词包含一定情节描写的音乐作品才可能享有摄制权。如果是无词的音乐作品,或者

① 广东省深圳市南山区人民法院民事判决书,(2018)粤0305民初15249号。

是音乐作品的歌词完全没有故事情节的描述，更多为抒情等，很难通过改编摄制为电影等视听作品、类电影作品。

摄制权是将作品改编拍摄成电影等视听作品的权利。摄制权的改编最终指向的作品类型是视听作品。摄制权是一种特殊的改编权。在《著作权法第三次修正送审稿》中删除了“摄制权”，将“将文字、音乐、戏剧等作品制作成视听作品”归到改编权项下。[①] 但2020年《著作权法》修改时这一建议并未被采纳。

## 十、改编权

### （一）概念

《著作权法》第10条第1款第14项规定：“改编权，即改变作品，创作出具有独创性的新作品的权利。”改编是指在不改变作品基本内容的情况下，将作品由一种类型改变成另一种类型，或者不改变原作品类型而改变其体裁[②]。

### （二）改编行为

我国法院在涉及音乐作品改编的诉讼中，明确认可以原有音乐作品为基础创作的新的音乐作品，属于改编作品。如在“《乌苏里船歌》案”中，法院指出：

> 改编作为一种再创作，应主要是利用了已有作品的独创部分。对于音乐作品的改编而言，改编作品应是利用了原音乐作品的基本内容或重要内容，应对原作的旋律作了创造性修改，却又没有使原有旋律消失，并认定《乌苏里船歌》是赫哲族民歌《想情郎》和《狩猎的哥哥回来了》的改编作品。[③]

在前述李某波诉云南俊发宝云房地产有限公司、北京搜狐互联网信息服务

---

① 《〈中华人民共和国著作权法〉（修订草案送审稿）》第13条第2款第8项规定：改编权，即将作品改变成其他体裁和种类的新作品，或者将文字、音乐、戏剧等作品制作成视听作品，以及对计算机程序进行增补、删节，改变指令、语句顺序或者其他变动的权利。

② 胡康生主编：《中华人民共和国著作权法释义》，法律出版社2002年版，第43~44页。

③ 王迁：《著作权法》，中国人民大学出版社2015年版，第125~126页。

有限公司侵害著作权纠纷案①中，李某波主张云南俊发公司侵犯了其享有的改编权，法院认为：

第一，将歌曲《一封家书》与涉案视频歌曲的歌词与曲谱分开对比。对于歌词部分，歌曲《一封家书》歌词与涉案视频歌词的相同之处体现在：均采用了家书的格式，开头和结尾处部分歌词相同；不同之处体现在：在中间叙事部分，歌曲《一封家书》歌词以家常问候为主，涉案视频歌词结合时代背景，分别围绕三个主题讲述了三个故事。两者相比虽然仅个别词句相同，但歌曲《一封家书》歌词独创性的重要体现即将家书形式与歌词结合起来用于音乐的表达，表达出朴素真诚的思乡情怀，而涉案视频歌词亦采用了这种独特表达形式，表达的情感亦相似，且在歌曲《一封家书》歌词基础上，结合时代背景，对中间部分的叙事内容进行了替换，即加入了具有独创性的表达内容，因此涉案视频歌词是在使用了歌曲《一封家书》歌词独创性表达的基础上，形成了新的表达，构成对歌曲《一封家书》歌词的改编。对于曲谱部分，歌曲《一封家书》曲谱与涉案视频曲谱的相同之处体现在：起音、落音、骨干音以及旋律均基本相似，歌曲风格、旋律走向亦相似；不同之处体现在：整体时长、表演方式、过门旋律不同，部分语句旋律有一定相似之处，但也存在明显差别，且加入了说唱形式。因此，涉案视频曲谱使用了歌曲《一封家书》曲谱的基本内容，并对歌曲《一封家书》的旋律作了创造性修改，却又没有使原有旋律消失，使原有曲谱与改编部分的曲谱融为一体，这种修改构成对歌曲《一封家书》曲谱的改编。第二，将歌曲《一封家书》与涉案视频歌曲进行整体对比。两者名称相同，均为“一封家书”，且开头结尾歌词相同，曲谱主旋律亦相似，使人听到涉案视频歌曲时便会联想到歌曲《一封家书》。第三，涉案微信公众号中的文案内容，即“1994 年，有一首歌火遍了昆明的大街小巷，14 年过去了，艺人会过气，唱片公司也许会消失，但好音乐是美、是爱、是梦想，人们永远需要它的安慰，也会被永远传唱”，亦能表明涉案视频歌曲是源自歌曲《一封家书》。综合上述情形，本院确认涉案视频的词曲构成对歌曲《一封家书》词曲的改编。

① 北京市海淀区人民法院民事判决书，（2018）京 0108 民初 11116 号。

### (三)非改编行为

1. 转换表示方式

转换音乐作品的表示方式不属于改编。如在谭某然、深圳普乐文化传播有限公司与北京千琦科贸有限公司、幺某强侵犯著作权纠纷案[①]中,原告谭某然独创了一种钢琴记谱方法《钢琴 OK 娱乐速成法》,其乐谱的标注形式既非五线谱亦非简谱,而是采用阿拉伯数字 1、2、3、4、5 进行标注。数字表示五个手指指法位置。原告将使用该方法改编进入公有领域的歌曲的乐谱许可深圳普乐文化传播有限公司独占使用。深圳普乐文化传播有限公司再次授权被告北京千琦科贸有限公司使用曲谱。但授权期届满后,两被告未经两原告许可,擅自继续使用《钢琴 OK 娱乐速成法》及相关曲谱,以“疯狂钢琴”的名称开设多家门店开展钢琴的教学业务。对于被告是否侵犯使用原告钢琴记谱方法记录的乐谱的著作权,法院认为:

对于两原告在本案提出的《生日歌》等八首改编自公有领域曲谱的音乐作品的主张。根据两原告的陈述,本院认为两原告在本案中提交的所谓“改编曲谱”,并非通常意义上使用简谱、五线谱的记谱形式创作的音乐作品,仅仅是一种便于不识简谱、五线谱的人员能够使用钢琴弹奏上述已经进入公有领域作品的指法及指位标记。两原告亦未将上述使用其自称独创的记谱方法编写的八首曲谱,以通常的记谱方法——简谱或五线谱的形式进行作品的再现。本院亦无从判断其主张的“改编”是否具有独创性。因此,两原告关于对涉案八首已经进入公有领域的曲谱进行改编的主张,缺乏事实和法律依据,其主张的作品不属于《著作权法》规定的受保护的作品。

在本案中,如果乐谱与原歌曲的旋律、节奏等没有任何变化,存在一一对应的关系,仅仅是记谱方式不同,则其编写的曲谱仅仅是转换了音乐作品的呈现方式,表达的依然是原音乐作品,不属于改编行为。

---

① 北京市第一中级人民法院民事判决书,(2009)一中知民初字第 9159 号。

2. 变调

很多时候，为了适应歌手的音域，需要对整首歌曲进行升调或降调。升降调是对歌曲旋律的每一个音整体的上移或下移。整体上移半个音，则是升半个调，整体下移一个全音，则降一个调。比如，我们在一些 KTV 唱歌时，会发现有升降调的按钮，如果发现“唱不上去”某首歌曲，则表示自己的音域不适合这个歌，可以选择降调演唱。但是降调后唱的音乐作品依然是这首歌。表面上看，每个音都与原曲不同，但歌曲旋律的音符之间的音程关系并没有任何变化，普通人从听觉上也能明显感受到降调后演唱的是同一首歌。升降调属于机械性的整体改变歌曲的音高。升降调不属于改编，也不是创作，不具有独创性，无法受到著作权法的保护。

如在许某飞与于某力著作权权属、侵权纠纷案①中，原告许某飞收集大量中外经典儿童歌曲，经过改编创作成钢琴曲。2011 年 1 月，原告将其创作改编的《北京有个金太阳》与其他钢琴曲共同整理编辑成《快乐儿歌钢琴曲集》，由湖南文艺出版社出版、发行。原告发现被告于某力编著的《边弹边唱儿歌钢琴——孩子们最喜爱的钢琴金曲》于 2016 年 4 月出版发行，其中的《北京有个金太阳》与原告编著的上述歌曲构成实质性相似，因此诉至法院。被告于某力辩称其编著的涉案歌曲与原告编著相差一个八度音，不构成相似。法院审理认为：

> 经过比对，虽然被告改编的《北京有个金太阳》与原告改编的上述作品相比高了一个八度，但此为编配所应用到的乐理、规则等，属于“思想概念”的范畴，不受著作权法保护。无论在节奏、旋律及和弦上，原告、被告的编曲均完全一致。故原告、被告的作品构成实质性相似，被告未经原告许可，亦未注明原告姓名，擅自使用原告享有著作权的涉案音乐作品用于出版、发行获利，其行为构成侵权，应承担停止侵权、赔礼道歉、赔偿损失的民事责任。

3. 增加装饰音

现实中，绝大多数现场演唱都是再现性表演。表演者在表演前已经进行了

① 广西壮族自治区桂林市叠彩区人民法院民事判决书，(2018)桂 0303 民初 1978 号。

排练。表演者利用自己的演唱技巧、音色表现作品，即便在表演中加入微小的“创作”，如颤音、尾音的运用，这些微小的创作基本上不影响原作品的整体表达，微小的局部调整不足以构成著作权法意义上的创作，不构成演绎、改编。其表演依然属于再现性表演。

4. 删减歌词

在庆某暄与持之以恒科技（北京）有限公司侵害著作权纠纷案[①]中，原告庆某暄创作了音乐作品《你飞过我生命每个角落》，后委托被告为该歌曲编曲并向被告支付了编曲费。2017 年 1 月，原告发现 QQ 音乐、酷狗音乐、全民 K 歌等音乐平台上均有涉案歌曲的演唱版，显示作词、作曲署名为乐某声，演唱者为刘某涵。原告因此诉至法院。被告辩称其是涉案歌曲的编曲方，对庆某暄原创歌曲的改编超过 30%，是该歌曲的著作权人，没有侵害庆某暄的著作权。法院审理后查明：2016 年 7 月 29 日，庆某暄将歌曲《你飞过我生命每个角落》的歌词文字稿和其在全民 K 歌软件上录制的清唱音频发给被告的工作人员彭某，要求对其进行编曲。随后，彭某根据庆某暄的要求和修改意见，在原来歌词的基础上，删除、增加了个别字词，调整了一两句歌词的位置，按照歌曲的主旋律进行了伴奏配乐，并向庆某暄提供了编曲后的伴奏音频。就被告主张的对该音乐作品进行改编是否享有著作权，法院认为：

> 持之以恒公司主张对编曲后的音乐作品享有权利，但其既未说明改编的具体内容，又未指出其独创性部分。而根据上述查明的事实，持之以恒公司仅仅对原歌曲的词字进行了个别调整，并按照原乐曲旋律进行了配乐伴奏，其上述编曲并未产生新的具有独创性的演绎作品。持之以恒公司据此主张其对涉案歌曲享有著作权，缺乏事实和法律依据，本院不予支持。

5. 重新创作

在上诉人北京众得文化传播有限公司与被上诉人万达影视传媒有限公司、新丽传媒集团有限公司、天津金狐文化传播有限公司、岳某刚侵害作品改编权

---

① 北京市朝阳区人民法院民事判决书，(2017)京 0105 民初 8196 号。

纠纷案[①]中，歌曲《牡丹之歌》由乔某作词，吕某、唐某作曲，是电影《红牡丹》的主题曲，歌词为：

啊，牡丹，百花丛中最鲜艳
啊，牡丹，众香国里最壮观
有人说你娇媚，娇媚的生命哪有这样丰满
有人说你富贵，哪知道你曾历尽贫寒
啊，牡丹，啊，牡丹，哪知道你曾历尽贫寒
啊，牡丹，百花丛中最鲜艳
啊，牡丹，众香国里最壮观
冰封大地的时候，你正蕴育着生机一片
春风吹来的时候，你把美丽带给人间
啊，牡丹，啊，牡丹，你把美丽带给人间，你把美丽带给人间

由岳某刚参与填词的《五环之歌》的歌词分为两部分，一部分是某歌手的说唱，另一部分为岳某刚演唱的部分。岳某刚填写的歌词为：

啊，五环，你比四环多一环
啊，五环，你比六环少一环
终于有一天，你会修到七环
修到七环怎么办，你比五环多两环

原告认为，被诉《五环之歌》歌词是否构成对歌曲《牡丹之歌》歌词的改编，实际上，从歌词对比来看，二者没有实质的表达相似的地方。单纯地从歌词部分而言，岳某刚填词的行为属于重新创作，并非改编原歌词的行为。当然，该案中原告仅取得了词作者的专有授权。如果原告取得了曲作者的专有授权主张侵害曲作品改编权，基本上会得到法院支持。因为岳某刚填词的行为属于对

① 天津市第三中级人民法院民事判决书，(2019)津03知民终6号。

曲作品的改编，改编后的《五环之歌》利用了原曲的独创性的表达，即旋律。

## 十一、翻译权

音乐无国界，音乐是无法翻译也无须翻译的。音乐作品的翻译主要是指歌词部分的翻译。《著作权法》第10条第1款第15项规定："翻译权，即将作品从一种语言文字转换成另一种语言文字的权利。"如果将一首音乐作品的歌词翻译成另一种语言，则需要取得词作者的翻译权许可。翻译者对于翻译形成的歌词享有著作权。如果他人想要使用翻译后歌词版本的音乐作品，除了需要取得原词曲作者的授权许可，还需要取得译者的授权许可，否则就侵犯了译者翻译版本歌词的著作权。

例如，在北京汇智时代科技发展有限公司与中国国际广播音像出版社、北京里仁开源软件科技有限公司侵犯著作权纠纷案①中，原告北京汇智时代科技发展有限公司编译整理了《听歌学韩语》《听歌学韩语2》《听歌学日语》《听歌学法语》《听歌学法语2》并授权出版社出版发行。被告北京里仁开源软件科技有限公司制作、中国国际广播音像出版社出版发行的《韩语听歌学》《日语听歌学》《法语听歌学》产品及配套的学习手册出版在后。后者与汇智公司在先出版的产品及配套学习手册的译文存在文字上的惊人相似，甚至有些校对的错误亦相同。原告认为被告未经许可在其制作的产品中使用了其享有著作权的歌词中文译文，构成侵权。被告北京里仁开源软件科技有限公司辩称：对原告提出的翻译权归原告所有的意见不予认可。这些歌都是由歌曲原创者自己写的，不是原告自己创作的，原告进行翻译应该为原创者署名，取得许可和支付费用，但原告没有获得许可、署名并支付费用，因此其翻译本身就是侵权的，没有权利要求法律保护。北京市海淀区人民法院审理认为：

依据著作权法的规定，翻译权归原作品的著作权人享有，原著作权人可以许可他人行使翻译权，他人未经许可进行翻译的，构成侵权。翻译已有作品而产生的作品，翻译人享有翻译作品的著作权，但行使著作权时不得侵犯原作品

① 北京市海淀区人民法院民事判决书，(2007)海民初字第22050号。

的著作权。原告汇智公司对歌词进行翻译虽然未经相关著作权人的许可,是建立在侵犯他人著作权的基础上的,存在权利上的瑕疵,但仍是创作活动的产物,本身有一定的原创性。尽管相关歌曲的原作者有权起诉汇智公司侵权,汇智公司亦可能因此对歌曲的原作者负民事赔偿责任,但有关的演绎作品仍属于受著作权保护的作品,只是有一个保护度的问题。即汇智公司对翻译作品的著作权虽不能主动行使,但当里仁公司制作、国际出版社出版的产品侵犯其对翻译作品享有的著作权时,汇智公司可以被动行使著作权,禁止他人侵犯其对翻译译文享有的权利。

因此,在这个案件中,原告在翻译歌词时没有取得原歌词作者的同意,涉嫌侵犯了原词作者的翻译权。同时,无论翻译有没有取得授权,对于翻译后形成的中文歌词,法院均认可其享有著作权,未经翻译作品著作权人许可出版发行也是侵权行为。

需要注意的是,将英文歌重新填中文词,或者将粤语歌重新填上普通话版歌词,新版本歌词不是根据原歌词翻译而来,均不涉及翻译权,属于音乐作品的改编。

另外,将中文歌词改为盲文,也不涉及翻译权。因为中文与盲文之间存在一一对应的关系,任何懂中文和盲文的人都可以完成转换。改为盲文没有创作的空间,不具有独创性。这种行为有点类似于转换音乐作品的表达方式,如将一首歌曲的简谱改写为五线谱,具备一定乐理的人都可以完成,简谱和五线谱之间也具有固定的对应关系。中文歌词改为盲文①、简谱改为五线谱均属于复制行为。

## 十二、汇编权

《著作权法》第10条第1款第16项规定:"汇编权,即将作品或者作品的片段通过选择或者编排,汇集成新作品的权利。"由此可以看出,汇编是一种创作

① 根据《著作权法》第24条第1款第12项规定:"以阅读障碍者能够感知的无障碍方式向其提供已经发表的作品"属于合理使用,这是对复制发行权的一种限制,歌词改为盲文出版属于合理使用。

方式，是通过独创性地选择已有作品或作品的片段，对其进行编排形成新作品。汇编是一种特殊的可以形成新作品的复制。通常的复制并不会产生新作品，而汇编行为则达到了一定的独创性，进而可以形成汇编作品。

汇编权控制的是他人对自己作品或作品的片段进行编排形成新作品的权利。无论汇编是否形成新作品，本质上都是一种复制行为，在著作权法已经规定复制权的情况下，没有必要再规定汇编权。如果对汇编作品继续进行传播，汇编权本身也无法控制，根据传播的行为将落入发行权、信息网络传播权、广播权等的控制范围。

## 十三、其他权利

通过以上各项子权利的介绍和分析，可以看出，著作权项下的各项子权利并不是凭空产生，有的是根据传播技术和手段进行划分，有的是根据创作手段进行划分。随着技术的进步和商业模式的创新，列举式的规定往往落后于现实，因此，《著作权法》第 10 条第 1 款第 17 项规定了应当由著作权人享有的其他权利，作为兜底条款。在现实中，如果遇到前述各项子权利不能控制的行为，则可以将其归入其他权利，使著作权人获得法律救济。

## 十四、小结

从以上各项著作财产可以看出，复制权是最原始的著作财产权，其他各项著作财产权的划分主要按照两类行为进行，一类是演绎类行为，另一类是传播类行为。演绎类的权利包括改编、翻译、摄制、汇编，演绎类的权利特点是产生新的作品。传播类的又可细分为转移作品复制件和不转移作品复制件。发行权、出租权属于转移作品复制件的传播类权利，表演权、广播权、放映权、信息网络传播权属于不转移复制件的传播类权利。传播类的权利特点是不产生新作品。

# 第四章

# 邻接权

## 第一节　概　　述

著作权法的核心立法目的是保护作品。但是大陆法系著作权法对于作品的独创性要求较高,那些未能体现创作者个性或创造性程度较低的劳动成果均不被承认为著作权法意义上的作品。[①] 德国著作权法专家雷炳德认为:表演艺术家在戏剧表演、音乐表演中的表演"所再现的仅仅是原作者在作品中已经设想好了的东西。在忠实地再现原作品的情形,表演艺术家们无论如何也没有把自己的智力成果表达出来,而是把作品中作者的精神、作者的感受、作者的声音、作者的思想带给了我们"[②]。

随着复制、传播技术的发展,表演者的表演、录音制作者制作的录音制品、广播电台、电视台对其播放的广播、电视节目很轻易地被复制传播而使得付出的劳动无法得到回报。如果对于这些促进了文化艺术的发展和作品的传播的劳动成果不加以保护,不仅会导致不公平的结果,而且会使人们放弃艺术表演或传播作品的活动。

以何种方式对那些与著作权有关的,但是尚未达到著作权法保护的作品所要求的独创性程度的劳动成果给予保护就成为一个问题。一种解决方案是将

---

① 王迁:《著作权法》,中国人民大学出版社 2015 年版,第 268 页。

② [德]M. 雷炳德:《著作权法》,张恩民译,法律出版社 2005 年版,第 55 页。

表演和录音制品均视为符合独创性要求的作品，但是这会破坏著作权的传统理论。另一种解决方案是在著作权法之外另行制定特别法，但这样的立法成本显然过高。因此，多数国家的选择是在著作权法中新设一种与传统著作权并列的新型权利类型，专门用于保护那些独创性程度不高但又与作品有一定联系的劳动成果，这种新型权利就是邻接权。[①]

邻接权，亦称相关权，是指作品的传播者和作品之外的劳动成果的创造者对其劳动成果享有的专有权利的总称。[②] 我国《著作权法》将邻接权称为"与著作权有关的权益"。《著作权法》第 1 条规定了"与著作权有关的权益"。《著作权法实施条例》第 26 条明确了与著作权有关的权益是指出版者对其出版的图书和期刊的版式设计享有的权利，表演者对其表演享有的权利，录音录像制作者对其制作的录音录像制品享有的权利，广播电台、电视台对其播放的广播、电视节目享有的权利。

与音乐作品有关的邻接权主要是表演者权、录音录像制作者权、广播电视组织者权。

## 第二节　表 演 者 权

在介绍表演者权前，我们先考察著作权法意义上的表演是什么，表演和作品的关系是什么。

### 一、表演与作品

现实中的表演形形色色。根据表演和作品的关系可分为以下几种。

#### （一）再现性表演

所谓的"再现性表演"是指不包含创作要素而只是呈现既有作品的表演。[③]

① 王迁：《著作权法》，中国人民大学出版社 2015 年版，第 270 页。
② 王迁：《著作权法》，中国人民大学出版社 2015 年版，第 267 页。
③ 李宗辉：《论"表演"的类型》，载《中国版权》2012 年第 1 期。

表演艺术家在戏剧表演、音乐表演过程中虽然也做出了成绩，而且这种成绩是以艺术上的移情能力以及技巧上的才能为前提的，但是，他们所再现的仅仅是原作者在作品中已经设想好了的东西。我们在日常生活中接触的绝大多数演唱都属于再现性表演。表演者在表演前已经熟悉了音乐作品，其表演是“靠谱”的，不是天马行空的乱唱。即使表演者有自己的演唱技巧和习惯，特有的音色，也可以在表演中加入即兴的小“创作”，如颤音、尾音的运用，但基本上不影响原作品的整体表达，微小的局部调整不足以构成著作权法意义上的创作，不构成演绎、改编。其表演依然属于再现性表演。但著作权法对于表演做出努力也不是视而不见的，或者说正是因为注意到了每一个表演者的劳动价值，才对其富有个性的表演赋予表演者权。

### （二）创作性表演

所谓的“创作性表演”是指表演者在表演的同时进行“创作”，最典型的是即兴创作。根据创作与既有作品的关系，创作性表演又可分为“原创性表演”和“演绎性表演”。“原创性表演”创作的歌曲不以任何既有作品为基础，属于现编词曲。而歌手、主持人张帝，绰号为“急智歌王”，常在现场演出中进行即兴创作。如果词曲都是现编的，则属于原创性表演。如果用现有的歌曲的曲即兴填词，创作出符合现场气氛的歌曲，即以既有的音乐作品的曲为基础进行即兴创作，完成的音乐作品属于改编作品。其表演则属于典型的演绎性表演。

原创性表演的表演者同时也是词曲作者，对即兴创作的音乐作品词曲享有版权，因此，原创性表演无须经过任何著作权人许可。而演绎性表演的表演者同时也是创作者，对其改编的作品享有著作权，但由于需要使用他人既有作品，因此，在表演前，需要取得相关著作权人的许可。

### （三）与作品无关的表演

再现性表演和创作性表演都与作品有关，其表演的客体属于著作权法意义上的作品。现实中还有一些表演，与作品无关，如魔术表演、武术表演等。笔者认为，与作品无关的表演，不是著作权法意义上的表演，也不享有表演者权。因此表演权系邻接权的一种，是邻接著作权或与著作权相关的权利。皮之不存，毛将焉附，可以说无作品则无表演。无表演何来表演者权？

与作品无关的表演固然无法直接获得著作权法的保护，但是我们可以对该表演进行录音录像，其成果完全可能构成录音录像制品或类电影作品。从这个角度来说，可以通过录制的方式，使录制成果符合著作权法的保护客体，进而获得著作权法的保护。当然，他人对表演的利用一般会涉及表演者的肖像及表演者名誉，也可能涉嫌不正当竞争。因此，可以从肖像权、名誉权等人格权的角度或者反不正当竞争法的角度寻求保护。

## 二、表演者

如前所述，表演原本是生活中常见的一类行为，只是经过著作权立法的技术性处理以后拥有了专门的法律意义，其指向的是一种公开再现和传播特定类型作品的方式。[①] 只有前述再现性表演和创作性表演的表演者才是著作权法意义上的表演者，享有表演者权。与作品无关的表演，不是著作权法意义上的表演者，不享有表演者权。

《著作权法实施条例》第 5 条规定，表演者是指演员、演出单位或者其他表演文学、艺术作品的人。该条文也强调需要表演文学艺术作品。因此，只要表演作品的人，才是表演者。比如老狼演唱《同桌的你》，《同桌的你》是高晓松作词作曲的一首音乐作品，老狼的演唱即属于表演作品，老狼作为表演者，享有表演者权。注意，如果表演者表演的作品已经过了著作权保护期，只要表演的是作品，表演者依然享有表演者权。比如，周云蓬演唱的歌曲《关山月》，歌词是唐代诗人李白作品的《关山月》，显然李白所处的年代没有著作权法，诗歌的著作财产权也早已经进入公有领域，但是无法否认古诗依然属于作品。周云蓬的演唱系表演作品。周云蓬作为表演者，享有表演者权。

在湛江华丽金音影碟有限公司与孙某、大连友好乐购生活购物有限公司侵害表演者权纠纷上诉案[②]中，对于孙某是否享有涉案作品的表演者权的问题，法院认为：

① 李宗辉：《论“表演”的类型》，载《中国版权》2012 年第 1 期。

② 辽宁省高级人民法院民事判决书，（2007）辽民四终字第 55 号。

表演者权的主体是表演作品的表演者。表演者权的客体是表演活动,即通过演员的声音、表情、动作公开再现作品或演奏作品。就本案中,音乐作品这种艺术形式而言,孙某对歌曲《燃烧》和《不见不散》的演唱系以自己的声音表现作品的行为,属于表演活动,孙某是表演者权的权利人。

不难看出,法院认定表演者权的基础是歌手通过声音再现作品。另外,需要注意,一个表演版本形成一个表演者权。多次表演可以形成多个表演者权。即使两个表演版本从听觉上极其相似,也不会妨碍形成两个表演者权。

### (一)动物不是表演者

表演者一般都是自然人。例如,鹦鹉可能也会唱歌,但是鹦鹉不具有法律上的人格意义,不能被视为表演者,不享有表演者权。同时鹦鹉的驯养人可能对鹦鹉唱歌进行了一定的训练,但是驯养人并没有唱歌,驯养人不是表演者。

在长沙动物园与当代商报社、海底世界(湖南)有限公司不正当竞争纠纷案[①]中,原告长沙动物园诉称:2003 年 1 月 29 日,《当代商报》在头版标题新闻《6 海豚同台钻火圈》中配发该园海豚馆的两幅照片作为报道的宣传照片,并在 A3 版有"海底世界欲建中南最大的海豚馆,6 只海豚钻火圈……目前中南地区仅长沙动物园去年兴建一座海豚馆拥有海豚 4 只"等内容。被告当代商报社未经长沙动物园许可,偷拍海豚馆海豚表演照片,并将之作为商业广告,为海底世界作广告宣传使用,两被告构成对该园海豚表演作品的著作权、表演者权的侵害。对于长沙动物园对海豚的表演是否享有表演者权,法院认为:

本案中,驯养员通过种种方式驯养海豚,但驯养员只是作为表演的指挥者参与节目,通过各种暗示方法指挥海豚进行不同的表演,驯养员本身并未向观众展示与众不同的艺术造型或以其他方式体现其独特的艺术性。即使因对海豚训练方法的差异,海豚的表演动作可能存在不同的难度,但单纯的技巧和难度,不属于著作权法保护的范围。海豚所作出的"表演",实质上是因驯养员的

① 湖南省长沙市中级人民法院民事判决书,(2003)长中民三初字第 90 号。

训练而产生的条件反射，是驯养员训练思维的一种机械性、生理性反映工具，海豚不具有法律上的人格意义，既不是表演者，也不能构成著作权的权利主体。在实际表演中，诉争的海豚表演并未通过表演造型或编排展现出独创的艺术性，因此该节目不属于著作权法上的杂技艺术作品，其表演形式不受著作权法保护。表演者权是著作权的邻接权，法律明确规定了邻接权的保护范围。被告当代商报社对海豚表演节目拍摄照片的行为，并不属于著作权法列明的侵权行为，故原告长沙动物园主张对其海豚表演享有著作权、表演者权的辩论意见，不予采纳。

### （二）演出单位可能是表演者

根据《著作权法实施条例》第5条规定，表演者是指演员、演出单位或者其他表演文学、艺术作品的人。因此，演出单位也可能是表演者。不过，《著作权法》对于表演者权何时应该归属于演出单位，并无明文规定。在司法实践中，对于团队演出，也有法院认定演出单位享有表演者权的案例。如在中国文联音像出版社、天津天宝文化发展有限公司、天津天宝光碟有限公司与广东唱金影音有限公司侵犯著作权纠纷上诉案[①]中，最高人民法院认为：

> 戏剧类作品演出的筹备、组织、排练等均由剧院或剧团等演出单位主持，演出所需投入亦由演出单位承担，演出体现的是演出单位的意志，故对于整台戏剧的演出，演出单位是著作权法意义上的表演者，有权许可他人从现场直播或录音录像、复制发行录音录像制品等，在没有特别约定的情况下，演员个人不享有上述权利。

对法律规定演出单位享有表演者权，王迁教授质疑：将“演出单位”定为“表演者”，在语义上就有问题。因为“表演者”只能指实际进行了表演的自然人，“演出单位”只一个表演的组织者。根据《罗马公约》和《世界知识产权组织表演和录音制品条约》（以下简称WPPT）对“表演者”的定义，表演者也只能是自然人。同时，它与《著作权法》对表演者权内容的规定在逻辑上难以衔接。因为

① 最高人民法院民事判决书，（2008）民三终字第5号。

表演者权中有人身权利，包括防止歪曲表演者形象的权利，这种人身权利与人身密不可分，只能适用于自然人，不能适用于演出单位。[①]

在涉及音乐作品表演者权的司法案件中，很多被告都会以表演者权归演出单位，表演者不享有表演者权作为抗辩理由。如在陈某、胡某泉与上海联家超市有限公司、湛江华丽金音影碟有限公司（以下简称湛江华丽公司）、辽宁广播电视音像出版社（以下简称辽宁出版社）侵害表演者权纠纷案[②]中，被告湛江华丽公司、辽宁出版社辩称涉讼歌曲的表演者权不属于演员而应属于演出单位，即该二人组合虽然演唱了涉讼歌曲，但他们并不是表演者，这些歌曲的表演者应为湖南广播影视集团或该组合的签约公司。法院认为：

> 只有在表演是代表演出单位意志编排，由演出单位主持，以其名义演出并对外承担责任的情况下，演出单位才视为该次演出的表演者，比如由演出单位组织编排和演出的戏剧、歌舞剧等。而在本案中，涉讼歌曲是由两原告演唱的，该演唱主要依靠两原告自身的形象、动作、声音等完成，体现的是两原告自己的表演意志，故两原告是其表演所产生的权利义务关系的主体，涉讼22首歌曲的表演者权应属两原告。而被告所称的湖南广播影视集团是该场演唱会的组织者而非表演者。被告湛江华丽公司、辽宁出版社还辩称，“羽泉”组合与其签约单位订立演艺经纪合同时，双方约定表演者权归于签约单位，但被告未能提供相关证据予以证明，故本院对被告的上述辩解均不予采纳。因此，被控侵权DVD光盘中所涉22首歌曲的表演者均为陈某、胡某泉。两原告依据《著作权法》第37条的规定对其表演享有表演者权，任何人未经其许可不得复制、发行录有其表演的录音录像制品。

因此，与剧团或剧院等演出单位组织、主持的戏剧类演出不同，一般的音乐作品表演者权纠纷中，即使存在多名歌手合唱的情况，表演者权也归于表演歌曲的歌手。

---

① 王迁：《著作权法》，中国人民大学出版社2015年版，第275页。

② 上海市第一中级人民法院民事判决书，(2006)沪一中民五(知)初第190号。

2020年修订的《著作权法》第40条对于职务表演的权利归属进行了规定，演员为完成本演出单位的演出任务进行的表演为职务表演，演员享有表明身份和保护表演形象不受歪曲的权利，其他权利归属由当事人约定。当事人没有约定或者约定不明确的，职务表演的权利由演出单位享有。因此，如果歌手隶属于剧院、剧团等演出单位，其为了完成本单位的演出任务的表演，歌手本人享有表明身份和保护表演形象不受歪曲的权利。表演者权涉及的财产权由歌手和其单位约定，没有约定则归属演出单位。

需要注意的是，并不是所有的音乐作品的表演都是通过歌手演唱的方式完成，有的歌曲本身属于无词的音乐作品，那么演奏的乐手（通常是演奏旋律的乐手）相当于通过自己的乐器"演唱"歌曲，表演者权应当归属演奏旋律的乐手。其他的乐手，主要通过演奏和声进行前奏、间奏、尾奏以及打击乐手演奏的节奏部分进行伴奏，不涉及无词的音乐作品本身，一般来说不享有表演者权。因为这些伴奏乐手演奏的一般不是著作权法意义上的作品。

### 三、表演者权不以取得著作权人许可为前提

表演者只要对作品进行了表演，即享有表演者权。对于表演者是否取得著作权人的合法授权进行表演在所不问。如在前述湛江华丽金音影碟有限公司与孙某、大连友好乐购生活购物有限公司侵害表演者权纠纷上诉案[①]中，上诉人湛江华丽金音影碟有限公司上诉称：孙某不具有表演者权，表演者权的产生必须首先有著作权人的合法授权和支付报酬，孙某未能提供获得著作权人合法授权的证据。法院认为：

至于表演者是否取得著作权人即词曲作者的合法授权问题，被上诉人在一审期间提供了正版光盘，在上诉人不否认本案侵权音像制品中歌曲演唱者身份也未提供任何相反证据的前提下，被上诉人没有上述举证义务。同时，表演者

① 辽宁省高级人民法院民事判决书，（2007）辽民四终字第55号。同类判例还有湛江华丽金音影碟有限公司与孙某、吉林省长白山音像出版社著作权侵权纠纷上诉案，河南省高级人民法院民事判决书，（2007）豫法民三终字第38号；茂名市（水东）佳和科技发展有限公司与孙某著作权侵权纠纷上诉案，河南省高级人民法院民事判决书，（2007）豫法民三终字第50号。

是否取得著作权人的授权也不影响对作为复制单位的上诉人是否侵权的判断。

在北京兰楚森文化传播有限公司与北京苏宁电器有限公司、深圳酷比通信设备有限公司侵犯著作权纠纷案①中，被告深圳酷比公司辩称：刘某虽然演唱了涉案歌曲《青花瓷》，但是并未举证证明其取得了词曲著作权人以及原唱的许可并支付报酬，因此，刘某的行为本身存在侵权的可能，兰楚森公司的权利人身份存在瑕疵。法院认为：

深圳酷比公司提出的刘某涉案歌曲属于翻唱，未举证获得词曲著作权人授权导致其本身存在侵权的可能的答辩意见，本院认为，演员基于对作品的表演而产生表演者权，录音公司基于其录制行为产生录音制作者权，该两项权利属于新的创作行为并产生相应的著作权权利，而创作所使用的素材（词、曲）是否获得了相关著作权人的许可并不影响其对新音乐作品的表演者权以及录音制作者权利的行使，因此，对于深圳酷比公司的上述答辩意见，本院不予采信。

但是极少数的案例中，法院认为表演者享有表演者权的前提是已经取得了著作权人的许可。如在叶某与大武口区先锋音像商行、大厂回族自治县彩虹光盘有限公司、山东文化音像出版社侵权损害赔偿纠纷案②中，法院认为：

当事人对自己提出的诉讼请求所依据的事实有责任提供证据加以证明。原告主张被告山东文化音像出版社和彩虹光盘有限公司未经其许可即出版、发行、复制了含有原告所表演曲目的CD光盘侵犯了其表演者权。该诉讼主张依据的基本事实是：叶某对《白衣飘飘的年代》等歌曲享有表演者权，也即叶某经过著作权人的许可表演了上述曲目并支付了相应费用。只有该事实存在，叶某才得以以合法表演者的身份向他人主张表演者权。但原告叶某并未提供证据证明上述基本事实的存在，则被告山东文化音像出版社的相应抗辩理由成立。

---

① 北京市朝阳区人民法院民事判决书，（2012）朝民初字第17068号。
② 宁夏回族自治区石嘴山市中级人民法院民事判决书，（2006）石知初字第1号。

在叶某与大武口区先锋音像商行、肇庆国声镭射技术制作有限公司、深圳音像公司侵权损害赔偿纠纷案①中,法院认为:

当事人对自己提出的诉讼请求所依据的事实有责任提供证据加以证明。原告欲主张其合法享有的表演者权被侵犯,首先要向法庭证明其享有涉案歌曲的表演者权。《青春无悔——高晓松音乐作品集》CD 光盘及《纯真年代》盒式磁带盘封上的涉案歌曲虽署名演唱者为原告叶某,但该音像制品是否为出版发行单位合法出品的音像制品原告没有提供相关证据予以印证,上述证据不具有合法性。原告叶某主张其表演了涉案歌曲,但其未向法庭提供证据证明其表演事先得到了著作权人的许可以及支付了报酬;原告与音像制作单位合作出品音像制品就相关权利义务应有合同约定,原告亦未向法庭提供。因此,就目前原告提供的证据无法认定原告叶某享有涉案歌曲的表演者权。

以上两案中,宁夏回族自治区石嘴山市中级人民法院均认为表演者要向主张侵权方侵犯了自己的表演者权,除了证明自己是涉案录音制品的表演者外,还需要证明自己表演录音制品中的音乐作品已经获得了合法授权。

笔者认为法院的认定是错误的。2010 年《著作权法》第 37 条②虽然规定:"使用他人作品演出,表演者(演员、演出单位)应当取得著作权人许可,并支付报酬。演出组织者组织演出,由该组织者取得著作权人许可,并支付报酬。"但是并未直接规定表演者享有表演者权的前提是取得著作权人的合法授权许可。在表演者权纠纷中,法院需要审查的核心是表演者是否表演了涉案作品。

在茂名市(水东)佳和科技发展有限公司与四川中联影音连锁有限公司、茂名市(水东)佳和科技发展公司、辽宁广播电视音像出版社著作权纠纷、侵权纠纷上诉案③中,上诉人(原审被告)茂名市(水东)佳和科技发展公司上诉称:"容某某甲没有证据证明其演唱的 29 首歌曲全部经词曲作者授权及支付报酬,且如果有授权表演者权也应当归属于演出组织单位,故一审判决认定容某某甲享

① 宁夏回族自治区石嘴山市中级人民法院民事判决书,(2006)石知初字第 2 号。

② 与该条对应的,为现行《著作权法》第 38 条。

③ 四川省高级人民法院民事判决书,(2006)川民终字第 404 号。

有29首歌曲的表演者权无法律依据。"[①]被上诉人(原审原告)容某某甲答辩称:"本案是表演者主张侵犯其表演者权的法律关系,而不是针对表演者与作品作者之间的法律关系"[②]。法院最终认为:

根据《著作权法》第36条第1款[③]规定"使用他人作品演出,表演者(演员、演出单位)应当取得著作权人许可,并支付报酬。演出组织者演出,由该组织者取得著作权人许可,并支付报酬。"该法律是调整表演者在使用他人作品过程中,与作品作者之间形成的权利义务关系的规范,不是设置表演者取得表演者权的限制性条件,故佳和有限公司主张容某某甲不享有29首歌曲的表演者权与上述法律规定不符。

## 四、表演者权不以公开表演为前提

一般情况下,现场公开表演他人音乐作品,应当取得著作权人的表演权许可。在本书第三章表演权部分也已经强调,表演权实际上是公开表演权。如果非公开演唱演奏,不受表演权的控制,无须取得著作权人的授权。但非公开表演也是表演,不影响表演者对其表演享有表演者权。如果录音棚等私下表演不享有表演者权,那么对录音棚的演唱进行录音行为、录制完成后出版发行专辑、通过网络传播录音室版本的歌曲都无须取得演唱者的同意。只在对公开演唱中的录音、发行现场版专辑,通过网络传播现场版录音才需要取得演唱者同意,这种区分是非常荒谬的。

在芦某与平昌县人民政府、周某萍、平昌县文化馆侵害表演者权纠纷案[④]中,原告芦某系《水墨平昌》歌曲演唱者。该作品被平昌县人民政府选为县歌,平昌县人民政府没有告知原告。2013年5月10日,芦某突然在网上发现,自己原唱的《水墨平昌》歌曲被人篡改为《江口水乡》,以原词、原曲、原唱、原音频不变格调被上传网上并以周某萍的名义公开发表。2014年,在乡村文化

① 四川省高级人民法院民事判决书,(2006)川民终字第404号。
② 四川省高级人民法院民事判决书,(2006)川民终字第404号。
③ 系现行《著作权法》第38条。
④ 四川省高级人民法院民事判决书,(2016)川民终900号。

旅游节开幕式上，平昌县人民政府及周某萍套播芦某《江口水乡》歌曲原唱声音，由周某萍在台上假唱，侵犯了其表演者权等。平昌县人民政府则辩称，芦某不享有涉案音乐作品的表演者权，录音棚录音行为不是公开条件下的表演。对于录音棚的非公开表演是否享有表演者权的问题，法院认为：

芦某对涉案《江口水乡》歌曲依法享有表演者权，并受法律保护。表演者权，是指作品的表演者依法对其表演所享有的权利，表演者权产生的前提是作品著作权人对表演者表演作品的许可①，而表演者是否以公开方式表演作品以及表演者与词曲作者之间是基于委托还是劳务关系对作品进行演唱，并不影响其表演者身份以及依法享有的相关权利……平昌县政府在其承办的四川省第五届乡村文化旅游节开幕式上署名周某萍对其演唱的歌曲进行表演的行为，侵犯了其表明表演者身份权和信息网络传播权。本院认为，平昌县政府是四川省第五届乡村文化旅游节承办单位，文化馆是开幕式文艺表演的具体组织、策划、实施单位。本案中，文化馆将芦某演唱的歌曲小样制作 MTV，以及在开幕式文艺表演上播放芦某演唱的歌曲小样，却将歌曲演唱者署名为周某萍的行为，不仅侵犯了芦某的表明表演者身份权，同时，文化馆擅自将侵权 MTV 上传至平昌县人民政府网、平昌文化网、平昌旅游网、平昌电视台等播放，侵犯了芦某的信息网络传播权。

法院认定表演者是否以公开方式表演作品不影响其表演者身份以及依法享有的相关权利，是非常正确的，笔者完全赞成。

## 五、权利内容

表演者权是表演者对其表演活动所享有的专有权利。根据《著作权法》第39条的规定，表演者对其表演享有下列权利：(1)表明表演者身份；(2)保护表演形象不受歪曲；(3)许可他人从现场直播和公开传送其现场表演，并获得报酬；(4)许可他人录音录像，并获得报酬；(5)许可他人复制、发行、出租录有其

① 如前文所述，表演者权的产生不以取得著作权人的许可为前提，法院的此项观点值得商榷。

表演的录音录像制品，并获得报酬；(6)许可他人通过信息网络向公众传播其表演，并获得报酬。其中第一项、第二项权利带有人身属性，类似于著作人身权。其余四项为财产权利，类似于著作财产权。

表演者权与著作权相比，相同点是都具备人身性权利和财产性权利。不同的是，无论是人身性权利还是财产性权利，表演者权的权项较少，保护力度明显偏低。

### (一)署名权

根据《著作权法》的规定，表演者享有的第一项法定权利是表明表演者身份，本书中简称为“署名权”。表演者可以在合法出版物，如 CD 的封套、歌词页、光盘上注明自己是相关曲目的演唱者。《最高人民法院关于审理著作权民事纠纷案件适用法律若干问题的解释》第 7 条规定：“当事人提供的涉及著作权的底稿、原件、合法出版物、著作权登记证书、认证机构出具的证明、取得权利的合同等，可以作为证据。在作品或者制品上署名的自然人、法人或者非法人组织视为著作权、与著作权有关权益的权利人，但有相反证明的除外。”这里的“与著作权有关权益的权利人”包括表演者。根据该条，署名权不但是表演者的法定权利，还是证明表演者身份进而证明自己享有表演者权的方式。

因此，一般来说，歌手要证明自己是表演者可以通过合法出版物上的署名来证明[①]。如果是录像制品，除了前述的署名外，在录像中还能看出歌手演唱的画面，其对于证明表演者权更有帮助。

在孙某与淄博银座商城有限责任公司、北京金视光盘有限公司、江西音像出版社著作权侵权纠纷案中，原告孙某提交涉案侵权光盘[光盘名称是《孙某对视》，该光盘封面标有江西音像出版社出版发行，版号是 ISRCCN-E21-01-302-00/A. J6，该光盘盘芯的生产源识别码(SID)为 IFPI 0207]证明孙某系涉案光盘中 1~7、9~16 首曲目的表演者。被告之一的北京金视光盘有限公司辩称：原告没有提供涉案曲目的原载体，没有证据证明涉案曲目是合法制作的，原

① 如果署名为艺名，则需要单独再证明艺名与歌手真实身份的对应关系。

告出示的证据不能证明其对涉案曲目享有表演者权。一审法院经审理认为：①

本案涉案光盘彩封及盘芯均标有“孙某对视”“sun nan：最新专辑”字样，并印有孙某本人图像。原告据此主张孙某系涉案光盘中1~7、9~16首曲目的表演者，被告北京金视光盘有限公司、被告江西音像出版社虽提出异议，但未提供相反证据予以证明，且被告北京金视光盘有限公司提供的孙某音像制品价格参考表中也有孙某表演的相关曲目。综上，足以证明孙某确系涉案光盘中1~7、9~16首曲目的表演者。

可以看出，一审法院认可孙某通过涉案侵权光盘本身证明孙某为相关曲目的表演者。被告北京金视光盘有限公司不服提起上诉称：一审判决未查清孙某是否对涉案歌曲享有表演者权。孙某仅向法院提交了一张名称为《孙某对视》的光盘，但未提交“正版”光盘（涉案曲目的原始载体及合法出版物），未提交相关涉案曲目的底稿，更没有提交其与涉案曲目制作者签订的表演合同。孙某答辩认为：表演者权是孙某根据自身的演唱行为而取得，是原始取得，是法定的而不是约定的，任何一个版本的权利均为孙某享有，在本案中无须查明是哪一个版本，要求表演者提供具体版本是过度举证要求。二审法院经审理认为：②

根据《民事诉讼法》第64条、《最高人民法院关于审理著作权民事纠纷案件适用法律若干问题的解释》第7条的规定，当事人对自己提出的主张，有责任提供证据，凡主张权利存在的人，应就权利产生的法律要件事实举证。本案中孙某应举证证明自己是所主张表演者权的权利人，应当提供享有涉案歌曲表演者权的原件、合法出版物等证据，但孙某未能提交。孙某主张以涉案被控侵权专辑作为证据以证明其享有涉案歌曲的表演者权，不符合上述法律规定，没有法律依据。原审法院以涉案被控侵权专辑及金视公司提供的孙某音像制品价格参考表作为证据，认定孙某享有涉案歌曲的表演者权是错误的，应予纠正。

① 山东省淄博市中级人民法院民事判决书，（2007）淄民三初字第64号。

② 山东省高级人民法院民事判决书，（2008）鲁民三终字第37号。

《最高人民法院关于审理著作权民事纠纷案件适用法律若干问题的解释》第7条的规定对于司法审判中如何认定著作权和邻接权的归属起到指导的作用。一般情况下,著作权和邻接权的归属均可以以此认定。但是表演者权却很特殊,通过播放涉案侵权的录音制品、录像制品完全可以将表演者的表演活生生地呈现出来。2007年孙某已经是大众所熟知的歌手。本案中,法院完全可以通过播放涉案光盘来认定涉案曲目是否为孙某演唱来判断孙某是否享有表演者权。

当然,如果孙某在起诉时确有与涉案侵权光盘相关歌曲系同一演唱版本的原始音源或正版光盘,在确信通过涉案光盘可以听出是孙某演唱的情况下,选择不提交正版CD作为证据,则在举证方面"偷懒"①。如果涉案侵权光盘相关歌曲并未正式出版,甚至是孙某自己都没有的录音版本,二审法院让孙某提供享有涉案歌曲表演者权的原件、合法出版物等证据,孙某确实也不可能拿出这些证据。二审法院在明显可以提供播放光盘来核实表演者身份的情况下,以孙某未举证为由撤销一审判决,驳回孙某的诉讼请求确属不当。

在霍某与上海水渡石信息技术有限公司侵害表演者权纠纷案②中,被告上海水渡石信息技术有限公司辩称原告未提供正版光盘,不能证明涉案歌曲系宋某英演唱。法院认为:

> 虽然原告未提供宋某英演唱歌曲的正版光盘,但是,原告提供的公证书中公证的内容显示,被告在其天天动听App上向公众明示其提供的歌曲是宋某英演唱的歌曲,因此,被告应当对其向公众承诺的事实的真实性负责。在被告未提供否认自己公示内容真实性,或系行为失误或系故意歪曲所致公示内容失实的证据,且宋某英又认可公示内容,即公示演唱的涉案歌曲确为其本人演唱的情况下,本院依据证据规则的相关规定,认定涉案歌曲均为宋某英本人演唱。

---

① 二审中,孙某提交证据《楠得精彩》专辑一盒,作为辅助证据,与涉案被控专辑共同证明孙某享有涉案歌曲的表演者权。但被告金视认为该证据不是新证据,已超过举证期限,不予质证。二审法院最终认定对该证据不予采信。当然,通过判决书无法判断二审中提交的正版专辑的歌曲音源是否与侵权光盘音源是一个演唱版本。

② 上海市闵行区人民法院民事判决书,(2014)闵民三(知)初字第1542号。

《北京市高级人民法院侵害著作权案件审理指南》第6.1条规定：表明表演者身份的方式应当体现表演者与其表演之间的联系。当事人对于表明表演者身份的方式发生争议的，一般考虑表演活动的特点、传播方式以及相关行业惯例等因素。下列情形可以认定表明了表演者的身份：(1)在演出广告、宣传栏、节目单或者文艺刊物刊登的剧照上标明表演者姓名(名称)；(2)在节目表演前后，由主持人介绍表演者的姓名(名称)；(3)广播电台、电视台播报表演者的姓名(名称)；(4)以屏幕上的字幕形式标明表演者的姓名(名称)。该条对表明表演者身份的方式进行了细化，具有现实指导作用。

没有按照上述方式给表演者署名则可能涉嫌侵犯表演者的署名权。但在"对口型"假唱的情况下，即使按照上述方式表明了"表演者"的身份，但因为实际表演者并非舞台上的"对口型"假唱者，依然可能构成对真唱者的侵权。例如，在前述芦某与平昌县人民政府、周某萍、平昌县文化馆侵害表演者权纠纷案中，平昌县人民政府在组织的活动中安排周某萍在台上"对口型"假唱，播放的是原告芦某演唱的录音。法院在认定了非公开表演享有表演者权的基础上，判决"对口型"假唱，将歌曲演唱者署名为假唱者的行为，侵犯了原唱的表明表演者身份权。①

### (二)表演不受歪曲权

表演者享有的第二项法定权利是保护表演形象不受歪曲，本书中简称为"表演不受歪曲权"。表演者有权禁止他人对自己的表演形象进行歪曲、篡改。表演不受歪曲权比较接近前述作者享有的"保护作品完整权"，保护作品完整权是保护作品不受歪曲、篡改的权利。表演不受歪曲权也可以理解为"保护表演完整权"。在B站、各类社交媒体，有很多人将他人的音频、视频进行剪辑制作"鬼畜"视频，产生了滑稽可笑的效果。如果不符合戏仿原作等合理使用，这类视频制作者很有可能构成侵害表演不受歪曲权。

① 四川省高级人民法院民事判决书，(2016)川民终900号。

### (三)现场直播权

表演者享有的第三项法定权利是许可他人现场直播和公开传送其现场表演并获得报酬的权利,本书中简称为“现场直播权”。现场直播权类似于“广播权”。现场直播权既控制同步无线传播,如广播电台、电视台以无线方式传送现场演唱会歌星表演活动的信号,使远端的公众能接收并欣赏表演活动中的声音或图像,也控制同步有线传播,如网站对现场演唱会歌星表演进行的网络同步直播。

在何某诉北京新浪互联信息服务有限公司侵犯著作权纠纷案[①]中,原告何某是歌曲《风铃》和《垃圾场》的词曲作者,2004 年 8 月在“贺兰山摇滚音乐节”现场表演这两首作品。2005 年 5 月,何某发现新浪公司在新浪网载有“贺兰山摇滚音乐节”表演的视频录像。何某认为,新浪公司未经许可,侵犯了《风铃》和《垃圾场》词曲著作权和在“贺兰山摇滚音乐节”现场表演这两首歌曲所享有的表演者权。

被告新浪公司辩称,新浪公司系“贺兰山摇滚音乐节”的网络协办媒体,经该音乐节具体策划运作者黄某原和王某同意对该音乐节进行网络直播,何某当时对此亦未提出异议,故不同意何某的诉讼请求。法院认为:

新浪公司作为“贺兰山摇滚音乐节”的网络协作媒体,经该音乐节具体策划运作者黄某原和王某同意对该音乐节进行网络直播,何某参与新浪网在线聊天活动之时对此应已知晓。因何某在该音乐节举办前后均未对新浪公司的网络直播行为提出异议,且黄某原和王某作为具体策划运作者为扩大音乐节影响等同意新浪公司网络直播,何某在此情况下仍选择参加该音乐节的行为,应视为其已对黄某原和王某作出此种授权,即当时何某对新浪公司的网络直播行为持许可意见。网络直播一般指将现场采集的视频信号和音频信号等通过网络实现的实时传播,此处的实时应为与实际进行的现场表演等同时开始、同时结束之义,或因信号传输速度等原因可以稍有迟延;不特定人可以在不特定地点在

① 北京市海淀区人民法院民事判决书,(2005)海民初字第 18189 号。

特定时间进行浏览,有时网络直播者为保证直播本身的安全性和完整性等需要进行复制,但亦应在网络直播结束之后即删除该复制件。网络直播者如欲留存复制件应取得相关权利人之单独许可,而其欲对复制件进行制作加工或进行其他使用自不待言。新浪公司于2004年8月8日晚对“贺兰山摇滚音乐节”进行网络直播之后,未经何某许可留存其对歌曲《风铃》和《垃圾场》进行的现场表演复制件,并将该复制件制作加工成为涉案视频录像,于2004年8月10日上载于新浪网供公众在线浏览和下载,此举已超出了何某许可新浪公司对其表演进行网络直播的授权范围,侵犯了何某对涉案歌曲词曲享有的著作权以及对其现场表演所享有的表演者权。

法院实际上通过演出前何某参与新浪网在线聊天活动的事实部分推断何某默示授予新浪公司现场直播权。

### (四)首次固定权

表演者享有的第四项法定权利是许可他人录音录像并获得报酬的权利,本书中简称为“首次固定权”。根据前文对于复制权的分析,可以看出,对现场表演进行录音录像,不仅是对音乐作品的复制,也是对表演的复制。首次固定权实际上是表演者对其表演的首次复制权。复制完成后,可以为日后的复制发行、网络传播提供方便。

### (五)复制发行权

表演者享有的第五项法定权利是许可他人复制、发行录有其表演的录音录像制品,并获得报酬的权利,本书中简称为“复制发行权”。这里的复制是指对前述首次固定权项下产生的录制品的再复制,并非首次固定权的录音录像行为。

另外需注意的是,表演者享有的复制权与前文分析的音乐作品享有的复制权略有不同。表演者权控制的复制仅限于一模一样的复制。表演者仅对其表演版本的录音录像制品享有权利,如果他人未经许可直接翻录该版本的录音录像,则构成侵权。但是如果他人重新演唱并制作了一版录音,即便在听感上与权利人的录音制品极为相似也不构成侵权，相反还会产生对该新制作版本的表演者权。

尽管表演者权中复制和发行写在一起，即复制、发行权，但如果只复制不发行，只要不构成合理使用，该行为依然构成侵犯复制权。

（六）出租权

表演者享有的第六项法定权利是许可他人出租录有其表演的录音录像制品，并获得报酬的权利，本书中简称为“出租权”。出租权是2020年《著作权法》修订新增加的一项表演者权。《著作权法》第39条第1款第5项规定表演者对其表演享有许可他人出租录有其表演的录音录像制品，并获得报酬的权利。《著作权法》第44条第2款规定录音录像制品的被许可人出租录音录像制品，还应当取得表演者许可，并支付报酬。因此，表演者享有出租权。

（七）信息网络传播权

表演者享有的第七项法定权利是许可他人通过信息网络向公众传播其表演，并获得报酬的权利，本书中简称为“信息网络传播权”。法条的用语为“通过信息网络”向公众传播其表演，与作者享有的信息网络传播权即“以有线或者无线方式向公众提供作品，使公众可以在其个人选定的时间和地点获得作品的权利”表述不同，从表面上看，通过信息网络传播的范围似乎比仅仅控制“交互式”传播的信息网络传播权大，但实际上二者的控制的范围均为交互式传播。前述表演者的现场直播权已经包含了通过网络的实时直播行为。这里的通过信息网络向公众传播表演如果也包括通过网络的直播，则导致两种权利控制同一种行为，致使权利种类的区分失去意义，引发不必要的法律适用上的混乱。

另外录音录像制作者也采用了“通过网络传播”的表述，实际控制的都是交互式传播，表演者和录音制作者信息网络传播权仅控制交互式传播的其他具体理由将在录音制作者的信息网络传播权部分分析。

## 六、视频中的表演者权

表演者权的保护对象是对作品的表演。如果对于表演作品进行录制制作形成音频，则音频一般被视为录音制品。就其中的表演，表演者享有表演者权。如果对于表演作品进行录制制作的是视频，则分为三种情形：(1)该视频属于录像制品。同录音制品一样，录像制品中的表演者依然享有表演者权。(2)该视频属于视听作品中的电影作品、电视剧作品。根据 2020 年《著作权法》第 17 条第 1 款的规定，电影作品、电视剧作品的著作权由制作者享有，但编剧、导演、摄影、作词、作曲等作者享有署名权，并有权按照与制作者签订的合同获得报酬。根据"举重以明轻"的法律解释方法，受保护程度较高的词曲作者等仅能保留署名权，无法对电影作品、电视剧作品主张其他权利，作为保护程度较低的邻接权中的表演者也不能保留除署名权外的其他权利。因此，电影、电视剧的著作权属于制片者，电影、电视剧演员不被视为著作权法意义上的表演者，不享有表演者权。(3)该视频属于电影作品、电视剧作品之外的其他视听作品。根据 2020 年《著作权法》第 17 条第 2 款的规定，电影作品、电视剧作品之外的其他视听作品的著作权归属由当事人约定；没有约定或者约定不明确的，由制作者享有，但作者享有署名权和获得报酬的权利。由此可以看出，其他视听作品的著作权并非法定归属制作者，而是由当事人约定。其他视听作品中的编剧、导演、摄影、作词、作曲等作者是有可能通过约定成为著作权人，不再仅仅保留署名权。这种情况下，就无法通过根据"举重以明轻"的法律解释方法推导出表演者仅仅保留署名权的结论。表演者也可以与制作者通过约定的方式约定表演者权的归属。①

在 2020 年《著作权法》修订前，2010 年《著作权法》并没有对视听作品的著作权归属作出上述区分，而是统一规定归属制片人。因此，无论是电影作品、电视剧作品、以及其他视听作品，都可以按照"举重以明轻"的法律解释方法，推导出表演者的表演者权被制片人享有的整体著作权"吸收"，不存在单独的表演者权。如在湛江华丽金音影碟有限公司与孙某、大连友好乐购生活购物有限公司侵害表演者权纠纷上诉案②中，二审法院引用了原审法院的观点：

---

① 关于录像制品和类电影作品的区分见本章第四节录像制作者权部分。

② 辽宁省高级人民法院民事判决书，(2007)辽民四终字第 55 号。

原审法院认为,孙某系涉案多首歌曲的表演者,其表演依法应受保护,其有许可他人复制、发行录有其表演的录音录像制品并获得报酬的权利。本案所涉三首歌曲中,因《你快回来吧》系根据歌曲内容、情境等特性采用多种技术手段制作的一系列声音与画面相互配合的视听一体的艺术品,具有一定创作性,属于著作权法保护的以类似摄制电影的方法创作的作品或演绎作品,著作权应由制片单位等享有。孙某作为该作品中的表演人员,其在该作品中的表演属于该作品不可分割、不能独立行使的组成部分,孙某无权就此段表演主张权利,因此孙某在本案中仅对歌曲《燃烧》的演唱和在颁奖晚会上对歌曲《不见不散》的演唱享有权利。

在高某与梅赛德斯——奔驰(中国)汽车销售有限公司侵害表演者权纠纷案中,高某系涉案广告片中的演员,以被告使用涉案广告片侵犯其表演者权为由提起诉讼。经审理,一审法院认为[①]:

从涉案广告片的内容上看,该广告片是以一定的脚本为基础,通过画面与声音的衔接共同表达特定的主题内容,具有较高的独创性,属于以类似摄制电影的方法创作的作品。根据《著作权法》第15条的规定,以类似摄制电影的方法创作的作品的著作权由制片者享有,编剧、导演、摄影、作词、作曲等作者享有署名权并有权按照与制片者签订的合同获得报酬。根据上述规定,以类似摄制电影的方法创作的作品的整体著作权由制片者享有,制片者有单独行使该作品的权利。

虽然涉案广告片中包含了高某作为演员的表演,但其参与涉案广告片的表演系带有劳务性质的履约行为,其为涉案广告片拍摄所进行的表演属于涉案广告片的一部分内容,并且与声音、场景画面相结合形成了以类似摄制电影的方法创作的作品,即涉案广告片。在涉案广告片的整体著作权依法归于制片者的情况下,高某作为该作品中的表演者,其所从事表演部分的权利已经被吸收,其在享有表明表演者身份及保护其形象不受歪曲等人身性权利的同时,仅享有依

① 北京市朝阳区人民法院民事判决书,(2013)朝民初字第23148号。

据合同获得报酬的权利，而不再享有其他经济权利，无权对其在广告片中的表演单独主张表演者权。

二审法院对于这一问题作了进一步阐述，认为[①]：

鉴于双方当事人均认可涉案广告片是以类似摄制电影的方法创作的作品，因此，本案首先需要明确的法律问题是表演者可否就以类似摄制电影的方法创作的作品单独主张表演者权。根据《著作权法》第15条规定，电影作品和以类似摄制电影的方法创作的作品的著作权由制片者享有，但编剧、导演、摄影、作词、作曲等作者享有署名权，并有权按照与制片者签订的合同获得报酬。电影作品和以类似摄制电影的方法创作的作品中的剧本、音乐等可以单独使用的作品的作者有权单独行使其著作权。而表演者权在著作权法意义上是一种邻接权，是表演者作为作品的传播者因表演他人作品所享有的一项权利。在著作权与邻接权的保护上，著作权法保护的重心是著作权，对邻接权的保护不能超越著作权。根据"举重以明轻"的法律解释方法，既然电影作品和以类似摄制电影的方法创作的作品的相关作者都不能对该作品行使复制权、发行权等专有权，表演者当然也不应有权行使上述权利。

《北京市高级人民法院侵害著作权案件审理指南》第6.2条规定：电影作品和以类似摄制电影的方法创作的作品中，表演者就其在作品中的表演主张财产性权利的，不予支持。需要注意的是，2020年《著作权法》实施后，上述案件中的MV、广告片的著作权不再法定归属制片者，无法通过法律解释方法推导出表演者不享有表演者权的结论。

## 七、表演者权和表演权

表演者权和表演权一字之差，经常容易混淆。但实际上二者的差别很大，表演权是从词曲作者享有的诸多子权利之一，而表演者权是表演者对其表

① 北京市第三中级人民法院民事判决书，(2014)三中民终字第03453号。

演享有的权利的概括,包括七项子权利。一般来说,表演者在表演前需要取得词曲作者授予的表演权方可进行公开表演活动。但如前所述,也存在未经许可的“侵权”表演行为。但无论合法表演还是侵权表演,表演者一旦进行表演,即自动取得表演者权。

### 八、表演者权穷尽

如前所述,如果词曲作者已经授权唱片公司出版发行实体专辑,对于被销售或赠与的唱片的再次被销售或赠与行为,尽管也属于发行行为,但是词曲作者无权再进行阻止或主张任何权益。发行权一次用尽原则是对发行权的一种限制。如果歌手已经授权唱片公司实体发行其演唱的专辑,则该专辑在首次销售后,如再次流入市场二次销售,则歌手作为表演者享有的表演者权之发行权也已经一次性用尽。歌手无权再对二次销售的专辑主张任何权益。当然,如果是未经授权的实体专辑,无论是首次销售还是二次销售,均不适用发行权一次用尽。

## 第三节　录音制作者权

《著作权法实施条例》第5条规定:录音制品是指任何对表演的声音和其他声音的录制品。录音制作者是指录音制品的首次制作人。

### 一、录音制作者

最典型的音乐录音制作是唱片制作。需要注意,如同乐谱只是音乐作品的载体,词曲作者是对乐谱中记载的词曲享有版权,并非对乐谱的纸张享有版权,严格来说,唱片制作者并非对存贮录音的载体如CD、磁带享有录音制作者权,而是对于CD、磁带内存贮的音频内容享有录音制作者权。因此,即便乐迷在音像店买到实体专辑,只能说乐迷对该实体专辑的载体,如CD、磁带、黑胶享有所有权,但绝不代表乐迷对其中的词曲作品、录音音频享有版权和录音制作者权。

电影的制片者是电影拍摄制作的投资方，全程统筹安排整个电影的制作，著作权法之所以规定电影的版权归属制片者，原因在于赋予制片者版权以保障制片人的投资得到回报。录音制作者是录音的投资方，负责整个音乐录制的全过程工作。录音过程中，一般情况下可能会涉及以下工作，下文将具体分析这些工作及其与录音制作者、录音制作者权的关系。

### （一）编曲

通常音乐作品创作完成之后，录音前的首要工作是编曲①。如前所述，编曲是在保留既有歌曲的主旋律的基础上，根据歌曲所表达的思想和情感增加、改变其他部分，使主旋律的结构、深度、广度得以延展，发展成完整的歌曲。编曲人根据委托人（录音制作者）的要求，对给定的音乐作品进行编曲。除非编曲人对音乐作品（尤其是曲部分）进行了实质性改动，否则编曲人对于音乐作品本身不享有著作权。

为了确保录音制作者和编曲人的权利义务，最好由录音制作者（一般为唱片公司或者独立音乐人）与编曲人签订委托编曲协议，对于编曲过程中的主要问题，如编曲费用、编曲可能涉及的录音制作者权的归属、交付小样的时间、修改的次数等作出约定。

这里特别提一下，近年来购买 Beats 制作音乐越来越多，甚至出现了一些使用 Beats 制作的所谓爆款歌曲，如《野狼 Disco》。虽然很少有听众会单独找 Beats 来听，但对于售卖 Beats 的网站和有制作音乐的需求的音乐人来说，Beats 无疑是一种音乐产品。网站上 Beats 的相关电子协议说明 Beats 主要用于歌曲伴奏，电子协议的细则更多的关于歌曲伴奏的具体使用场景。传统的音乐制作是根据词曲进行编曲制作，而 Beats 是把除词曲以外的制作提前完成。单纯的一段 Beats 就是一段音频，在著作权法上属于录音制品。制作作为伴奏的 Beats 属于编曲、录音工作。制作 Beats 的制作人既是编曲者，也是 Beats 的录音制作者。

① 当然，现实中也有少数歌曲，作曲甚至编曲完成后，准备录唱前才填词。

### （二）演奏

编曲完成后，在正式进棚录音之前，录音制作者需聘请歌手及乐手，租赁录音棚、录音设备，组织歌手和乐手进行多次排练以达到能够正式录音的要求。

乐手按照编曲的总谱进行各部分乐器演奏，编曲部分的总谱并非著作权法意义上的音乐作品，对非作品内容进行表演或演奏一般无法构成著作权法意义上的表演①。乐手的演奏为录音制作的工作内容之一。乐手的表演（演奏）所涉及的“权利”被吸收，与其他工作内容，如编曲、录制、混音、后期制作等共同凝结为录音制作者权。

如前所述，部分编曲存在对词曲作品进行实质改动或添加的可能性，并非完全不可能构成著作权法意义上的作品，如改编作品。乐手如果对这部分内容进行演奏，也可能构成表演进而享有表演者权。因此，为了保证录音成果即录音制品没有任何权利瑕疵，录音制作者可与乐手签订录音协议，约定如果乐手的演奏构成表演，该表演形成的表演者权归属录音制作者享有，乐手不得对录音制品主张任何权利，确保录音制品在后续的出版发行和网络传播等使用中，权利是“清洁的”。

当然，在一些演奏曲中没有人声，而是由其中一个乐手负责主旋律的演奏。在多声部作品中，也可能是几名乐手负责多声部的主旋律演奏。其他的乐手依然负责伴奏。在这种情况下，负责演奏主旋律的乐手相当于歌手，其通过乐器的演奏、表演作品，依法享有表演者权。

### （三）演唱

歌手在录音制品中的地位是比较特殊的，与编曲者、乐手、录音师、混音师等角色都不相同。歌手按照事先创作好的词曲进行演唱，虽然并不使他们享有著作权，但是歌手的演唱是对音乐作品词曲的表演，按照著作权法的规定，依法享有表演者权。并且该权利并不会像编曲者、乐手、录音师、混音师的“权利”被

---

① 《视听表演北京条约》规定了表演者包括对民间文学艺术表达进行表演的人员。即对不构成作品的民间文学艺术内容进行表演享有表演者权。但该条不涉及本文所述的对编曲内容的演奏。

录音制作者吸收,而是独立存在。当然,鉴于是在录音棚内进行录唱,录音棚并非公开的场所,只有录音师、乐手等少数熟悉的朋友。因此,录音棚内的演唱并非公开表演,无需取得词曲作者授予的表演权。录音不仅是对歌手的演唱进行录制,也是对词曲作品的录制,因此,录音棚内的录制,受到词曲著作权的复制权的控制,需取得词曲作者授予复制权。

（四）录音

进棚录音时,录音制作者聘请的录音师利用录音设备对歌手的演唱、乐手对各部分的乐器演奏进行分轨录音。需要注意,录音制作者是指录音制品的首次制作人。录音师一般不是录音制作者,录音师通常是录音制作者内部的员工或者录音制作者外聘的人员。根据录音师与录音制作者签订的相关合同,录音产生的“成果”的权利及邻接权归属录音制作者。

（五）混音

我们听到的歌曲并非录音师录制的分轨录音,也不是分轨录音的简单合并。录音结束之后进行的是混音,混音师的工作是在录音师录制的音轨基础上进行选择、调整、修正,使各音轨之间达到一种录音制作艺术上的平衡和美感,最终呈现一首完整的歌曲。与录音师类似,混音师通常也是录音制作者内部的员工或者录音制作者外聘的人员。录音制作者与混音师签订的相关合同同样约定混音产生的“成果”的权利归属录音制作者。

（六）后期制作

母带工程师负责后期制作工作,后期制作是从专辑整体的角度对全部歌曲音频进行最后的调整和修正,混音及后期制作后形成最终版本的母带。

综上所述,现实中录制唱片需要做大量工作,投入相当的资金。如前所述,录制唱片工作包括邀请音乐人编曲,邀请歌手演唱、乐手演奏,聘请制作人、录音师、混音师,租赁录音棚等。一般情况下,录制唱片都是唱片公司组织实施的。正因为如此,录音制作者通常都是唱片公司,唱片公司对录制完成的录音制品享有录音制作者权。随着时代的发展,当下许多音乐人自行包办了上述传统的唱片公司所做的全部工作,那么录音制作者就是音乐人本人,制作录音制品的音乐人享有录音制作者权。

## 二、录音著作权和录音版权

在与业内人士沟通中,笔者常常听到他们谈论"录音著作权"和"录音版权"两个概念。在相关的音乐版权协议中,笔者也经常看到这两个概念。在中国著作权法区分著作权和邻接权框架下,"录音著作权"和"录音版权"的表述都是不严谨的。狭义的著作权或版权通常指的是词曲作品涉及的各项专有权利的总称。而音乐作品之录音涉及的权利则属于"与著作权有关的权利",理论上一般称为"邻接权",具体包括表演者权和录音制作者权。因此,我们可以说词曲著作权或词曲版权,指的是作为音乐作品的词曲享有的专有权。录音制作者针对录音音频成果,即录音制品享有的法定权利名称是录音制作者权。通过进一步的交流,笔者发现业内人士所谓的"录音著作权"和"录音版权"指的就是录音制作者权。

之所以产生这类概念,笔者推测,很可能是因为早期中国大陆的音乐产业受到台湾地区影响。我国台湾地区的"著作权法"将音乐作品称为"音乐著作",音乐著作享有著作权。我国大陆认为录音制品的独创性不够,但鉴于其对作品的传播贡献颇大,因此赋予其比作品著作权相对弱一些的"权利",即录音制作者权。而我国台湾地区"著作权法"受到美国的影响,规定录音属于"录音著作",将录音直接作为作品保护。至今中国大陆很多音乐公司使用的音乐版权合同模板源于我国台湾地区,其中音乐版权的相关术语使用的依然是我国台湾地区"著作权法"的相关概念。

## 三、录音制品的署名

录音制作者不享有署名权,但不影响其通过署名的方式证明权属。《北京市高级人民法院侵害著作权案件审理指南》第 3.9 条规定:当事人提供的录音制品明确载明的制作者、录制者或者加注 P 的民事主体信息,可以作为证明其为录音制作者的初步证据,但有相反证据的除外。在无其他证据佐证的情况下,不能仅根据录音制品上标注的"提供版权"信息,认定该"提供版权"的主体为录音制作者。因此，录音制作者的署名并非行使署名权，而是确定权利归属。

## 四、权利内容

《著作权法》第 44 条规定，录音录像制作者对其制作的录音录像制品，享有许可他人复制、发行、出租、通过信息网络向公众传播并获得报酬的权利。与著作权和表演者权相比，录音制作者权的特点是，一是没有人身性权利，二是财产性权利项下的子权利比较少。

### （一）复制权

与表演者的复制权一样，录音录像制作者权控制的复制仅限于一模一样的复制。录音录像制作者仅对其制作版本的录音制品享有权利，如果他人未经许可直接翻录该版本的录音，则构成侵权。但是，如果他人重新制作了一版录音，即便在听感上与权利人的录音制品极为相似也不构成侵权，相反还会产生对该新制作版本的录音制作者权。在侵害录音制作者权的案件中，原告需要证明侵权人的制品与自己的原版是同一音源。

### （二）发行权

录音制作者享有的发行权与本书第三章所述音乐作品的发行权含义基本一致，这里不再赘述。

### （三）出租权

如前所述，音乐作品本身一般不涉及出租权。但是当音乐作品被录制成音乐录音制品时，录音制作者享有许可他人出租的权利。目前出租市场很小，几乎可以忽略不计。因此，这项权利在现实中对权利人并没有太大的经济意义。

### （四）信息网络传播权

录音制作者享有许可他人通过信息网络向公众传播其录制品并获得报酬的权利，本书中简称为“信息网络传播权”。同表演者权一样，法条的用语为“通过信息网络”向公众传播，与作者享有的信息网络传播权即“以有线或者无线方式向公众提供作品，使公众可以在其个人选定的时间和地点获得作品的权利”表述不同，从表面上看，通过信息网络传播的范围似乎比仅仅控制“交互式”传播的信息网络传播权大，但实际上二者的控制的范围均为交互式传播。

主要理由如下：一是在著作权法采用著作权和邻接权二分法的情况下，作品的独创性程度高于邻接权，对作品的保护程度也相应地应高于邻接权。在作品信息网络传播权仅控制交互式传播的情况下，邻接权涉及的类似权利保护不应高于作品。二是我国《著作权法》第 53 条规定未经著作权人许可，通过信息网络向公众传播其“作品”“表演”“录音录像制品”均是侵权。《信息网络传播权保护条例》(2013 年修订)第 1 条将著作权人、表演者、录音录像制作者统称为信息网络传播权的权利人。[①] 第 26 条对信息网络传播权的定义是“指以有线或者无线方式向公众提供作品、表演或者录音录像制品，使公众可以在其个人选定的时间和地点获得作品、表演或者录音录像制品的权利”。最高人民法院有关的司法解释也作了类似的规定。因此，从法律行政法规等实际规定来看，表演者、录音录像制作者的信息网络传播权与作者的信息网络传播权内涵一致，均是控制交互式传播。

### (五)广播权和表演权之获酬权

录音制作者享有的广播权和表演权之获酬权是 2020 年《著作权法》修订新增加的内容。《著作权法》第 45 条规定，将录音制品用于有线或者无线公开传播，或者通过传送声音的技术设备向公众公开播送的，应当向录音制作者支付报酬。其中将录音制品用于有线或者无线公开传播属于广播行为，通过传送声音的技术设备向公众公开播送录音制品属于机械表演行为。但本次修法并没有直接规定录音制作者享有广播权和表演权，而是规定仅仅针对该两项行为对应的获酬权。换句话说，如果未经许可将录音制品用于有线或者无线公开传播，或者通过传送声音的技术设备向公众公开播送的，并不构成严格意义的侵犯广播权和表演权，只是应当向录音制作者支付报酬。

---

① 《信息网络传播权保护条例》(2013 年修订)第 1 条规定，为保护著作权人、表演者、录音录像制作者(以下统称权利人)的信息网络传播权，鼓励有益于社会主义精神文明、物质文明建设的作品的创作和传播，根据《著作权法》，制定本条例。

## 五、歌曲伴奏

在一些特殊的场合，如线下 KTV 或在线 K 歌平台，为了实现 K 歌的目的，需要通过技术手段对录音制品中的原唱人声进行消音处理。消除人声后的歌曲伴奏在法律上依然是录音制品。尽管没有人声部分，不涉及词曲著作权和表演者的表演者权，但是依然存在凝结着编曲、乐器演奏、录音、混音等智力工作成果形成的录音制作者。对歌曲伴奏的使用需要取得录音制作者权人的许可。如在笔者代理的李志诉北京酷我科技有限公司侵害著作权纠纷一案中，酷我音乐将部分歌曲原版音频进行消音处理并进行网络传播，最终法院认定构成侵犯录音制作者的信息网络传播权。

## 六、音效

影视作品等视听类作品中的声音元素主要包括音乐（主题曲、插曲、背景音乐等）、对白、音效。如果仅有音乐和对白，没有音效，那么在大部分情况下，视听类作品即回到了默片状态。音效的制作一直是影视类作品创作中的一个重要环节。影视作品的制片方通常需要与专业的音效制作公司签署音效制作合同，委托其制作音效。很多音乐制作人为了达到特定的声音艺术效果，也会自行制作或找寻相关的音效素材，用于制作、编曲。

很多时候音效的法律保护并没有被重视，很多影视制片方或音乐人甚至认为音效不受著作权法保护，可以随便使用。实际上从音效的表现形式来看，音效是一段录制声音的音频。有些音效是对自然界的客观声音的记录，如自然界的风声、海浪声。有些音效是现实中不存在的，利用已有的声音素材、音频软件等，通过剪辑、合成、混音等多种方式制作出来的。

### （一）音效的法律定性

《著作权法实施条例》第 5 条第 2 项规定："录音制品，是指任何对表演的声音和其他声音的录制品。"CD 中的 MP3 或 WAV 格式的数字音频是对歌手演唱声音的录制品，属于录音制品。对于表演的声音之外的其他声音的录制品也属于录音制品。音效录制的声音通常都是表演的声音之外的其他声音。音效的制作者依法应当享有录音制作者权。

（二）音效的权利主体

通常来说，音乐录音制品上面的权利主体可能有三个：词曲作者、演唱者（表演者）、录音制作者。但音效录音制品上面的权利主体只有一个录音制作者。音效中的声音可能源于自然界的风声、雨声或者动物发出声音，也可能是通过拟音的方式制作出来，但是无论如何，这类声音本身要么非人类创作出来，要么不具有著作权法意义上的独创性，无法作为作品享有著作权。演唱者或演奏者所享有的表演者权的存在是基于表演作品，没有作品，则无法表演，表演者权无从依附。

## 第四节　录像制作者权

《著作权法实施条例》第 5 条规定，录像制品是指电影作品和以类似摄制电影的方法创作的作品以外的任何有伴音或者无伴音的连续相关形象、图像的录制品。录像制作者是指录像制品的首次制作人。

### 一、权利内容

《著作权法》第 44 条规定，录音录像制作者对其制作的录音录像制品，享有许可他人复制、发行、出租、通过信息网络向公众传播并获得报酬的权利。录像制作者权与录音制作者权的共同点是都没有人身性权利，但录像制作者共享有五项财产性的子权利。其中前四项子权利与录音制作者权一致，鉴于前文已作介绍，这里不再赘述。

《著作权法》第 48 条规定，电视台播放他人的视听作品、录像制品，应当取得视听作品著作权人或者录像制作者许可，并支付报酬；播放他人的录像制品，还应当取得著作权人许可，并支付报酬。据此，录像制作者的第五项子权利是许可电视台播放权，也可以称为录像制作者的广播权。

## 二、录像制品与视听作品

在中国著作权法的框架下，与音乐相关的视频内容，可能属于录像制品，也可能属于视听作品①。下文拟以最常见的音乐视频节目 MTV 和音乐综艺节目为例说明。

1. MTV

早在 2005 年，上海市第二中级人民法院就 MTV 属于以类似摄制电影的方法创作的作品还是录像制品征求国家版权局的意见，国家版权局专门复函②答复：

2001 年《著作权法》修改后，全国人大常委会法制工作委员会（以下简称法工委）民法室的同志曾就修改后的著作权法著书解释。在谈到什么是录像制即时说："录像制品，指电影作品和以类似摄制电影方法创作的作品之外的任何有伴音或无伴音的连续相关形象的原始录制品。录像制作者，指制作录像制品的自然人、法人和其他组织。录像制品的特点是将已有作品进行一些必要的技术加工，比如：机械录制的他人的现场表演、教学讲座等。录像制品不包括：其一，以剧本为基础，经过导演、摄影、音乐、演员等方面共同创造性劳动制作完成的录像片、MTV 片。这些是著作权法第 3 条第 6 项规定的'以类似摄制电影的方法创作的作品'，而不是录像制品；其二，由电影作品制成的录像带。这种由胶带变为磁带的载体转化，是对电影作品的复制，而不能认为是录像制品。"③

我们认为，以上是对 MTV 属性的一般性解释。对于个案，还应以 MTV 是否具备独创性，即是否是作者独立完成的文学艺术领域内的智力劳动成果为要件。

---

① 2010 年的《著作权法》第 3 条规定了电影作品和以类似摄制电影的方法创作的作品（实践中常简称为类电作品）。《著作权法实施条例》第 4 条规定，电影作品和以类似摄制电影的方法创作的作品，是指摄制在一定介质上，由一系列有伴音或者无伴音的画面组成，并且借助适当装置放映或者以其他方式传播的作品。2020 年修订《著作权法》将"电影作品和以类似摄制电影的方法创作的作品"改为"视听作品"。

② 《国家版权局版权管理司关于 MTV 法律性质的复函》（权司〔2005〕16 号）。

③ 参见姚红主编、杨明伦副主编的《中华人民共和国著作权法释解》，群众出版社 2001 年版，第 236 页。

此后,我国部分地方法院在相关的司法解释中对录像制品和视听作品的区分进行了规定。笔者发现,《广东省高级人民法院关于审理侵害影视和音乐作品著作权纠纷案件若干问题的办案指引》(粤高法发〔2012〕42号)对关于电影作品和录音录像制品的区分标准规定的较为详细、明确,值得借鉴。在该办案指引的第2条专门规定了关于电影作品①和录音录像制品的区分标准:

电影作品的“独创性”要求较高,一般具有电影制片者与电影导演鲜明的个性化的创作特征:在摄制技术上以分镜头剧本为蓝本,采用蒙太奇等剪辑手法;由演员、剧本、摄影、剪辑、服装设计、配乐、插曲、灯光、化妆、美工等部门合作;投资额较大,等等。对戏剧、小品、歌舞等表演方式进行拍摄时,拍摄者采用镜头拉伸、片段剪辑、机位改变、片头片尾美工设计、将场景从室内改变到室外等摄制方式,均不能够产生电影作品,其拍摄成果应认定为录音录像制品。

具备下列特征的音乐电视(MTV)一般应当认定为录音录像制品:没有导演和制片者的个性化创作,制片者信息不明确;没有或仅有简单的故事情节,主要是对歌星演唱以及群众演员配合表演的再现;拍摄目的主要用于卡拉OK演唱而非在影院和电视台放映,歌词歌曲在其中起主导作用,词曲作者的贡献占主要部分;投资额较小,等等。

因此,对于那些以剧本为基础创作的有较强独创性的MTV,可以认定为视听作品。但是,一些音乐加画面的卡拉OK并没有多少创造性可言。比如,只有一些简单的背景(如建筑、山水、泳装女郎、交谊舞等)画面,这些画面既没有剧情,也没有与歌曲相关联的内容,只是对客观场景的机械录制。这类音乐加画面的“卡拉OK”并不能成为享有著作权的视听作品,而应该属于录像制品,其录制者只享有我国《著作权法》规定的录制者的权利,并不享有视听作品著作权人的权利。

本书第三章已经进行详细的分析,著作权人享有两个“机械表演”权:其中

---

① 这里的电影作品包括类电作品。

一个为表演权中的以各种手段公开播送作品的表演的权利，另一个为放映权，即通过放映机、幻灯机等技术设备公开再现美术、摄影、视听作品等的权利。因此，卡拉 OK 歌厅播放的如果是属于"视听作品"，该作品的制片人即著作权人享有许可权利，卡拉 OK 歌厅只需与视听作品的著作权人签订许可协议获得放映权许可即可，无须取得词曲作者、演唱者的许可。例如，在深圳市声影网络科技有限公司与无锡市侨声娱乐有限公司侵害作品复制权纠纷、侵害作品表演权纠纷案中，一审法院认为①：

首先，上述涉案 29 首歌曲均是摄制在一定介质上，以确定的音乐作品为基础，以电视剧、电影部分情节或演唱者表演为主体，歌曲声音与上述画面有机结合的一种艺术表现形式，并且借助适当装置放映或者以其他方式传播，属于《著作权法》第 3 条第 6 项规定的以类似摄制电影的方法创作的作品，即音乐电视作品，因此如前所述，上述涉案 29 首音乐电视作品的包括复制权、表演权在内的著作权应由其制片者所享有，词曲作者不能就该作品单独主张其词曲的复制权、表演权。

如果卡拉 OK 歌厅播放的是录像制品，录像制品的录制者享有机械表演的获酬权，词曲作者享有机械表演权。因此，卡拉 OK 歌厅需要取得双重权利人的许可。

在遇到侵权的情况下，音乐类视频属于录像制品还是视听作品还会影响到谁有权进行维权的问题。在深圳市声影网络科技有限公司与广州大歌星餐饮娱乐有限公司著作权权属、侵权纠纷案中，一审法院认为②：

经当庭播放公证取证光盘，涉案歌曲《隐隐作痛》播放画面只显示了词曲作者，没有导演和制品者的信息，主要是对歌星歌唱表演的再现，缺乏个性化的创作性，歌唱、歌曲在其中起主导作用，特别是屏幕下方显示的歌词，可以看出拍

---

① 江苏省高级人民法院民事判决书，(2015)苏知民终字第 00100 号。

② 广州知识产权法院民事判决书，(2015)粤知法著民终字第 318 号。

摄的目的主要用于卡拉OK演唱而非在影院和电视台放映。故原审法院认定大歌星公司播放的涉案歌曲《隐隐作痛》不属于电视音乐作品,而应该属于录音录像制品,词曲著作权人可以对他人使用录音录像制品的行为主张著作权。

二审法院认同一审法院的认定①:

经二审查核,被诉侵权的标的物为音乐词曲配以画面中人物对歌曲本身的演唱,伴随音乐、画面的演进有歌词按序显示,演唱原声可以播放,也可以被关闭,便于卡拉OK消费者参与演唱。这些表现形式缺少导演或制片者的明显个性化创作,而是以歌词歌曲为主导,以其为中心配以简单的场景或情节,拍摄目的明显是用于卡拉OK演唱而非用于影院或电视台放映。因此,原审法院将之认定为录音录像制品,进而认定相关音乐作品著作权人有权主张权利并无不当;声影公司在被授予的权项范围内,可以请求法律保护。大歌星公司上诉称被诉侵权的标的物属于著作权法中规定的以类似摄制电影的方法创作的作品,理据不足,予以驳回。大歌星公司在其经营场所中以放映录音录像制品供消费人员参与演唱的方式经营,这种经营方式必须将涉案音乐作品复制在其卡拉OK曲库系统中,原审法院认定该行为侵害声影公司对涉案音乐作品享有的复制权,是正确的。

在该案中,大歌星公司之所以认为被诉侵权的视频属于视听作品,表面上是对视频内容的法律性质认定有异议,实际上是通过作品类型的辩解否认原告的主体资格。如果该案中被侵权的视频确实属于视听作品,那么单凭词曲作者的身份无权主张被告侵权,法院最终会驳回原告的起诉。

2. 音乐类综艺节目

一直以来,音乐类综艺节目到底属于录像作品还是视听作品在实务中存在较大争议。2015年北京市高级人民法院下发了《关于审理涉及综艺节目著作权纠纷案件若干问题的解答》,对于如何判断综艺节目影像是作品还是制品进行

① 广州知识产权法院民事判决书,(2015)粤知法著民终字第318号。

了专门解答：综艺节目影像，如果系根据文字脚本、分镜头剧本，通过镜头切换、画面选择拍摄、后期剪辑等过程完成，其连续的画面反映出制片者的构思、表达了某种思想内容的，应认定为视听作品。综艺节目影像，如果系机械方式录制完成，在场景选择、机位设置、镜头切换上只进行了简单调整，或者在录制后对画面、声音进行了简单剪辑，应认定为录像制品。不难看出，从本质上这和前述认定 MTV 属于录像制品还是视听作品的原理是相同的。

# 第五章

# 合理使用

## 第一节 合理使用的含义

我国法律法规并未明确定义何为合理使用。有关合理使用的规定主要体现在两部重要的法律法规中。一是《著作权法》第24条,通过列举的方式,列举了十三种合理使用的情形,明确在该十三种情形下,使用人可以不经著作权人许可,不向其支付报酬,但应当指明作者姓名或者名称、作品名称,并且不得影响该作品的正常使用,也不得不合理地损害著作权人的合法权益。二是《信息网络传播权保护条例》第6条、第7条规定特定情形下的信息网络传播可以不经著作权人许可,不向其支付报酬。

通过前述两部法律法规可见,著作权的合理使用的内涵包括四方面内容:其一,符合法律法规明确规定的情形;其二,使用目的应正当;其三,要求使用时注明作者的姓名、作品名称,不得侵犯著作权人的其他权利;其四,使用不支付报酬,不需要征得著作权人的同意。

我国法律法规关于著作权合理使用的规定同国际著作权条约的规定一致。《伯尔尼公约》第9条第2款规定:"本同盟成员国法律得允许在某些特殊情况下复制上述作品,只要这种复制不损害作品的正常使用也不致无故侵害作者的合法利益。"世界贸易组织的《与贸易(包括假冒商品在内)有关的知识产权协议(TRIPS)的规定》以及1996年12月世界知识产权组织通过的《版权条约》和《邻接权条约》的规定也与此完全一致。根据这一规定,参加国际公约国家的著作权立法中的限制(合理使用)规定是否合理,将根据所谓的“三步检验标准”去衡量:第一,必须限于某些特殊情况;第二,不得与受保护的作品或者客体的正常利用相抵触;第三,无论如何不得损害作者的合法利益。

综上,著作权合理使用是指在法律规定的不得影响该作品的正常使用,也不得不合理地损害著作权人的合法权益的情况下,无须征得著作权人同意也无须支付报酬,即可正当使用著作权,但应当指明作者姓名或者名称、作品名称。

## 第二节　合理使用的情形

### 一、个人使用

《著作权法》第 24 条第 1 款第 1 项规定:“为个人学习、研究或者欣赏,使用他人已经发表的作品”属于合理使用。就音乐作品而言,音乐学院的师生为了练习、研究到图书馆复印少量乐谱属于典型的合理使用。当然,学校附近的复印店长期为师生提供复制整本书籍、乐谱的服务已经超越了合理使用的范围。

2014 年国务院法制办公布的《著作权法(修订草案送审稿)》中曾增加了只能复制作品“片段”的限制,大大限缩了合理使用的范围。按照法条的字面意思,复制整首乐曲的乐谱似乎不再属于合理使用了。2020 年《著作权法》并未采纳该修改意见。

在网络发达的今天,未经许可在网络下载音乐是否属于合理使用?在国外已经出现过个人下载歌曲被法院判决构成侵权的案例。按照我国现行著作权法的规定,如果该音乐作品已经发表,如出版过实体专辑,那么按照法条的表述,为了欣赏音乐,在网络下载歌曲则属于合理使用。目前在国内尚未发现因个人下载歌曲而被判决侵权的案例。需要注意的是《信息网络传播权保护条例》(2013 年修订)第 6 条规定的网络环境下的合理使用,基本复制了 2010 年《著作权法》第 22 条,但是没有规定网络环境下下载属于合理使用。

另外,笔者在代理音乐人维权中发现很多个人利用其个人公众号传播歌曲的情况,我们提出其已经构成侵权,其中一些人表示不理解,理由是其属于个人使用。实际上个人使用仅限于私下学习、研究或者欣赏,不包括传播行为。《北京市高级人民法院侵害著作权案件审理指南》第7.10条明确规定:被告未经许可通过信息网络向他人提供作品,其提出属于“为个人学习、研究或者欣赏使用他人已发表作品”的合理使用抗辩,不予支持。

## 二、适当引用

《著作权法》第24条第1款第2项规定:“为介绍、评论某一作品或者说明某一问题,在作品中适当引用他人已经发表的作品”属于合理使用。《信息网络传播权保护条例》(2013年修订)第6条规定第1款第1项规定:“为介绍、评论某一作品或者说明某一问题,在通过信息网络向公众提供的作品中适当引用已经发表的作品”属于合理使用。

《北京市高级人民法院侵害著作权案件审理指南》第7.10条规定被告未经许可通过信息网络向他人提供作品,其提出属于“为个人学习、研究或者欣赏使用他人已发表作品”的合理使用抗辩,不予支持。第7.11条规定判断被诉侵权行为是否属于适当引用的合理使用,一般考虑如下因素:(1)被引用的作品是否已经发表;(2)引用目的是否为介绍、评论作品或者说明问题;(3)被引用的内容在被诉侵权作品中所占的比例是否适当;(4)引用行为是否影响被引用作品的正常使用或者损害其权利人的合法利益。

一般来说,在乐评文章中,为了说明某一问题或者评论该作品,可以适当引用音乐作品的歌词。无论是全文引用还是部分引用,通常歌词的篇幅都不大,其目的都是介绍、评论、说明,都不构成侵权。

如果不是出于以上目的,那么适当引用就无法构成合理使用,而可能构成侵权。在李某之与杭州娃哈哈集团公司、东方广告有限公司杭州分公司、北京有线电视台侵犯著作权纠纷案中,原告李某之于1955年创作乐曲《春节序曲》,享有该乐曲的著作权。被告东方广告有限公司杭州分公司未经其准许,在为被告杭州娃哈哈集团公司制作的产品广告中使用了原告所创作的《春节序曲》,该广告在1995年6月至12月多次由北京有线电视台播放。李某之认为,三被告擅自将该曲用于营利性的广告当中,侵犯了原告的著作权。被告东方广告有限公司杭州分公司辩称:本公司选取的段子只占《春节序曲》全曲的

1/19,在整个广告片中不占主导地位;该广告片中的选用属于为说明某一问题,依照《著作权法》的规定,为介绍、评论某一作品或者说明某一问题,在作品中适当引用他人已经发表的作品,可以不经著作权人的许可,不向其支付报酬。法院经审理认为①:

乐曲《春节序曲》属于音乐作品,李某之系该曲作者,对该曲享有著作权。东方公司在未经李某之许可的情况下,在其制作的录像广告"娃哈哈营养八宝拉罐有奖15"广告片中,使用《春节序曲》的片段作为背景音乐,其行为侵犯了李某之对该曲享有的著作权,对此,东方公司应承担侵权责任。其所制作的广告亦属侵权广告。因该广告的内容系为宣传有关产品,其目的不在于介绍、评论某一作品或说明某一问题,不属于法律规定的合理使用的范畴,故东方公司的相关抗辩理由不能成立。

另一个比较典型的例子是某歌手的歌曲《人间精品起来嗨》,该作品系从20多首音乐作品中各摘取一句"引用"而成。这种拼凑而成的音乐作品,类似于使用其他的美术作品拼接出新的美术作品,都属于实质性使用了他人作品。歌曲中引用的每一句看不出来有任何逻辑,很难认定为介绍、评论某一作品或者说明某一问题。这种引用是为了引用而引用。笔者认为这种"创作"无法构成合理使用,应当需要取得相关歌曲著作权人的许可。

## 三、附带使用

在影视作品中,为了场景的需要,会不可避免再现他人的作品。这些作品的出现是为了服务剧情和场景的需要,属于"一带而过"的使用。如主人公是一个热爱摇滚音乐的青年,为了展现主人公的生活场景,电影镜头可能会一带而过拍摄到房间墙壁上的摇滚明星的照片、演出海报等,或者主人公哼唱一两句摇滚音乐片段。这种情况下的附带使用在国外一般不认为构成侵权,属于合理使用。

① 北京市第一中级人民法院民事判决书,(1996)一中知初字第89号。

如果不是为了上述目的,而是单纯为了表现作品的美感,则不属于附带使用。如笔者代理的李志诉湖南广播电视台著作权侵权纠纷案中,湖南广播电视台(湖南卫视)在播出的2017-07-29期和2017-08-05期《中餐厅》节目中两次使用李志享有著作权的歌曲《你离开了南京,从此没有人和我说话》作为场景音乐。一次的场景是黄某明在餐厅门口招揽顾客,另一次场景是赵某"批评"黄某明给客人准备披风。这时候忽然响起《你离开了南京,从此没有人和我说话》的音乐,这并非为了表现场景所需,而是为了节目"好看好听"。这种使用不属于附带使用。

在笔者代理的李志与北京微然网络科技有限公司侵害作品署名权及信息网络传播权纠纷一案中[①],被告北京微然网络科技有限公司在其经营的网站(域名为pearvideo.com)中发布《美翻! 国内首个彩虹隧道,84组颜色》视频,视频中使用了原告的音乐作品《关于郑州的记忆》。视频结尾显示:"背景音乐来源于EMIMUSICPUBLISHING。版权归梨视频所有,请勿转载!"2017年6月16日,笔者受委托向北京微然网络科技有限公司发出权利通知书,要求对方删除视频。该公司的工作人员很快回复:"如果你熟悉版权法、著作法,也熟悉视频的拍摄和制作的话,你应该知道该音乐来自我们的拍客在拍摄时车上电台播放的音乐,而非我们使用在视频里的BGM,而这样的音乐出现在视频里,是属于正常和合理的使用范畴,望理解,更望仔细鉴别。我们亦可提供该视频素材,素材版权由梨视频购买所得,版权归属梨视频所有。另外,梨视频购买了SONY KPM的正版音乐大约10万首,我们的视频BGM都是使用SONY KPM提供的正版音乐。"案件判决后,北京微然网络科技有限公司在发来的道歉信中也再次强调:拍客个人非常喜欢原告李志的音乐,车里也常年播放着李志的歌。本案中,涉案音乐是拍客拍摄的时候,刚好车载音乐播放到这首歌曲,并非有意加入。

被告北京微然网络科技有限公司实际上想表达的是这段音乐属于附带使用,不构成侵权。但是在本案中,该视频拍摄的内容是河南郑州出现国内首个彩虹隧道。画面出现巨大的河南郑州字样,视频下面的文字介绍为:"河南郑州

---

① 北京市朝阳区人民法院民事判决书,(2017)京0105民初85131号。

郑开大道与 S223 省道交叉口北侧,有一条彩虹隧道。长约 1.4 千米,由 84 组不同颜色的遮阳板装饰,也是国内目前唯一的彩虹隧道。”而涉案歌曲名称为《关于郑州的记忆》,被告使用的片段刚好是“关于郑州我知道的不多,为了爱情曾经去过那里”。这种使用并非为了服务于视频展现的场景,很难解释为附带使用,最终法院判决构成侵权。在实景拍摄中再现他人作品的短视频,应当具有独立的创作目的,再现应当是在不可避免的情况下,没有必要性应当不使用他人作品。例如制作展示厨艺的视频,在视频背景中播放他人音乐或影视作品的必要就存疑了;实景拍摄应强调真实生活场景,专门布置或设计并为此使用他人作品的,不应属于实景拍摄中不可避免地使用。①

如前所述,我国现行《著作权法》是通过列举的方式规定了合理使用的情形,并不包括附带使用。在司法实践中,很多法院将其归入适当引用的范畴进行处理。2020 年修订《著作权法》增加了合理使用的兜底条款,即法律、行政法规规定的其他情形,为“附带使用”归入合理使用留下了空间。

### 四、戏仿原作

戏仿通常情况下是通过模仿原作品达到嘲讽的效果。模仿原作品必然会使用原作品的一部分,有时候甚至是核心的部分。最典型的例子是《一个馒头引发的血案》,胡某制作的视频中大量使用了电影《无极》的画面。其中使用了《无极》中“张倾城”在小时候欺骗了“谢无欢”,抢走并吃掉了馒头,以 20 年后“谢无欢”在“张倾城”面前捏碎了“当年的馒头”、以示报复的镜头。旁白指出:“看,这个馒头已经被吃了,那么谢无欢此时手里的这个馒头,是哪里来的呢?”以此揭示了电影《无极》在剧情设计上的漏洞——20 年前被“张倾城”吃掉的馒头却又被“谢无欢”拿了出来。而《馒头血案》制作者为“谢无欢”镜头的滑稽配音——“关于这个问题,我也说不清楚,这都是导演的安排”更加强化了讽刺《无极》编剧水平不高,前后矛盾的效果。②

戏仿必须是评价或者批判原作。如果不是针对原作,而是利用原作来讽

---

① 管育鹰:《短视频制作中的适当引用问题》,载《中国版权》2019 年第 4 期。

② 参见王迁:《电影介绍节目著作权侵权问题研究》,载《中国版权》2014 年第 2 期。

刺、批评其他社会问题等，则很难构成合理使用。如在李某鹰与北京空中信使信息技术有限公司侵犯著作权纠纷案中，词曲作家李某鹰是歌曲《我不想说》的词曲作者（歌词的合作者为陈某奇）。2005 年年底，署名“K 铃制造”的 FLASH 音乐动画《我不想说我是鸡》通过互联网发表，该音乐动画使用了《我不想说》的曲调，在原歌词的基础上进行了部分修改，以一只小鸡的拟人化演唱，表达了禽类动物因发生禽流感被人类绞杀的无奈心情。该音乐动画通过互联网、无线增值服务等多种方式传播，形成较大影响，并获取利益。① 这种戏仿就不是评价原作，不能构成合理使用。此类戏仿需事先经过著作权人的同意。

## 五、教学使用

《著作权法》第 24 条第 1 款第 6 项规定：“为学校课堂教学或者科学研究，翻译、改编、汇编、播放或者少量复制已经发表的作品，供教学或者科研人员使用，但不得出版发行”属于合理使用。作为合理使用的“教学使用”对复制权、翻译权、改编权、汇编权等的限制。因此，音乐老师到图书馆复制少量乐谱或者将外文歌曲翻译成中文，用做教学参考，均属于合理使用行为。

但需要注意，音乐教室的课堂教学不仅需要少量复制，如在课堂上为了讲解乐理知识或分析歌曲的演奏技巧，往往还需要改编、演示、播放歌曲。但作为合理使用的“教学使用”似乎仅适用于翻译或者少量复制已经发表的作品。2020 年修改《著作权法》时，增加规定了为了教学使用可以“改编、汇编、播放”已经发表的作品②，扩大了合理使用的具体使用方式。

根据《信息网络传播权保护条例》（2013 年修订）第 6 条第 3 项规定，教学使用的适用范围扩大适用于网络传播，即通过信息网络向少数教学、科研人员提供少量已经发表的作品，也属于“教学使用”的合理使用。

## 六、免费表演

免费表演作为合理使用是专门对表演权的限制。《著作权法》第 24 条第 1

① 北京市海淀区人民法院民事调解书，（2006）海民初字第 27178 号。

② 《著作权法》第 24 条第 1 款第 6 项规定：为学校课堂教学或者科学研究，翻译、改编、汇编、播放或者少量复制已经发表的作品，供教学或者科研人员使用，但不得出版发行。

款第9项规定："免费表演已经发表的作品，该表演未向公众收取费用，也未向表演者支付报酬，且不以营利为目的"属于合理使用。

尽管表演权控制的是现场表演和机械表演，但是通过条文的文意，"该表演未向公众收取费用，也未向表演者支付报酬，且不以营利为目的"可以看出，免费表演的合理使用只适用于公开表演的情形，不包括机械表演。因此，在商场等经营场所播放背景音乐不属于这里讨论的免费表演的合理使用。在成都市人人乐商业有限公司与中国音乐著作权协会纠纷案中，人人乐公司系一家从事销售及零售的大型商业企业。该公司在成都市青羊区通惠门路3号开设了人人乐购物广场通惠门店。原告中国音乐著作权协会发现该购物广场内播放的背景音乐是原告管理的《拯救》。被告人人乐公司主张将《拯救》用于背景音乐播放，根据2010年《著作权法》第22条[①]第1款第9项规定，也不属于侵权行为。对于是否构成免费表演的合理使用，法院经审理认为[②]：

> 2010年《著作权法》第22条第1款第9项规定，免费表演已经发表的作品，该表演未向公众收取费用，也未向表演者支付报酬，可以不经著作权人的许可，不向其支付报酬。但如前所述，人人乐公司在其经营场所将涉案音乐作品作为背景音乐，是一种间接获利的商业性使用行为，理应支付费用。人人乐公司的使用行为不属于2010年《著作权法》第22条第1款第9项规定的情形，对人人乐公司以此提出其可以免费使用涉案作品的辩称，原审法院不予采纳。

笔者赞同法院的结论，即在卖场播放背景音乐不属于合理使用，但不同意法院的理由。实际上免费表演的合理使用根本不涉及播放背景音乐的机械表演，无从适用该条。

需要注意的是，构成这种合理使用一定要是完全的免费。该条文仅仅32个字，就三次重复强调了"免费"。曾有朋友咨询笔者，如果没有向观众收费，只是象征性收取观众场地费，或者没有支付歌手报酬，仅仅支付给歌手车马费，是

---

① 即现行《著作权法》第24条。

② 四川省高级人民法院民事判决书，(2010)川民终字第104号。

否可以构成合理使用。场地费、车马费等都是间接获利,不符合免费表演的要件。我们常见的酒吧歌手在酒吧演唱他人歌曲,即便酒吧老板没有支付歌手任何报酬或车马费,也不能适用合理使用。因为歌手的演唱目的是招揽生意,酒吧收取顾客的酒水餐费里面实际隐含了表演歌曲的服务费用。

需要注意,一般的文艺赈灾汇演并不适用免费表演的合理使用。赈灾演出只是将演出的收入捐给灾区,参加演出的艺人不收取报酬,但赈灾演出并非不收取观众费用,也不排除商业赞助等其他收入,不符合“免费表演”合理使用的构成要件。

2020年《著作权法》修改时针对免费表演的合理使用增加了“且不以营利为目的”,使条文更加明确清晰。

### 七、轻微使用

法律不顾及琐碎之事,对于过于微小的使用,一般不认为构成侵权。在中国音乐著作权协会与福建周末电视有限公司、福建电视台电视剧制作中心、北京图书大厦有限责任公司侵犯著作权纠纷案①中,原告发现被告福建周末电视公司和被告福建电视剧中心联合摄制的22集电视连续剧《命运的承诺》中,使用了《青藏高原》《我热恋的故乡》《辣妹子》《一无所有》4首音乐作品。其中,对于《一无所有》的使用是否构成侵权,法院认为:

被告福建周末电视公司及被告福建电视剧中心在电视连续剧《命运的承诺》中对《一无所有》的使用,虽未征得该作品的词曲作者或原告的许可,但因两被告在涉案电视剧中对该作品的使用仅有短短的7秒钟,且在剧中仅演唱了“我曾经问个不休,你何时跟我走”这一句歌词、弹奏相应的曲子,被告的使用行为对该作品的正常使用不产生任何实质不利影响,也未实质损害该作品的权利人的合法权益,因此,两被告行为的情节显著轻微,故不构成侵权。原告关于被告福建周末电视公司及被告福建电视剧中心在电视连续剧《命运的承诺》中使用《一无所有》,从而构成侵权的诉讼请求不能成立,本院不予支持。

---

① 北京市第一中级人民法院民事判决书,(2003)一中民初字第11687号。

在西安长安影视制作有限责任公司、广州俏佳人文化传播有限公司与贵州东方音像出版社、北京图书大厦有限责任公司侵犯著作权纠纷上诉案[①]中，原告中国音乐著作权协会诉称：原告于2003年1月20日在被告北京图书大厦购买22集电视连续剧《激情燃烧的岁月》中使用了原告中国音乐著作权协会管理的音乐作品作为背景音乐。在该剧第一集中出现了长度为2分22秒的器乐演奏的《解放区的天》，长度为1分30秒的演员演唱的《北风吹》，长度为56秒的演员演唱的《保卫黄河》，长度为1分30秒的演员演唱的《延安颂》，长度为1分10秒的演员演唱的《雄鸡高叫》；第四集中出现了长度为21秒的演员演唱的《延安颂》，长度为20秒的演员演唱的《中国人民解放军进行曲》；第七集中出现了长度为25秒的演员演唱的《中国人民解放军进行曲》；第十三集中出现了长度为17秒的演员演唱的《北风吹》，长度为17秒的演员演唱的《学习雷锋好榜样》；第十四集中出现了长度为8秒的演员演唱的《敖包相会》；第十七集中出现了长度为4秒的演员演唱的《洪湖水，浪打浪》；第二十集中出现了长度为10秒的演员演唱的《洪湖水，浪打浪》，长度为1分5秒的演员演唱的《中国人民解放军进行曲》；第二十一集中出现了长度为6秒的演员演唱的《洪湖水，浪打浪》；第二十二集中出现了长度为28秒的演员演唱的《中国人民解放军进行曲》。就部分时长较短的部分，法院经审理认为：

对于使用音乐作品仅涉及作品的几个小节或几句歌词，未完整地使用整段歌词或乐谱的情况，考虑到被使用部分在整个音乐作品所占比例较小，没有实质性地再现作品的完整表达方式和作者表达出的思想内容及作者在乐曲方面的独特构思；使用的形式和内容非常有限，没有对音乐作品的市场价值造成不利的影响，也不会对音乐作品的发行传播构成威胁，即未对著作权人的利益构成实质损害，因此，这种方式的使用应当是合理使用他人作品，可以不经著作权人许可，不向其支付报酬，但应当指明作者姓名、作品名称。长安影视公司在制作《激》剧中使用《北风吹》《洪湖水，浪打浪》《学习雷锋好榜样》和《敖包相会》

① 北京市高级人民法院民事判决书，(2004)高民终字第627号。

四首音乐作品，仅涉及该作品的几个小节或几句歌词，尽管个别音乐作品使用时间较长，但均未完整地使用整段歌词或乐谱，应当属于合理使用。

但是在陈某华诉中国音乐著作权协会等侵犯表演者表演作品的信息网络传播权纠纷案①中，被告中国音乐著作权协会辩称：网站上提供过署名为陈某华演唱的《九月九的酒》的歌曲片段在线试听，试听播放的《九月九的酒》歌曲片段很短，只有 23 秒长度，占全曲的 1/10 不到，从未提供过《九月九的酒》歌曲的完整播放，更没有提供该歌曲的下载。法院认为：

被告中国音乐著作权协会未经原告许可，在其所属网站上向公众播出原告陈某华享有表演者权的歌曲作品《九月九的酒》片段，其行为构成了对原告陈某华作为表演者享有的信息网络传播权的侵犯，应当承担相应的侵权责任。法律没有规定必须将播放歌曲的时间长短作为判断是否属于合理使用的必要条件。

《著作权法》并没有规定使用他人作品在多少秒之内属于轻微使用。因此，对于轻微使用的认定，只能在个案中根据具体情况判断。

## 八、执行公务

《著作权法》第 24 条第 1 款第 7 项规定“国家机关为执行公务在合理范围内使用已经发表的作品”属于合理使用。根据这条，构成执行公务的合理使用必须符合两个要件：一是使用主体是国家机关，二是使用范围为执行公务需要。

《国歌法》第 4 条规定：在一些重大会议的开幕、闭幕，升国旗仪式，机关举行或者组织的重大庆典、表彰、纪念仪式等场合应当奏唱国歌。国歌是中华人民共和国的象征和标志，具有重要的政治意义。如果纯粹从著作权的角度来看，国歌的作曲者聂耳 1935 年去世，作词者田汉 1968 年去世，国歌的著作权法定保护期最多到 2018 年 12 月 31 日。此后，国歌的词曲进入公有领域。在 2018 年 12 月 31 日之前，国家机关在重大会议等前述场合中奏唱国歌也可以理

① 湖北省武汉市中级人民法院民事判决书，(2007)武知初字第 179 号。

解为执行公务中的合理使用。同理,《中国人民解放军进行曲》作为中国人民解放军军歌,创作完成于 1939 年。词作者公木 1998 年去世,曲作者郑律成 1976 年去世。词曲著作权目前尚在法定保护期内。军事机关在重大活动中奏唱军歌也可以理解为合理使用。

现实中,部分法院对国家机关进行了扩大解释,将国家机关授权或委托其他单位执行公务也认定为国家机关执行公务。如在胡某波与教育部考试中心侵犯著作权纠纷案①中,原告胡某波发现教育部考试中心在 2003 年高考全国卷语文考卷的第二大题现代文阅读选用了原告的《全球变暖——目前和未来的灾难》一文。考题中对该文作了增删和调整后加以使用。原告认为被告的该行为侵犯了原告的著作财产权,故诉至法院。被告辩称是受国家教育委员会(以下简称国家教委)委托命题,组织高考试卷出题属于公务行为,不是社会性工作和商业活动,根据法律规定可以不支付报酬。对于是否构成执行公务的合理使用,北京市海淀区人民法院审理认为:

在我国,国家机关执行公务存在两种形式,一种是国家机关自行执行公务,另一种是国家机关授权或委托其他单位执行公务。考试中心不属于国家机关,其组织高考出题的行为属于后一种情形。《教育法》第 20 条规定,“国家实行国家教育考试制度。国家教育考试由国务院教育行政部门确定种类,并由国家批准的实施教育考试的机构承办。”依据该条规定,考试中心接受国家教委指定承担高校入学考试和高教自学考试等专项任务,执行高考试卷命题等相应公务。同时,高考是政府为了国家的未来发展,以在全国范围内选拔优秀人才为目的而进行。我国政府历来将高考作为一项全国瞩目的大事,人民群众亦将高考命题、组织及保密工作等视为由政府严密组织的、关乎社会公平、民众命运和国家兴衰的大事。考试中心在组织高考试卷出题过程中使用原告作品的行为,无论从考试中心高考出题的行为性质来讲,还是从高考出题使用作品的目的以及范围考虑,都应属于国家机关为执行公务在合理范围内使用已经发表的作品的范畴,应适用我国 2001 年《著作权法》第 22 条第 7 项有关的规定,可以不经许可,不支付报酬。

---

① 北京市海淀区人民法院民事判决书,(2007)海民初字第 16761 号。

无独有偶,2007年,教育部考试中心因在高考全国语文Ⅰ卷命题作文《摔了一跤》中使用了何某创作的漫画,再次被诉至法院。北京市海淀区人民法院以相同的理由认定构成执行公务的合理使用①。这两个案件涉及的作品类型是文字作品、美术作品,并非音乐作品。但是假设高考试卷中出现以歌词出题的情形,很有可能也被认为属于合理使用。

另一个值得注意的细节是,虽然在这两起案件中法院认为教育部考试中心在高考题中使用他人作品出题属于合理使用。但是不代表对高考试卷的后续使用也是合理使用。除了前述对教育部考试中心发起的诉讼外,胡某波发现湖北教育出版社出版的《超级考生备战高考二轮复习语文》一书。该书是完全针对教育部考试中心高考全国卷语文考试题而汇编的,涉案文章出自2003年高考全国卷语文考卷的现代阅读第二大题中,并无删改、调整。被告湖北教育出版社辩称:教育部考试中心组织高考的行为是教育部执行公务的行为,高考试题出题是国家行为,不存在侵权的行为,我社将高考试题及时汇编、出书,目的是供考生备战高考复习,故不负侵权责任,要求法院驳回原告诉讼请求。对于是否构成合理使用,法院认为②:

从使用的方式来分析,根据《著作权法》的规定,我国对著作权构成合理使用的主体、使用方式、使用范围均有严格限制,湖北教育出版社汇编高考试题出书的行为与教育部考试中心组织高考命题的行为性质不能等同,更不能视为著作权法规定适用的例外情形。从使用目的来看,《超级考生》一书经过出版、发行、印刷、经销等完整的运作程序,具有明显的商业特征,故应认定湖北教育出版社使用包括原告文章在内的出版行为,具有商业目的,为出版经营活动,对原告著作权的使用应当依法支付对价。因此,湖北教育出版社提出的上述答辩意见,与我国著作权法律规定相悖,本院不予采信。

胡某波发起的这两起著作权诉讼的结果之所以不同,关键在于法院认为教

① 北京市海淀区人民法院民事判决书,(2007)海民初字第26273号。
② 北京市西城区人民法院民事判决书,(2007)西民初字第09619号。

育部考试中心属于执行公务行为，而湖北教育出版社的出版行为属于商业行为。

在涉及音乐作品侵权案中，很少出现以执行公务的合理使用抗辩的案件。但广州互联网法院于2019年8月审结的王某诉某边防检查站、某文化传播有限公司著作权[①]案有可能是第一次出现以构成执行公务合理使用抗辩。基本的事实是某边防检查站未经王某许可使用王某的音乐作品重新填词并录制了《把灿烂的笑容献给你——边检之歌》音乐视频在网络传播。王某发现后诉至法院。边检站辩称，边检站系国家机关，其出于宣传边检形象目的使用涉案音乐作品，未造成王某的实际损失也没有因此获利，应属于对作品的合理使用，王某所主张的赔偿数额缺乏事实及法律依据。广州互联网法院经审理认为：

> 根据2001年《著作权法》第22条第1款第7项的规定可知，国家机关使用他人的作品构成合理使用有严格的条件限制，其使用作品的目的是为执行公务，而且使用的方式、数量和内容等须限于合理范围内。本案中，某边防检查站制作《把灿烂的笑容献给你——边检之歌》用于宣传其边检工作，并非依照法律、法规和有关规定履行相应职责，不属于执行公务的范畴，故对于某边防检查站关于合理使用的抗辩，本院不予采信。

正如该案的主审法官事后评述："本案中，结合相关行政法规对国家机关行政职权的界定，边检站利用王某的乐曲制作音乐宣传视频的行为既非为实现公共安全的需要，也非在法律授权范围内行使行政管理职责，不属于执行公务，应认定边检站的行为超出了合理使用的范畴，侵犯了王某的著作权。另外，即使国家机关为执行公务在使用相关权利作品时，也要注意使用的方式、数量和内容，并且应当指明作者姓名和作品名称等。本案中，边检站在全篇使用王某的音乐作品时，没有指明王某作者姓名，侵犯了王某的署名权，亦不符合合理使用的规范。"[②]

---

① 参见《[法脉准绳]都被判赔80000元了，居然还能继续使用侵权歌曲?》，载澎湃网，https://m.thepaper.cn/baijiahao_470633。

② 参见黄颖慧：《法官谈〈边检之歌〉案判决三大看点：职务作品？合理使用？责任替代?》，载微信公众号"中国版权杂志"2019年11月13日。

# 第 六 章

# 保护期限

著作权法之所以规定保护期限,有很多种说法,比如为了创作者和使用者之间的平衡。但设定过长的保护期限甚至给予永久保护,会增加使用者的成本,不利于作品的传播。因此,著作权保护期限的设定也是在作品创作者和作品使用者之间寻求平衡。

版权的保护期限有一个基本原则即恒定原则,无论作品的版权经过多少次授权许可或者转让,作品的保护期间是不变的。

## 第一节 音 乐 作 品

一般音乐作品与下文的特殊音乐作品涉及的署名权、修改权、保护作品完整权的保护期均为永久,下文不再赘述。差别仅在于发表权和著作财产权的保护期限长短。

### 一、一般音乐作品

《著作权法》第 23 条规定,自然人的作品,其发表权、本法第 10 条第 1 款第 5 项至第 17 项规定的权利的保护期为作者终生及其死亡后 50 年,截止于作者死亡后第 50 年的 12 月 31 日。

因此,一般音乐作品词曲作者享有的著作人身权中的署名权、修改权、保护作品完整权的保护期不受限制,而发表权和著作财产权的保护期限为作者终生及其死亡后 50 年,截止于作者死亡后第 50 年的 12 月 31 日。

## 二、特殊音乐作品

### (一)合作作品

音乐作品很多是合作作品,典型的是作词者与作曲者合意创作的作品,也有两人一起作词一起作曲完成的作品。无论哪种情形的合作作品,音乐作品词曲的保护期限均截止于最后死亡的作者死亡后第50年的12月31日。

### (二)委托作品

委托创作音乐作品活动中,一般受托方是自然人,委托方可能是自然人也可能是公司等法人。无论双方约定委托作品的著作权归属作者受托方还是委托方,一般情况下,委托作品的发表权和著作财产权的保护期限与一般音乐作品没有差异。

### (三)演绎作品

演绎作品存在双重权利结构。第一重是原作者的著作权,第二重是改编者、翻译者、注释者、整理者对演绎作品享有的著作权。双重权利之上的发表权和著作财产权权利保护期限各自计算,互不干涉。如果原音乐作品的著作财产权过了保护期限,进入公有领域,那么使用演绎作品只需要取得演绎权利人的授权即可。相反,如果演绎作品的保护期满,使用演绎作品依然还需要取得原作者许可。只有双重权利都过了法定保护期限,演绎作品才完全进入公有领域。

### (四)职务作品

《著作权法》第18条第1款规定一般职务作品,其著作权归属作者。因此,其发表权和著作财产权的保护期限与一般音乐作品没有差异。而第18条第2款规定特殊职务作品,作者享有署名权,其余权利归属所在单位。结合《著作权法》第23条规定,特殊职务作品发表权、著作权财产权的保护期为50年,截止于作品首次发表后第50年的12月31日。如自创作完成后50年内未发表的,则不再保护。

## 第二节 录音录像制品

### 一、表演者权

表演者权中的署名权、表演不受歪曲权具有人身属性,类似著作人身权,根据《著作权法》第 41 条,其保护期不受限制。

表演者权中现场直播权、首次固定权、复制发行权、信息网络传播权为财产性权利,类似著作财产权,法定保护期为 50 年,截止于该表演发生后第 50 年的 12 月 31 日。

### 二、录音录像制作者权

录音录像制作者权中没有人身性权利,只有财产性权利。根据《著作权法》第 44 条,权利的保护期为 50 年,截止于该制品首次制作完成后第 50 年的 12 月 31 日。

## 第三节 视 听 作 品

《著作权法》第 23 条第 3 款规定:视听作品,其发表权的保护期为 50 年,截止于作品创作完成后第 50 年的 12 月 31 日;本法第 10 条第 1 款第 5 项至第 17 项规定的权利的保护期为 50 年,截止于作品首次发表后第 50 年的 12 月 31 日,但作品自创作完成后 50 年内未发表的,本法不再保护。

因此,符合视听作品条件的 MV、音乐类综艺节目的发表权、著作财产权的保护期为 50 年,截止于作品首次发表后第 50 年的 12 月 31 日。但自创作完成后 50 年内未发表的,则不再保护。

视听作品的版权自创作完成后自动产生,不依靠登记或发表产生。因此,在创作完成后的未发表期间,其版权也应当受到保护。在未发表期间发生侵权,如大量复制作品但尚未发行的情况,侵权行为并未导致作品被动发表,只要发表距离创作完成未超过50年,理论上其保护期限在50年到100年。当然,在未发表期间,如果发生侵权导致作品被动发表,被动发表也是发表,则该作品将自被动发表之日开始起算保护期的截止日。

需要注意,2020年《著作权法》第23条第3款的规定源于1990年《著作权法》的第21条第3款[①]。虽然一直以来,电影、电视等视听作品大多数是由一家或者多家影视公司投资拍摄,作品的版权归属公司享有。但当时的立法者可能无法预想,随着技术进步,现在个人利用设备甚至只使用手机就可以完成电影、微电影、符合视听作品条件的MV的拍摄。这种情况下,很难否认电影、微电影、MV的制片人(著作权人)是个人。虽然《著作权法》第23条第1款规定自然人的作品,其发表权、著作财产权保护期为作者终生及其死亡后50年,但在现在《著作权法》第23条第3款明确规定视听作品保护期限的情况下,其发表权的保护期应为50年,截止于作品创作完成后第50年的12月31日,著作财产权保护期应截止首次发表后第50年的12月31日。

① 1990年《著作权法》的第21条第3款规定,电影、电视、录像和摄影作品的发表权、使用权和获得报酬权的保护期为50年,截止于作品首次发表后第50年的12月31日,但作品自创作完成后50年内未发表的,本法不再保护。

# 第七章

# 法定许可

著作权法中关于作品的使用的原则是“先授权,后使用”,但法定许可制度是个例外。法定许可是指在法律特别规定的情况下,法律替代著作权人自动向行为人“发放”了使用作品的许可。[①] 法定许可是将著作权人享有的专有权利弱化为报酬请求权,特点是“先使用,后付费”。中国著作权规定了五种法定许可,其中与音乐版权直接有关的有以下三种。

## 第一节　制作录音制品法定许可

《著作权法》第42条第2款的规定:“录音制作者使用他人已经合法录制为录音制品的音乐作品制作录音制品,可以不经著作权人许可,但应当按照规定支付报酬;著作权人声明不许使用的不得使用。”《著作权法实施条例》第31条规定:“著作权人依照著作权法第40条第3款[②]声明不得对其作品制作录音制品的,应当在该作品合法录制为录音制品时声明。”

由上述规定可以看出,使用他人已合法录制的音乐作品制作录音制品不经著作权人许可,应符合四个条件:一是该音乐作品已由他人在先合法录制为录音制品;二是该音乐作品的著作权人未在合法录音制品首次发表时作出不得使用的声明;三是使用者应按照规定支付报酬;四是只能是使用该音乐作品的词

① 王迁:《著作权法》,中国人民大学出版社2015年版,第370页。

② 即现行著作权法第42条第2款。

曲,重新演唱、制作新的版本的录音制品,不能是将他人已录制的录音制品直接复制到自己的录音制品里。适用录音法定许可,需要注意以下几个问题。

## 一、声明排除

在担任音乐人李志的法律顾问期间,每次李志专辑出版,笔者均建议在实体专辑封套、歌词内页、盘面进行不得使用的著作权声明:本专辑所有音乐作品的词曲著作权归李志所有,未经授权,不得使用。再如,摩登天空在近年出版的专辑中都进行了类似的声明,如贰佰和尧十三的新专辑的背面均注明:Ⓟ &© (2017)北京摩登天空文化发展有限公司。本作品声明著作权保护,未经授权,不得使用(包括不得使用其制作影像或录音制品),违者必究。

北京太合麦田音乐文化发展有限公司与茂名市(水东)佳和科技发展有限公司、辽宁广播电视音像出版社、北京云岗凤培文化艺术中心朱家坟分店邻接权纠纷案[①]中,由于北京太合麦田音乐文化发展有限公司在涉案《李宇春 皇后与梦想》CD专辑上明确标注有“本专辑内音乐作品之录音、词曲版权为北京太合麦田音乐文化发展有限公司全权所有,未经许可,禁止任何单位或个人用作翻唱、复制、演出、网络传播以及其他商业性用途”字样。法院认为其属于有效的不得对其作品制作录音制品的声明。

在北京太格印象网络技术有限公司与北京新浪互联信息服务有限公司侵犯著作权纠纷案[②]中,涉案录音制品封套背面注明:太格印象授权,出品人和制作人系王某,本歌曲未经授权人同意不得重新编曲演唱等。法院认为:

> 胡某林专辑《香水有毒》于2006年5月出版,该录音制品封套背面注明本歌曲未经授权人同意不得重新编曲演唱等,故歌曲《香水有毒》词曲的著作财产权人太格印象已在合法录制为录音制品的音乐作品之上声明不许使用,他人如使用音乐作品《香水有毒》词曲制作录音制品仍需取得太格印象之许可。

---

① 北京市丰台区人民法院民事判决书,(2008)丰民初字第11220号。

② 北京市海淀区人民法院民事判决书,(2007)海民初字第4557号。

另一个值得关注的问题是,声明排除的时间问题。在广东美美音像有限公司与辽宁广播电视音像出版社、北京保利星数据光盘有限公司侵犯著作权纠纷上诉案①中,上诉人美美公司辩称,在美美公司制作被控侵权的录音制品前,孔雀廊公司并未在合法录制的录音制品发表公开声明禁止他人使用,并向一审法院提交了出品人为孔雀廊公司且没有禁止他人使用的声明的《凤凰传奇》录音制品。法院经审理认为:

在本案中,孔雀廊公司在一审时提交版号为 ISRC CN-F18-05-528-00/A. J6 DCD-1319、出品人为孔雀廊公司的《凤凰传奇—月亮之上》录音制品上附有"未经本公司书面同意授权,任何单位或者个人都不得以任何方式使用或翻唱"的声明,用以证明其已经在合法录制的录音制品发表公开声明禁止他人使用制作录音制品……孔雀廊公司在二审提交了一份广东音像出版社于 2009 年 3 月 25 日出具的《证明》,证明孔雀廊公司于 2005 年 3 月 31 日委托该社的《凤凰传奇—月亮之上》音像制品首次发行时已作出声明。未作出著作权声明的《凤凰传奇》出版时间为 2007 年 3 月 15 日。本院认为,美美公司虽然提交了没有版权声明的《凤凰传奇》音像制品,但并不能够证明该音像制品出版发行的时间,即不能证明其在 2006 年制作、发行被控侵权的《岳薇—菊花台》音像制品时孔雀廊公司出版、发行了未作声明的该音像制品,对其上诉主张关于其行为属法定许可的理由本院不予采纳。

## 二、版权所有翻录必究

实体专辑的封套背面一般都会注明"版权所有翻录必究",但该声明仅仅正对翻录盗版行为,并非排除制作录音制品的法定许可的声明。在老孙文化(北京)有限公司与毛某、北京京东叁佰陆拾度电子商务有限公司、江苏圆周电子商务有限公司、中国唱片总公司、中国唱片上海公司侵犯著作权纠纷案②中,法院认为:

---

① 广东省广州市中级人民法院民事判决书,(2008)穗中法民三终字第 117 号。

② 北京市朝阳区人民法院民事判决书,(2013)朝民初字第 32575 号。

首先,老孙文化公司主张权利的歌曲《传奇》在涉案专辑《十二种毛宁》制作前已经由刘某、李某授权他人在先合法录制、出版。其次,刘某、李某作为歌曲《传奇》的词曲著作权人并未在该歌曲发表时作出不得使用的声明,虽然老孙文化公司提交的《似水流年》专辑上显示有“版权所有　翻录必究”字样,但从上述内容的文义来看,应理解为系禁止他人擅自翻录录音制品的声明,而不能视为词曲作者刘某、李某作出的不得使用歌曲《传奇》词、曲的声明。最后,涉案专辑《十二种毛宁》的录音制作者新二十一公司虽然未就使用涉案歌曲直接向刘某、李某支付使用费,但新二十一公司在该专辑出版前向负有法定许可使用费收转职能的中国音乐著作权协会交付了使用费,符合相关规定。综上,涉案专辑《十二种毛宁》对歌曲《传奇》的使用符合2010年《著作权法》第40条第3款规定的可以不经著作权人许可的情形,故不构成侵权。

同样,在许某与新会佩斯光电有限公司、中国长城艺术文化中心、广州泰一文化发展有限公司著作权纠纷上诉案①中,许某主张在作品发表时,音像制品印制了“版权所有,翻版必究”的字样,这就可以理解为作出了声明,任何人不得任意复制。法院认为:

《反转许巍》CD光盘录音制品中使用的音乐作品《时光》《礼物》《旅行》《漫步》《每一刻都是崭新的》《曾经的你》《夏日的风》《完美生活》《蓝莲花》等,已经在该录音制品发行前被他人制作成录音制品广泛传播,且许某在已经公开的录音制品《每一刻都是崭新的》《时光漫步》中虽然有版权所有、翻录必究的声明,但这是对整个录音制品著作权所作的声明,并非针对录音制品中词曲音乐作品的著作权而言,长城艺术中心、泰一公司使用上述音乐作品制作并复制、发行《反转许巍》录音制品,不是简单的翻录,而是对作品的演唱形式、表现风格进行了相应处理,进行了再创作,故长城艺术中心、泰一公司的制作并复制、发行《反转许巍》录音制品,符合著作权法第39条第3款法定许可的规定,不构成侵权。

---

① 广东省高级人民法院民事判决书,(2009)粤高法民三终字第416号。

## 三、使用人的事先审查义务

2018年,浮躁音乐企划设计了某专辑并在网络进行预售活动。歌手曹某发现后通过新浪微博发声称浮躁音乐未取得音乐作品《江城子》的授权,要求立即停止预售活动。

随后浮躁音乐通过新浪微博回应称,浮躁音乐已经通过中国音乐著作权协会取得了包括《江城子》在内的9首歌曲的授权,并贴出了中国音乐著作权协会的《录音法定许可著作权使用费收转证明》及其附件《使用音乐作品明细表》,其中包括曹某作曲的这首《江城子》。这起纠纷在双方后来的几次回应中似乎不了了之,未进入司法程序。但是引发了一个问题,即在出版实体专辑前通过中国音乐著作权协会交付使用费靠谱吗?

在广东飞乐影视制品有限公司与九洲音像出版公司、北京鸟人艺术推广有限责任公司侵犯著作权纠纷上诉案①中,鸟人公司与牛某阳于2004年6月26日签订《歌曲作品许可使用合同》,牛某阳以专有许可的方式授权鸟人公司使用其作词作曲的音乐作品《两只蝴蝶》等三首歌曲,同时约定鸟人公司有权单独追究侵权人的责任。2004年9月,鸟人公司首次使用音乐作品《两只蝴蝶》录制了《庞龙　两只蝴蝶》CD音乐专辑,并由中国音乐家音像出版社出版发行。该专辑外包装、彩封及歌词本上均标注有"本专辑全部作品声明著作权保护,未经授权,不得使用,违者必究"字样;歌曲《两只蝴蝶》的词曲署名是"牛某阳"。鸟人公司认为九洲音像出版公司(以下简称九洲公司)出版发行、飞乐公司经销的《我是超级女声》的光盘中收录了由他人演唱的歌曲《两只蝴蝶》,侵犯了该公司的专有使用权。诉讼中,飞乐公司辩称已经向中国音乐著作权协会交付了使用费,并提交了中国音乐著作权协会出具的《音乐著作权使用收费证明》,内容为:"根据飞乐公司2005年8月31日填写的录音法定许可登记表,我会计算应付使用费,并出具如下证明:九洲公司、飞乐公司在CD《我是超级女声》中使用了歌曲《两只蝴蝶》(词:牛某阳　曲:牛某阳)。在中国大陆发行2000张,使用期限为一年(自本证明签发之日起),共交付著作权使用费1000元。"(上述著作

① 北京市第二中级人民法院民事判决书,(2006)二中民终字第4513号。

权指作曲者、作词者、继承人等应享有的著作权。录音录像制作者、表演者等享有的邻接权，使用者应通过合法之方式另行解决）对于被告是否构成侵权，法院认为：

我国《著作权法》规定，录音制作者使用他人已经合法录制为录音制品的音乐作品制作录音制品，可以不经著作权人许可，但应当按照规定支付报酬；但著作权人声明不许使用的不得使用。鸟人公司2004年首次使用歌曲《两只蝴蝶》录制《庞龙　两只蝴蝶》CD音乐专辑时，作出明确声明，禁止他人未经许可使用包括《两只蝴蝶》在内的全部音乐作品。在权利人作出明确声明的条件下，如需要使用音乐作品《两只蝴蝶》录制录音制品，应依法取得鸟人公司的许可，并支付报酬。九洲公司和飞乐公司未取得鸟人公司的许可，在其出版发行的《我是超级女声》CD光盘中使用音乐作品《两只蝴蝶》录制歌曲及伴奏，侵害了鸟人公司对该作品享有的专有使用权，应承担停止侵权行为、赔偿损失的法律责任。

鸟人公司不是中国音乐著作权协会的会员，九洲公司和飞乐公司亦未提交证据证明音乐作品《两只蝴蝶》在中国音乐著作权协会进行了作品登记，因此飞乐公司向中国音乐著作权协会缴纳音乐著作权使用费的行为不能免除其应取得鸟人公司许可并支付报酬的责任。飞乐公司提出的其使用音乐作品《两只蝴蝶》有合理依据的上诉主张缺乏事实及法律依据，本院不予支持。

发生在2006年的原告广东飞乐影视制品有限公司与被告中国音乐著作权协会著作权许可使用合同纠纷案[①]也从侧面说明了这个问题。该案的基本案情如下：2005年8月31日，原告向被告申请歌曲《两只蝴蝶》制作录音制品出品发行。按照被告的要求，原告填写了《中国音乐著作权协会作品使用申请书》，被告承诺歌曲《两只蝴蝶》是由其管理的音乐作品，原告可以进行录音法定许可使用。此后，原告向被告缴纳人民币1000元的版权使用费，并将这首歌曲收录在《我是超级女声》专辑中出版发行。专辑发行后，北京鸟人艺术推广有限责任公

① 北京市第二中级人民法院民事判决书，（2006）二中民初字第15651号。

司向原告提起针对歌曲《两只蝴蝶》词曲的侵权诉讼。2006年3月20日,北京市第二中级人民法院作出了终审判决,判令原告赔偿经济损失8万元并承担诉讼费。经法院查明,被告从未获得歌曲《两只蝴蝶》词曲的合法授权,这一作品也从未在被告处进行著作权登记。被告却以歌曲《两只蝴蝶》是由其管理的音乐作品为名允许原告进行录音法定许可使用并收取著作权使用费。原告为此诉至法院,要求被告返还版权使用费并赔偿损失。法院审理认为:

中国音乐著作权协会是以集体管理的方式代表音乐著作权人行使权利的非盈利机构,从事音乐著作权集体管理活动。我国《著作权法》及相关法规对中国音乐著作权协会的基本职能进行的规定,其中包括,当作品使用者不能直接向著作权人支付著作权使用费时,中国音乐著作权协会应代为收取该笔费用,并向著作权人转交。但我国法律法规并未规定,中国音乐著作权协会应对音乐作品是否符合法定许可条件承担审查责任,因此作品使用者不得将审查责任转嫁给中国音乐著作权协会。

本案中,飞乐公司在使用音乐作品《两只蝴蝶》制作录音制品之前,应对其使用该作品的行为是否符合法定许可进行审查。由于鸟人公司在首次使用《两只蝴蝶》录制音乐专辑时已作出禁止他人未经许可使用该音乐作品的声明,因此飞乐公司应在取得鸟人公司的许可之后,再使用该作品。但飞乐公司对《两只蝴蝶》是否符合法定许可条件未进行审查,即使用该作品制作录音制品,致使其侵害了鸟人公司对作品享有的专有使用权,由此而产生的法律责任应由飞乐公司自行承担。飞乐公司将自己实施侵权行为所产生的经济损失转嫁给中国音乐著作权协会,并要求中国音乐著作权协会向其赔礼道歉,该项主张缺乏事实和法律依据,法院不予支持。

由于飞乐公司对音乐作品《两只蝴蝶》的使用方式不符合著作权法定许可,因此其向中国音乐著作权协会缴纳著作权使用费的行为缺乏合理的事实基础,中国音乐著作权协会应将其收取的飞乐公司缴纳的1000元著作权使用费返还给飞乐公司。

因此,在使用他人已合法录制的音乐作品制作录音制品前,需要使用人自行调查该作品是否已经声明排除适用法定许可。如果在没有调查清楚的情况下，贸然按照法定许可将费用交至中国音乐著作权协会，将来依然有可能存在侵权风险。

## 四、"制作"包括复制发行

在广东大圣文化传播有限公司与王某成、王某星、王某燕侵犯著作权纠纷案[①]中，原告王某成等人是王某宾的子女，是王某宾作品著作权的继承人。原告认为被告制作、出版、发行《喀什噶尔胡杨》专辑录音制品的行为，侵犯王某成等享有的著作权。涉案专辑中歌曲《亚克西》，是被告王某成等人之父王某宾于1957年根据吐鲁番民歌改编并作词的音乐作品。最高人民法院提审认为：

> 2001年《著作权法》第39条第3款设定了限制音乐作品著作权人权利的法定许可制度，即"录音制作者使用他人已经合法录制为录音制品的音乐作品制作录音制品，可以不经著作权人许可，但应当按照规定支付报酬；著作权人声明不许使用的不得使用。"该规定虽然只是规定使用他人已合法录制为录音制品的音乐作品制作录音制品可以不经著作权人许可，但该规定的立法本意是为了便于和促进音乐作品的传播，对使用此类音乐作品制作的录音制品进行复制、发行，同样应适用《著作权法》第39条第3款法定许可的规定，而不应适用第41条第2款的规定。经著作权人许可制作的音乐作品的录音制品一经公开，其他人再使用该音乐作品另行制作录音制品并复制、发行，不需要经过音乐作品的著作权人许可，但应依法向著作权人支付报酬。

需要注意，制作录音制品的法定许可仅仅是对复制发行权的限制，不涉及广播权、信息网络传播权。如果将录制完成的录音制品用于出版发行实体唱片是可以的。但是如果将其作为数字专辑上架到网络，则超越了制作录音法定许可的范围。

---

① 最高人民法院民事判决书，(2008)民提字第57号。类似的案例如广东大圣文化传播有限公司与洪某丁、韩某侵犯著作权纠纷案，最高人民法院民事判决书，(2008)民提字第51号。

## 五、“制作”包括重新编曲

制作录音制品法定许可的要件之一是仅使用该音乐作品的词曲，制作者需要重新演唱、制作新的版本的录音制品，不能直接将他人已录制的录音制品复制到自己的录音制品里。在制作的过程中，难免要进行新的编曲工作。

我国《著作权法》对于编曲是否适用制作录音制品法定许可没有明确规定。美国《版权法》第115条对编曲问题进行了详细规定：制作和发行录音制品的强制许可包括对作品进行必要限度的编曲的权利，以使作品符合表演所诠释的风格或方式；然而编曲不得改变作品的基本旋律或主要特征，也不得作为演绎作品而受本法保护，但著作权人明确表示同意的除外。[①] 笔者认为，一般情况下，编曲并不对词曲作品进行改编，如增加歌词、旋律、声部等。因此，在适用制作录音制品的法定许可时，可以进行编曲。但如果是涉及改编性质的编曲，则不能适用法定许可，需要像其他改编作品的行为一样，取得著作权人的事先许可方可进行。

## 六、制作电视剧主题歌曲

在北京市润亚影视传播有限公司与中国唱片成都公司、广东怡人音像文化传播有限公司、北京中关村图书大厦有限公司、新会佩斯光电有限公司侵犯著作权纠纷案中，原告北京市润亚影视传播有限公司诉称得到歌曲《不要枪炮要玫瑰》词曲作者常某内授权，独家行使《不要枪炮要玫瑰》歌首次复制权、发行权等著作权。后原告与江苏省广播电视总台等联合摄制电视连续剧《野火春风斗古城》，并将《不要枪炮要玫瑰》歌作为电视剧主题歌曲使用。中国唱片成都公司、广东怡人音像文化传播有限公司在其出版发行的唱片《中国人不能忘记的历史》中使用《不要枪炮要玫瑰》歌作为主打歌曲。被告中国唱片成都公司认为原告将《不要枪炮要玫瑰》作为《野火春风斗古城》剧主题歌曲使用的行为，已将其自常某内处得到的《不要枪炮要玫瑰》歌首次复制权、发行权等著作权用

---

① 美国《版权法》第115条译文参见《美国著作权法》，杜颖、张启晨译，知识产权出版社2013年版，第68页。

尽。中国唱片成都公司在出版的《中国人不能忘记的历史》中使用无须经过著作权人许可。法院认为①：

北京市润亚影视传播有限公司在其与他人联合摄制的《野火春风斗古城》剧中，将《不要枪炮要玫瑰》歌作为该剧主题歌曲使用，此举系行使《不要枪炮要玫瑰》歌首次表演权、以《不要枪炮要玫瑰》歌作为《野火春风斗古城》剧主题歌曲使用的复制权、发行权等著作权之行为。因北京市润亚影视传播有限公司将《不要枪炮要玫瑰》歌作为《野火春风斗古城》剧主题歌曲使用之行为并不属于将《不要枪炮要玫瑰》歌录制成为录音制品之范畴，故北京市润亚影视传播有限公司仍独家享有首次将《不要枪炮要玫瑰》歌录制为录音制品之著作权。

中国唱片成都公司在明知《不要枪炮要玫瑰》歌并未经合法录制为录音制品情况下，使用《不要枪炮要玫瑰》歌录制录音制品，不属于2001年《著作权法》第39条第3款所规定的法定许可之范畴；而中国唱片成都公司向中国音乐著作权协会表示其使用《不要枪炮要玫瑰》歌制作录音制品符合法定许可之条件，中国音乐著作权协会则按照法定许可的标准向中国唱片成都公司收取使用费以待日后转交给音乐作品著作权人，中国唱片成都公司并不能以此取得使用《不要枪炮要玫瑰》歌制作录音制品之合法授权，亦不能改变其行为之侵权性质。

### 七、制作录像制品或视听作品

使用他人已经合法录制为录音制品的音乐作品制作录音制品适用法定许可。那么，制作录像制品是否使用法定许可？在中国音乐著作权协会诉北京市新华书店王府井书店等侵犯著作财产权纠纷案②中，被告辩称其使用涉案音乐作品制作DVD构成法定许可。法院认为：

本案中，原告与被告广东大圣公司的争议焦点在于涉案出版物属于录音制

① 北京市海淀区人民法院民事判决书，(2006)海民初字第8822号。

② 北京市东城区人民法院民事判决书，(2010)东民初字第04395号。

品还是录像制品。涉案出版物系 DVD 专辑，收录的不仅是歌曲的声音，还包括影像。而消费者购买涉案出版物，既可以欣赏伴有音乐的画面，也可以进行卡拉 OK 的演唱。故涉案出版物属于录像制品，被告的抗辩意见不能成立。录音录像制作者使用他人作品制作录音录像制品，应当取得著作权人许可，并支付报酬。

在北京天语同声信息技术有限公司与新科电子集团有限公司、国美电器有限公司通州商城侵犯著作权纠纷案①中，法院认为：

根据本案查明的事实，使用涉案 DVD 机及与之配套使用的光盘播放涉案音乐作品时，相关音乐作品虽与画面并非一一对应关系，但均出现连续播放的图像和歌曲伴音。因此，被告新科公司制造的涉案 DVD 机中配套使用的该《卡拉歌王》光盘应属于我国著作权法所规定的录像制品，而非录音制品……依据我国著作权法的有关规定，录音录像制作者使用他人作品制作录音录像制品，应当取得著作权人许可，并支付报酬。录音制作者使用他人已经合法录制为录音制品的音乐作品制作录音制品，可以不经著作权人许可，但应当按照规定支付报酬……本院认为，鉴于被告新科公司对涉案音乐作品的使用方式属于制作录像制品，而非录音制品，不应按照录音制品法定许可的方式缴纳使用费；且涉案 DVD 机的生产时间早于被告新科公司缴纳上述使用费的时间，其缴纳使用费的行为与本案无关。

那么，能否使用他人已经合法录制为录音制品的音乐作品制作视听作品？在罗某与广东飞乐影视制品有限公司、贵州文化音像出版社、广州合众光碟制造有限公司、北京华融家乐福商业有限公司著作权侵权纠纷案②中，罗某是《2002 年的第一场雪》《新阿瓦尔古丽》《艾里甫与赛乃姆》《情人》《雨中飘荡的回忆》《冲动的惩罚》6 首歌曲的词曲作者。2004 年，罗某授权德威龙公司出品

① 北京市第二中级人民法院民事判决书，(2006)二中民初字第 16659 号。

② 北京市朝阳区人民法院民事判决书，(2005)朝民初字第 3250 号。

首张个人专辑，其中收录了上述6首歌曲。飞乐公司使用前述歌曲制作了其他歌手演唱并配以风光画面的卡拉OK。法院认为：

飞乐公司将涉案曲目的伴奏音乐、歌手演唱与自然流动交替变换的风光画面融合在一起，形成风光版卡拉OK，并将其固定在数码激光视盘（VCD）上，使欣赏者能够借助适当的设备播放，去感受音乐和一系列风光画面营造的艺术氛围或技术性的屏蔽演唱声音并参与演唱。该风光版卡拉OK凝聚了演唱者、摄影、剪接等人的创造性劳动，是视听结合的一种艺术形式，符合作品的构成要件，应属于以类似摄制电影的方法创作的作品。飞乐公司是该卡拉OK作品的创作者，不是录音制品的制作者。因此飞乐公司以《著作权法》中规定的"录音制作者使用他人已经合法录制为录音制品的音乐作品制作录音制品，可以不经著作权人许可"进行抗辩，本院不予支持。

因此，使用他人已经合法录制为录音制品的音乐作品制作录音制品的法定许可，仅适用于录制录音制品，不包含录像制品、视听作品。

## 第二节　编写出版教科书法定许可

《著作权法》第25条第1款规定，为实施义务教育和国家教育规划而编写出版教科书，可以不经著作权人许可，在教科书中汇编已经发表的作品片段或者短小的文字作品、音乐作品或者单幅的美术作品、摄影作品、图形作品，但应当按照规定向著作权人支付报酬，指明作者姓名或者名称、作品名称，并且不得侵犯著作权人依照本法享有的其他权利。

根据上述规定，适用该项法定许可，需要注意以下几个问题：

### 一、限制使用目的

根据《教科书法定许可使用作品支付报酬办法》规定，九年制义务教育教科书和国家教育规划教科书，是指为实施义务教育、高中阶段教育、职业教育、高等教育、民族教育、特殊教育，保证基本的教学标准，或者为达到国家对某一领域、某一方面教育教学的要求，根据国务院教育行政部门或者省级人民政府教育行政部门制定的课程方案、专业教学指导方案而编写出版的教科书。

因此，如果不是为了上述实施义务教育等或者即便为了高等教育但是教材没有经中央或省级以上教育行政部门批准，都不能视为九年制义务教育教科书和国家教育规划教科书，不能适用法定许可。同时办法还规定，教学参考书和教学辅导材料不属于九年制义务教育教科书和国家教育规划教科书。

如果要想排除适用法定许可制度，需要作者事先声明不许使用。在张某祥与人民音乐出版社侵犯著作权纠纷上诉案①中，张某祥(笔名张某)系北京潞河中学音乐教师。歌曲《小牧笛》是张某改词作曲一首音乐作品。人民音乐出版社自1986年起一直在其出版的小学音乐教材中使用《小牧笛》。法院认为：

> 在张某祥未事先声明不许使用的情形下，人民音乐出版社在其出版的九年制义务教育学生课本中使用《小牧笛》，并同时在教师用书、教学挂图、教学光盘等课堂教学用书中使用《小牧笛》的行为构成法定许可，可以不经张某祥许可，但应当向其支付报酬。

## 二、仅限于短小音乐作品

《教科书法定许可使用作品支付报酬办法》对何为短小的音乐作品作了规定：短小的音乐作品，是指九年制义务教育和国家教育规划教科书中使用的单篇不超过5页面或时长不超过5分钟的单声部音乐作品，或者乘以相应倍数的多声部音乐作品。接此标准，大部分音乐作品都满足条件。

## 三、付费标准

教科书汇编者需要按照每首音乐作品300元标准支付报酬。在与音乐教科书配套的录音制品教科书中使用的已有录音制品按照每首50元标准支付报酬。

---

① 北京市第一中级人民法院民事判决书，(2009)一中民终字第4517号。

另外，值得一提的是《信息网络传播权保护条例》（2013 修订）第 8 条规定：为通过信息网络实施九年制义务教育或者国家教育规划，可以不经著作权人许可，使用其已经发表作品的片段或者短小的文字作品、音乐作品或者单幅的美术作品、摄影作品制作课件，由制作课件或者依法取得课件的远程教育机构通过信息网络向注册学生提供，但应当向著作权人支付报酬。这条实际上是将教科书使用音乐作品的法定许可延伸到网络。随着网络技术的发展，教育机构与时俱进开设了网络教育课程。如果是为了实施九年制义务教育或者国家教育规划，在网络课程中使用短小的音乐作品等制作课件并通过网络向注册学生提供也适用法定许可制度。

## 第三节　播放音乐作品的法定许可

鉴于广播电台、电视台播放音乐录音制品的曲目巨大，通过大量权利人协商取得授权难度较大。因此，《著作权法》第 46 条第 2 款规定：广播电台、电视台播放他人已发表的作品，可以不经著作权人许可，但应当按照规定支付报酬。这里已经发表的作品包括音乐作品。

### 一、播放录音制品中的音乐作品

一般来说，广播电台、电视台不会也无法直接播放音乐作品，而是播放对音乐作品表演录制形成的音频成果即录音制品。理论上说，要使用一首音乐录音制品，需要取得词曲作者、表演者、录音制作者三方的授权。但需要注意这三方权利人的权利数量和权利类型是不同的。就广播电台、电视台播放涉及的广播权来说，播放音乐作品的法定许可本质上是对广播权的限制。按照《著作权法》第 10 条的规定，词曲作者享有广播权。表演者并不享有广播权。根据《著作权法》第 45 条规定，将录音制品用于有线或者无线公开传播，应当向录音制作者支付报酬。即录音制作者享有广播权之获酬权。因此，广播电台、电视台播放录音制品需要向词曲作者支付广播权法定许可报酬，无须取得表演者授权也无须支付报酬，无须取得录音制作者授权但需要支付报酬。

## 二、播放视听作品中的音乐作品

《著作权法》第48条规定:“电视台播放他人的视听作品、录像制品[1],应当取得视听作品著作权人或者录像制作者许可,并支付报酬;播放他人的录像制品,还应当取得著作权人许可,并支付报酬。”如果广播电台、电视台播放音乐录像制品,如歌星现场会实况录像,无论该录像是否出版发表,都应该取得该录像制作者的许可,同时还应当取得其中音乐作品词曲著作权人的许可。播放音乐录像制品不适用法定许可。

根据《著作权法》第17条,视听作品中的电影作品、电视剧作品的著作权由制作者享有。电影作品、电视剧作品以外的视听作品的著作权归属由当事人约定;没有约定或者约定不明确的,由制作者享有。《著作权法》第48条容易让人误解为电视台播放视听作品仅需要取得制片者同意就万事大吉。甚至参与立法者也强调,电影作品和以类似摄制电影方法创作的作品的制片人有权许可电视台播放其作品,电视台取得制片许可后,不必再逐个取得编剧、导演、摄影、作词、作曲等作者的许可。[2] 甚至有学者认为广播电视台播放作品许可属于绝对性法定许可,既无作品使用目的的限制,也无作品使用限度的规定。[3]

笔者认为《著作权法》第46条的法定许可本质上是对广播权的限制。第48条的除外规定是对广播权限制的除外。该等条文中的“播放”均指广播行为。对作品的广播使用分为直接使用和间接使用。直接使用比较典型的如传统的电台直接通过设备播放原版CD然后通过电波传送出去。直接使用适用《著作权法》第46条通常不会产生疑义。

另一种是间接使用,比较典型的是,如电影制片人邀请歌手演唱词曲作品并将该版本的音频合成制作成电影主题曲,或者在综艺节目中直接将原版CD中的音频(录音制品)合成制作成节目的背景音乐,然后,电视台播放电影、综艺

---

① 之所以对视听作品和录像制品作了除外规定,主要是因为电视播放受众群体大,看电视又是免费的,观众在电视上看了电影录像后,通常不会再去电影院看电影,直接影响了电影放映的场次和上座率,影响了电影制片者的经济收入。参见胡康生主编:《中华人民共和国著作权法释义》,法律出版社2002年版,第188页。

② 胡康生主编:《中华人民共和国著作权法释义》,法律出版社2002年版,第189页。

③ 参见何怀文:《中国著作权法判例综述和规范解释》,北京大学出版社2016年版,第756~757页。

节目。虽然观众在电视上看电影和综艺节目的时候能够接触词曲作品或原版CD中的歌曲音频，但最终的呈现方式还是有所不同。实践中，未经许可使用他人词曲作品或录音制品制作电影、电视剧或综艺节目的情况屡见不鲜，电视台播出存在权利瑕疵的电影、电视剧和综艺节目是构成侵权还是适用播放作品的法定许可并非不言自明。

国家版权局版权管理司编著的版权执法工作培训教材《著作权法执行实务指南》认为“如果使用他人作品制作节目是为了制作发行DVD产品，根据著作权法的规定，是需要取得作者的许可的。如果制作节目是为了广播播放，特别是广电组织的工作是以播放为主，其制作节目可以看作是播放的前期准备工作，制作行为被后续发生的播放所吸收，即广电组织为了播放使用他人作品制作节目，是否需要取得作者的许可，主要依据《著作权法》关于广播播放他人作品需注意的规定，而不是制作节目需注意的规定。根据我国《著作权法》第43条、第44条，播放他人已发表的作品是无须取得作者许可的，但应当向作者支付报酬”。①

实践中，大多数电视台也持这种观点。在遇到权利人或者代表权利人的中国音乐著作权协会起诉时，有的电视台以使用播放作品法定许可作为抗辩理由，也得到了很多法院的支持。

笔者认为这种观点是错误的。电影作品等视听作品属于比较典型的合作作品或演绎作品。如果按照合作作品和演绎作品的权利结构，使用一部电影应当取得原著作者、编剧、导演、词曲作者、演员、录音、摄像等众多主体的同意。这样势必增加了作品的授权磋商成本。因此，为了电影作品、电视剧作品传播和利用的方便，《著作权法》规定电影作品、电视剧作品的著作权为由制片者享有。电影作品、电视剧作品的著作权法定归属制片者的情况下，并不意味着如果制片者的电影作品、电视剧作品存在权利瑕疵，从制片者手里取得电子作品、电视剧作品许可的使用方不用承担任何责任。事实上，网络平台传播存在权利瑕疵的电影，权利人可以向制片者和播出网站主张侵权责任。网络平台不能以已经与制片者签订授权许可协议为由免责。同样，电视台播放电影作品前，已

① 国家版权局版权管理司编：《著作权法执行实务指南》，法律出版社2013年版，第199~200页。

经与制片者签订授权许可协议。通常在这类协议的权利保证条款中,电视台要求制片者的电影作品等不存在权利瑕疵。电视台取得电影作品等播放权的对价是支付制片者授权许可费用。如果发生第三方主张电视台播出的电影中的主题曲等涉嫌侵权,电视台只能在承担侵权责任后主张制片者违反权利保证义务,进而要求制片者赔偿。

电视台如果对电影中主题曲等主张适用播放法定许可,则表示电视台明知或者不在乎制片者的电影中的音乐等内容未经授权,电视台支付制片者的授权许可费也不包括电影作品中的原著改编授权费、作为主题曲或背景音乐的授权费。电视台坚持应由自己来承担并支付电影中使用音乐作品的报酬。这显然是不符合实际的。

实际上,由于电视台播放电影、电视剧、综艺节目并不适用播放法定许可,电视台必须通过与电影、电视剧、综艺节目的著作权人签订授权许可协议的方式才能进行合法播出。笔者认为,在一部完整作品不可能通过授权许可方式取得使用权的情况下,对于作品中的构成要素的使用却适用法定许可制度,显然不合情理。同时,电视台播放自制的综艺节目、电视剧等,虽然无须通过授权许可,但是因为其本身是著作权人,电视台的播放属于使用自有版权作品。在使用自有版权作品时,对于其中的元素适用法定许可,也是不可思议的。

同时,《著作权法》第48条规定,电视台播放他人的录像制品,应当取得录像制作者和著作权人的双重许可,并支付报酬。实际上在涉及音乐类录像制品时,只有其中的词曲作者和录像制作者享有广播权,表演者不享有广播权。实践中,电视台播放录像制品通常与录像制作者签订授权许可协议。同时在权利保证条款约定,录像制作者已经取得了词曲作者同意,可将录像制品授权电视台播放。著作权法之所以规定电视台播放他人的录像制品应当取得录像制作者和著作权人的双重许可,实际上是让录像制作者保证录像制品上没有权利瑕疵。电视台支付给录像制作者的授权费用已经包含了词曲作者的部分。该部分费用由录像制作者转付给词曲作者,或者词曲作者在与录像制作者签订的授权许可协议中已经预先取得了该部分的授权费。

录像制品和视听作品(如MV、综艺节目)均使用了音乐作品,均放到电视台播放,对于录像制作者和视听作品的著作权人来说,均不适用播放作品法定许可。

但如果著作权法已经明确录像制品中的词曲著作权不适用播放法定许可,而视听作品中的词曲著作权却要适用播放法定许可,这在逻辑上是非常奇怪的。

实践中已经有法院认识到直接播放录音制品和播放利用录音制品制作的视听节目的差异。如在北京东乐影音文化有限公司与上海东方娱乐传媒集团有限公司侵害录音录像制作者权纠纷案中,涉案歌曲《追梦赤子心》由苏朵作词作曲,GALA 乐队演唱,被收录在音乐专辑《GALA 追梦痴子心》。2011 年 3 月 5 日,原告北京东乐影音文化有限公司与王某(艺名苏某)签订《权利确认书》,确认包括《追梦赤子心》在内的专辑 12 首歌曲的录音制作者权专属北京东乐影音文化有限公司拥有。2018 年 5 月 6 日,东方娱乐公司运营的东方卫视频道播出了《极限挑战第四季》第二期节目,该节目中的 1 小时 53 分至 1 小时 56 分处,将歌曲《追梦赤子心》作为背景音乐播放。本案审理过程中,东方娱乐公司认可并未取得相关权利方的授权。上述节目片尾处载明合作视频网站为腾讯视频、爱奇艺视频及优酷视频;涉案节目在优酷视频、腾讯视频及爱奇艺视频平台上播出时载有东方卫视台标。但东方娱乐公司辩称,其作为电视台,根据 2010 年《著作权法》第 44 条的规定,可以不经著作权人许可播放已经出版的录音制品。法院审理认为[①]:

本案中,东方卫视播出的极限挑战(第四季)综艺节目具有很高的社会知名度及市场价值,该节目的播出除为东方娱乐公司带来可预见的显性经济利益外,还可能帮助东方娱乐公司及其运营的东方卫视频道带来提高品牌价值等隐性商业利益。《著作权法》第 44 条所指为电视台直接播出录音制品的情形,而非本案中电视台播出其参与制作的综艺节目中使用录音制品中音乐作为背景音乐的情形。东方娱乐公司在极限挑战(第四季)节目中使用歌曲《追梦赤子心》的行为,不属于《著作权法》第 44 条规定的情形。

因此,电视台播放他人的视听作品、录像制品,如果是播放视频类节目,无论该视频属于视听作品(电影作品和类电影作品)还是录像制品,均不适用法定许可。

① 北京互联网法院民事判决书,(2019)京 0491 民初 21891 号。

# 第八章

# 授权许可和转让

## 第一节　概　　述

著作权法使作者、表演者、录音制作者等对作品和相关客体享有专有权利。这些专有权利并非仅仅意味着作者等有权使用作品和相关客体,而是赋予作者、表演者、录音制作者等权利主体有权阻止他人未经许可实施特定的行为。

《著作权法》第1条规定:"为保护文学、艺术和科学作品作者的著作权,以及与著作权有关的权益,鼓励有益于社会主义精神文明、物质文明建设的作品的创作和传播,促进社会主义文化和科学事业的发展与繁荣,根据宪法制定本法。"简言之,《著作权法》的立法目的是保护创作者和传播者的权益,促进作品的创作和传播。

《著作权法》的很多条文都是围绕著作权的权利主体和权利内容展开。确定权利主体和权利内容归根结底是为了通过版权的有序流动来促进作品的创作和传播。同其他作品一样,音乐作品的版权及表演者权等相关权利主要通过授权许可和转让完成后流动。尽管存在通过签订版权转让协议受让版权的方式使用音乐版权内容的情况,但大多数版权转让后,为了版权内容的继续利用,依然需要通过授权许可的方式进行。现实中授权许可应用最为广泛。因此,下节将重点介绍音乐版权的授权许可。

## 第二节　授权许可

### 一、概念

授权许可是词曲作者或相关权利人同意他人在特定期限和地域范围以特定的方式使用其享有的版权内容或特定作品。词曲版权包括人身权利和财产权利。一般授权许可的是著作财产权的内容,不涉及授权著作人身权[①]。如出版实体唱片,授权的权利类型为复制权、发行权,将数字专辑授权网站上架,授权的权利类型为信息网络传播权。同理,表演者权也涉及人身权和财产权,就表演者之署名权和表演不受歪曲权也无法授权。授权许可仅限于表演者的财产权部分。

需要说明,本节讨论的授权许可与著作权集体管理和法定许可不同,著作权集体管理组织,如中国音乐著作权协会,主要进行的是集中许可,也称“一揽子”授权许可[②]。如广播电视台、网站与中国音乐著作权协会签订的“一揽子”协议。法定许可是在法律特别规定的情况下,法律替代著作权人自动向行为人“发放”了使用作品的许可。[③] 在这种情况下,著作权人的权利弱化为报酬请求权。

---

①　实践中,作者授权他人修改或发表作品是很常见的。但著作人身权不得授权他人代为行使与授权他人进行涉及著作人身权的具体行为并非一回事。《著作权法》第10条第1款第3项规定:“修改权,即修改或者授权他人修改作品的权利。”从修改权的定义可以看出,修改权包括两种情形:一种是作者自己修改作品的权利,这种权利没必要也无法授权他人,一旦授权就不是自己修改了。另一种是授权他人修改作品。但这里的“授权”仅是授权他人“修改”,并非授权他人代为行使修改权,获得许可修改的人应按照作者的要求修改作品,修改后的版本需要经过作者的审核同意。如果未经同意,任意修改作品导致作者社会评价降低,则其可能构成侵害修改权或保护作品完整权。同时,未经许可,被许可人也不能再次授权第三方修改作品。如有其他方未经许可擅自修改,侵害的是作者的修改权,并非侵犯被许可人的修改权。侵害修改权的维权诉讼必须由作者提起。

《著作权法实施条例》第20条规定:“著作权法所称已经发表的作品,是指著作权人自行或者许可他人公之于众的作品。”通过该条的规定,不难看出,作者可以授权他人发表作品。但被许可方只能按照约定行使发表权的权利,并非对发表权的享有。在被许可方尚未发表前,如果有其他方提前发表了作品,侵害的是作者的发表权,不是被许可方的发表权。只有作者有权提起侵害发表权的诉讼,被许可方不能提起诉讼。

②　也有少部分的个别许可。

③　王迁:《著作权法》,中国人民大学出版社2015年版,第370页。

## 二、授权许可种类

### （一）非专有许可

非专有许可也称为一般授权或普通授权。著作权人以非专有许可的方式授权他人使用作品，被许可方可在一定期限和范围内以一定的方式使用作品。与此同时，著作权人可以在上述同一期限和范围内以同样的使用方式再次授权其他方使用作品，著作权人自己也可以使用。例如，2018 年 9 月 30 日，张韶涵 2018~2019 年“旅程”世界巡回演唱会（北京站）在凯迪拉克中心举办。赵雷授权张韶涵该场演唱会演唱音乐作品《阿刁》。由于授权性质为非专有许可，赵雷依然有权授权其他歌手同日在北京的公开演出中演唱《阿刁》。

### （二）专有许可

根据《著作权法实施条例》第 24 条的规定，《著作权法》第 24 条规定的专有使用权的内容由合同约定，合同没有约定或者约定不明的，视为被许可人有权排除包括著作权人在内的任何人以同样的方式使用作品。《北京市高级人民法院侵害著作权案件审理指南》第 1.7 条规定：“合同约定授予专有使用权的，可以直接认定被许可使用人在合同约定的范围内有权禁止著作权人使用作品，但有相反证据的除外。”也就是说，合同约定的授权性质为专有许可，对于专有许可没有进行解释说明，那么，法律推定就约定的权利，唯有被授权人可行使，作为授权人的著作权人也不能行使。专有许可也被称为独占许可。

现实中还有一种专有许可，即在合同中约定，授权性质虽为专有许可，但授权人也可使用，授权人不得再次授权其他方使用。被授权人有权禁止除授权人之外的任何其他方使用。这种许可也被称为排他许可。

《北京市高级人民法院侵害著作权案件审理指南》第 1.7 条规定：“合同中使用‘独家使用权’等类似表述的，可以根据合同有关条款、合同目的、交易习惯等，结合在案证据认定是否属于专有使用权。”

需要注意的是，在我国台湾地区，独家授权与专属授权是不同的概念。独家授权并非专属授权，仅系著作财产权人于授权他人重制及发行后，同时负有不得再次授权第三人重制及发行的义务，并未排除著作财产权人自行重制及发行之权利。[①] 独家授权相当于前述的排他许可。在适用我国台湾地区“著作权法”的音乐版权许可协议中，需要核查是否存在表述不周延的地方。

## 三、授权许可合同

著作权法并没有明确规定授权许可合同是否应当采取书面形式。《著作权法实施条例》第 23 条规定，使用他人作品应当同著作权人订立许可使用合同，许可使用的权利是专有使用权的，应当采取书面形式，但是报社、期刊社刊登作品除外。《北京市高级人民法院关于审理著作权纠纷案件若干问题的解答》第 22 条规定，除了报纸、杂志刊登作品的以外，其他著作权许可使用应该采取订立书面合同的形式，否则应认定合同无效。但口头的著作权许可使用合同已经履行，且当事人双方对口头约定的主要权利义务的内容无异议，或者能通过有关证据予以确认的，可以认定著作权许可使用合同有效。

《著作权法》第 26 条[②]对于著作权许可使用合同的基本内容作了示范性列举。下文将从合同审查的角度，就授权许可合同的主要内容进行逐项分析。

### （一）合同主体

合同主体为授权方和被授权方，即合同中的甲方乙方。

作为被授权方，签订授权许可合同前，需事先对授权方的背景和版权及相关权利的权属情况进行适度的调查，可要求授权方提供著作权权属的证明资料，如公开发行的实体专辑等合法出版物、作品登记证书、相关的协议等。如果授权方并非原始权利人，则需要审查授权方的权利来源，如授权方自原始权利人取得的授权链条是否连续完整。

作为授权方，也需要对授权内容是否享有相应权利，是否有权与被授权方签订相关授权许可协议进行核查。尤其是在授权方运营音乐版权的过程中，很

---

① 林佳莹：《著作权诉讼赢的策略》，台北，元照出版有限公司 2015 年版，第 260~261 页。

② 《著作权法》第 26 条规定：“使用他人作品应当同著作权人订立许可使用合同，本法规定可以不经许可的除外。许可使用合同包括下列主要内容：（一）许可使用的权利种类；（二）许可使用的权利是专有使用权或者非专有使用权；（三）许可使用的地域范围、期间；（四）付酬标准和办法；（五）违约责任；（六）双方认为需要约定的其他内容。”

可能部分音乐版权内容已经进行了转让或对外专有授权。此时,授权方就无权再以自身名义对外签订授权许可协议了。如果是特殊音乐作品,如合作作品、改编作品、翻译作品,则可能需要与两位甚至两位以上的授权方(权利人)分别签订协议。

被授权方是公司时,往往还可能约定被许可方的关联公司也可以自动获得授权。鉴于公司的兼并重组时常发生,在协议有效期间关联公司存在一定的变化,稳妥起见,授权方最好要求在协议中明确具体哪些属于关联公司。对于协议有效期内被许可方新增加的关联公司,必须得到授权方的书面认可才能取得授权许可。

### (二)授权内容

授权内容是授权许可协议的核心,授权内容本质上是由被授权方的需求确定。授权内容的类型主要包括音乐作品、录音制品、录像制品、视听作品等。如举办张韶涵演唱会需要现场演唱赵雷作品《阿刁》,则授权内容限定为词曲作品《阿刁》。而网络平台想要上架赵雷专辑《无法长大》,所需数字化音频属于录音制品,授权许可合同的内容即为录音制品。赵雷现场演唱会的实况录像属于录像制品,如果需要制作实况录像发行 DVD,则相关的授权内容为录像制品。

明确了授权内容的类型后,音乐版权内容的权利结构也就清晰了。所谓的权利结构是指版权内容上的权利人是一人还是多人。词曲作品的权利结构相对简单,词曲作者是同一个人,则权利人是单一的。词曲作者是两位或两位以上,则权利人也是复合的,需要取得全体一致同意。当然如果词或曲是不可分割的合作作品,取得合作作者之一的授权许可也是可以的。根据《著作权法实施条例》第 9 条:"合作作品不可以分割使用的,其著作权由各合作作者共同享有,通过协商一致行使;不能协商一致,又无正当理由的,任何一方不得阻止他方行使除转让以外的其他权利,但是所得收益应当合理分配给所有合作作者。"不可分割的合作作者之一可以单方决定对外授权。如果是改编作品,则必须与音乐作品词曲作者和改编者分别签订授权许可合同[①]。录音录像制品的权利结构复杂一些，每一个录音制品或录像制品通常有三个权利人：词曲作者[②]、表演者、录音制作者（录像制作者）。属于视听作品的 MV 权利结构同词曲作品一样，是单一的，只有一个权利人即著作权人，通常为制作者。

授权内容的曲目名称和数量也需要明确约定。特别是在授权方与网络音乐平台签署的数字音乐上架的协议中，往往涉及曲目较多。为了避免争议，可以将具体授权录音制品的曲目制作成清单，列于授权许可协议之后作为附件。

需要提醒的是，在被许可方提供的授权协议模板中常常存在“自动授权”条款，即要求授权方同意将许可合同有效期内新创作、新发行的音乐作品、制品、视频等按照许可合同的条件授权被授权方。授权方可以根据具体情况决定是否接受这类“自动授权”条款。如果不同意，则可以要求删除此条款，或者在授权许可合同中先明确本次授权许可的内容清单，对于在许可合同有效期内新发行的音乐作品、录音制品等，双方届时可另行签订书面许可合同。

在索雅音乐版权代理（北京）有限公司与北京汉彩华音国际文化发展有限责任公司著作权许可使用合同纠纷案[③]中，双方在授权协议中并未约定具体的授权作品的曲目，只限定了数量。法院经审理认为：

索雅公司和汉彩华音公司在上述合约书中除对汉彩华音公司应当授权给索雅公司的音乐作品的范围作出了约定外，还对汉彩华音公司专属授权给索雅公司的词、曲著作作出了数量上的限定，即共计 50 个单位。但双方在合约书中并未明确约定汉彩华音公司专属授权给索雅公司的是哪些具体的词、曲，也未明确约定索雅公司有权指定汉彩华音公司专属授权给索雅公司哪些具体的词、曲。因此，根据双方合约书约定，只要汉彩华音公司向索雅公司提供双方约定范围内的 50 个单位的音乐著作，能够使索雅公司商业发行，即达到了合同约定的要求。故汉彩华音公司授权给索雅公司哪些作品，主动权在汉彩华音公司，并不在索雅公司，索雅公司无权要求汉彩华音公司提供那些具体的词、曲。

① 当然如果改编的原作品已经进入公有领域，则只需要与改编者签订许可。

② 如果将词曲作者视为两个主体，则录音录像制品上可能有四个权利人。

③ 北京市朝阳区人民法院民事判决书，（2011）朝民初字第 14202 号。

因此，即使上述《微微》等十首歌曲属于双方约定的汉彩华音公司有权管理的歌曲，汉彩华音公司不将这些歌曲授权给索雅公司，也不违反双方合同约定。

### （三）权利种类

授权内容的类型确定后，则需要进一步确定授予被授权方的权利种类。根据本书第三章的介绍，词曲作品的著作财产权包括一系列的子权利，如复制权、发行权、表演权、广播权、信息网络传播权、改编权等。根据本书第四章的介绍，表演者享有的财产性权利包括现场直播权、首次固定权、复制发行权、信息网络传播权。录音录像制作者享有复制权、发行权、信息网络传播权。录像制作者还享有许可电视台播放的广播权。属于视听作品的MV享有复制发行权、信息网络传播权等。

在一份授权许可合同中，具体应当授权什么权利也取决于被授权方的具体使用场景。根据被授权方的需求反推应当授予其何种权利。使用场景对应相应的权利类型，授权的权利也限定为相应权利类型。如仅需在演唱会现场表演，则授予表演权即可。如果举办方需要进行录音录像并出版发行DVD，需增加授予复制发行权。如果需要将录音录像授权网络平台传播，则再增加授予信息网络传播权。

在常见的授权网络平台传播音乐录音制品的协议中，由于录音制品涉及三个权利人，平台方通常需要拿到词曲权利人的信息网络传播权、表演者的信息网络传播权以及录音制作者的信息网络传播权，缺一不可。同样，如授权出版社出版发行实体专辑，需要将词曲著作权中的复制权和发行权、表演者权中的复制和发行权以及录音录像制作者权中的复制权和发行权都授予出版社。但是需要注意的是，由于表演者和录音制作者享有的权利比词曲作者少得多，在特殊的情况下，如营业场所播放背景音乐的情况下，营业场所需要取得录音制品中的词曲作者授予机械表演权，无须取得表演者和录音制作者的同意，因为表演者和录音制作者均不享有表演权。但根据2020年《著作权法》的规定，录音制作者享有“表演权”之获酬权，虽然无须经过录音制作者同意，但应当支付报酬。再如，广播电台播放录音制品适用法定许可，无须经过词曲著作权人同意，但需要支付广播权法定许可费用，无须经过表演者同意，也不用支付表演者任何费用。同样,根据2020年《著作权法》的规定,录音制作者享有“广播权”之获酬权,虽然无须经过录音制作者同意,但也应当支付报酬。

以下对于授权协议中权利种类涉及的难点问题进行一点提示性说明。

1. 复制权

复制权一般涉及实体载体。网络环境下确实存在复制,但是一般没必要在取得信息网络传播权外再要求授予复制权。网络传播前后的所谓复制行为并没有独立价值,已经被具体传播涉及的权利信息网络传播权所吸收。笔者个人在处理被授权方在取得信息网络传播权外强烈要求加上复制权时,采取了一个妥协的方法,即将复制权限定为:仅限于网络环境下的复制或数字化复制。实践中效果比较理想,被授权方容易接受,避免双方为了理论上的问题进行无谓的争执,影响协议签署进度。

2. 信息网络传播权

网络平台传播歌曲需要取得信息网络传播权。在本书第三章信息网络传播权部分,我们反复强调了信息网络传播权仅控制交互式传播。但需要注意,很多平台方提供的合同模板中对信息网络传播权进行了重新定义,将信息网络传播权定义为包括交互式和非交互式传播。这等于是变相扩大了授权的权利种类。作为授权方,一定要留意合同中的定义条款,尤其是对于权利种类的定义存在超越法定含义范畴的情况。

3. 无名权利

在2020年《著作权法》修订前,网络直播不属于任何一项有名的子权利。但我们不适合在协议中直接约定授予被授权方的权利种类是“其他权利”。因为所谓的其他权利是兜底条款,包含的权利范围是丰富的,难以确定具体组成。该条规定的“其他权利”不适合作为权利种类写进授权许可协议。兜底条款实际上是为法院制定的。法院在审理案件中,如果遇到无法适用现有权利种类的情况,但该种使用场景侵害了著作权人的利益,其权利也应当受到保护,法院可以援引兜底条款,不至于让著作权人无法得到法律救济。在涉及网络直播等权利种类的名称不明确的情况下,可以不必约定授予的权利种类的名称,而通过直接约定具体使用场景的方式来明确,如约定被授权方可在某一平台进行网络视频直播。当然,2020年《著作权法》修订后,网络直播属于广播权的控制范围,今后可以直接约定授予广播权。但今后如出现新的业态无法归入享有的著作权有名权利体系,还是可以继续以具体的使用场景来明确授予其他权利。

4. 权利保留

在使用场景复杂的授权许可协议中,被授权方往往罗列了多种权利种类,甚至是所有的权利种类。授权方需根据被授权方的使用场景复核其是否与授予的多种权利种类对应。与具体使用场景无关的权利种类应当删除,否则等于在同样的授权费用下多授予了不必要权利。同时,作为授权方最好声明权利保留。《著作权法》第 29 条规定:“许可使用合同和转让合同中著作权人未明确许可、转让的权利,未经著作权人同意,另一方当事人不得行使。”在协议中可以进一步约定,授权方未明确授予被授权方的权利,不得默认被授权方取得相应的授权。实际上这是将法律条文转化为合同条款,使合同的约定更加明确。

5. 未来权利

一般的授权协议,涉及的权利种类是某一项或某几项子权利。但在一些授权期间较长,涵盖全部权利种类的授权许可协议中,双方在协议中罗列了现行著作权法规定的各项具体权利种类。但这依然可能存在遗漏。正如本书第一章第四节所述,版权制度在发展演进,权利种类也会随之变化。我国 2001 年修订《著作权法》时增设了信息网络传播权、机械表演权。不排除未来对于现行著作权法规定的各种权利种类进行整合,甚至再增加新的权利种类。笔者在实务中接触到一些 20 世纪 90 年代的授权许可协议,授权的权利涵盖了当时著作权法的全部权利,但并没有约定信息网络传播权,也没有约定是否包括未来著作权法修改增加的权利种类。这类授权许可协议期间较长,等到 2001 年后,虽然法律新增了信息网络传播权,但实际上根据原协议,被授权方并没有取得信息网络传播权的授权许可。因此,涵盖全部权利种类的授权许可协议中,为了防止未来著作权法对于权利种类进行整合、调整,甚至增加新的权利种类,可以约定权利类型包括将来著作权法修订后新增加的权利种类。

### (四)使用方式

在各项权利种类中,复制权是最原始的著作财产权,其他各项著作财产权的划分主要按照两类行为进行的,一类是演绎类行为,另一类是传播类行为。

演绎类的权利包括改编、翻译、摄制、汇编，演绎类的权利特点是产生新的作品。传播类的权利包括发行权、出租权、表演权、广播权、放映权、信息网络传播权。传播类的权利特点是不产生新作品。

对于授权许可协议来说，仅约定授权的权利种类，不约定具体的使用场景，是远远不够的。权利种类是对各类特定行为高度抽象的概括。具体的权利种类对应的使用方式依然是多种多样的。使用方式是各项权利种类的延展，是在权利种类基础上对具体使用场景的进一步明确。

以信息网络传播权为例，网络平台提供歌曲试听、下载，三大电信运营商开展的电信增值业务如彩铃等，电视台的“IPTV 回看”业务都属于信息网络传播权控制的范围。如果授权网络平台音乐录音制品的信息网络传播权，同时约定独占性使用并有权转授权。则网络平台不但可自行在其平台进行歌曲试听下载，授权其他类似平台进行同类业务，还可以授权三大运营商进行彩铃业务，甚至还可以授权短视频平台作为背景音乐使用。如果授权方想保留彩铃等三大运营商电信增值业务等，需在授权协议中约定网络平台具体使用方式时明确排除。

在仅授权网络平台提供歌曲试听、下载时，可以进一步约定传播平台和许可装置的范围，平台的范围如网站、客户端等。许可装置指可以通过信息网络接收、存储、播放授权内容的终端和设备，如电脑、平板电脑、电视、手机、音响、车载设备、可穿戴智能设备等。有时，平台方在传播录音制品即音频时，为了提供在线 K 歌服务，往往需要将原版音频中的人声部分剥离，单独传播所谓的“伴奏”。有的平台方取得了录像制品的传播后，再把其中的音频剥离出来，单独传播音频。总之，现实中商业模式千变万化，在约定具体的使用方式时，越明确越好。

### （五）授权性质

前述授权许可种类实际上是按照授权性质进行的分类。在授权许可种类部分已经介绍的，不再赘述。

这里特别介绍下与网络平台签订音乐录音制品的授权协议中的一个细节问题。如前所述，音乐录音制品上有三个权利人。在与网络平台签订的独占性授权许可协议中,网络平台要求授予词曲的信息网络传播权、表演者的信息网络传播权以及录音制作者的信息网络传播权,同时平台方往往特别提出,三项信息网络传播权性质均为独占性授权。笔者代表授权方音乐人处理修改此类协议时,往往建议授权方争取仅约定表演者的信息网络传播权和录音制作者的信息网络传播权授权性质为独占性,但词曲涉及的信息网络传播权性质为非独占性授权。因为对平台方来说,只要表演者权和录音录像制作者的信息网络传播权授权性质为独占性,则授权方不能再将该首音乐录音制品转授权其他方通过信息网络传播,网络平台已经取得了歌曲音频的独占性网络传播权利。如果约定词曲涉及的信息网络传播权性质也为独占性,则对于授权方音乐人有诸多不利影响。举例来说,在独占性期限内,授权方音乐人可能参加综艺节目录制、进行现场演出,但不能进行同步录音录像,无法就重新录制的音频或视频与举办方或者其他网络平台进行网络点播回播合作。易言之,授权方无权就同一首词曲作品录制新的版本的录音制品甚至录像制品进行网络传播。事后重新录制的音视频,只要进行网络点播、回播即涉及词曲的信息网络传播权,授权方都不再享有该等权利。此时,原则上只能与之前签署独占性授权许可协议的网络平台重新协商,取得网络平台的反授权,否则将可能构成违约或者侵权。

如果平台方坚持要求授予其词曲作品的信息网络传播权,本质上来说,平台方不是担心改变了现有授权内容的独占性授权性质,而是不愿意授权方重置新的版本的音视频进而稀释其取得的独占性授权内容的市场价值。

### (六)转授权

在非专有许可的情况,一般约定被授权方不可再次转授权。在专有许可的情况,只有明确约定了,被授权方才可以进行转授权。如果没有约定或者约定不清,则被授权方不可以进行转授权。

### (七)授权地域

授权的地域范围比较常见的有中国大陆、中国大陆及港澳台地区、全球范围等。一般出版实体专辑的授权许可协议的授权许可地域范围是中国大陆。如果授权在我国台湾地区发行,则授权地域为我国台湾地区。

在授权网络平台传播歌曲时，由于互联网的特点，一般情况下，网络平台要求授权地域范围为全球。当然，也有约定地域范围为中国大陆。这样授权方依然可以与港澳台地区或海外代理公司签订授权许可协议，就中国大陆以外的信息网络传播权进行授权许可。

（八）授权期限

授权期间的约定应当明确具体，有的协议虽然约定授权期限为 3 年，但没有约定起算日或者起算日约定模糊，这样事后执行中容易产生争议。笔者建议最好具体到年月日，如 2020 年 1 月 1 日至 2022 年 12 月 31 日。如果起算日暂时无法确定，则一定想办法将起算日的构成条件约定清楚。

授权期限约定清楚后，有的授权协议同时约定了自动续约问题，如本协议到期前 3 个月，如双方均没有提出不再续约，则本协议自动延续 3 年。这种约定对于被授权方有利，因为随着时间推移，授权方往往忘记了提出不再续约，则只能认可自动续约的约定。为了避免这种情况，授权方可要求约定为，如本协议到期前 3 个月，双方可另行协商续约问题或者授权方同意续约的，则授权期限自动延续 3 年。还需要注意，自动续约后是否可以再次自动延续。如约定到期前双方均无异议，本协议自动续约 3 年，以后以此类推。则只要双方无异议，协议的授权期限将一直延续下去。

在允许被授权方可以转授权的情况下，一般约定被授权方转授权第三方的期限不得超过授权方对被授权方授权的期限。现实中有的版权代理公司或获得专有许可的被授权人在授权许可协议中约定，在授权代理期间内其与第三方的合作协议之合作授权期均以其与第三方的约定为准。这实际上是约定被授权方可自主决定授权第三方的使用期限，不受授权方授予被授权方期限的影响。这种约定等于变相拉长了授权期限，授权方应慎重考虑是否接受。

当然，在一些特定的情况下，如果授权使用方以背景音乐、插曲等影音同步的方式使用，则可以允许其授权使用的使用期限为使用方作品的法定保护期。否则，一部电影、电视剧或综艺节目使用音乐作品作为插曲、背景音乐、表演曲目，如果仅授权使用三五年，到期后，如需继续传播电影、电视剧或综艺节目，则需再次与词曲著作权人协商取得授权或删除使用了作品的相关片段，这显然是不经济的，也不符合行业惯例。一般情况下，电影、电视剧或综艺节目的制片方均要求以影音同步方式使用期限为永久或其作品的法定保护期。如本书第六章所述，版权的法定保护期是有限的，如果约定期限为永久，则应当理解为双方的本意是约定授权期限为相应作品的版权的法定保护期。

在授权许可协议中，如果涉及新增授权内容，则需要注意新增授权内容的地域范围和期间。一般来说，新增授权内容的地域范围与现有授权内容一致，但新增授权内容的授权期限是自实际提供之日起到现有授权内容的授权期限截止日还是自实际提供之日起另行起算若干年限，并不是不言自明的，最好在协议中明确。

（九）付酬标准

付酬标准指授权许可费用的支付标准，一般采用固定报酬、分成模式、固定报酬加分成模式。固定报酬是指无论是一次性支付还是分期支付，授权费是双方约定的一个固定数额。分成模式即双方约定就被授权方因使用授权内容获取的总收入按照一定的比例进行分配。如出版实体专辑，每销售一张实体专辑，授权方获取一定比例的版税。这里的版税实际上是授权费，并非税收的税。如果网络平台按照使用次数计算授权许可费用，则计算公式为：

授权方分成收入=订阅服务使用授权作品的次数占订阅服务使用全部歌曲的次数之比例×订阅服务收入×(1-20%运营成本)×授权方分成比例

注：一次有效的“使用”指一首曲目（指录音制品）全曲下载、播放或者部分被用户播放且持续播放时间长度达到30秒以上的播放。运营成本一般按订阅服务收入的20%计算。

如果采用单曲或专辑付费下载服务，则计算公式为：

授权方应得之分成收入=单曲（专辑）销售总收入×(1-20%运营成本)×授权方分成比例

注:“单曲(专辑)销售总收入”等于单曲(专辑)销售单价(含税)×销售总数量。

分成模式对于授权方来说,具有一定的不确定性。毕竟授权内容的使用数据掌握在被授权方手中,即便被授权方承诺提供授权内容使用情况的报表,但现实中很难实质性地进行核实,除了少数能查到公开数据的情形,授权方往往只能依靠被授权方的诚信,选择相信被授权方。对于授权方来说,选择保底加分成的模式是比较理想的,所谓的保底加分成是指当按照分成比例计算,授权方的收益少于已经支付的保底费用前,被授权方无须支付分成费用也无须退还保底费用,只有在应支付的分成收益超过已经支付的保底费用后才进行超额部分的分成支付。

在专有授权且含转授权的情况下,还需要对转授权的收益如何支付进行约定。转授权的收益多数采用分成模式,当然也可以自由约定其他方式。

当然,在付酬标准的约定当中,还需要排除一些不计入付酬的特殊使用情况。如实体唱片销售中会涉及一部分为了宣传所需的少量赠与、退换货的瑕疵产品等。

### (十)权利保证

权利保证条款是授权协议中的常规条款。尽管被授权方可能已经对于授权方享有相应的音乐版权进行了初步调查,但由于音乐版权的归属没有公示的平台,为了保证被授权方取得的权利没有瑕疵,防止潜在的风险,被授权方一般需要授权方做出权利保证。概括起来,权利保证的内容大致包括授权方保证是授权内容的合法权利人,保证授权内容不存在侵犯第三方权利的情形。如因权利瑕疵导致第三方对被授权方使用授权内容进行指责、维权,授权方保证负责处理并赔偿被授权方的损失。授权方不得中途转让授权内容或即便转让但不得影响被授权方按照约定使用授权内容。

### (十一)维权权利

如本书第三章所述,著作人身权不可授权或转让。因此,著作人身权自始至终归属作者,对于侵犯著作人身权的行为,只有作者有权维权。取得著作财产权的专有许可人取得的专有许可、中国音乐著作权协会管理涉及的权利均为著作财产权，因此专有许可人、中国音乐著作权协会无权针对著作人身权进行维权活动。

1. 专有许可人的诉权问题

《著作权法实施条例》第24条规定，《著作权法》第24条①规定的专有使用权的内容由合同约定，合同没有约定或者约定不明的，视为被许可人有权排除包括著作权人在内的任何人以同样的方式使用作品。一般认为，授权方通过专有许可的方式将著作财产权中的全部和部分权利许可给他人，专有许可权利对应的经济收益部分已经通过合同实现。在合同约定的授权期限和地域范围内，只有专有使用权人有权按照约定使用授权内容。专有许可具有排他性。如果有第三方未经许可以同样方式使用授权内容，受到利益损害的是专有使用权人而不是作者。因此，专有使用权人享有维权的权利，包括向侵权方主张索赔、提起诉讼。

2. 著作权人的诉权问题

现实中，有观点认为在著作权人将著作财产权专有许可给第三方后，著作权人无权自行针对著作财产权侵权行为进行维权。对此《北京市高级人民法院侵害著作权案件审理指南》第1.8条明确规定："著作权人将专有使用权授予他人，对于发生在专有使用权范围内的侵权行为，专有使用权人、著作权人均可以单独起诉，也可以共同起诉；著作权人能够证明存在实际损失，主张损害赔偿的，予以支持。"

3. 二次专有被许可人的诉权问题

著作权人将著作财产权授权专有许可人的同时，往往同意专有许可人享有转授权。专有许可人可以将著作财产权以专有或非专有的方式再次授权其他方。如果是以专有许可方式再次授权，那么取得专有许可的二次专有被许可人是否享有诉权呢？

在广东中凯文化发展有限公司与北京中搜在线软件有限公司侵犯著作权纠纷案中，原告广东中凯文化发展有限公司（乙方）于2005年8月31日与中国

① 即现行《著作权法》第26条。

电影集团公司(甲方)就电影《无极》的音像制品版权转让[①]订立了《音像版权转让合约书》,双方约定:甲方将电影《无极》音像制品之相关版权及该电影的信息网络传播权独家转让给乙方,转让年限为 5 年;同时约定在合同及授权期限内,若发现第三人有非法发行本节目等侵权行为的,乙方有权以自己名义通过法律途径予以制止,并进行索赔。2005 年 11 月 5 日,广东中凯文化发展有限公司(甲方)将电影《无极》的信息网络传播权独占性转授权许可给北京捷报互动科技有限公司(乙方)使用,期限为 3 个月,即自 2006 年 1 月 1 日起至 2006 年 4 月 1 日止。后北京中搜在线软件有限公司未经许可,通过其网站传播《无极》。广东中凯文化发展有限公司诉至法院。被告北京中搜在线软件有限公司则辩称:原告即使获得了权利,但其已经将该电影自 2006 年 1 月 1 日起至 2006 年 4 月 1 日的信息网络传播权授予了北京捷报互动科技有限公司,原告在此期间无权再就信息网络传播权进行主张。法院认为[②]:

> 中凯公司将电影《无极》的信息网络传播权独家授予捷报公司期间,中搜公司侵犯了电影《无极》的信息网络传播权,在针对此侵权行为提起诉讼的过程中,中凯公司与捷报公司产生了分歧,均认为各自有权向侵权人主张权利。
>
> 2005 年 11 月 5 日中凯公司与捷报公司签订了《许可协议》,该协议明确了捷报公司在 2006 年 1 月 1 日至 4 月 1 日独占性地行使电影《无极》的信息网络传播权,但双方对于在此期间的涉案作品被侵权以及由此产生的后果、损失分担、获赔损失分享等并未作出约定。对此,本院认为,捷报公司取得的是合同权利,合同权利源于合同约定,在不违反法律的情况下,当事人可以针对制止侵权问题作出约定;在双方未作出约定的情况下,依据著作权法许可使用合同的有关规定以及合同法理,中凯公司享有未约定的权利,有权以自己的名义提起诉讼,制止侵权。
>
> 在授权期间内,虽然捷报公司是电影《无极》信息网络传播权的专有使用权人,《著作权法实施条例》第 24 条赋予专有使用权人排除包括著作权人在内的

---

① 注意,这里名为转让实为授权,根据合约书内容转让的期限为 5 年,附有期限的转让本质上是授权许可,并非真正的永久转让版权。

② 北京市海淀区人民法院民事判决书,(2006)海民初字第 24968 号。

任何人以同样的方式使用作品,但捷报公司作为二次被授予的专有使用权人能够行使的权利是:独占的权利和制止侵权人妨碍其权利正当行使的权利,不能扩大理解为阻止中凯公司制止侵权。中凯公司作为该权利的许可人,仍有权禁止他人未经许可以信息网络传播方式使用电影《无极》。

4. 授权期限届满后诉权问题

专有使用权人可以针对授权期限内的侵权行为进行维权、提起诉讼。如果获得专有授权期限为1年,专有使用权人在授权期限届满后可以针对发生在专有授权期限内的侵权行为进行维权。当然,专有使用权人需要注意诉讼时效问题,在知道或应当知道侵权行为发生之日起3年内提起诉讼。超过诉讼时效将失去胜诉权。

5. 非专有许可人的诉权问题

非专有许可不具有排他性,非专有许可的被许可人不应当享有诉权。

6. 诉权不可让渡

司法实务中,一般认为诉权不可让渡。仅约定维权,一般认为是无效的。《北京市高级人民法院侵害著作权案件审理指南》第1.10条规定:"著作权人未将著作权转让或者许可他人,仅授权他人起诉的,不予支持;但对于转让或者许可之前发生的侵权行为,合同有明确约定的,受让人或者被许可使用人单独起诉,可以予以支持。"对于许可期限发生之前的也可单独起诉。

(十二)终止处理

授权期限到期后,被授权方需停止使用授权内容。如网络平台在授权到期日需要对相应的歌曲做下架处理。有时候,被授权方要求给予1~3个月的过渡期做下架处理,这实际上是延长了授权期限。对于短视频平台而言,常常要求在授权期限使用授权内容作为背景音乐或者在线K歌形成的视频内容,在授权期限到期后继续保留在平台,这种情况实际上是将此类影音同步类的授权期限变为永久或者授权内容的法定保护期。

如果是授权发行实体唱片,则在发行期限到期日需停止继续销售。双方需进一步约定尚未售罄的存货的处理,如可以由授权方按照一个低价回购后自行处理，也可以由被授权方继续销售直至售罄，但不得再次加印销售等。

（十三）违约责任

在授权许可协议中，需要关注一些重大的违约情形。在张某、曹某与白某星著作权许可使用合同纠纷案中，张某、曹某（甲方）与白某星（乙方）签订《词曲作品使用许可合同》，约定如下内容：乙方将自己创作的音乐作品《爱情不买单》（包括作词、作曲、demo）许可甲方使用，许可期限为3年，自2011年8月30日至2014年8月30日，空间范围为全球范围。许可类型为甲方独家使用，在许可期限全球范围内，乙方不得再将该作品部分或全部许可给第三人使用。甲方保证：未经乙方书面同意，不将该作品的专有使用权转让给他人，无论在许可期内或是许可期外，在使用作品时，不改变作品的名称和乙方的署名。如果甲方违反上述保证责任的，乙方有权解除合同，并要求甲方赔偿损失。乙方保证：1. 对该作品享有完整的著作权，具有许可他人使用作品的权利；2. 在许可期内，只许可甲方使用该作品，不再许可其他任何人使用该作品。如果乙方违反上述保证责任第1项的，甲方有权解除合同，乙方应赔偿甲方的损失；如果乙方违反上述保证责任第2项的，乙方将因转让第三人所获得的收益支付给甲方作为赔偿。

后白某星将歌曲的词曲以五万元的价格转让给了案外人歌手丁某某演唱。张某、曹某诉至法院，法院审理认为[①]：

根据双方签署的《词曲作品使用许可合同》约定，白某星将《爱情不买单》音乐作品的词、曲许可张某、曹某全球范围内独家使用，期限为2011年8月30日至2014年8月30日为3年，白某星则不得将上述词、曲全部或者部分许可给第三方使用，否则，白某星应将因转让第三人所获得的收益支付给张某、曹某作为赔偿。现根据张某与白某星通话录音的内容可以看出，白某星将上述歌曲的词、曲以50,000元的价格转让给了案外人刘某贵（音译）的歌手丁某某演唱，违反了双方《词曲作品使用许可合同》的约定，构成违约，其应当将获得的50,000

① 北京市朝阳区人民法院民事判决书，(2012)朝民初字第11257号。

元收益支付给张某、曹某作为违约赔偿。

### (十四)纠纷解决

纠纷解决是合同的常见条款,重点涉及纠纷解决方式和法律适用的确定两个问题。纠纷解决方式的确定可以选择仲裁机构或者法院,如果是选择仲裁机构,应明确仲裁机构的官方名称,未明确选择仲裁或仲裁机构名称等原因,则导致仲裁条款失效。如果选择法院,可以约定被告住所地、合同履行地、合同签订地、原告住所地、标的物所在地等与争议有实际联系的地点的人民法院管辖。

中国大陆的民事主体之间订立的授权合同,没有其他特殊情况,一般均适用中国大陆法律。依据《涉外民事关系法律适用法》,如果是涉外合同,当事人可以协议选择适用的法律。当事人没有选择的,适用履行义务最能体现该合同特征的一方当事人经常居所地法律或者其他与该合同有最密切联系的法律,具体由裁判机构裁定。

### (十五)合同转让

被授权方提供的合同模板中常常约定被授权方有权将合同的权利义务转让给第三方。所谓的合同转让是指合同权利义务的概括转让,被授权方将其在合同中的权利义务一并转移给第三方,第三方承继被授权方在合同中权利和义务。从授权方的角度来看,这种合同转让效果上相当于被授权方有权转授权第三方。因此,授权方在遇到这类条款时需要考虑是否接受。

### (十六)合同附件

授权许可协议的附件主要包括授权书和授权清单、双方的营业执照复印件、身份证复印件。授权书并非授权许可协议的必备材料。

授权书本质是简版的授权协议,核心内容均在主协议中有详细约定。但是实务中,被授权方为了向其他方证明获得相关的许可,或者在维权中证明已经取得了特定作品的专有使用权等,需要向第三方出示证明。由于授权许可协议中的某些内容,如商业模式、授权费用等不适合对外透露,因此,需要一份简版的授权书。授权书中的授权性质、可否转授权、授权期间、权利类型、使用方式等原则上需要与主协议保持一致，否则事后双方可能存在争议。主协议和授权书对于同一问题表述方式可以不同但内涵应保持一致。为了稳妥，可以在授权书中约定“如果授权书与授权许可协议约定不一致的，以授权许可协议约定为准”。

授权清单视授权内容而定，如果是涉及少量音乐作品的授权许可协议，可能在主合同中已经对授权内容进行了约定，这种情况下，无须单独制作授权内容清单作为附件。但是对于大批量的歌曲的授权，一般需单独制作授权清单。如果授权内容是词曲作品，需注明作品名称、词曲作者，甚至将歌词或歌谱也作为授权清单的一部分。如果授权内容是录音制品或录像制品，需注明歌曲名称、所属专辑、词曲作者、表演者、录制者，并列明对应的词作著作权、表演者权、录音录像制作者权。

## 四、授权协议类型

上文就一般的授权许可协议中的主要内容及常见问题进行了梳理，下文结合现实中涉及具体使用场景下的类型化授权协议涉及的要点作简要的提示。

### （一）网络传播

1. 授权内容

目前网络平台提供的协议模板中，往往将授权内容定义为音乐作品和录音录像制品，甚至很多协议的名称即为《音乐作品授权协议书》。然后在涉及授权的具体权利类型中，将音乐作品包括复制权、发行权、改编权、表演权、信息网络传播权等在内的著作权概括授权给平台。实际上，在网络平台传播的歌曲音频在著作权法上的名称为录音制品，视频内容要么属于录像制作，要么属于视听作品。尽管传播录音制品、录像制品、视听作品本身涉及词曲的使用，但对词曲的使用限于录音制品、录像制品、视听作品本身“包含”词曲，最多包括在传播录音制品的同时展示歌词①。但这是为了传播录音制品的需要对歌词进行的附带使用。协议主要的授权内容依然是录音制品、录像制品、视听作品。因此，在授

① 录像制品、视听作品本身为视频形式的内容，一般视频中已经展示了歌词。

权网络平台传播歌曲的协议中，授权的实质内容是录音制品、录像制品、视听作品。授权内容尽管涉及词曲作品，但它并非核心内容。

一旦将音乐作品作为和录音制品、录像制品、视听作品并列的授权内容，即便是在平台取得非独家性质词曲作品信息网络传播权的情况下，如果第三方使用该词曲录制翻唱版本①的歌曲授权给同一平台，第三方仅仅授予平台方表演者权和录音制作者中涉及的信息网络传播权。而平台已经取得了词曲作品的信息网络传播权，似乎无须再次取得词曲权利人的授权。非独家授权时似乎影响还不是太大。如果是在专有授权的情况下，由于词曲作品和录音制品等是并列关系的授权内容，词曲作品的信息网络传播权的授权性质也自然是专有性质。在这种情况下，如果授权方使用同一首歌制作了其他版本的录音制品、录像制品，其只能与先前的平台继续合作，不能授权其他网络平台。一旦授权其他网络平台，必然涉及新版本录音录像制品中的词曲作品信息网络传播的重复授权，届时先前的网络平台基于竞争关系可主张竞争对手的平台构成侵权并要求其下架。而在后的网络平台只能下架并追究授权方的违约责任。

要解决上述问题，在专有许可协议中可以约定录音制品、录像制品中涉及的表演者权、录音录像制作者权中的信息网络传播权的授权性质为专有，但其中使用的词曲作品授权性质为非专有。在非专有授权协议中约定被授权方仅可传播授权方提供版本的内容，不可利用词曲作品制作其他版本的歌曲进行传播。

在授权录像制品时，还需注意，因为录像制品中音频可以通过技术手段剥离出来，形成单独的歌曲音频传播。因此，双方应当在授权许可协议中约定是否可以以剥离形成音频的形式传播。

2. 权利保留

授权网络平台传播歌曲，一般需要将录音录像制品中涉及的录音录像制作者权中的信息网络传播权、表演者权中的信息网络传播权、词曲著作权中的信息网络传播权授予网络平台即可。但信息网络传播权涉及的具体用途多种多样。一般的协议模板中也会以“包括但不限于”等类似表述进行列举。如果授

---

① 如本书第四章所述，录音棚中的表演不属于公开表演，不受表演权控制。

权方不加限定地将信息网络传播权概括地以专有许可方式授权平台且平台享有转授权，则将来授权方无法与三大运营商就电信增值业务开展合作。因为电信增值业务涉及的彩铃等涉及的录音制品的权利类型也是信息网络传播权。如果授权方并没有打算将这块业务涉及的权利授予平台，授权方需在授予信息网络传播及对信息网络传播权项下的具体使用场景进行列举的部分，以明示的方式约定授权方授予平台的权利不包括彩铃等电信增值业务。

3. 许可装置

近年来，随着智能可穿戴设备、家庭服务设备等产品的迭代，许可装置不再局限于个人电脑、平板电脑、智能手机，智能手表、智能音箱、智能机器人、电视机、车载娱乐设备、航空播放器等现在已有及未来出现的、任何可接入终端支持信息网络传播的设备均可作为许可装置。如果授权方不打算将现有及未来出现的全部终端均作为许可装置，则需要在协议中明确需要排除的许可装置。

4. 关联公司

被授权方取得授权时一般要求同步将授权内容授权给被授权方现有和未来新增关联公司使用。为避免被授权主体无限扩大，授权方最好要求授权合同中明确关联公司的具体名称，如果有新增的关联公司需要授权方事先书面确认。

### （二）现场表演

1. 合同主体

《著作权法》第 38 条规定，表演者（演员、演出单位）应当取得著作权人许可，并支付报酬。演出组织者组织演出，由该组织者取得著作权人许可，并支付报酬。因此，一般由演出的主办方牵头寻找相关词曲的版权方或代理公司，并与其签订授权许可协议。现实中，有的主办方会在邀请艺人参加演出的《演出合同》中约定，艺人需要保证对表演的音乐作品享有相应的权利或者自行取得相关权利人的合法授权。在这种情况下，如果艺人要现场表演他人作品，需自行寻找词曲版权方，签订授权协议取得许可。

2. 授权内容

在涉及现场表演的授权许可协议中，授权内容仅为词曲作品。因为现场演出属于对词曲作品的公开表演，仅需要取得词曲著作权中的表演权许可。现场表演类的授权内容并不涉及授权方已经完成的音乐产品，如录音录像制品或视听作品等。

3. 权利类型

公开表演仅涉及表演权。如果是一般的重新编曲，也不涉及改编权的授权。但如果涉及改编，应同步取得改编权许可。如张韶涵在参加《我是歌手》节目中翻唱了赵雷的作品《阿刁》，其中增加中间说唱的部分，属于对原词曲作品的改编行为。如果是与其他歌曲进行串烧演唱，并非演唱完整全曲，也会涉及改编和保护作品完整权问题，应当事先约定清楚。举办专场演唱会、音乐节，有时候主办方会进行网络直播，授权方需要确认是否进行网络直播以及直播结束后是否存在点播、回播，并在协议中进行约定。如果将演出的同步实况录音、录像制作成 CD 或 DVD 发行，这还需要取得复制发行权的许可。

4. 表演场地、日期

协议中通常要对表演场地、日期进行约定。如 2018 年 9 月 30 日，张韶涵 2018~2019 年“旅程”世界巡回演唱会（北京站）在凯迪拉克中心举办。在与主办方签署的授权许可协议中明确约定了前述场地和日期。

5. 表演者

如果对表演者不加限定，理论上主办方自主决定邀请歌手演唱。如果授权方介意，则需要事先约定具体的表演者。甚至可以进一步约定表演方式，是独唱还是合唱。

6. 表演次数

公开表演通常为单次，当然也可以授权被授权方在一定的期间有权公开表演音乐作品。

### （三）音像出版

1. 授权内容

音像制品是指录有内容的录音带（AT）、录像带（VT）、激光唱盘（CD）、数码激光视盘（VCD）及高密度光盘（DVD）等。存贮在音像制品载体内的内容是录音制品、录像制品、视听作品。音像制品的出版发行实际上是以音像制品为载体的录音制品、录像制品、视听作品的出版发行。因此，在音像出版发行协议中，授权的实质内容是录音制品、录像制品、视听作品。

2. 授权期限

音像制品的出版发行涉及的权利为复制权和发行权。在授权期限内，被授权方可复制、发行相关的音像制品。实践中，很有可能出现授权期限到期后还有部分存货，双方可以事先在协议中确定如何处置存货，比如可以约定由授权方以一定的价格回购，或者同意被授权方继续销售存货直至售罄。

3. 发行数量

发行数量是版权使用费的计算依据。版权使用费通常以每张音像制品约定的版税乘以发行数量计算。在数字音乐时代，除了具有一定的市场号召力的音乐人，制作发行实体音乐专辑等利润不高，有时候甚至会亏损。因此，发行数量由首批发行数量和后续酌情加印的数量组合而成。

### （四）影音同步

影音同步并不是著作权法规定的某种法定专有使用权，而是指将音乐作品用于电影、电视剧、广告片等视听作品中作为主题曲、插曲、片头曲、片尾曲、背景音乐等。

1. 授权期限

其他类型的授权许可的期限一般为固定期限如3年、5年，但影音同步的授权期限一般为永久[①]或者说是视听作品的法定保护期。

影视剧的出品单位投入大量财力、物力、人力制作完成影视剧，目的是通过对影视剧享有的著作权，完成后续的传播、开发和利用收回投资，获取利润。因此，出品单位为了后续利用的方便，一般均要求取得授权的期限为影视剧版权的法定保护期或永久。如果出品单位同意授权期限短于影视剧作品的法定保护期，则授权期限到期后，影视剧尚处于法定保护期内。如果出品单位继续开发影视剧或对外授权，则需要再与音乐版权方签订协议，否则其影视剧的版权存在瑕疵。

---

① 实际上版权的保护均有期限，在这里授权期限约定为永久，实际上是指著作权的法定保护期。

在授权短视频平台使用授权内容作为背景音乐等也属于影音同步。这类授权协议的授权期限有时候是固定期限,如3年。但短视频平台要求在授权期限内用户利用授权内容作为背景音乐的短视频,在授权期限到期后可继续永久留存在短视频平台。这实际上是指,在固定的授权期限内,短视频平台及其用户可利用授权内容制作短视频。一旦制作完成并上传至短视频平台,授权期限即为永久。

当然,授权期限为永久也不是绝对的。如广告主已经明确广告片的播出为1年,在涉及广告片中使用音乐时,则授权期限也只需要1年。

2. 使用方式

以影音同步方式使用音乐,对于具体使用场景需要约定详细,是作为主题曲、插曲、片头曲、片尾曲,还是背景音乐。如果作为背景音乐使用,使用次数、时长是多少。是否从影视剧中剥离音频形成电影原声音乐再次传播。是仅限于在某一部影视剧中使用,还是包括其前传、续集、改编作品、衍生品。

3. 授权性质

现实中的影音同步类授权大多是非独家授权。即便偶尔出现独家性质的授权,一般也会限定在特定的"影"上。例如,一部电影想使用一首歌曲作为主题曲,电影制片方不希望这首歌曲再作为其他电影或电视剧的主题曲、插曲、背景音乐。电影制片方可能会在协议中约定授权方不得再次授权给其他电影、电视剧使用,但通常不会要求授权方不得以任何影音同步方式使用。如果没有约定不得以任何影音同步方式使用,授权方依然可以授权给其他方以影音同步方式使用,如授权短视频平台作为背景音乐使用。

## 五、授权协议中的特殊问题

### (一)重复授权

在签订授权许可协议,尤其是涉及专有许可的协议,授权方一定要仔细核查自己是否有权就相关的权利进行授权。如果在特定的地域范围内,授权方曾经就某类权利已经对外签署专有性质的授权且尚在授权期限内,授权方则不能再次与其他方签订涉及该类权利的专有或非专有许可协议。《北京市高级人民法院侵害著作权案件审理指南》第3.10条规定，受让人或者被许可使用人通过合同取得约定的著作权或者专有使用权，著作权人在合同约定范围内就相同的权利再次处分的，不予支持。因此，著作权人对相同权利重复进行许可的，在能够查清先后顺序的真实情况下，认定在先被许可使用人取得专有使用权，但有相反证据的除外。

因此，这类重复授权的行为，在查清事实的情况下，原则上按照签订协议的时间来认定合同的效力，先签订的授权许可协议被授权方取得授权权利。当然，完全按照签订时间来处理，在现实中会存在倒签合同的法律风险和道德风险。

### （二）放弃诉权

在签订授权许可合同前，被授权方可能曾经存在过对授权方作品的侵权行为。这种情况往往发生在网络平台和音乐版权方之间。在签订授权许可协议时，被授权方想在合同中约定，一旦双方签订了授权许可协议，授权方需放弃对被授权方曾经的侵权行为的诉权。例如，乙方（授权方）承诺，在本协议签订后，乙方不再以任何形式追究甲方或其关联公司的在本协议签订前存在的使用乙方授权内容的任何责任，并保证任何第三人不会对甲方在本协议签订前使用授权内容的行为主张任何权利，若第三人对甲方有任何申诉、请求或诉讼时，乙方应对甲方因此所受之损害负完全责任。

这实际上是放弃诉权条款，也是不打自招、承认侵权的条款。但诉权是不能提前放弃的。即便当事人放弃也是无效条款。理论上来说，如果后续双方在履行授权许可协议，被授权方存在违约，授权方不仅可以主张被授权方违约，还可以对此前发生的侵权行为进行维权①。当然，一般来说，既然双方愿意达成合作，授权方已经谅解被授权方先前的侵权行为。签订授权许可协议后，授权方还主张之前发生的侵权行为是比较罕见的。但笔者在审核各大网络平台提供的授权许可协议模板时经常遇到如此难看且无效的条款，还是比较错愕。其实平台完全能以较低的姿态解决这个问题。比如可以约定：被授权方支付给授权

① 当然这里还需要考虑诉讼时效和对侵权行为是否进行了取证的问题。

方的费用包括被授权方或其关联公司在本协议签订前存在的使用乙方授权内容的费用。这样的约定既在法律上有效，同时也容易让授权方从情感上接受，更不会潜在损失公司声誉的问题。

（三）禁止集体管理

我国与音乐版权有关的集体管理组织有两个：一个是中国音乐著作权协会，主要负责音乐作品的集体管理，另一个是中国音像著作权集体管理协会，负责音像节目的集体管理。但是现实中很多专业代理机构从事的业务与著作权集体管理组织的业务重合。在深圳市声影网络科技有限公司与无锡市侨声娱乐有限公司侵害作品复制权纠纷、侵害作品表演权上诉案①中，就涉及专业代理机构从事著作权集体管理的行为的合法性问题，法院认为：

本案所涉作品权利经过了一系列的流转过程，声影公司并非涉案音乐作品词曲的著作权人，其系依据与播种者公司签订的《音像著作权授权合同》主张相关诉讼权利。在该合同中，播种者公司对声影公司在音像著作权合同中的主要授权内容可归纳为：授权声影公司以自己名义对卡拉 OK 等公共娱乐场所经营者授权使用的独家管理，包括允许卡拉 OK 经营者及其他公共娱乐场所将音乐电视作品（MV/MTV）保存在其自用的存储设备中，放映以类似摄制电影方法创作的音乐电视作品（MV/MTV）；授权声影公司以自己名义许可或授权卡拉 OK 经营者及其他公共娱乐场所按上述方式使用并向卡拉 OK 经营者及其他公共娱乐场所收取费用的权利。声影公司对播种者公司的权利管理，包括同音乐作品、音乐电视作品（MV/MTV）的使用者（卡拉 OK 等公共娱乐场所经营者）商谈使用条件并发放使用许可，征集使用情况，以作品权利人的身份向使用者收取使用费；另外，声影公司有权以自己的名义向侵权使用者提起诉讼。

由此可以看出，以上约定与《著作权集体管理条例》第 2 条规定的著作权集体管理组织的管理活动在性质、内容等方面均无实质性差别，而江苏省音像制品分销协会的索赔函等相关证据，亦可予以佐证。根据上述事实，声影公司以

---

① 江苏省高级人民法院民事判决书，（2015）苏知民终字第 00100 号。

上述与他人签订的授权合同为依据对卡拉OK经营者进行收费管理并提起诉讼的行为，其实质是在行使著作权集体管理组织的相关职能及权利，违反了《著作权集体管理条例》关于除著作权集体管理组织外，任何组织和个人不得从事著作权集体管理活动的禁止性规定。据此本院认为，在《著作权法》与《著作权集体管理条例》未赋予非集体管理组织与集体管理组织相同的法律地位和权利的情况下，声影公司对涉案音乐电视作品进行集体管理，并以自己的名义提起诉讼，没有法律依据。

在深圳市声影网络科技有限公司与珠海九州湾畔酒店有限公司星歌会歌舞厅、珠海九洲湾畔酒店有限公司侵害作品复制权纠纷、侵害作品表演权上诉案中，法院以同样的理由，认定原审原告无权以自己的名义提起诉讼[①]。

事实上，早在2005年，江苏省版权局就北京音得利国际音乐文化有限公司在获得部分境外唱片公司授权向南京地区卡拉OK经营者收费是否合法的问题，征求国家版权局的意见。国家版权局就此专门下发了《关于制止未经批准从事集体管理活动的通知》（国权办〔2005〕49号）。通知认为：

根据《著作权集体管理条例》的规定，未经国务院著作权行政管理部门批准，任何组织和个人不得从事著作权集体管理活动。“音得利”公司显然未经国家有关部门的批准。

“音得利”公司的行为是在进行著作权集体管理活动。著作权集体管理活动是通过各种方式获得著作权人及与著作权有关权益的权利人的专有授权后，再向不特定使用者发放广泛的非专有许可，并收取使用费的活动。“音得利”公司大量地获取相关权利人的授权后，不是自己使用，而是转给他人使用并发放许可从中收取费用，是在变相从事著作权集体管理活动。

为了建立健全著作权集体管理制度，保护权利人和使用者的利益，国家版权局正在与有关部门一起加快集体管理组织的审批工作。2005年12月23日，已正式批准成立了中国音像著作权集体管理协会，该协会将与中国音乐著

---

① 广东省珠海市中级人民法院民事判决书，（2015）珠中法知民终字第66号。

作权协会协商后共同向卡拉OK经营者收取著作权使用费,以保护权利人的合法权益。

"音得利"公司这些活动如不加以制止,会损害权利人的合法权益,给使用者合法使用作品造成混乱,对正在建立的我国著作权集体管理制度造成严重冲击,严重扰乱市场秩序。同时,"音得利"公司对唱片公司权利的垄断,也会对我国的文化安全构成一定威胁,这种趋势已经引起有关部门高度重视。

实际上,从事集体管理的公司与上游权利人签署的是专有性质的授权许可协议。国家版权局和部分法院认为其不合法,主要理由在于:其一,代理公司取得了专有使用权或者是所谓的"代理权",自己并不使用;其二,其主要活动是向不特定的使用人对外发放许可。这两个特征使其活动与中国音乐著作权协会或中国音像著作权集体管理协会的业务完全重合。就第一点来说,这是否意味着如果专有使用权人自己也开展使用授权内容的业务,就可以以自身名义对外发放许可了?笔者认为:专有使用权人是否使用,如何使用,什么时间使用授权内容,只要上游的权利人没有特别的限制和要求,专有使用权人有权自己处置自己权利。就第二点来说,专有使用权人享有转授权,一旦其他人需要使用授权内容,没有经过专有使用权人的许可,均涉及侵害专有使用权人的权利,专有使用人当然可以进行维权。如果限制其维权,那么上游权利人或者专有使用权人只能任由侵权行为的发生?或者只能加入相关的集体管理组织?因此,断然否认代理公司业务的合法性在实践中存在较大争议。各地法院的认识也不统一。如前述案例中的原告深圳市声影网络科技有限公司在广东的另一起类似案件,广州知识产权法院就持支持的态度。在深圳市声影网络科技有限公司与广州大歌星餐饮娱乐有限公司著作权权属、侵权纠纷上诉案①中,深圳市声影网络科技有限公司权利来源也是依据与播种者公司签订的《音像著作权授权合同》,经营模式一致,广州知识产权法院认为:

根据声影公司提交的证据,涉案音乐作品的著作权人双某明(汪某德)、张

① 广州知识产权法院民事判决书,(2015)粤知法著民终字第318号。

某风（张某锋）等人将词曲著作权中除署名权以外的所有权利“专属独家”授权至广州东嘉文化传播有限公司，并约定该公司有权进行转授权并进行著作权维权；之后，广州东嘉文化传播有限公司又以同样方式将权利授予广东播种者投资有限公司；最后，广东播种者投资有限公司又对声影公司进行授权，将音乐作品著作权中的词曲著作权、复制权、放映权、广播权以专有的方式授权，并约定被授权方可以自己的名义许可卡拉 OK 经营者使用、对侵权者提起诉讼。涉案音乐作品的授权链条是完整、连贯的。……经权利授予，声影公司拥有涉案音乐作品的词曲著作权、复制权、放映权、广播权，且根据授权合同中关于“专有”“以自己名义……”等约定，在以上权项被侵害时，其可以自己的名义提起侵权之诉。

### （四）责任竞合

在授权许可协议履行过程中，如果事后发现授权方没有相关的权利，或者在签订协议前已经想将权利转让或专有许可第三方，则被授权使用人无法取得相应的授权。被授权方可主张授权人构成违约，要求授权人承担违约责任。

而如果被授权人在签订协议后，违反合同约定，如迟延支付授权费等，自然也构成违约。但如果超越合同约定的授权权利类型或者用途使用授权内容，是构成违约还是侵权存在争议。如授权人授权被授权人在一场音乐会上演唱授权人的词曲作品，但被授权人除了演唱外，还进行了同步录音录像，并将其实况录像制作成 DVD 发行。对于现场演唱涉及的表演权，被授权人获得了合法授权。但对于同步录音录像涉及的复制权，制作 DVD 发行涉及的复制发行权均未取得授权。对于未取得授权即进行的行为是属于违约行为还是侵权行为呢？

笔者认为，超越合同约定的权利行使方式、权利类型使用授权内容，本应当在原合同之外另行取得授权许可并签订新的授权许可协议。而被授权人未取得授权人许可，与其他第三方未取得权利人即实施使用授权内容的行为性质上是一样的，认定为侵权行为更为合理。《北京市高级人民法院侵害著作权案件审理指南》第 1.17 条对于违约和侵权的竞合问题也作出了规定：著作权人授予被许可使用人的权利内容属于著作权法规定的范围,被许可使用人违反合同中关于权利行使方式等约定的,著作权人可以提起侵权之诉。

(五)演出义务

在一些音乐版权授权许可协议中,被授权方可能同时主办演出。除了要求授权方提供版权内容外,还要求授权方音乐人提供演出服务等。在北京美妙悦听文化艺术传媒有限责任公司与北京三艺时代文化传播有限公司著作权许可使用合同纠纷[①]案,原告美妙悦听文化公司与被告三艺时代文化公司签订了《著作权许可使用协议书》。被告承诺将协议书涉及的27首歌曲的著作权授权给原告使用,同时承诺授权期间内安排某艺人组合及张某尹免演出费参与被告举办的“歌友会”,原告向被告交纳授权使用费1,587,302元。但后来被告承诺安排艺人免演出费参与的演出活动一场都未兑现。原告认为,《协议书》项下的授权使用费具体内容包括歌手参加演唱会的演出费用,按每场40万元计算,三场共120万元,歌曲版权使用费30万元,应纳税款87,302元。请求判令被告赔偿经济损失120万元。法院认为:

根据合同的标题、正文主要内容以及发票名称,该合同调整的主要内容是涉案27首歌曲的著作权许可使用事宜,美妙悦听文化公司的订立合同的主要目的是经授权在中国移动平台上使用涉案歌曲获取相应的经济利益。三艺时代文化公司的主要合同义务是保证涉案歌曲著作权的完整性、授权美妙悦听文化公司在中国移动平台上以各种方式使用涉案歌曲并通过安排艺人参加“歌友会”等活动协助推广涉案歌曲。美妙悦听文化公司的主要合同义务是支付涉案歌曲的授权使用费。

据此美妙悦听文化公司交纳的1,587,302元授权使用费包含的主要内容应当是为了以各种方式使用涉案歌曲而支付的对价,并不是安排某艺人组合及张某尹出席三场“歌友会”的演出费……

鉴于三艺时代文化公司除未履行前述合同七项主要义务中的第一项之外

① 北京市朝阳区人民法院民事判决书,(2011)朝民初字第12067号。

其余六项主要合同义务均已依照合同履行完毕，美妙悦听公司亦表示已经实际使用了涉案歌曲，可以证明三艺时代文化公司已经履行了合同的主要义务，并不构成根本违约。但三艺时代文化公司未按照合同约定安排某艺人组合及张某尹参与美妙悦听文化公司举办的“歌友会”对涉案歌曲的宣传效果及消费者的购买、下载热情产生了一定的影响，不利于美妙悦听文化公司合同目的的完全实现，对其造成了一定的经济损失，应当承担相应的民事责任……被告北京三艺时代文化传播有限公司于本判决生效之日起10日内赔偿原告北京美妙悦听文化艺术传媒有限责任公司经济损失45万元。

## 第三节　转　　让

### 一、概念

版权转让是指著作权人将其著作财产权的全部或部分永久移转给他人。著作权转让系著作财产权的主体发生变更。转让均为永久，一般认为不存在限定期间的转让。限定期间的转让则被视为是在一定期限内的专有许可。

虽然版权转让的期间统一为永久，无法分割时间段进行转让。但版权转让的地域范围、权利种类、使用方式依然可以进行划分，转让给不同的主体。如可以将词曲版权的复制发行权在中国大陆的权利转让给大陆的公司，然后再将复制发行权在中国台湾地区的权利转让给台湾地区的公司。就同一类权利划分地域范围进行转让，并不矛盾。同理，可以将词曲著作权涉及的表演权在全球范围内转让给A公司，再将复制发行权在全球范围内转让给B公司。甚至可以将信息网络传播权涉及的电信增值业务权利转让给电信运营商，然后再将除电信增值业务以外的其他信息网络传播权涉及的业务权利转让给网络平台。总之，可以将著作权理解为一个蛋糕，可以从各个角度对这块蛋糕进行切割，形成一块块小蛋糕，然后进行转让。

### 二、转让协议

《著作权法》第27条规定，转让本法第10条第1款第5项至第17项规定的权利,应当订立书面合同。权利转让合同包括下列主要内容:(1)作品的名称;(2)转让的权利种类、地域范围;(3)转让价金;(4)交付转让价金的日期和方式;(5)违约责任;(6)双方认为需要约定的其他内容。

鉴于转让协议的大多数条款与授权许可协议相近,这里不再赘述。以下简要提示几个细节问题。

1. 转让内容

《著作权法》第10条第3款规定了著作财产权可以全部或者部分转让。我国台湾地区"著作权法"第21条明确规定:著作人格权专属于著作人本身,不得让与或继承。一般来说,著作人身权不得转让。著作权转让合同一般仅涉及转让全部或部分的著作财产权。如果合同中约定了转让著作人身权的条款,将会被认定为无效。

尽管只能转让著作财产权利,但对于未发表的作品,转让则意味着同意发表。如果同意转让,但不同意发表作品,则使得转让没有任何意义。同时,转让也意味着可以修改作品。

2. 未来作品

转让存量作品的著作权,一般不会产生争议。但能否转让未来作品不无疑问,毕竟签订转让协议时,作品尚未产生。笔者认为,著作权法并未规定不能转让未来产生的作品,法无禁止即自由。在现实生活,物品没有生产前,签订订单、买卖合同比比皆是。在签订委托创作协议时,作品同样尚未完成,双方可以在协议中就即将产生的作品的著作权归属作出约定。因此,没有理由限制未来作品的转让。

3. 权利保留条款

《著作权法》第29条规定,许可使用合同和转让合同中著作权人未明确许可、转让的权利,未经著作权人同意,另一方当事人不得行使。因此,转让合同中需要对转让的具体权利类型进行明确约定。没有明确约定的,将按照对授权人有利的原则解释,视为没有转让。如果涉及转让全部权利,最好附带说明,是否包括未来著作权法修改可能产生的新的权利种类。

## 三、转让协议中的特殊问题

### (一)重复转让

在版权转让协议中,遇到最严重的问题莫过于重复转让。一物不能二卖,只要是重复转让,必定有一份转让协议为无效。《北京市高级人民法院侵害著作权案件审理指南》第3.10条规定,受让人或者被许可使用人通过合同取得约定的著作权或者专有使用权,著作权人在合同约定范围内就相同的权利再次处分的,不予支持。同重复授权类似,著作权人对相同权利重复进行转让,在能够查清先后顺序的真实情况下,认定在先受让人取得著作权,但有相反证据的除外。

在北京太格印象网络技术有限公司与北京新浪互联信息服务有限公司侵犯著作权纠纷案[①]中,2004年11月9日,陈某与王某签订合同,约定将歌曲《香水有毒》著作权转让给王某,王某于2005年12月1日将歌曲《香水有毒》著作权无偿转让给太格印象。但是陈某又再次将歌曲《香水有毒》的著作权转授权给北京龙行银路文化传播有限公司,并出具授权书。法院认为:

陈某于2006年4月8日向龙行银路出具授权书,其时陈某已不再是歌曲《香水有毒》词曲的著作财产权人,应属无权处分,而该歌曲词曲的著作财产权人太格印象未对该无权处分行为予以追认,陈某亦已无法在向龙行银路出具授权书之后再行取得处分权,故龙行银路无法据此授权书得到该歌曲词曲的使用权。

在《老鼠爱大米》著作权转让纠纷案,原告北京太格印象文化传播有限公司发现被告广东飞乐影视制品有限公司和贵州文化音像出版社未经授权,擅自使用歌曲《这样爱你》(又名《老鼠爱大米》)制作CD光盘出版发行。原告诉至法院,要求广东飞乐和贵州出版社立即停止侵权,赔偿经济损失,公开赔礼道歉。

① 北京市海淀区人民法院民事判决书,(2007)海民初字第4557号。

法院在审理中发现，该歌曲版权发生多次转让。具体见表2：

**表2 涉案歌曲转让情况一览**

| 日期 | 转让方 | 受让方 | 合同内容 |
|---|---|---|---|
| 2002年7月13日 | 杨某刚 | 王某 | 杨某刚将歌曲《这样爱你》（又名《老鼠爱大米》）词曲的著作财产权转让给王某；杨某刚自合同签订之日起至2004年1月止，不得利用此歌曲进行任何商业性的盈利活动，自2004年1月起，王某允许杨某刚拥有此歌曲的商业演出权 |
| 2002年11月6日 | 杨某刚 | 田某均 | 杨某刚以每首2000元的标准将其创作的歌曲《如梦初醒》《这样爱你》的著作权转让田某均 |
| 2003年3月1日 | 杨某刚 | 王某 | 自2003年3月1日起杨某刚向王某无偿转让歌曲《这样爱你》的永久版权；从此作品版权转让之日起4个月之后，杨某刚可使用此作品进行非商业性和非营利性的演出，2004年6月1日杨某刚可使用此作品进行商业性演出 |
| 2003年4月20日 | 王某 | 北京太格印象公司 | 王某做出书面版权转让声明，主要内容为：声明人王某曾于2002年7月13日和2003年3月1日与杨某刚签订合同，并由此享有了歌曲《这样爱你》的词曲版权；王某将上述权益全部无偿转让给北京太格印象公司 |
| 2004年10月10日 | 杨某刚 | 广东飞乐公司 | 杨某刚授权广东飞乐公司独家使用、制作、发行歌曲《这样爱你》 |
| 日期不详 | 田某均 | 广东飞乐公司 | 田某均授权广东飞乐公司使用、制作、发行歌曲《这样爱你》 |

对于多次版权转让合同的效力以及歌曲版权的归属，一审法院认为[①]：

王某与杨某刚于2002年7月13日所签合同于签订之时合法成立并生效，其时歌曲《这样爱你》词曲已由杨某刚创作完成且内容固定，该歌曲词曲著作权亦已于当时转移，杨某刚于签约之后是否向王某实际交付该歌曲的词曲手稿或杨某刚实际交付的词曲手稿是否为其本人所书写，均无碍于王某于2002年7月13日受让取得该歌曲词曲的著作财产权。王某于2002年7月13日前

① 北京市海淀区人民法院民事判决书，(2005)海民初字第510号。

即已实际知晓歌曲《这样爱你》的词曲，王某于受让取得该歌曲词曲的著作财产权之时已可行使该权利。及至 2003 年 3 月 1 日王某与杨某刚签订第二份著作权转让合同之时，杨某刚已非歌曲《这样爱你》词曲的著作财产权人，而王某作为真正权利人与杨某刚对其著作财产权内容进行详细约定，并授予杨某刚较之 2002 年 7 月 13 日合同更大范围的演出权等，系王某自由处分其受让取得的著作财产权之行为，该合同亦合法有效，其中关于权利种类、转让价金、违约责任、争议解决等约定如与 2002 年 7 月 13 日合同不符，应以双方当事人意思表示变更之后的该份合同为准，但因王某已于 2002 年 7 月 13 日实际受让取得该歌曲词曲的著作财产权，该份合同中约定的自 2003 年 3 月 1 日起杨某刚向王某转让歌曲《这样爱你》词曲的复制权等列举权利应为强调之义，此处的 2003 年 3 月 1 日时间约定已无实际意义。王某于 2003 年 4 月 20 日将其对歌曲《这样爱你》词曲享有的权益全部无偿转让给北京太格印象公司，应属合法有效，北京太格印象公司由此成为歌曲《这样爱你》词曲的著作财产权人。杨某刚于 2002 年 11 月 6 日与田某均签订著作权转让合同时已不再是歌曲《这样爱你》词曲的著作财产权人，该转让行为应属无权处分，而该歌曲词曲的著作财产权人北京太格印象公司未对该无权处分行为予以追认，杨某刚亦已无法在与田某均签订合同之后再行取得处分权，故田某均无法据此合同受让该歌曲词曲著作权。杨某刚于 2004 年 10 月 10 日与广东飞乐公司签订的著作权许可使用合同情形亦是如此，其后广东飞乐公司与田某均签订合同亦无法补正其权利瑕疵。我国《著作权法》并无关于善意取得制度的规定，对于作为无形财产的著作权来讲，现并无与之相关的适当公示方法及相应的公信力，在著作权曾数次转让情况下适用善意取得制度可能发生诸多第三人均享有著作权之冲突，从而导致无法保障真正权利人的利益，亦无法保护交易安全，故田某均不能取得歌曲《这样爱你》的词曲著作权，广东飞乐公司亦不能取得该歌曲词曲的许可使用权。

在一审法院查明的事实基础上，不难看出，法院按照版权转让合同签订时间的先后顺序认定转让合同的效力。[①] 被告广东飞乐影视制品有限公司不服一

① 一审判决作出的时间为 2005 年 11 月 17 日。

审判决提起上诉至北京市第一中级人民法院。在二审审理中,上诉人提交了新证据。新证据显示,在本案一审审理期间,武汉仲裁委员会于2005年9月29日受理了本案案外人肖某与本案原审第三人杨某刚之间的版权转让合同纠纷案,并于2006年1月6日作出(2005)武仲裁字第700号仲裁裁决书。根据该仲裁裁决书,除了一审证据显示的杨某刚四卖《老虎爱大米》外,还发生了一次转让(见表3)。

**表3 仲裁裁决书中的转让情况**

| 日期 | 转让方 | 受让方 | 合同内容 |
| --- | --- | --- | --- |
| 2001年12月23日 | 杨某刚 | 肖某 | 杨某刚将自行创作的歌曲《这样爱你》(后被更名为《老鼠爱大米》)的版权绝卖给肖某,肖某以人民币500元的价格受让取得《这样爱你》的全部版权。同日,杨某刚将歌曲《这样爱你》的手稿交给肖某,并出具写有“今收到歌曲《这样爱你》转让费伍佰元整”的收条给肖某 |

武汉仲裁委员会据此裁决,《版权转让合同》部分有效,即歌曲《这样爱你》(已更名为《老鼠爱大米》)的复制权、发行权、出租权、展览权、表演权、放映权、广播权、信息网络传播权、摄制权、改编权、翻译权、汇编权和应当由歌曲著作权人享有的其他权利属于肖某;《版权转让合同》中涉及人身权的部分无效,即歌曲《这样爱你》(已更名为《老鼠爱大米》)的发表权、署名权、修改权和保护作品完整权属于杨某刚。

鉴于武汉仲裁委员会作出的生效裁决,二审法院认为①:

上述《裁决书》为仲裁机构作出的生效裁决,现并无证据足以推翻该裁决所确认的事实,即2001年12月23日,杨某刚已经将歌曲《这样爱你》词曲著作权中除涉及人身权以外的所有权利转让给肖某。杨某刚于2002年7月13日及2003年3月1日与王某签订著作权转让合同时杨某刚已不再享有歌曲《这样爱你》词曲著作权中的财产权,该转让行为属于无权处分,现王某没有证据证明该

① 北京市第一中级人民法院民事判决书,(2006)一中民终字第2500号。

歌曲词曲著作权中财产权的所有人肖某对该无权处分行为曾经予以追认,王某无法据上述合同受让该歌曲词曲著作权中的财产权。因此,王某于2003年4月20日所作出的书面版权转让声明将歌曲《这样爱你》词曲著作权转让给北京太格印象公司亦属无权处分。现北京太格印象公司亦无证据证明该歌曲词曲著作权中财产权的所有人肖某对该无权处分行为曾经予以追认,故北京太格印象公司亦不能取得歌曲《这样爱你》词曲的著作财产权。

最终二审法院裁定:撤销原审判决,驳回北京太格印象文化传播有限公司对广东飞乐影视制品有限公司、贵州文化音像出版社的起诉。在该案二审期间出现的版权转让合同签订时间早于一审中的所有转让合同期间。而在一审中杨某刚作为第三人出现,但其并没有向一审法院告知这一事实。

笔者认为,这已经是比较罕见的音乐版权转让纠纷了。但是没想到在广东飞乐影视制品有限公司与北京全天通信息咨询服务有限公司著作权侵权纠纷案中,法院查明了更多的《老鼠爱大米》版权转让事实。该案的原告是广东飞乐影视制品有限公司,因2006年1月6日武汉仲裁委员会做出终局裁决《老鼠爱大米》词曲著作财产权归肖某所有。同年1月27日,广东飞乐影视制品有限公司同肖某签订《著作权转让合同》,以100万元税后价购买了《老鼠爱大米》一歌的词曲著作财产权。合同签订后,广东飞乐影视制品有限公司发现全天通公司未经许可擅自在开展无线增值彩铃业务中使用该歌曲,于是立即着手维权诉至法院。被告则辩称:根据原告提交的证据,不能证明其享有《老鼠爱大米》歌曲的著作财产权。被告在彩铃业务中使用该歌曲取得了北京太格印象文化传播有限公司的合法授权。在审理中,法院发现,2005年2月1日,杨某刚曾向北京市海淀区人民法院出具声明:杨某刚于2002年11月6日将《这样爱你》的词曲版权转让给田某均;2003年3月1日将该歌曲词曲版权无偿转让给王某;2004年10月10日再次将该歌曲版权转让给飞乐公司。杨某刚保证以上声明客观真实,如有伪证,愿依法承担相关法律责任。

2005年2月,广州出版社出版的一书中刊登的杨某刚的《道歉信》中,杨某刚称,“我曾先后于2002年11月以2000元的价钱卖给了北京音乐人田某均;2003年3月无偿转让给北京的王某;2004年6月以2000元的价钱卖给武汉歌手誓言;2004年9月又以8000元的价钱卖给飞乐唱片的歌手香某,造成了版权上的混乱”。

| 日期 | 转让方 | 受让方 | 合同内容 |
|---|---|---|---|
| 2001年12月23日 | 杨某刚 | 肖某 | 杨某刚将《老鼠爱大米》的版权绝卖给肖某 |
| 2002年7月13日 | 杨某刚 | 王某 | 杨某刚将歌曲《老鼠爱大米》词曲的著作财产权转让给王某;杨某刚自合同签订之日起至2004年1月止,不得利用此歌曲进行任何商业性的盈利活动,自2004年1月起,王某允许杨某刚拥有此歌曲的商业演出权 |
| 2002年11月6日 | 杨某刚 | 田某均 | 杨某刚以每首2000元的标准将其创作的歌曲《如梦初醒》《这样爱你》的著作权转让田某均 |
| 2003年3月1日 | 杨某刚 | 王某 | 自2003年3月1日起杨某刚向王某无偿转让歌曲《这样爱你》的永久版权;从此作品版权转让之日起4个月之后,杨某刚可使用此作品进行非商业性和非营利性的演出,2004年6月1日杨某刚可使用此作品进行商业性演出 |
| 2004年6月 | 杨某刚 | 誓言(武汉歌手) | 杨某刚以2000元的价钱将《老鼠爱大米》版权卖给武汉歌手誓言 |
| 2004年9月 | 杨某刚 | 香某 | 杨某刚以8000元的价钱将《老鼠爱大米》版权卖给飞乐唱片的歌手香某 |
| 2004年10月10日 | 杨某刚 | 广东飞乐公司 | 杨某刚授权广东飞乐公司独家使用、制作、发行歌曲《这样爱你》 |

法院认为:①

判定全天通公司的行为是否侵犯飞乐公司的权利,首先应当确定飞乐公司是否享有《老鼠爱大米》一歌的词曲著作财产权。飞乐公司主张是通过与肖某签订《著作权转让合同》而取得该歌曲词曲著作财产权的,而肖某的权利又是通过其在武汉仲裁案中提交的与杨某刚于2001年12月23日签订的《版权转让合同》取得的。但在仲裁案件之前,杨某刚又先后在出具给北京市海淀区人民

① 北京市朝阳区人民法院民事判决书,(2006)朝民初字第29442号。

法院的声明中，以及在《道歉信》中就该歌曲词曲著作财产权的转让情况作出了两种与仲裁不同的意思表示。从杨某刚的声明、转让行为，以及两者之间的不一致性、意思表示的不确定来看，使本院对杨某刚所承诺的转让的意思表示产生不信任，从而无法判断杨某刚就《老鼠爱大米》一歌所授权利的有效性。为此，本案中，飞乐公司依据杨某刚对肖某的授权而从肖某处取得的权利，本院无法确认该权利的有效性。故本院对飞乐公司依上述权利主张的诉讼请求不予支持。

据此，法院驳回了广东飞乐影视制品有限公司的诉讼请求。

二审中，双方经法院主持调解，达成如下协议[①]：

(1)广东飞乐影视制品有限公司保证其享有涉案音乐作品《老鼠爱大米》著作权中的全部财产权利，是涉案音乐作品著作权中的财产权利的唯一合法受让人，并有权对外许可第三方使用该音乐作品；(2)为解决广东飞乐影视制品有限公司和北京全天通信息咨询服务有限公司关于涉案音乐作品的所有争议，北京全天通信息咨询服务有限公司同意向广东飞乐影视制品有限公司支付35万元(已履行)；(3)一、二审案件受理费各15,010元，均由广东飞乐影视制品有限公司负担(已交纳)；(4)广东飞乐影视制品有限公司和北京全天通信息咨询服务有限公司之间再无其他纠纷。

(二)手稿

现实中，有人认为版权转让必须交付手稿。这是对著作权的误解。乐谱是音乐作品的纸质载体，CD是录音制品的物质载体，书籍是小说的纸质载体。平时我们购买小说、乐谱、CD，并不是版权转让行为。购买行为不能使我们获得小说和音乐作品的版权。我们最多能取得记录作品的载体即书籍、存储音乐作品的CD或乐谱的物权。转让协议中只要明确约定了转让的作品的具体内容即可，不一定必须交付手稿。何况在目前录音技术普及的情况下，大多数词曲作者创作音乐后仅录制DEMO，根本没有手稿。

① 北京市第二中级人民法院民事调解书，(2007)二中民终字第01513号。

# 第九章

# 集体管理组织

## 第一节 概　　述

版权集体管理制度的产生源于音乐人对于音乐版权的维权努力。1847 年的一个夜晚,作曲家欧内斯特·布吉(Ernest Bourget)去了一家叫"Les Ambassadeurs"的咖啡馆,并点了一杯糖水。凑巧的是咖啡馆当时正在演奏欧内斯特·布吉写的曲子。结账时,欧内斯特·布吉发现账单显示一笔因刚刚听到咖啡馆演奏自己曲子产生的额外需支付的费用。欧内斯特·布吉拒绝支付这笔费用并诉至法院。最终法院判决欧内斯特·布吉胜诉,禁止咖啡馆继续演奏欧内斯特·布吉的曲子。[①] 胜诉后,欧内斯特·布吉乘胜追击,联合法国作曲家保罗·亨利昂(Paul Henrion)及维克托·帕里托特(Victor Parizot),在出版商的资助下,成立了一个协会。1850 年,该协会以"作词者和作曲者权利征收总代理"的名义向咖啡馆经营者收取音乐作品现场表演的许可费。1851 年 2 月 28

① See Daniel Gervais, *Collective Management of Copyright and Related Rights*, 2nd edition, Kluwer Law International BV, 2010, p. 171-172。这个故事有多个版本,不同的地方在于去咖啡馆及后续发起诉讼的主体不同,有说是 Paul Henrion 及 Victor Parizot 到"Les Ambassadeurs"咖啡馆用餐。保罗·亨利昂及维克托·帕里托特赢得了判决。参见章忠信:《著作权集体管理团体使用报酬率订定之研究》,2012 年交通大学管理学院科技管理研究所博士学位论文,第 8 页。有说是一共三人,法国两名音乐作品的曲作者和一名词作者到该咖啡馆喝饮料,最终在 1849 年法国法院判决这三名词曲作者胜诉。参见王迁:《著作权法》,中国人民大学出版社 2015 年版,第 388 页。李明德、许超:《著作权法》,法律出版社 2009 年版,第 162 页。

日，该协会正式更名为法国作词者作曲者和音乐出版商协会。这是世界上第一个真正的著作权集体管理组织。此后，世界上很多国家纷纷效仿，成立自己的集体管理组织。集体管理组织管理的作品类型也从最早的音乐作品演变为文字作品、美术作品等各种类型。

传统的集体管理组织是从音乐作品的集体管理起步，主要原因在于音乐作品的使用场景繁多，存在很多典型的“小权利”。所谓的“小权利”是指著作权人无法有效对外发放授权许可的权利，而音乐作品的使用方也难以找到权利人获得此类权利的许可。一个咖啡馆内的现场演奏乐曲或者播放背景音乐，一年下来涉及的曲目少则几百首，多则数千。让咖啡馆的经营者找到成百上千首歌曲的版权方并通过商谈获取版权许可几乎是不可能完成的任务。这种情况下，由集体管理组织发放许可收取费用是最为经济方便的。集体管理的目的是解决特定的作品使用场景下，著作权人和作品使用人无法有效对接的问题。

我国现有 5 个集体管理组织，分别是中国音乐著作权协会、中国音像著作权集体管理协会、中国文字著作权协会、中国摄影著作权协会、中国电影著作权协会。其中第一个成立的集体管理组织是管理音乐作品版权的中国音乐著作权协会。其他的集体管理的成立、管理均借鉴了中国音乐著作权协会成立以来的经验。另一个与音乐版权有关的集体管理组织是中国音像著作权集体管理协会。

## 第二节　中国音乐著作权协会

### 一、概述

中国音乐著作权协会由国家版权局和中国音乐家协会于 1992 年 12 月 17 日共同发起成立，是中国第一个成立的著作权集体管理组织，是专门维护作曲者、作词者和其他音乐著作权人合法权益的非营利性机构。中国音乐著作权协会于 1994 年 5 月加入了国际作者和作曲者协会联合会（CISAC），2007 年 6 月成为国际影画乐曲复制权协理联会（BIEM）成员。2012 年 10 月，中国音乐著作权协会加入国际复制权联合会（IFRRO）。截至 2021 年 7 月 30 日，协会已与 70

多个国家和地区的同类组织签订了相互代表协议。

截至2018年年底,协会会员总数达到9413(包括出版公司及自然人会员)。其中词作者3438人,曲作者5549人,其余为著作权人之继承人、出版公司等。[①]

## 二、中国音乐著作权协会职能

《著作权集体管理条例》第2条,本条例所称著作权集体管理,是指著作权集体管理组织经权利人授权,集中行使权利人的有关权利并以自己的名义进行的下列活动:(1)与使用者订立著作权或者与著作权有关的权利许可使用合同;(2)向使用者收取使用费;(3)向权利人转付使用费;(4)进行涉及著作权或者与著作权有关的权利的诉讼、仲裁等。《中国音乐著作权协会章程》第8条对于中国音乐著作权协会的业务范围进行了更为详细的规定[②],但中国音乐著作权协会最核心职能是吸收会员,向作品使用方发放许可收取费用,进行维权活动促使使用方与中国音乐著作权协会达成许可协议。

## 三、入会合同

中国音乐著作权协会实行会员制。中国音乐著作权人,包括作曲者、作词者、音乐出版者和其他权利人,只要有一首公开发表的音乐作品,即可申请加入。入会时需与协会签订入会合同即《音乐著作权合同》。《音乐著作权合同》主要涉及以下问题:

---

① 参见中国音乐著作权协会2018年年报。

② 《中国音乐著作权协会章程》第8条规定:协会的业务范围:1.为集体管理的目的进行音乐作品的登记和有关信息的收集;2.就本协会管理的音乐作品的使用与使用者签订合同;3.就本协会管理的音乐作品的使用向使用者发放许可证;4.就本协会管理的音乐作品的使用向使用者收取使用费;5.向音乐著作权人分配报酬;6.为集体管理的目的与音乐作品的使用者协商使用费的标准;7.对侵犯本协会管理的音乐著作权的行为向著作权行政管理部门申请行政处罚或提起法律诉讼及仲裁等;8.促进中国大陆地区音乐作品在中国大陆地区以外受到保护以及外国(地区)音乐作品在中国大陆地区受到保护,并为此目的与外国(地区)同类机构签订相互代理协议;9.发展与音乐作品使用者合作关系,促进音乐著作权保护水平的不断提高,并积极向国家立法机关和著作权行政管理部门提出建议;10.增进音乐著作权人对著作权保护的了解,为音乐著作权人提供有关的咨询和法律服务;11.促进音乐创作条件的改善并为此目的开展与音乐著作权人有关的奖励和福利项目;12.开展其他与协会宗旨一致的活动。上述活动,均以协会的名义进行。

### （一）合同性质

1993 年，中国音乐著作权协会曾就《音乐著作权合同》之性质请示最高人民法院，最高人民法院民事审判庭在《关于中国音乐著作权协会与音乐著作权人之间几个法律问题的复函》（法民〔1993〕第 35 号）中回复中国音乐著作权协会："音著协与音乐著作权人（会员）根据法律规定可就音乐作品的某些权利的管理通过合同方式建立平等主体之间的带有信托性质的民事法律关系，双方的权利与义务由合同约定，音乐著作权协会可以将双方的权利与义务等事项规定在协会章程之中。"也就是说，最高人民法院认为入会合同是信托法律关系，音乐著作权人（会员）基于对中国音乐著作权协会的信任，将其作品著作财产权委托给中国音乐著作权协会，中国音乐著作权协会以自己的名义来管理音乐作品的著作财产权。根据该复函，中国音乐著作权协会在《音乐著作权合同》中明确约定了委托人（会员）将音乐作品以信托的方式授权中国音乐著作权协会集体管理。

信托管理的性质决定了委托人（会员）加入中国音乐著作权协会后，其本人不能行使也不能委托其他第三方行使中国音乐著作权协会行使的权利。这一点与著作权人将作品著作权以专有许可的方式对外授权类似。《著作权集体管理条例》第 20 条规定，权利人与著作权集体管理组织订立著作权集体管理合同后，不得在合同约定期限内自己行使或者许可他人行使合同约定的由著作权集体管理组织行使的权利。因此，加入中国音乐著作权协会后，如有第三方需要使用会员的音乐作品，即便找到会员本人，也不能与会员本人直接签订授权许可协议，而应当与中国音乐著作权协会签订协议。

例如，在原告北京华乐成盟音乐有限公司、原告柯某雷与被告珠海格力电器股份有限公司、被告珠海喜马明珠新媒体有限公司、被告董某珠著作权侵权纠纷案[①]中，法院查明柯某雷系中国音乐著作权协会的会员。1998 年 10 月 26 日，柯某雷与中国音乐著作权协会签订《音乐著作权合同》，将其音乐作品的公开表演权、广播权和录制发行权授权中国音乐著作权协会以信托的方式管理。

---

① 北京市朝阳区人民法院民事判决书，（2016）京 0105 民初 43673 号。

合同有效期3年，至期满前60日柯某雷未提出书面异议，合同自动续展3年，之后亦照此办理。柯某雷有权通过终止本合同收回授权中国音乐著作权协会管理的权利，但应在中国音乐著作权协会收到柯某雷书面通知1年后生效。截至该案诉讼过程中，并无证据证明柯某雷对上述合同提出了书面异议或提出与中国音乐著作权协会终止合同。而原告北京华乐成盟音乐有限公司起诉的权利基础源于其与作为中国音乐著作权协会会员的柯某雷在2015年12月30日就涉案作品财产权的专有使用权协议。法院认为：

华乐成盟公司能否依据柯某雷的上述授权获得涉案作品全部的财产权专有使用权应结合柯某雷仍为中国音乐著作权协会会员的事实以及《著作权集体管理条例》的规定予以认定。根据《著作权集体管理条例》第1条的规定，著作权集体管理应当既便于著作权人和与著作权有关的权利人行使权利，又便于使用者使用作品。即通过著作权集体管理制度，在著作权人权利获得实现和保护的同时，作品使用者能够实现以合法方式更加方便地使用作品。《著作权集体管理条例》第20条进一步明确，权利人与著作权集体管理组织订立著作权集体管理合同后，不得在合同约定期限内自己行使或者许可他人行使合同约定的由著作权集体管理组织行使的权利。上述规定正是为便于使用者合法使用作品所作出的具体制度安排。虽然著作权集体管理是建立在著作权集体管理组织与著作权人合同的基础之上，合同自由原则对双方适用，但著作权集体管理同时涉及广大作品使用者的利益，基于集体管理的立法目的及制度安排，这种合同自由应当受到限制，即在已经加入著作权集体管理组织的前提下，著作权人授权著作权集体管理组织管理的权利只能通过著作权集体管理组织对外发放许可、收取并转付许可使用费的方式行使，著作权人不能自行行使或许可他人行使，著作权集体管理组织亦不能放弃管理职责，否则合法的作品使用人将无所适从，整个著作权集体管理制度会从根本上受到冲击，最终著作权人的权利亦无法获得该制度的保障。本案中，柯某雷授权给华乐成盟公司的公开表演权、广播权和录制发行权，属于应由中国音乐著作权协会集体管理的权利，只能由中国音乐著作权协会对外发放许可，柯某雷不得另行授予华乐成盟公司，华乐成盟公司也不能基于《著作权授权证明》获得上述权利，故其无权在本案中主张。

实践中，即便是歌手在自己的演唱会上演唱自己创作的作品，如果该歌手以著作权人的身份加入中国音乐著作权协会，则演唱会的主办方仍然应当向中国音乐著作权协会交纳表演权许可费。如在中国音乐著作权协会与北京鸿翔风采国际文化有限公司、浙江世纪风采文化传播有限公司、浙江国华演艺有限公司侵害作品表演权纠纷案①中，原告中国音乐著作权协会于2003年9月与香港作曲家及作词家协会签订相互代表协议，约定香港作曲家及作词家协会授权中国音乐著作权协会在中国大陆地区代为行使其与作者签约的音乐作品公开演出的专有权利。涉案的8首音乐作品中《讲你知》的词曲作者均为张某友，《给朋友》的词曲作者为古某敏、张某友，《摇摇》的词曲作者也为古某敏、张某友。8首音乐作品的词曲作者均加入香港作曲家及作词家协会。2007年4月30日晚，三被告联合在杭州黄龙体育中心主办了演唱会，公开表演涉案的8首音乐作品。就部分音乐作品系张某友本人作词作曲，主办方是否构成侵权问题，北京市海淀区人民法院审理认为：

> 虽然上述8首歌曲中有部分作品为张某友本人作词作曲，但根据张某友与香港作曲家及作词家协会签订协议，其已将自己创作歌曲的表演权转让给了该协会②，该协会又授权中国音乐著作权协会进行管理。演唱会的组织者应当就其使用行为向中国音乐著作权协会支付使用费。

另一个似乎与此案判决相反的案例是中国音乐著作权协会与北京十月天文化传媒有限公司侵害作品表演权纠纷案③，原告中国音乐著作权协会诉称：北京十月天文化传媒有限公司于2010年9月25日在北展剧场举办了现场商业演出。在未征得权利人许可，未缴纳著作权使用费的情况下，公开表演使用了中国音乐著作权协会管理的涉案作品《天下没有不散的筵席》，侵犯了音乐作品的表演权。本案中，郑某是中国音乐著作权协会会员，同时也是涉案演唱会中的

① 北京市海淀区人民法院民事判决书，(2008)海民初字第25号。

② 应为授权协会管理。——笔者注

③ 北京市海淀区人民法院民事判决书，(2013)海民初字第1195号。

歌手,涉案音乐作品为郑某本人演唱。对于郑某将音乐作品授权中国音乐著作权协会管理的情况下,郑某于其个人演唱会中演唱其本人的音乐作品是否仍需经中国音乐著作权协会许可,法院经审理认为:

郑某与中国音乐著作权协会签订《音乐著作权合同》,授权中国音乐著作权协会以信托的方式管理其音乐作品的公开表演权,合同中明确了该权利的管理,系指同音乐作品使用者商谈使用条件并发放音乐作品使用许可证,向使用者收取使用费,并根据使用情况向郑某分配使用费。上述约定并未排除郑某本人对其著作权的控制,未明确否定郑某对自己作品享有的著作权以及郑某自己行使作品表演权的权利。中国音乐著作权协会是在作者以外的其他使用者使用作品时方行使其管理之权利,对外授权、收取费用、分配收益。因此,郑某作为涉案音乐作品的著作权人,在有能力控制其权利的情况下,于其个人演唱会中表演该作品,表演者并非著作权人以外的他人,其行为未违反《音乐著作权合同》的约定,郑某亦以其实际行为表示了其对其著作权的处置意愿,并未侵犯郑某本人的著作权。如郑某演唱其本人的音乐作品,还需经中国音乐著作权协会许可并支付费用,中国音乐著作权协会再向郑某分配使用费,无疑与中国音乐著作权协会设立的初衷相违背,亦无益于交易效率。

另外,郑某与中国音乐著作权协会之间的《音乐著作权合同》签订于 1995 年 3 月 1 日,而《著作权集体管理条例》于 2005 年 3 月 1 日起施行,晚于合同签订时间 10 年。《音乐著作权合同》中并未明确约定合同签订后,郑某不得在合同约定期限内自己行使或者许可他人行使合同约定的由中国音乐著作权协会行使的权利,如中国音乐著作权协会认为后出台的《著作权集体管理条例》第 20 条之规定应适用于该合同,而该规定系为限制郑某权利的内容,则中国音乐著作权协会应在向郑某明确释明该规定及其含义,且郑某明确表示同意的情况下与郑某补签相应合同条款,而不是该规定当然地适用于《音乐著作权合同》,自动对郑某的权利加以限制。

最终法院驳回了中国音乐著作权协会的全部诉讼请求。该案之所以驳回中国音乐著作权协会的诉讼请求,一个很重要的原因是郑某与中国音乐著作权协会之间的《音乐著作权合同》签订时间早于《著作权集体管理条例》施行时间。《著作权集体管理条例》第20条规定的"权利人与著作权集体管理组织订立著作权集体管理合同后，不得在合同约定期限内自己行使或者许可他人行使合同约定的由著作权集体管理组织行使的权利"不能自动适用。如果《音乐著作权合同》的签订时间在《著作权集体管理条例》施行后，或者合同里面有类似约定，则该案可能就是另一番结果了。

加入中国音乐著作权协会后，如果发现第三方侵权而中国音乐著作权协会因为各种原因并没有进行相应的维权，会员往往会关心自己还是否享有诉权，能不能以自己的名义起诉维权。在司法实践中，尤其是基层法院持不同观点。

1994年1月18日，苏某与中国音乐著作权协会签订了《音乐著作权合同》，该合同约定苏某将其音乐作品的公开表演权、广播权和录制发行权授权中国音乐著作权协会以信托的方式管理。中国音乐著作权协会为有效管理苏某授权的权利，有权以自己的名义向侵权者提起诉讼。但后来苏某发现全国各地多家KTV对其进行侵权，发起了一系列的维权诉讼①。每一案件的被告几乎都以苏某是中国音乐著作权协会会员，无权向被告主张权利，苏某已经通过信托合同将相关著作权委托由中国音乐著作权协会行使，只有中国音乐著作权协会才是适格原告。苏某不具有诉讼主体资格。多数法院认为苏某具有诉讼主体资格，如在苏某与昆山之歌娱乐有限公司侵害著作权纠纷一案②，就原告诉讼主体是否适格问题，法院认为：

《著作权集体管理条例》第20条规定，权利人与著作权集体管理组织订立著作权集体管理合同后，不得在合同约定期限内自己行使或者许可他人行使合同约定的由著作权集体管理组织行使的权利。根据该规定，音乐作品的著作权人将著作权中的财产权利授权中国音乐著作权协会管理之后，其诉讼主体资格是否受到限制，应当取决于其与中国音乐著作权协会订立的著作权集体管理合

---

① 苏越于2018年8月去世，其妹妹作为继承人至今一直在继续维权诉讼活动。

② 江苏省昆山市人民法院民事判决书，(2017)苏0583民初15216号。

同是否对诉权的行使作出明确的约定。本案中，原告苏某与中国音乐著作权协会签订的《音乐著作权合同》第10条虽然约定中国音乐著作权协会为有效管理原告苏某授权的权利，有权以自己的名义向侵权者提起诉讼，但该条款并未明确限制原告苏某的诉权，仅凭该证据不足以认定原告苏某的诉权受到了限制，在无证据证明中国音乐著作权协会曾向被告昆山之歌公司提起诉讼的情况下，原告苏某作为著作权人有权提起本案诉讼，其诉讼主体适格。

在广东大圣文化传播有限公司与王某成、王某星、王某燕侵犯著作权纠纷案[①]中，王某成、王某星、王某燕当时是中国音乐著作权协会会员，但却以自己的名义发起了维权诉讼，该案中关于王某成等是否具有诉讼主体资格问题，最高人民法院认为：

《著作权集体管理条例》第20条规定："权利人与著作权集体管理组织订立著作权集体管理合同后，不得在合同约定的期限内自己行使或者许可他人行使合同约定的由著作权集体管理组织行使的权利。"根据该规定，音乐作品的著作权人将著作权中的财产权利授权中国音乐著作权协会管理之后，其诉讼主体资格是否受到限制，取决于其与中国音乐著作权协会订立的著作权集体管理合同是否对诉权的行使作出明确的约定。因本案王某成等在其与中国音乐著作权协会的合同中未对诉权问题作出约定，故其行使诉权不应受到限制。

在北京市朝阳区人民法院进行集体管理相关调研中，中国音乐著作权协会相关人员表示由于该协会人员有限，诉讼不是该协会进行集体管理的主要途径。对于协会会员自行发现的侵权线索，且要求自行起诉的，该协会一般不持反对态度。但要求协会会员事先告知。[②] 在前述原告北京华乐成盟音乐有限公司、原告柯某雷与被告珠海格力电器股份有限公司、被告珠海喜马明珠新媒体有限公司、被告董某珠著作权侵权纠纷案[③]的判决书中，在法院查明

① 最高人民法院民事判决书，(2008)民提字第57号。

② 参见林子英：《著作权集体管理在司法实践中的问题(上)》，载《中国版权》2013年第5期。

③ 北京市朝阳区人民法院民事判决书，(2016)京0105民初43673号。

部分有如下表述：

本案诉讼中，中国音乐著作权协会就会员加入中国音乐著作权协会后再行对外授权的问题致函本院称“关于我会会员个体在入会后自己发放著作权授权许可事宜，我会认为如果该会员事先告知并经我会同意，应不视为违反会员合同。柯某雷在本案维权诉讼前即已告知我会，属于前述情况。”

原告柯某雷在该案诉讼中依然是中国音乐著作权协会会员，但他并没有将涉案的信息网络传播权委托给中国音乐著作权协会管理，中国音乐著作权协会在柯某雷维权诉讼中甚至还配合致函法院说明情况。在原告苏某与被告上海乾豪娱乐有限公司侵害作品表演权纠纷案中，中国音乐著作权协会出具了情况说明，对苏某目前的维权情况明知并不持异议。① 法院认可苏某的诉讼主体资格。

《北京市高级人民法院侵害著作权案件审理指南》第 1.11 条对签订著作权集体管理合同后的起诉问题也进行了明确：签订著作权集体管理合同后，对于侵害合同中约定的著作权权项的行为，著作权人不能提起诉讼，但有证据证明著作权集体管理组织怠于行使权利或者著作权集体管理合同有相反约定的除外。中国音乐著作权协会会员如果需要单独维权，只要事先告知中国音乐著作权协会，让其出具相关的声明函，则其权利主体的资格一般不会被法院否认。

值得注意的是，如果相关的使用方如果已经与中国音乐著作权协会签订授权许可并缴纳了使用费，则作为中国音乐著作权协会的会员诉讼请求不会得到法院支持。因为毕竟使用方没有任何过错，也按照法律规定支付了使用费。例如，同样是苏某发起的诉讼，在苏某与镇江新区大港米乐迪娱乐城侵犯著作财产权纠纷案②中，被告在诉讼前已经向中国音乐著作权协会交了使用费，法院最终驳回了苏某的诉讼请求。之所以发生使用费交了使用费却仍然被作为会员的词曲作者起诉，很大部分原因是中国音乐著作权协会的分配时间跨度过

① 上海市浦东新区人民法院民事判决书，(2018)沪 0115 民初 4051 号。

② 江苏省镇江市经济开发区人民法院民事判决书，(2017)苏 1191 民初 666 号。

大,分配不及时,和会员沟通不够。

### (二)相互代表

中国音乐著作权协会与境外同类组织订立的相互代表协议,可以在中国大陆地区管理境外同类组织管理的音乐作品。相互代表协议是指中国的著作权集体管理组织与境外的同类组织相互授权对方在其所在国家或者地区进行集体管理活动的协议。会员加入中国音乐著作权协会则意味着同意中国音乐著作权协会通过签订相互代表协议授权其他国家和地区的集体管理组织管理会员的音乐作品。加入了中国音乐著作权协会则相当于变相地加入了与中国音乐著作权协会签订相互代表协议的其他国家和地区的集体管理组织。

需要注意,虽然中国音乐著作权协会与许多国家和地区的音乐作品集体管理组织签订了相互代理协议,但是一般情况,境外的音乐作品集体管理组织不能在中国大陆地区直接发起维权诉讼。最高人民法院曾就境外著作权集体管理组织诉讼主体资格问题,征求国家版权局的意见,国家版权局在复函中认为①:"一个国家的著作权集体管理组织要想在本国之外主张权利,必须通过与国外的著作权集体管理组织签订相互代表协议来实现……中国音乐著作权协会已经与境外的42个相关协会签订了相互代表协议,这些协议所涉及的境外音乐作品基本覆盖了我国使用境外音乐作品的绝大部分。如果境外著作权集体管理组织可以在我国以其名义开展业务活动和进行诉讼,中国音乐著作权协会与境外著作权集体管理组织签订的相互代表协议将失去意义。"实践中,就其他国家和地区的集体管理组织的音乐作品在中国大陆地区被侵权,均是中国音乐著作权协会以其名义提起诉讼,目前未见国外的集体管理组织直接在中国大陆地区进行维权的诉讼案例。

### (三)作品范围

《音乐著作权合同》通常会对管理会员的音乐作品范围作出约定。作品范围一般不仅限于会员现有作品,还包括在合同期限内新增的音乐作品。新增的

---

① 《国家版权局关于对境外著作权集体管理组织诉讼主体资格问题的复函》。

作品也不仅限于会员本人创作，还包括通过购买、受赠等方式取得著作权的所有音乐作品。例如，1998年柯某雷与中国音乐著作权协会签订《音乐著作权合同》中明确约定的是将音乐作品（包括现有的和今后将有的作品）的公开表演权、广播权和录制发行权授权中国音乐著作权协会以信托的方式管理。[①] 会员在签订合同时需要留意音乐作品范围问题。否则在后续音乐版权运营中，如将已经委托中国音乐著作权协会管理的作品授权其他方，则构成对中国音乐著作权协会的违约，甚至使作品使用方陷入中国音乐著作权协会发起的维权诉讼，使音乐作品的授权和利用变得混乱。

（四）权利类型

中国音乐著作权协会管理的是音乐作品，但是与音乐版权有关的音像产品（如音乐录音录像制品、属于视听作品的MV等）则属于中国音像著作权集体管理协会管理的范围。如本书第三章所述，音乐作品享有多种子权利，包括人身性权利和财产性权利。中国音乐著作权协会并非管理音乐作品的全部权利类型，而仅涉及财产性权利中的复制权、发行权、表演权、广播权、信息网络传播权，其他如改编等财产性权利及人身性权利不在管理的范围内。《中国音乐著作权协会章程》第9条对于各项权利的使用场景进行了更为明确的规定："协会对音乐著作权的管理，适用于下列情况：1. 使用音乐作品进行公开表演；2. 使用音乐作品进行公开广播；3. 使用音乐作品制作、复制、发行录音录像制品；4. 使用音乐作品制作广播电视节目；5. 以摄制电影或者类似摄制电影的方法将音乐作品固定在载体上；6. 以信息网络传播的方式向公众提供音乐作品；7. 其他适合集体管理的对音乐作品的使用。"

（五）使用费分配

作品使用费原则上是按年进行分配。但在执行中，中国音乐著作权协会也可能每年进行多次分配。

---

① 北京市朝阳区人民法院民事判决书，（2016）京0105民初43673号。

### （六）合同期限

《音乐著作权合同》的合同期限通常为3年。同时约定期满60日内，会员未以书面方式提出异议，则合同自动续期3年，之后以此类推。前述柯某雷与中国音乐著作权协会签订《音乐著作权合同》中对合同期限即作了同样的约定。

一般情况下，会员没有以书面方式提出终止合同，则合同每3年滚动续期一次。在中国音乐著作权协会发起的维权诉讼中，被告常常提出抗辩：会员与中国音乐著作权协会没有签订续约协议，中国音乐著作权协会对涉案音乐作品没有管理权。中国音乐著作权协会则回应，会员没有提出异议，因此《音乐著作权合同》仍在有效期内。实践中，法院都会支持中国音乐著作权协会的观点，认同合同仍在有效期内。

### （七）合同解除

解除《音乐著作权合同》则意味着退出中国音乐著作权协会。《中国音乐著作权协会章程》第15条规定，会员有退会自由，退会申请须采用书面形式提交协会，会员有权通过书面形式终止本合同，收回授予甲方管理的权利，但在协会收到书面通知1年后生效。终止合同生效后，经登记即撤销会员资格。也就是说，会员可在合同期限内，随时提出解除合同，只不过合同正式解除需要到1年后。

目前中国音乐著作权协会的管理运营还有许多值得改进的地方，也有部分会员加入后退出的情形。实际上，会员退出的根本原因还是在于集体管理组织运营不能满足会员的期望，如在我国台湾地区，周某伦原本加入社团法人某音乐著作权协会成为会员，期待某音乐著作权协会能为其有效管理音乐作品之表演权。2009年周某伦在中国大陆举办数十场演出并将费用支付给中国音乐著作权协会，但他没有从某音乐著作权协会①获得其所认为应有之使用报酬分配，遂愤而退出某音乐著作权协会，改由其所属的某音乐有限公司直接与利用

① 中国音乐著作权协会与我国台湾地区某音乐著作权协会签订了相互代表协议。

人洽谈授权,以获得更好的待遇。[①]

## 四、发放许可

根据《著作权集体管理条例》(2013年修订)第47条的规定,依照2010年《著作权法》第23条[②]、第33条第2款[③]、第40条第3款[④]的规定使用他人作品,未能依照《著作权法实施条例》第32条的规定向权利人支付使用费的,应当将使用费连同邮资以及使用作品的有关情况送交管理相关权利的著作权集体管理组织,由该著作权集体管理组织将使用费转付给权利人。

负责转付使用费的著作权集体管理组织应当建立作品使用情况查询系统,供权利人、使用者查询。

负责转付使用费的著作权集体管理组织可以从其收到的使用费中提取管理费,管理费按照会员大会决定的该集体管理组织管理费的比例减半提取。除管理费外,该著作权集体管理组织不得从其收到的使用费中提取其他任何费用。

### (一)许可性质

根据《著作权集体管理条例》第23条,著作权集体管理组织许可他人使用其管理的作品、录音录像制品等,应当与使用者以书面形式订立许可使用合同。著作权集体管理组织不得与使用者订立专有许可使用合同。所有许可性质都是非专有许可。

### (二)作品范围

中国音乐著作权协会发放许可的作品范围包括中国音乐著作权协会会员现有作品,还包括在合同期限内新增的会员本人创作、通过购买、受赠等方式取

① 参见章忠信:《著作权集体管理团体使用报酬率订定之研究》,台湾交通大学管理学院科技管理研究所2012年博士论文,第11页。

② 现为2020年《著作权法》第25条。

③ 现为2020年《著作权法》第35条第2款。

④ 现为2020年《著作权法》第42条。

得著作权的所有音乐作品。同时，还包括与中国音乐著作权协会签订相互代表协议的其他国家地区音乐作品集体管理组织管理的音乐作品。

### （三）权利类别

如前所述，中国音乐著作权协会管理的是音乐作品，并且仅涉及著作财产性权利中的复制权、发行权、表演权、广播权、信息网络传播权，其他如改编等财产性权利及人身性权利不在管理的范围内。中国音乐著作权协会的权利来源决定了其对外发放许可也仅涉及复制权、发行权、表演权、广播权、信息网络传播权。如果相关的复制发行、表演等使用，涉及如改编作品，则中国音乐著作权协会只能告知使用方需另行取得著作权人的许可。

### （四）许可类别

根据使用作品的场景和权利类别，中国音乐著作权协会与相关使用方签订个别许可和“一揽子”许可。如果唱片公司使用中国音乐著作权协会管理的音乐作品制作实体专辑，出版实体专辑使用的作品的曲目和数量是确定的，则中国音乐著作权协会与唱片公司签订的为个别许可。如果举行大型演唱会需要演唱中国音乐著作权协会管理的作品，举办方使用的曲目也是可以确定的，这类许可也是个别许可。而如果是广播电台、电视台播放录音制品，广播电台、电视台作为使用方很难在签订协议时确定具体的曲目和使用场景，则中国音乐著作权协会与广播电台、电视台签订的为“一揽子”协议，广播电台、电视台只要按年支付固定的费用，即可在该年度任意使用中国音乐著作权协会管理（包括通过相互代表协议管理）的全部音乐作品。

### （五）收费标准

《著作权集体管理条例》（2013 年修订）第 13 条规定，著作权集体管理组织应当根据下列因素制定使用费收取标准：（1）使用作品、录音录像制品等的时间、方式和地域范围；（2）权利的种类；（3）订立许可使用合同和收取使用费工作的繁简程度。

中国音乐著作权协会根据作品使用权利类型，制定了相应的付费标准。就复制权而言,比较典型的是使用中国音乐著作权协会管理的音乐词曲作品制作专辑,付费标准为:首次制作 CD、盒带等录音制品,采用版税的方式付酬。按照批发单价×版税率 6%×录音制品制作数量计算。非首次制作录音制品的,按照法定许可收费标准即批发单价×版税率 3.5%×录音制品制作数量计算。批发价不确定的,比照市场同类制品的批发价计算。音乐作品的长度超过 5 分钟的,每增加 5 分钟按增加一首音乐作品计算使用费(不足 5 分钟的按 5 分钟计算)如果是制作录像制品如 VCD、DVD 等,则采用版税制计算使用费,即数字化制品批发价×版税率 6%×数字化制品制作数量。数字化制品批发价不确定的,比照市场同类制品的批发价计算,但每首音乐作品使用费不得低于 1000 元。音乐作品的长度超过 5 分钟的,每增加 5 分钟按增加一首音乐作品计算使用费(不足 5 分钟的按 5 分钟计算)。

对于涉及信息网络传播权的网络在线播放、下载,采取基本费用加收入分成的方法收取使用费。基本费用为每上载一首歌曲,每年支付人民币 200 元。收入分成:(1)仅提供在线播放服务的,按广告收入的 5%支付使用费。(2)提供在线播放及下载服务的,按广告收入的 5%和下载收费的 10%支付使用费。实践中更多的可能是中国音乐著作权协会与使用者按照其音乐作品网络使用方式、使用规模数量及使用时间协商议定具体的收费数额。

关于表演权涉及的现场表演和机械表演的收费标准,本书在第三章表演权部分进行说明。至于广播权部分,中国音乐著作权协会并非单独制定公布收费标准。因广播电视台播放录音制品涉及法定许可,国务院于 2009 年制定了《广播电台电视台播放录音制品支付报酬暂行办法》,该办法后于 2011 年进行修订。根据《广播电台电视台播放录音制品支付报酬暂行办法》第 4 条的规定,广播电台、电视台播放录音制品,可以与管理相关权利的著作权集体管理组织约定每年支付固定数额的报酬;没有就固定数额进行约定或者约定不成的,则按照广告收入、播放录音制品的时间总量等测算费用。尽管该办法规定了详细的计算标准,但由于广播电台、电视台使用的曲目数量庞大,播放时间很难准确统计,著作权集体管理组织与各大广播电台、电视台往往很难就使用费数额达成一致,双方需要经过多轮磋商,有时候相关"一揽子"协议的签订往往滞后好几年。

### （六）合同期限

根据《著作权集体管理条例》（2013年修订）第23条第4款规定，许可使用合同的期限不得超过2年；合同期限届满可以续订。如现实中一般广播电台、电视台的“一揽子”协议多数是一年一签，到期前，双方再协商续签。

## 五、维权诉讼

《著作权法》第8条规定，著作权集体管理组织被授权后，可以以自己的名义为著作权人和与著作权有关的权利人主张权利，并可以作为当事人进行涉及著作权或者与著作权有关的权利的诉讼、仲裁、调解活动。因此，如果发生侵害会员音乐作品的行为，中国音乐著作权协会可以以自己名义起诉维权。事实上，中国音乐著作权协会自成立以来，一直在进行维权活动。

需要注意的是一般著作权人的维权，如果发现大批量的侵权活动，往往会全部取证，进行彻底的维权。而中国音乐著作权协会发起的维权则略有不同。中国音乐著作权协会多数会选择其中部分曲目侵权发起诉讼，目的是与侵权方（也是潜在的作品使用方）达成“一揽子”授权合作。比较典型是针对广播电视台的维权诉讼，如中国音乐著作权协会与湖南广播电视台广播传媒中心著作权权属、侵权纠纷案[①]中，原告中国音乐著作权协会在起诉状的事实与理由中称：

被告无视国家法律，在未支付相关著作权使用费的情况下，在其电台乐田1069播出的《你好旧时光》中使用原告管理的上述音乐作品，被告的上述行为侵犯了涉案音乐作者的广播权益。虽然原告多次与被告交涉以整体解决其面临的海量音乐作品在其电视节目广播过程中的广播权合法使用问题，但被告至今仍然未解决。被告长期违反国家《著作权法》规定侵犯广大音乐作者广播权的问题已经引起国内广大音乐作者以及海外音乐权利人组织的强烈不满，给广电同行业的经营者树立了“违法经营成本”低于“守法经营成本”的恶劣形象，客观上怂恿其他同行业者效仿其违法行为，对于其他已经自觉交付音乐作

① 湖南省长沙市中级人民法院民事判决书，（2017）湘01民初4421号。

品广播权使用费的广电同业经营者也是极大的不公平。如果不对该等著作权违法行径加以法律惩戒，将颠覆整个行业正常的著作权合法使用秩序，并使我国《著作权法》普及实施的水平出现倒退。原告通过选择涉案典型歌曲诉讼的方式来揭示问题和主张权利，并非仅为了涉案的个别歌曲获得经济赔偿，而是希望凭借本次诉讼促使被告自觉守法经营，并通过国家倡导的著作权集体管理法律制度来整理解决其面临的音乐作品广播权合法使用问题。

## 六、延伸性集体管理

2012年3月，国家版权局发布了草拟的《著作权法》（修改草案）并公开征求意见。在该草案第60条规定，著作权集体管理组织取得权利人授权并能在全国范围代表权利人利益的，可以向国务院著作权行政管理部门申请代表全体权利人行使著作权或者相关权，权利人书面声明不得集体管理的除外。在修改草案的简要说明中，国家版权局对为何要规定延伸性集体管理作了解释。主要理由是“社会各界关于著作权集体管理的认识和知识尚有待提高，很多作者还没有加入相应的集体管理组织，在现实中常常出现使用者愿意合法使用作品却找不到权利人的情况。为解决使用者使用作品的困境，草案根据我国国情，借鉴北欧国家著作权集体管理制度，原则性规定了延伸性集体管理制度，即对于具有广泛代表性的著作权集体管理组织，国务院著作权行政管理部门可以许可其代表非会员开展延伸性著作权集体管理业务”。

国务院法制办公室在2014年发布的修订草案送审稿中微调了该条文，其第63条规定：“著作权集体管理组织取得权利人授权并能在全国范围内代表权利人利益的，可以就自助点歌系统向公众传播已经发表的音乐或者视听作品以及其他方式使用作品，代表全体权利人行使著作权或者相关权，权利人书面声明不得集体管理的除外。”草案发布后，有部分行业内人士提出了反对。笔者认为，目前包括中国音乐著作权协会、中国音像著作权集体管理协会在内的集体管理组织自身运营存在较大问题，与其他国家的同类集体管理组织相比，会员人数较少，不具有代表性。词曲作者、音乐人、唱片公司、版权代理公司对于加入中国音乐著作权协会、中国音像著作权集体管理协会多数持观望态度。

《中国音乐著作权协会章程》第16条规定：“为集体管理的目的，对未加入协会的音乐著作权人,本协会也为其收取著作权使用费并向其分配。”实际上,只要在法定许可的情况下,中国音乐著作权协会可以代收转费用[①]。笔者认为,在我国目前尚未实施延伸性集体管理的情况下,《中国音乐著作权协会章程》第 16 条不区分情况,自行在章程进行延伸性管理的规定,原则上是违反《著作权法》《著作权集体管理条例》的。实践中,很多法院法官不太了解中国音乐著作权协会的运作,在笔者代理的一起侵害音乐作品表演权案件中,被告方代理律师甚至在庭审中声称中国音乐著作权协会进行的是延伸性管理,可以管理非会员的音乐作品,笔者当即予以驳斥。

## 第三节　中国音像著作权集体管理协会

### 一、概述

中国音像著作权集体管理协会(China Audio-Video Copyright Association)于 2008 年 5 月 28 日经国家版权局正式批准,由中国音像协会筹备成立并在民政部注册登记的我国唯一音像集体管理组织。

如前所述,中国音乐著作权协会管理的是音乐作品,即仅限于词曲。2001 年前,中国音乐著作权协会就针对卡拉 OK 行业使用音乐收取使用费,2001 年我国修订了《著作权法》,增加了以类似摄制电影的方式创作的作品,即类电影作品。而音乐 MV 很多属于类电影作品。一时间,很多唱片公司针对属于类电影作品的音乐 MV 进行维权,发起诉讼。由此导致很多卡拉 OK 经营者不向中国音像著作权协会支付使用费而向国内外唱片公司支付。这种现象引起国家版权局的重视,最终促成了中国音像著作权集体管理协会的成立。中国音像著作权集体管理协会管理的是基于音乐作品制作的音乐类产品,中国音像著作权

---

① 《著作权集体管理条例》(2013 年修订)第 47 条规定:依照著作权法第 23 条(编写出版教科书法定许可,具体参见本书第 7 章)、第 33 条第 2 款(报刊转载法定许可,一般不涉及音乐作品)、第 40 条第 3 款(制作录音制品法定许可,具体参见本书第 7 章)的规定使用他人作品,未能依照《著作权法实施条例》第 32 条的规定向权利人支付使用费的,应当将使用费连同邮资以及使用作品的有关情况送交管理相关权利的著作权集体管理组织,由该著作权集体管理组织将使用费转付给权利人。

集体管理协会使用的概念是音像节目。实际上音像节目并非法律上的概念，《中国音像著作权集体管理协会章程》第1条第2款对于“音像节目”作出解释：音像节目是指受著作权法保护的录音、录像制品和以类似摄制电影的方法创作的作品（不包括电影、电视剧等）。截至2020年年底，协会会员总数达到357家。

## 二、中国音像著作权集体管理协会职能

中国音像著作权集体管理协会的职能与中国音乐著作权协会类似，《中国音像著作权集体管理协会章程》第5条①对于中国音像著作权集体管理协会的业务范围也进行了详细的规定。中国音像著作权集体管理协会最核心职能是吸收会员，向作品使用方发放许可收取费用、进行维权活动督促使用方与中国音像著作权集体管理协会达成协议。

## 三、入会合同

中国音像著作权集体管理协会实行会员制，会员为单位会员和个人会员。凡是依法享有音像节目著作权或者邻接权的自然人、法人或者其他组织均可申请加入。根据《中国音像著作权集体管理协会章程》，入会需要提交申请，提交有关身份证明材料（如营业执照副本、身份证）以及相关音像节目著作权、邻接权信息资料，经理事会授权机构讨论通过后签订入会合同即《音像著作权授权合同》，即可成为中国音像著作权集体管理协会会员。《音像著作权授权合同》主要涉及以下内容：

---

① 《中国音像著作权集体管理协会章程》第5条规定：“本会的业务范围：1. 依法与会员签订音像著作权集体管理合同；2. 根据会员的授权以及相关法律法规，与音像节目的使用者签订使用合同，收取使用费；3. 将收取的音像著作权使用费向会员分配；4. 就侵犯本会管理的音像节目著作权的行为，向著作权行政管理部门申请行政处罚或提起法律诉讼及仲裁等；5. 为促进中国音像节目著作权在海外的权利受到保护，以及海外音像节目在中国内地的权利受到保护，与海外同类组织签订相互代表协议；6. 促进我国音像著作权保护水平的提高，规范市场行为，为权利人和使用者提供有关的业务咨询和法律服务，并向政府有关部门提出相关建议；7. 加强与音像节目权利人和使用者的联系，发布音像节目和有关音像著作权集体管理的信息；开展与音像著作权集体管理有关的研讨、交流活动依照有关规定，经批准，对音像产业繁荣发展有贡献的单位和个人进行奖励；8. 开展其他符合本会宗旨的活动。”

### （一）合同性质

与中国音乐著作权协会与会员签订的《音乐著作权合同》性质一样，《音像著作权授权合同》也是信托法律关系。《音像著作权授权合同》一般会约定：乙方（会员）同意将其依法拥有的音像节目的放映权、出租权、复制权、广播权、信息网络传播权信托甲方（中国音像著作权集体管理协会）管理。加入中国音像著作权集体管理协会后，会员也不得自己行使或委托第三人代其行使在本合同有效期内约定由中国音像著作权集体管理协会行使的权利。

### （二）相互代表

中国音像著作权集体管理协会也可以同境外同类组织订立相互代表协议，可以在中国大陆地区管理境外同类组织管理的音像节目。加入了中国音像著作权集体管理协会也相当于变相地加入了与音集协签订相互代表协议的其他国家和地区的集体管理组织。

### （三）作品范围

作品范围包括会员现有及未来制作、购买或以其他任何方式取得的权利音像节目。

### （四）权利类型

《中国音像著作权集体管理协会章程》第 6 条规定："本会管理的权利种类：1. 音像节目表演权；2. 音像节目放映权；3. 音像节目广播权；4. 音像节目出租权；5. 音像节目信息网络传播权；6. 音像节目复制、发行权；7. 其他适合集体管理的音像节目著作权和与著作权有关的权利。"

### （五）合同期限

《音像著作权授权合同》的合同期限通常也是 3 年，同时期满前 60 日，会员未以书面方式提出异议，则合同自动续期 3 年，之后以此类推。

（六）合同解除

会员退出中国音乐著作权协会需要等到中国音乐著作权协会收到书面通知1年后生效。而会员退出中国音像著作权集体管理协会则不同。《中国音像著作权集体管理协会章程》第12条规定，会员退会须提前30日书面通知本会并交回会员证。《音像著作权授权合同》对于解除合同一般约定为：乙方（会员）有权通过书面形式终止本合同，收回授予甲方（中国音像著作权集体管理协会）管理的权利，但应在甲方（中国音像著作权集体管理协会）收到书面通知30日后生效。

## 四、发放许可

（一）权利种类

与中国音乐著作权协会发放许可的情况一样，中国音像著作权集体管理协会发放许可的权利与其管理的权利种类一致，为音像节目表演权、放映权、广播权、出租权、信息网络传播权、复制、发行权。

（二）许可类别

音像节目的主要使用场景为卡拉OK经营场所经营者、卡拉OK设备生产商、小型卡拉OK移动娱乐封闭包房经营者、互联网平台。这类使用涉及的节目数量庞大，无法进行个别许可，一般都签署“一揽子”协议。

（三）收费标准

国家版权局2006年1号公告规定：“卡拉OK经营行业以经营场所的包房为单位，支付音乐作品、音乐电视作品版权使用费，基本标准为12元/包房/天（含音乐和音乐电视两类作品的使用费）。根据全国不同区域以及同一地域卡拉OK经营的不同规模和水平，可以按照上述标准在一定范围内适当下调。”实践中，中国音像著作权集体管理协会根据国家版权局公告的精神，通过对不同地区的各种类别的卡拉OK歌厅抽样计次调查，结合本地区的经济发展状况综合制定费用标准。

如前所述，音像节目包括录音、录像制品和以类似摄制电影的方法创作的作品。使用录音录像制品不仅需要取得邻接权(表演者权、录音录像制作者权)人的许可，还需要取得音乐作品词曲作者的许可。而音乐作品词曲作者加入的是中国音乐著作权协会。因此，卡拉 OK 等使用录音录像制品，理论上中国音乐著作权协会和中国音像著作权集体管理协会都可以对其进行收费。《著作权集体管理条例》第 26 条规定，两个或者两个以上著作权集体管理组织就同一使用方式向同一使用者收取使用费，可以事先协商确定由其中一个著作权集体管理组织统一收取。统一收取的使用费在有关著作权集体管理组织之间经协商分配。

在国家版权局的协调下，中国音像著作权集体管理协会和中国音乐著作权协会达成协议，针对卡拉 OK 经营者，统一由中国音像著作权集体管理协会收取使用费，之后由两会进行分配。其中中国音像著作权协会分配 40%，30%分配给中国音像著作权集体管理协会及其授权向卡拉 OK 收费的天合公司①，剩余的 30%分配给中国音像著作权集体管理协会会员。至于为什么中国音像著作权协会取得相对较高的 40%，是因为中国音像著作权协会管理的音乐作品比中国音像著作权集体管理协会管理的音像节目多。中国音像著作权集体管理协会委托第三方公司进行卡拉 OK 收费一直受到诟病。中国音像著作权集体管理协会设立的初衷和目的就是解决音像节目集体管理的困境，如果可以让第三方商业公司代劳，何必设立中国音像著作权集体管理协会？2018 年 11 月，中国音像著作权集体管理协会以天合文化集团公司及其子公司违约为由，终止了其收费资格。目前，中国音像著作权集体管理协会正在着手改革，在各省设立了联络处负责当地费用收取事宜。

## 五、维权诉讼

同中国音乐著作权协会发起的维权一样，中国音像著作权集体管理协会针对卡拉 OK 经营者发起的系列诉讼，目的是督促其与中国音像著作权集体管理协会达成“一揽子”授权合作。

---

① 中国音像著作权集体管理协会自 2008 年开始委托北京天合文化公司进行卡拉 OK 业务的收费，理由是中国音像著作权集体管理协会人力有限，协会人员分派到全国各地收取使用费成本极高等。

# 第十章

# 侵权及法律救济

## 第一节　概　　述

在中国的著作权保护司法实践中出现了一个误区,即当事人总是在争论到底侵犯了著作权中的哪一项权利。在这个误区之下,无论是原告还是被告,无论是法官还是律师,往往都在侵犯了复制权、发行权、放映权、广播权的问题上争执不休。[①] 事实上,在认定是否构成侵权的问题上,只要未经许可而使用了他人享有著作权的作品,又不属于权利的限制和例外,不属于作品的合理使用,就属于侵权。[②] 但是对于侵权类别的研究、对具体侵犯哪一项或几项权利的分析,对于理解侵权行为、确定最终应承担的赔偿责任依然具有重要意义。

### 一、人身权侵权与财产权侵权

如前所述,版权包括人身权和财产权,因此,对音乐版权的侵犯,既有侵犯人身权,也有侵犯财产权。一般来说,在原告是个人的情况下,原告在指责被告构成侵犯著作财产权时,如果同时侵犯原告人身权,则原告通常会要求被告赔礼道歉。而在中国音乐著作权协会和中国音像著作权集体管理协会或专有使用权人作为原告的维权诉讼中,有个鲜明的特点是均不涉及人身权维权。即便

① 李明德、许超:《著作权法》,法律出版社 2009 年版,第 217 页。
② 李明德、许超:《著作权法》,法律出版社 2009 年版,第 218 页。

被告同时也构成侵犯人身权，但因为集体管理组织或专有使用权人只管理部分属于“小权利”的著作财产权，也无法针对人身权部分侵害提起诉讼。

## 二、演绎类侵权与传播类侵权

在著作财产权部分，我们提到复制权是最原始的著作财产权，其他各项著作财产权的划分主要按照两类行为进行的，一类是演绎类行为，另一类是传播类行为。演绎类的权利包括改编、翻译、摄制、汇编，演艺类的权利特点是产生新的作品。传播类的权利包括发行权、出租权、表演权、广播权、放映权、信息网络传播权。传播类的权利特点是不产生新作品。据此，除侵害复制权外，可将侵权分为演艺类侵权[①]和传播类侵权。

## 三、直接侵权与间接侵权

### （一）直接侵权

《著作权法》保护著作权人的主要手段是赋予其一系列专有权利，这些专有权利不是确认著作权人本身具有从事某些行为的自由，而是控制、阻止他人做出某些行为。直接侵权并不需要行为人具有主观过错，如果没有经过著作权人的许可，也没有符合法定许可或者合理使用的情形，实施受专有权利控制的行为即构成直接侵权。可以这样理解，《著作权法》规定的这些专有权利像一个“圈”，未经许可擅自闯入即为直接侵权。

就发生在网络环境下的音乐版权侵权而言，如果网络用户、网络服务提供者未经许可，通过信息网络提供权利人享有信息网络传播权的作品、表演、录音录像制品，应当认定其构成侵害信息网络传播权行为。提供行为是指通过上传到网络服务器、设置共享文件或者利用文件分享软件等方式，将作品、表演、录音录像制品置于信息网络中，使公众能够在个人选定的时间和地点以下载、浏览或者其他方式获得。[②] 如果有证据证明网络服务提供者与他人以分工合作等

---

① 抄袭、剽窃作品的部分，也有可能产生新作品，因此抄袭、剽窃侵害复制权也可归入演绎类侵权。

② 参见《最高人民法院关于审理侵害信息网络传播权民事纠纷案件适用法律若干问题的规定》第3条。

方式共同提供作品、表演、录音录像制品，则构成共同侵权。[①]

《北京市高级人民法院侵害著作权案件审理指南》第 9.6 条对直接侵权行为进行了概括性规定：未经许可单独或者以分工合作方式共同提供作品、表演、录音录像制品的行为，属于直接侵害信息网络传播权的行为。各被告之间或者被告与他人之间具有共同提供涉案作品、表演、录音录像制品的主观意思联络，且为实现前述主观意思联络客观上实施了相应行为的，可以认定构成前款所规定情形。

因此，无论是网友还是网站经营者将他人音乐作品、音乐录音录像上传至网络平台，使其他网络用户可以随时播放、下载，上传者均构成对著作权人的直接侵权。正规的音乐网站只能通过事先的授权许可，才可以将歌曲上架至自己经营的平台。

对网友来说，自行将他人歌曲上传至自己的公众号等自媒体账号，或者通过注册的账号上传至 QQ 音乐等网络平台，供其他网友播放、下载是典型的直接侵权行为。如果将歌曲存储于自己的百度网盘等云存储空间并设置密码，他人无法进入，这种情况不属于直接侵权。理由是歌曲虽然上传至网络存储空间，但他人没有密码无法进入网盘下载。但如果将网盘地址及密码公布，则等于没有密码，则任何公众均可以进入获得歌曲，这跟将歌曲上传至网络平台供公众播放、下载没有任何区别，属于直接侵权行为。

### （二）间接侵权

我国《著作权法》没有明确规定间接侵权，实际中法院通过按照共同侵权的规则来处理。间接侵权的行为人本身并没有直接实施侵害著作权人的专有权利的行为，但是故意引诱别人实施侵犯著作权，或者明知或者应知他人即将或正在实施直接侵权而提供实质性帮助，或者为直接侵权做准备或者扩大侵权后果的行为。间接侵权包括三个构成要件：第一，须有直接侵权行为的发生；第二，须行为人主观过错；第三，须行为人有教唆、帮助行为。

---

① 参见《最高人民法院关于审理侵害信息网络传播权民事纠纷案件适用法律若干问题的规定》第 4 条。

1. 间接侵权的种类

《民法典》第1169条规定，教唆、帮助他人实施侵权行为的，应当与行为人承担连带责任。《最高人民法院关于审理侵害信息网络传播权民事纠纷案件适用法律若干问题的规定》第7条，网络服务提供者在提供网络服务时教唆或者帮助网络用户实施侵害信息网络传播权行为的，人民法院应当判令其承担侵权责任。根据前述规定，间接侵权主要包括教唆侵权和帮助侵权。

(1)教唆侵权

如果网络服务提供者以言语、推介技术支持、奖励积分等方式诱导、鼓励网络用户实施侵害信息网络传播权行为的，属于构成教唆侵权行为。①

(2)帮助侵权

如果网络服务提供者明知或者应知网络用户利用网络服务侵害信息网络传播权，未采取删除、屏蔽、断开链接等必要措施，或者提供技术支持等帮助行为的，应当认定其构成帮助侵权行为。②

(3)代位侵权

代位侵权是指行为人自身虽未实施侵害著作权的行为，但由于特定的法律关系的存在而对他人直接侵犯著作权的行为承担法律责任。③

武汉斗鱼网络科技有限公司与中国音乐著作权协会著作权权属、侵权纠纷案④中，网络主播冯某莫在斗鱼公司经营的斗鱼直播平台的直播间进行在线直播，其间冯某莫播放了歌曲《恋人心》，时长约1分10秒(歌曲全部时长为3分28秒)，直播结束后，此次直播视频被主播制作并保存在斗鱼直播平台上，观众可以通过登录斗鱼直播平台随时随地进行播放观看和分享。对于由谁来承担因涉案视频侵权而引发的侵权责任问题，中国音乐著作权协会与斗鱼公司存在观点分歧。中国音乐著作权协会认为斗鱼公司是涉案视频的权利人，应当由斗

---

① 参见《最高人民法院关于审理侵害信息网络传播权民事纠纷案件适用法律若干问题的规定》第7条。

② 参见《最高人民法院关于审理侵害信息网络传播权民事纠纷案件适用法律若干问题的规定》第7条。

③ 杨明：《"间接侵权辩"：从"百度、雅虎案"说开去》，载张平主编：《网络法律评论》(第10卷)，北京大学出版社2009年版，转引自曲三强主编：《现代著作权法》，北京大学出版社2011年版，第264页。

④ 北京互联网法院民事判决书，(2018)京0491民初935号，北京知识产权法院民事判决书，(2019)京73民终1384号。

鱼公司承担侵权责任。而斗鱼公司认为涉案视频是主播制作并上传、自动保存在平台上的，斗鱼公司是基于与主播之间的合同约定，经转让取得直播视频的著作权，整个涉案视频作品的创作过程中斗鱼公司都没有参与，视频作品也没有体现平台的意志，斗鱼公司一直都仅是作为网络技术中介服务提供商存在的。关于本案所诉侵权行为的主体是否为斗鱼公司的问题，北京互联网法院经审理认为：

首先，斗鱼平台主播不应是本案被诉侵权行为的侵权主体。根据斗鱼公司提交的《斗鱼直播协议》，主播虽然与直播平台之间不存在劳动或劳务关系，但双方约定主播在直播期间产生的所有成果均由斗鱼公司享有全部知识产权、所有权和相关权益，这里面的"所有成果"当然包括涉案视频在内的上传并存放于斗鱼直播平台的视频。虽然主播是视频的制作者和上传者，但因为主播并不享有对这些视频的知识产权和所有权，所以根据权利义务相一致的原则，其不应对视频中存在的侵权内容承担侵权责任。而相应的，既然斗鱼公司是这些成果的权利人，享有相关权益，其自然应对因该成果产生的法律后果承担相应责任。斗鱼公司认为其是受让的主播作品的知识产权，并不是涉案视频的直接制作者，所以不应担责。但从其与主播之间的协议约定上看，主播实质上是在为斗鱼公司创作作品，作品一旦完成，权利就属于斗鱼公司。不存在主播首先享有作品的知识产权再进行转让的过程。至于斗鱼公司在对外承担相应侵权责任后，如何追究主播的责任，属于斗鱼公司与主播之间的内部关系，其可以按照双方的约定另行主张。

其次，斗鱼公司并不是通常意义上的网络服务提供者。一般情况下，网络服务提供者如果仅提供的是自动接入、自动传输、信息存储空间、搜索、链接、文件分享技术等网络服务，当网络用户利用网络服务实施侵权行为的，按照《侵权责任法》①第 36 条的规定，在接到被侵权人通知后，网络服务提供者及时采取删除、屏蔽、断开链接等必要措施后，则可以免责。而斗鱼公司所有的斗鱼直播平台不同，凡在斗鱼直播平台上进行直播的主播均要与斗鱼公司签订《斗

① 2021 年《民法典》生效后，《侵权责任法》已失效。

鱼直播协议》,在协议中详细约定双方的权利义务、服务费用结算以及直播方应承担的违约责任,最重要的是约定了斗鱼公司虽不参与创作,但直播方成果的权利属于斗鱼公司,这说明斗鱼公司不仅是网络服务的提供者,还是平台上音视频产品的所有者和提供者,并享有这些成果所带来的收益,在这种情况下,虽然其在获悉涉案视频存在侵权内容后及时删除了相关视频,但也不能就此免责。

最后,海量的注册用户及直播的即时性和随意性亦不能成为斗鱼公司的免责理由。既然斗鱼公司与每一位在平台上注册的直播方约定直播方在直播期间的所有成果的全部知识产权及相关权益均由斗鱼公司享有,那么其当然应对直播成果的合法性负有更高的注意义务和审核义务。况且,海量用户的存在还会带来巨大的影响和收益,斗鱼公司不应一方面享受利益,另一方面又以直播注册用户数量庞大及直播难以监管而逃避审核、放弃监管,放任侵权行为的发生,拒绝承担与其所享有的权利相匹配的义务。因此,斗鱼公司不能援引《最高人民法院关于审理侵害信息网络传播权民事纠纷案件适用法律若干问题的规定》第8条第2款、第3款之规定免责。

综合以上三点,斗鱼公司应对其平台上的涉案视频承担相应的侵权责任,斗鱼公司对此的答辩意见,缺乏事实及法律依据。

一审判决后,斗鱼公司提起上诉,北京知识产权法院最终驳回上诉,维持原判。

2. 间接侵权的免责

网络服务提供商为公众提供的服务主要可以分为四类:

(1)网络自动接入服务

《信息网络传播权保护条例》(2013年修订)第20条规定:网络服务提供者根据服务对象的指令提供网络自动接入服务,或者对服务对象提供的作品、表演、录音录像制品提供自动传输服务,并具备下列条件的,不承担赔偿责任:①未选择并且未改变所传输的作品、表演、录音录像制品;②向指定的服务对象提供该作品、表演、录音录像制品,并防止指定的服务对象以外的其他人获得。

原告中国音乐著作权协会与被告广州网易计算机系统有限公司、北京移动通信有限责任公司侵犯著作权纠纷案①中,中国音乐著作权协会起诉称:苏某是歌曲《血染的风采》的曲作者,其已将该作品的公开表演权、广播权、录制发行权和信息网络传播权委托中国音乐著作权协会管理。现发现网易公司在其开办的某网站铃声传情项目服务中,未经作者许可,将歌曲《血染的风采》提供给移动电话用户供其音乐振铃下载使用。北京移动公司向移动电话用户提供增值服务项目,任何一个移动电话用户均可以利用其收费项目下载涉案歌曲。二被告上述商业性使用行为,构成了对作者著作权的侵害。北京移动公司辩称:北京移动公司是电信运营商,在移动服务中仅起传输管道的作用,在从事服务过程中没有过错,原告要求我公司承担民事责任没有法律依据,故不同意原告提出的诉讼请求。法院认为:

本案原告要求北京移动公司承担侵权责任,须证明北京移动公司是涉案侵权作品的发布者,或者北京移动公司对接收的信息的法律状态具有审查义务却疏于审查,或者在权利人告知其传输了侵权信息后,北京移动公司有能力剔除侵权信息而不作为。在本案中,北京移动公司设置的短信网关为接收网易公司发送的信息及向移动电话用户发送该信息提供了短信平台,它成为移动终端用户与互联网之间连接的纽带,从而实现移动电话到互联网、互联网到移动电话的双向沟通功能。北京移动公司接收的信息是由网易公司选择后发布的,北京移动公司并不对信息内容进行遴选。而网易公司向北京移动公司传输包括涉案侵权歌曲在内的生成消息是以二进制编码信息形式通过互联网发送至短信网关,在目前的实际运行中,短信网关无法对所传输的信息进行识别、记录和编辑等任何处理,亦无技术能力将已知的侵权信息予以剔除、过滤。在现有技术条件下,整个接收、传输过程均是在计算机之间进行的,在客观上是机械、全自动的。在实施信息的接收和发送行为过程中,北京移动公司在主观接受程度上始终是被动的,仅是利用自身的行业特点和经营优势提供设备,对信息的接收和传送提供了连接平台,北京移动公司因其向公众和网络公司提供

---

① 北京市第二中级人民法院民事判决书,(2002)二中民初字第3119号。

基础设备服务并因此而收取费用的行为不能成为其承担侵权责任的依据。结合本案的实际情况，如责令提供基础设备的服务商停止相关服务，则对社会公众利益和网络技术的应用与发展都是无益的。而责令侵权信息的提供者网易公司立即停止发布涉案侵权信息，足以制止侵权行为的继续。因此，北京移动公司的行为不构成对苏某著作权的侵害，原告对该公司提出的诉讼请求，本院不予支持。

(2)网络自动存储服务

《信息网络传播权保护条例》(2013 年修订)第 21 条规定，网络服务提供者为提高网络传输效率，自动存储从其他网络服务提供者获得的作品、表演、录音录像制品，根据技术安排自动向服务对象提供，并具备下列条件的，不承担赔偿责任：①未改变自动存储的作品、表演、录音录像制品；②不影响提供作品、表演、录音录像制品的原网络服务提供者掌握服务对象获取该作品、表演、录音录像制品的情况；③在原网络服务提供者修改、删除或者屏蔽该作品、表演、录音录像制品时，根据技术安排自动予以修改、删除或者屏蔽。

(3)网络信息存储服务

《信息网络传播权保护条例》(2013 年修订)第 22 条规定，网络服务提供者为服务对象提供信息存储空间，供服务对象通过信息网络向公众提供作品、表演、录音录像制品，并具备下列条件的，不承担赔偿责任：①明确标示该信息存储空间是为服务对象所提供，并公开网络服务提供者的名称、联系人、网络地址；②未改变[1]服务对象所提供的作品、表演、录音录像制品；③不知道也没有合理的理由应当知道服务对象提供的作品、表演、录音录像制品侵权；④未从

① 根据《北京市高级人民法院审理涉及网络环境下著作权纠纷案件若干问题的指导意见(一)(试行)》第 24 条规定，《信息网络传播权保护条例》第 22 条规定所称“改变”，是指对服务对象提供的作品、表演、录音录像制品的内容进行了改变。下列行为不应视为对服务对象提供的作品、表演、录音录像制品进行了“改变”：(1)仅对作品、表演、录音录像制品的存储格式进行了改变；(2)对作品、表演、录音录像加注数字水印等网站标识；(3)在作品、表演、录音录像之前或结尾处投放广告以及在作品、表演、录音录像中插播广告。

服务对象提供作品、表演、录音录像制品中直接获得经济利益[①]；⑤在接到权利人的通知书后，根据本条例规定删除权利人认为侵权的作品、表演、录音录像制品。

(4)网络搜索链接服务

链接是一种引导访问者去访问被链网站的便捷技术手段，链接本身不直接提供内容。类似于马路上的引路牌或者路标。

《信息网络传播权保护条例》(2013年修订)第23条规定，网络服务提供者为服务对象提供搜索或者链接服务，在接到权利人的通知书后，根据本条例规定断开与侵权的作品、表演、录音录像制品的链接的，不承担赔偿责任；但是，明知或者应知所链接的作品、表演、录音录像制品侵权的，应当承担共同侵权责任。

3. 通知删除规则

《信息网络传播权保护条例》(2013年修订)第14条规定，对提供信息存储空间或者提供搜索、链接服务的网络服务提供者，权利人认为其服务所涉及的作品、表演、录音录像制品，侵犯自己的信息网络传播权或者被删除、改变了自己的权利管理电子信息的，可以向该网络服务提供者提交书面通知，要求网络服务提供者删除该作品、表演、录音录像制品，或者断开与该作品、表演、录音录像制品的链接。通知书应当包含下列内容：(1)权利人的姓名(名称)、联系方式和地址；(2)要求删除或者断开链接的侵权作品、表演、录音录像制品的名称和网络地址；(3)构成侵权的初步证明材料。权利人应当对通知书的真实性负责。第15条规定，网络服务提供者接到权利人的通知书后，应当立即删除涉嫌侵权的作品、表演、录音录像制品，或者断开与涉嫌侵权的作品、表演、录音录像制品的链接，并同时将通知书转送提供作品、表演、录音录像制品的服务对象；服务对象网络地址不明、无法转送的，应当将通知书的内容同时在信息网络上

---

① 根据《北京市高级人民法院审理涉及网络环境下著作权纠纷案件若干问题的指导意见(一)(试行)》第25条规定：网络服务提供者因提供信息存储空间服务，按照时间、流量等向用户收取标准费用的，不属于《信息网络传播权保护条例》第22条第4项所称的"从服务对象提供作品、表演、录音录像制品中直接获得经济利益"。网络服务提供者因提供信息存储空间服务而收取的广告费，一般不应认定为直接获得的经济利益；网络服务提供者针对特定作品、表演、录音录像制品而投放的广告，可以根据案件的具体情况，在认定网络服务提供者是否存在过错时酌情予以综合考虑。

公告。

实践中,权利人发出的通知书可能存在一些瑕疵,如涉及大量曲目侵权时。权利人很难短时间内准确提供每一首歌曲的网址,但能够提供侵权歌曲在平台上的截图,即权利人提供了要求删除或者断开链接的侵权作品、表演、录音录像制品的名,但没有提供网络地址。平台方为了逃避责任,坚持要求权利人提供每一条链接的网址。双方往往因为此类问题争执不下。在《最高人民法院知识产权案件年度报告》(2012 年)中记载的百度公司 MP3 搜索引擎侵害著作权纠纷上诉案①中,最高人民法院认为,在著作权人已多次发送符合条件的通知,网络服务提供者对著作权人权利被侵害的事实已有一定了解的情况下,网络服务提供者不应仅因为著作权人之后发送的通知不符合相应条件就对其视而不见,而应积极与著作权人联系协商以确定如何采取合理措施;怠于采取合理措施的,应对直接侵权行为继续所导致的损失的扩大承担相应责任。

以上侵权类型的划分只是为了便于分析理解各种侵权行为,是处理分析复杂侵权问题的工具。实践中发生的侵权案件往往直接侵权和间接侵权并存,演绎类侵权和传播类侵权交错,侵犯著作财产权的同时也侵犯著作人身权。下节将具体分析几种典型的音乐版权侵权场景,既有直接侵权和间接侵权,也有同时侵害人身权和财产权,还包括演绎类侵权和传播类侵权。

## 第二节　侵权场景

如前所述,既不属于权利的限制和例外,也不符合作品的合理使用的情况,任何未经权利人许可的对作品的使用均属于侵权行为。例如,盗版专辑侵犯的是复制发行权。在未经著作权人许可的情况,使用他人音乐作品进行商业演出侵犯的是表演权,使用他人音乐作品进行网络直播使用音乐作品侵犯的是广播权,网络音乐平台未经许可上架他人歌曲侵犯的是信息网络传播权。

① 最高人民法院民事判决书,(2009)民三终字第 2 号。

本书第三章在介绍音乐作品的版权内容时，已经从各项权利内涵的角度分析了不同场景下的音乐作品版权侵权，这里不再赘述。下文着重介绍音乐版权侵权的疑难问题之一，即歌曲抄袭问题。

歌曲被指涉嫌歌曲抄袭的新闻时不时就会出现。通过网络搜索关键词“歌曲抄袭”，被曝涉嫌抄袭的主角很多是大牌的歌手和知名音乐人。有网友甚至贴出帖子，专门梳理华语乐坛涉嫌抄袭的歌曲。

由于这些知名人士的影响力，总是不可避免会引发一段时间热议或争论。歌迷的看法，专业乐评人的分析，歌手本人的回应，各方观点经过媒体的报道、自媒体的传播，互相碰撞。遗憾的是，这样的讨论最后多半不了了之。到底有没有抄袭？没有最终的答案，公说公有理，婆说婆有理。

### （一）抄袭 VS 剽窃

《著作权法》上没有“抄袭”一词。1990 年《著作权法》规定的是“剽窃、抄袭他人作品的”应当承担民事责任。2001 年修法时，有专家提出，剽窃和抄袭基本上属于同义重复，最后将“抄袭”一词删除了。《著作权法》第 52 条规定的是“剽窃他人作品的”，应当根据情况，承担停止侵害、消除影响、赔礼道歉、赔偿损失等民事责任。

因此，在《著作权法》上，剽窃的含义等同于抄袭，抄袭歌曲在法律的表述应当为剽窃他人音乐作品。在司法实践中，多数意见认为，剽窃、抄袭是将他人作品或者作品的部分据为己有。对应版权的各项子权利，剽窃、抄袭侵犯的最主要是复制权，也有可能涉及改编权，当然同时还可能包括侵犯署名权、修改权、保护作品完整权等著作人身权利。

### （二）歌曲抄袭的类型

#### 1. 抄袭歌词 VS 抄袭乐曲

流行歌曲一般都带词并能够演唱，也有少数纯乐曲。《著作权法实施条例》规定，音乐作品是指歌曲、交响乐等能够演唱或者演奏的带词或者不带词的作品。

在被指涉嫌抄袭的新闻和案例中，多数为抄袭乐曲，凡是未经允许，将外文歌曲重新填词演唱的，多半属于抄袭乐曲，少部分属于抄袭歌词。当然还有连词带曲都抄袭的。

2. 低级抄袭 VS 高级抄袭

《国家版权局版权管理司关于如何认定抄袭行为给青岛市版权局的答复》（权司〔1999〕第6号）对抄袭进行了分类："从抄袭的形式看，有原封不动或者基本原封不动地复制他人作品的行为，也有经改头换面后将他人受著作权保护的独创成份窃为己有的行为，前者在著作权执法领域被称为低级抄袭，后者被称为高级抄袭。"

低级抄袭比较容易认定，高级抄袭需经过认真辨别，尤其是歌曲抄袭，需要具备相当的音乐专业知识。在复杂抄袭案件中，法院甚至需要委托音乐专业机构或者音乐专业领域的人士参与鉴定，出具专业意见之后，方能作出正确认定。

### （三）歌曲抄袭侵权的认定

与被指涉嫌歌曲抄袭的数量之多和讨论之热烈形成鲜明对比，真正将涉嫌歌曲抄袭一方起诉至法院要个说法的案例并不多。不过，根据通过公开渠道查找到的几例歌曲侵权案件，结合其他涉及抄袭的案例，我们还是可以总结出法院对于歌曲侵权认定的标准。

1. 原告是否对涉嫌抄袭侵权的部分享有版权

有权利才有救济。原告必须证明对涉嫌侵权的部分享有版权，才可以证明侵权成立。法院在审理过程中，首先关注的问题就是原告的权利基础。如果原告对主张抄袭的部分不享有版权，则原告不适格。反之，作为被告，如果能提出被指抄袭的部分属于合理利用，或者来自公有领域等抗辩理由，即原告对涉嫌侵权的部分不享有版权，则侵权不成立。

在玛某某夫、色某玛诉北京华视伟业文化发展有限公司、佛山市顺德区孔雀廊影音电器有限公司、何某阳、广东音像出版社侵犯著作权纠纷案①中，原告认为《月亮之上》的间奏中有六个小节与《敖包相会》中六个小节相同，构成抄

① 北京海淀区人民法院民事判决书，（2007）海民初字第22960号。

袭侵权。被告则认为涉案的六个小节来自民歌《韩秀英》,不是来自《敖包相会》。

原告是否对涉嫌侵权的部分享有版权是本案的焦点问题。北京市第一中级人民法院将1952年通福的歌曲手稿与1949年版民歌《韩秀英》曲谱进行对比,认为涉案六小节中,除第三小节完全相同外,其他各小节均有较为显著的差异,所对应的曲调亦有较为显著的不同①。据此,北京市第一中级人民法院认为《敖包相会》的涉案六小节并不源于《韩秀英》,这一结论最终导致被告被确认构成侵权。

2. 抄袭侵权的构成要件

在中国法律上对于如何认定抄袭并没有现成清晰的答案。但是在司法实践中,法官不能因此而拒绝审理案件。各地法院在参照域外审判经验的基础上,逐渐接受使用了"接触+实质性相似"的标准。

在作出判决之前,法院通过审查双方提供的证据,必须回答两个问题:(1)被告是否接触过原告的作品;(2)抄袭的部分是否与原作存在实质相似性。如果这两个问题的答案都是肯定的,则构成侵权。

相比文字作品抄袭认定,同样适用"接触+实质性相似"的标准,歌曲抄袭侵权的判断一般来说难度上要更大。理由很简单,对于文字作品,毕竟普通大众和作为非音乐专业人士的法官都能阅读、理解、分析。而音乐作品,尤其是其中的乐曲部分比较抽象,如果没有音乐乐理方面专业知识,则很难对于歌曲抄袭,尤其是高级抄袭乐曲的案件作出正确判断。当然,如果是仅进行歌词抄袭部分的案件,则判断的标准几乎等同对文字作品侵权。歌词作品单独出来,本来就可以理解为文字作品。

(1)接触

接触包括实际接触和接触的可能性。一般来说,让原告拿出被告实际接触的证据难度较大。如果没有直接证据证明被告是否实际接触,法院一般根据案件的审理情况,在以下几种情况下,会直接推定被告接触了原告作品:①跟被告有密切关系的人获得了原告的作品,根据具体案情,可以推定被告通过该第三

① 北京市第一中级人民法院民事判决书,(2008)一中民终字第5194号。

人接触了原告的作品。②当被告的作品与原告的作品存在“令人吃惊的相似度”,能够达到排除被告基于巧合独立创作出如此相似作品的可能性。③原告的作品在先并且已经公开发表或出版,可以推定被告接触了原告的作品。

在王某与朱某本、中央电视台、王某之著作权侵权纠纷案[①]中,被告朱某本不承认曾经接触过原告的《送同志哥上北京》。但法院经过审理认为:

作为一名采风者去采风,必然会接触当地的一些民歌,并会着意搜集整理,庭审中也查明朱某本确实记录了一些民歌和表演唱,只是不能确定就是《送同志哥上北京》曲。根据采风的时间和当时的情况,以及《送同志哥上北京》曲和《十送红军》曲存在的一些相似之处,本院推定朱某本接触了《送同志哥上北京》曲。

在广州新月演艺经纪有限公司与王某娜、广东星文文化传播有限公司侵害著作财产权纠纷案中,法院以王某娜(艺名乌兰托娅)系歌曲《套马杆》的原演唱者,直接认定被告接触过原告新月公司主张著作权的作品《套马杆》[②]。

(2)实质性相似

如前所述,原告的权利基础、是否接触等问题一般来说比较好判断。对于实质性相似的判断是每个侵权案件审理认定的核心部分和难点。

所谓实质性相似是指涉嫌侵权的作品与原告作品相似到不解释为源于原告作品不可能有其他解释的程度。这种“令人吃惊的相似度”,能够排除被告基于巧合独立创作出的可能性。

认定是否构成实质性相似不能不采用对比的方法。在对比的内容上,需要注意,核心对比的部分是原告主张的被告作品与原告作品相同或相似的部分。如果是歌词抄袭,则对比涉嫌抄袭的歌词与原作的相似度。

在广州新月演艺经纪有限公司与王某娜、广东星文文化传播有限公司侵害

---

① 北京市海淀区人民法院民事判决书,(2003)海民初字第19213号;北京市第一中级人民法院民事判决书,(2005)一中民终字第3447号。

② 广州市中级人民法院民事判决书,(2014)穗中法知民终字第289号。

著作财产权纠纷案①中,属于歌词抄袭的案例。一审法院认定王某娜剽窃了新月公司主张权利的作品,在相似性标准上,法院认定的理由是:

第一,《新套马杆》歌名与《套马杆》基本相同。

第二,《新套马杆》与《套马杆》的表达主题上看,情景表达上均为赞美蒙古草原的辽阔壮丽,人文情感表达上均为表现草原男女相互爱恋的豪放感情。

第三,从《新套马杆》与《套马杆》整体结构上来看,两首歌曲都采用了四段式歌词结构,每段歌词包括四句,每句字数几乎完全相同,前两段的每句的起句均为"给我一片(或替换为只、匹等量词),后两段的每第一句的起句均为"套马的汉子";两首歌的歌词均使用"ang"作为歌词的韵脚。

第四,《新套马杆》与《套马杆》的歌词内容上来看,两首歌均为16句,《新套马杆》歌词总字数179字,《套马杆》歌词总字数182字,其中52个字相同。《新套马杆》第一句"给我一片蔚蓝一个相遇的方向"和《套马杆》第一句"给我一片蓝天一轮初升的太阳"比对,字数均为13个字,其中"给我一片"4个字完全相同,"蔚蓝"与"蓝天"意思相近。《新套马杆》第二句"给我一片辽阔碧绿的牧场"和《套马杆》第二句"给我一片绿草绵延向远方"比对,字数均为11个字,其中"给我一片"4个字完全相同,"绿草"与"碧绿的牧场"意思相近。《新套马杆》第三句"给我一匹烈马一种狂野的飞翔"与《套马杆》第三句"给我一只雄鹰一个威武的汉子"比对,字数均为13个字,其中"给我一匹"与"给我一只"虽量词不同,表达形式上完全相同。《新套马杆》第四句"给我一弯清澈像泉水流淌"与《套马杆》第四句"给我一个套马杆攥在他手上"比对,开头都是"给我一+(量词)"。《新套马杆》第五句"给我一朵鲜花一朵惊艳的芬芳"与《套马杆》第五句"给我一片白云一朵洁白的想象"比对,字数均为13个字,开头均采用"给我一+(量词)"的表达方式。《新套马杆》第六句"给我一种勇敢像套马一样"与《套马杆》第六句"给我一阵清风吹开百花香"比对,字数均为11个字,其中开头都是"给我一+(量词)"。《新套马杆》第七句"给我一次热烈火辣的拥抱"与《套马杆》第七句"给我一次邂逅在青青的牧场"比对,开头都是"给我一

① 广州市白云区人民法院民事判决书,(2012)穗云法知民初字第1526号。

次”。《新套马杆》第八句“给我一份感动地久天长”与《套马杆》第八句“给我一个眼神热辣滚烫”比对，字数均为10个字，开头都是“给我一+(量词)”。《新套马杆》第九句“套马的汉子飞驰在原野上”与《套马杆》第九句“套马的汉子你威武雄壮”比对，开头都是“套马的汉子”。《新套马杆》第十三句“套马的汉子飞驰在我心上”与《套马杆》第十三句“套马的汉子你在我心上”比对，均以“套马的汉子”开头，以“在我心上”结尾，9个字完全相同。《新套马杆》第十四句“我愿和你一起四处去流浪”与《套马杆》第十四句“我愿融化在你宽阔的胸膛”比对，字数均为11个字，开头都是“我愿”。

综上分析，《新套马杆》与《套马杆》在歌名、主题和表达内容等方面都基本相同，只是在词句上稍作修改，在文字表达上较为相似，该作品并未体现出与《套马杆》作品不同的个性化色彩，不具有独创性，与《套马杆》歌词构成实质性相似。故依法认定《新套马杆》是对新月公司主张权利的作品《套马杆》的抄袭，侵犯了新月公司对《套马杆》所享有的著作财产权。

二审法院认为[①]：

原审将两首涉案歌曲的歌词进行了分析比对，两者歌词的整体结构、句式相同，文字上《新套马杆》的歌词替换或修改了歌曲《套马杆》的部分文字，两首歌曲的歌曲名称、歌词表达的主题内容基本相同，两首歌曲的歌词构成实质近似，王丽娜所创作的《新套马杆》的歌词不具有独创性，故原审认定《新套马杆》的歌词是对新月公司主张权利的歌曲《套马杆》歌词作品的剽窃准确，本院对此予以确认。

在王某馨与北京华谊兄弟音乐有限公司、翁某仁、唐某恬、何某侵犯著作权纠纷案[②]中，法院认为：

---

① 广东省广州市中级人民法院民事判决书，(2014)穗中法知民终字第289号。

② 北京市朝阳区人民法院民事判决书，(2013)朝民初字第02543号。

除了歌词主题的相同,两首歌词的相同之处还表现在:歌曲名称相同以及均使用“请不要再对我 说一声 sorry”和“不要说 sorry 说惭愧”的表述。其中,歌曲名称本身属于作品的组成部分;“请不要再对我 说一声 sorry”与歌名“请不要对我说 sorry”属于相近但又有一定差异的表达,该词句在两个版本的歌词中均重复使用,在各自作品中的位置和作用亦相近,即多数处于歌曲小节的第一句,且“请不要再对我 说一声 sorry”在两个版本的歌词中均属于贯穿歌词始终的一句歌词,在整首歌词中不仅起到上下连接的作用,还起到了提纲挈领的作用,通过与歌名的呼应,突出了歌词的主题及要表达的情感;且双方歌词中均使用的“不要说 sorry 说惭愧”亦属于对歌词主题思想的进一步强调。因此,涉案歌词的名称及双方相同的上述歌词属于王某馨所创作歌词中具有独创性的表达,能够反映其创作歌词的思想的实质部分,被控侵权歌词与王某馨涉案歌词之间存在实质相同的情形。在此前提下,考虑到涉案被控侵权歌词系华谊音乐公司委托唐某恬创作、该公司曾实际接触过王某馨的涉案歌词,且唐某恬不能就在歌词中使用“请不要再对我 说一声 sorry”这一与华谊音乐公司设定的歌名“请不要对我说 sorry”存在一定差异的表达和使用“不要说 sorry 说惭愧”的词句做出合理解释,故可以推定唐某恬在创作过程中接触并使用了王某馨的涉案歌词内容,其涉案使用行为系对王某馨涉案歌词中具有独创性的实质内容的使用,属于直接将他人作品的片段据为己有的行为,构成了对王某馨涉案歌词作品的剽窃,故唐某恬创作的涉案歌词属于侵权作品。

如果是乐曲抄袭,首先需要做的是区分曲和编曲。编曲部分目前不受著作权法的保护。因此,不能直接将两首歌的编曲(或者不准确地说是伴奏部分,比如,和弦进行、音色、调式等)进行对比。在编曲不受保护的情况下,仅进行这样的对比没有太大法律意义。当然,在对旋律的细节对比后,和弦进行、音色、调式等的对比也可以作为判断抄袭与否的参照。

需要对比的核心部分应当是旋律。旋律包括旋律线和节奏。旋律线表示音高,节奏是音的长短,附带需要考虑音的强弱。在对比的方法上,需要结合细节对比和整体对比。

在广东太阳神集团有限公司与可口可乐(中国)饮料有限公司、可口可乐中国有限公司著作权侵权纠纷、不正当竞争纠纷案[①]中，中国版权研究会版权鉴定专业委员会接受法院委托出具鉴定书认为：就构成歌曲音乐作品的表现形式的基本要素考察，两首作品之间不存在使之显著区别的成分，现存的微小差别不足以使其受众感觉该两部作品是不同的作品，即两部作品是基本相同的。法院认为：

1. 雪碧广告歌"日出"与太阳神"当太阳升起的时候"主体均为两句话，四小节音节。更重要在于：第一句（1、2小节）词和曲几乎完全一样。音乐的起音、起句、弱起的节奏、旋律的走向、重复的模仿的句式和词曲的结合等均相同。虽然雪碧的广告歌"当那太阳升起的时候……"比太阳神广告歌多了个"那"字，但该字处于经过的最弱拍上，不具有明显的区别意义，对主题乐句的相同无丝毫影响。"时候"二字的时值虽有区别，仍不能改变该句的音乐形象。一般来说，音乐作品，特别是歌曲作品的第一句中的词和曲给人以最深的印象，其产生的结果是不言而喻的；

2. 第二句（3、4小节）八拍音乐中有六拍半是完全相同的，而且，就音乐形象而言，这也仅是语句的不同所产生的音乐口语化的改变，于音乐主题的风格、走向、性质无任何根本改变，更不足以使二者区分为两部不同的作品；

3. 两首作品听觉感觉雷同。无论是初次听还是多次对比听，两者的主旋律无明显的听觉区别。虽然听觉感受仅限于感性的知觉范畴，但对音乐作品的受众，即便是广告的受众来说，却是感觉的全部。而广告传媒的目的即在于给受众以鲜明的感觉。特别是调式、节奏和结构方式和情调这些因素的雷同更能给人以相同的感受。

法院最终依据该鉴定结论，认定广东太阳神公司企业歌《当太阳升起的时候》和广告歌《当太阳升起的时候》与可口可乐饮料公司、可口可乐中国公司"雪碧"产品广告中的广告歌《真我》属于雷同的作品。可口可乐饮料公司、可口可乐中国公司将《真我》在其"雪碧"产品广告中使用，构成对广东太

① 北京市高级人民法院民事判决书，(2000)高知初字第19号。

阳神公司企业歌《当太阳升起的时候》和广告歌《当太阳升起的时候》著作权的侵犯。

网络上盛传音乐圈认为“8 小节雷同即构成抄袭”或者“不超过 4 个小节不算抄袭”等说法，此种说法是否与 1933 年阿根廷《知识产权法》第 10 条有关不得而知。1933 年阿根廷《知识产权法》第 10 条规定：任何人基于科学研究、评论等目的引用他人作品，对文字作品的引用不得超过 1000 个字，对音乐作品的引用不得超过 8 小节。[①] 但此类说法在中国著作权法上找不到依据。除了前述阿根廷《知识产权法》外，在其他国家的著作权法中也很难见到相关的规定。在《敖包相会》起诉《月亮之上》案中，诉争的部分只涉及 6 个小节，法院依然判决侵权成立。

### （四）无意识抄袭

某歌手曾经在回应抄袭事件时说：“写歌就要多听歌，我每星期基本上都会听到几百首……开始集中创作的时候，就会自然而然弹琴，我也不知道为什么，就会唱出来，就继续做下去，真正的出处在哪儿，真的无处查找。”这种解释就是所谓的无意识抄袭。旋律的创作有时候就是作曲者瞬间捕捉到的灵光一闪的音符。作曲者有时候根本弄不清楚这些旋律到底是之前听过的某段旋律的变种还是自己的独创。

在美国布莱恩·图恩斯音乐公司诉哈里森案[②]中，歌曲《He's So Fine》，版权归属是布莱恩·图恩斯音乐公司。披头士乐队的主音吉他手乔治·哈里森创作了歌曲《My Sweet Lord》并于 1970 年发行。布莱恩·图恩斯音乐公司认为哈里森的《My Sweet Lord》侵犯了《He's So Fine》的版权。

法院查明并认定：乔治·哈里森接触过《He's So Fine》，理由是《He's So Fine》连续五个星期在 Billboard 排行榜占据第一位。在实质相似性上，法院认

---

① See LAW NO. 11. 723 –LEGAL INTELLECTUAL PROPERTY REGIME Courtesy translation provided by WIPO, © 2011。Article 10. Any person may publish, for didactic or scientific purposes, comments, criticisms or notes referring to intellectual works, including up to 1000 words for literary or scientific works, or eight bars in musical works and, in all cases, only the parts of the text essential for that purpose.

② 420 F. Supp. 177[1976].

为《My Sweet Lord》和《He's So Fine》除了一个段落之外，几乎相同。

但是乔治·哈里森向法官详细讲述了《My Sweet Lord》的创作过程，使法官在判决中也不得不承认他不相信乔治·哈里森故意使用了《He's So Fine》，这种使用是下意识的行为。但最后法官仍然判决乔治·哈里森构成侵权。法院解释道①：

笔者认为作曲家在搜寻符合其思想的音乐材料时，会有许多的选择可能性。当他尝试一种选择，而这种特殊的组合浮现在他的脑海时，他会很满意而且认为这可能也会使观众满意。换而言之，这种组合会起作用。为什么？因为他下意识里知道这种组合在某首他记不清楚的歌里已经发挥了作用。乔治·哈里森是否故意抄袭《He's So Fine》呢？我不认为他是故意的。然而，《My Sweet Lord》和《He's So Fine》两首歌很相似，只有歌词不同而已，而且乔治·哈里森也曾接触过《He's So Fine》。因此，尽管是下意识抄袭，根据美国《版权法》规定，也构成侵权。

目前尚未发现中国法院有涉及无意识抄袭的案例。但是，只要未经著作权人的许可，也没有法定的免责理由，擅自实施著作权专有权利控制的行为，则构成直接侵权。也就是说，在著作权直接侵权的审判中，侵权人的主观心理状态，是否具有过错，在所不问。没有主观过错，仍会构成侵权。如果在诉讼中出现类似某歌手在回应抄袭事件时所述的无意识抄袭，这种抗辩理由将很难成立，基本不会得到法院支持。

## 第三节　维权途径

### 一、权利通知

在涉及网络侵权的场合，可以首先选择发送权利通知。《北京市高级人民法院侵害著作权案件审理指南》第9.21条规定，权利人提交的通知应符合《信

---

① ［美］大卫·J.莫泽：《音乐版权》，权彦敏、曹毅搏译，西安交通大学出版社2013年版，第147页。

息网络传播权保护条例》第14条的规定。权利人提交的通知未包含被诉侵权的作品、表演、录音录像制品的网络地址,但网络服务提供者根据该通知提供的信息对被诉侵权的作品、表演、录音录像制品能够足以准确定位的,可以认定权利人发出了通知。对被诉侵权的作品、表演、录音录像制品是否能够足以准确定位,应当根据网络服务提供者提供的服务类型、权利人要求删除或者断开链接的文字作品或者表演、录音录像制品的文件类型以及作品、表演、录音录像制品的名称是否具有特定性等具体情况认定。

如果权利人发现网站未经许可提供歌曲的试听和下载,可以向网站发送权利通知书的方式维权,要求网站删除音乐作品。具体步骤如下:

### (一)查找网站的通信地址

从网络上查找到网站的网址,记下网站或经营该网站的公司的准确名称、通信地址、邮编、电话等。

有的网站主页的下端会有著作权保护声明、权利保护声明、免责声明等,已经告知如何向他们发送权利通知书,包括发送通知书的地址等,只要按照此类告知操作即可。

如果只知道公司名称,但是无法知晓具体通信地址,可以通过查找网站下端的ICP经营许可证、网络文化经营许可证、增值电信业务许可证等许可证(许可证上一般都有公司的注册地址,此种方式的缺点是当公司的注册地址和实际经营地址不一致时,有可能出现权利通知书收不到的情形)或"联系我们""诚聘英才"等链接,找寻公司的准确名称和通信地址。

总之,需要通过各种方式查询到公司的准确名称和通信地址。如果可能,最好能够查询到公司法务部或版权部联系人的姓名、联系方式。如果确实有困难,在寄出权利通知书时,也可以在收件人处直接写法务部或版权部(收)。

### (二)查找侵权情况证明

侵权情况证明主要包括侵权作品的名称、内容及作品在网站的位置、IP地址。在该网站输入自己的姓名或歌曲名称,找到被侵权歌曲的页面,将该等页面逐页剪切复制到文档并打印，以此作为侵权情况的证明。也可以自行制作歌曲名称列表，后附该等被侵权歌曲的网址，然后打印作为侵权情况的证明（此证明将作为权利通知书的附件）。

### （三）填写权利通知书

打印后附的《权利通知书》（示例一）逐项填写，也可以填写后全部打印，但是权利人签字处必须手填，不能打印。

同时准备《权利通知书》（示例一）的附件：

附件一　独立音乐人的身份证复印件一份。

附件二　著作权权属证明一份，一般是正式出版的唱片的版权页的复印件（印有 ISBN、ISRC 的那页，见以下示例。如直接复印不方便，可以先拍照，然后将照片打印。注意 ISBN、ISRC 一般字体较小，复印打印后最好能保证清晰）。

附件三　侵权情况证明。

### （四）邮寄权利通知书

按照顺序整理好权利通知书及其附件，采用 EMS 的方式按照前述查询到的地址寄出。如果查寻不到公司法务部或版权部联系人的姓名、联系方式，可以直接写法务部或版权部（收）。

另外需要注意的是，在 EMS 的内件品名处注明为权利通知书，然后保留好 EMS 快递单号，以便后续查询公司是否收到（打开 http://www.ems.com.cn/，输入邮件号查询）。将 EMS 查询结果剪切复制保存，如果后续需要提起诉讼，将其作为公司已经收到权利通知书的证据。

### （五）代为发送权利通知书

如果是独立音乐人的朋友或经纪人代为发送权利通知书，步骤基本类似，只需要稍微调整下字句，具体见《权利通知书》（示例二），除了前述的三个附件，再加上一份《授权委托书》、一份授权代理人身份证复印件即可。［调整后的《权利通知书》（示例二）以及《授权委托书》示例附后。注意：其余部分都可以打印，但是权利通知书结尾的授权代理人以及授权委托书结尾的委托人处必须由授权代理人和委托人亲笔签字。另外，以下给出的权利通知书示例仅作为参考，可以根据自己的情况自行调整]。

## 权利通知书（示例一）

致：__________公司

本人发现在__________公司（以下简称贵司）经营管理的“______”网站（网址为：______________，包括各客户端）上载有本人享有著作权的音乐作品，同时为网络用户提供试听、下载服务。

根据《著作权法》等相关法律、法规的规定，“______”网站上的上传上述音乐作品并为网络用户提供在线试听、下载服务的行为侵犯了本人音乐作品的信息网络传播权。

本人作为权利人要求贵司：

1. 在没有取得授权许可的情况下，立即删除______________网站上的上述音乐作品（具体见附件三）。如果贵司拒不删除，权利人将通过一切合法手段维护自身合法权益，由此产生的一切不利后果均应由贵司承担。

2. 如果贵司需要取得授权许可，可以与本人联系商谈。

联系邮箱：

权利人（签字）：

年 月 日

附件一：权利人身份证明（略）

附件二：著作权权属证明（略）

附件三：侵权情况证明（略）

## 权利通知书(示例二)

致:__________公司

本人作为______的授权代理人发现在__________公司(以下简称贵司)经营管理的“______”网站(网址为______________,包括各客户端)上载有__________享有著作权的音乐作品,同时为网络用户提供试听、下载服务。

根据《著作权法》等相关法律、法规的规定,“__________”网站上的上传上述音乐作品并为网络用户提供在线试听、下载服务的行为侵犯了音乐作品的信息网络传播权。

作为权利人要求贵司:

1. 在没有取得授权许可的情况下,立即删除__________上的上述音乐作品(具体见附件四)。如果贵司拒不删除,权利人将通过一切合法手段维护自身合法权益,由此产生的一切不利后果均应由贵司承担。

2. 如果贵司需要取得授权许可,可以与授权代理人联系商谈。

联系邮件:

授权代理人(签字):

年 月 日

附件一:授权委托书(略)

附件二:权利人身份证明、授权代理人身份证明(略)

附件三:著作权权属证明(略)

附件四:侵权情况证明(略)

早在2007年国家版权局发布了国家版权局公告〔2007〕1号,制定《要求删除或断开链接侵权网络内容的通知》及《要求恢复被删除或断开链接的网络内容的说明》的示范格式。其中,要求删除或断开链接侵权网络内容的通知示范格式如下（见表5）[①]：

① 同时，公告对于如何填写进行了详细说明：（1）《要求删除或断开链接侵权网络内容的通知》是国家版权局依据《信息网络传播权保护条例》的有关规定制定的指导性格式范本，仅向社会推荐使用。（2）通知中带“*”的栏目为必填事项。（3）“网络服务提供者”，指从事网络信息存储空间服务或网络搜索、链接服务的网络服务提供者。作为本通知的接受方，网络服务提供者的相关信息，如通信地址、邮编、域名、E-Mail、电话、传真等可以通过互联网检索获得。权利人可以通过“IP WHOIS数据库”网站或者其他提供IP地址查询服务的网站查询涉嫌侵权网站及网络服务提供者的相关信息。（4）“域名”，是信息网络上识别和定位计算机的层次结构式的字符标识，与该计算机的互联网协议（IP）地址相对应，在信息网络上代表某个企业、机构或个人。域名的形式是以若干个英文字母和数字组成，由“.”分隔成几部分。如www. sina. com. cn等。（5）“权利人或代理人”，包含自然人、法人和其他组织。权利人委托代理人发出通知的，代理人必须向网络服务提供者出示权利人的委托书。代理人发出的每个不同的通知均需获得权利人的分别授权。（6）“有效证件”，包括自然人的身份证、护照，法人的工商营业执照，其他组织相应的执照等。填写有效证件号码需同时注明证件类型，并将证件的复印件作为本通知的附件一并提供。（7）“电话”，必须填写固定电话号码，可同时填写移动电话号码。（8）“侵权网站”，是指权利人认为未经合法授权，在信息网络上传播其作品、表演、录音录像制品，侵犯权利人的信息网络传播权或者删除改变其权利管理电子信息的网站。（9）“备案号或许可证号”，指根据《互联网信息服务管理办法》第4条的规定，非经营性互联网信息服务提供者向国家信息产业主管部门进行备案的登记号码；或经营性互联网信息服务提供者向国家信息产业主管部门申请信息服务的许可文件号码。备案号或许可证号一般会在网站首页底部显示，登陆信息产业部ICP-IP地址信息备案管理系统可查询验证其真实有效性，网址为：www. miibeian. gov. cn。（10）“IP地址”，指以数字形式显示信息网络上计算机终端的地址。按照TCP/IP协议（传输控制协议/Internet协议）规定，它是一串4组由圆点分割的数字组成的，其中每一组数字都在0～256之间，如202. 202. 96. 33就是一个主机服务器的IP地址。IP地址可以通过IP WHOIS数据库等IP地址查询服务的网站查询。（11）“侵权内容”，指权利人认为侵犯其信息网络传播权或者删除改变其权利管理电子信息的作品、表演、录音录像制品。（12）“侵权内容网页地址”，指权利人提出的侵权作品所在的具体网络地址。即浏览器顶部地址框中显示的信息。该信息对应网络内容的位置。如“http://news. sina. com. cn/c/l/2007-01-21/223712097641. shtml”就是一个具体的网页地址。（13）“侵权事实及证明材料”，侵权事实，指侵犯权利人信息网络传播权或者删除改变其权利管理电子信息的客观情况。证明材料包括侵权的物证、书证及著作权人的权属证明等。权属证明包括著作权登记证书（号）、首次出版的出版物版权页、授权证明、代理人授权委托书等证明文件。填写证明材料应以附件的形式提供证明性文件的原件或复印件。（14）“通知要求”，指发出本通知的一方向接受通知一方提出的需要履行的具体事项。包括立即删除或断开链接侵权网络内容等事项。（15）“权利人或代理人签名（盖章）”，自然人签名或使用名章；法人加盖公章，并由法定代表人或相关负责人签字。

**表 5　要求删除或断开链接侵权网络内容的通知(示范格式)**

<table>
<tr><td rowspan="4">网络服务提供者</td><td>名称 *</td><td colspan="4"></td></tr>
<tr><td>通信地址</td><td colspan="2"></td><td>邮编</td><td></td></tr>
<tr><td>域名</td><td></td><td>E-mail</td><td colspan="2"></td></tr>
<tr><td>电话</td><td></td><td>传真</td><td colspan="2"></td></tr>
<tr><td rowspan="5">权利人</td><td>姓名/名称 *</td><td></td><td>有效证件 *<br>(复印件附后)</td><td colspan="2"></td></tr>
<tr><td>法定代表人 *</td><td colspan="4"></td></tr>
<tr><td>通信地址 *</td><td colspan="2"></td><td>邮编 *</td><td></td></tr>
<tr><td>联系人 *</td><td></td><td>电话 *</td><td colspan="2"></td></tr>
<tr><td>E-mail *</td><td></td><td>传真</td><td colspan="2"></td></tr>
<tr><td rowspan="5">代理人</td><td>姓名/名称 *</td><td></td><td>有效证件 *<br>(复印件附后)</td><td colspan="2"></td></tr>
<tr><td>法定代表人 *</td><td colspan="4"></td></tr>
<tr><td>通信地址 *</td><td colspan="2"></td><td>邮编 *</td><td></td></tr>
<tr><td>联系人 *</td><td></td><td>电话 *</td><td colspan="2"></td></tr>
<tr><td>E-mail *</td><td></td><td>传真</td><td colspan="2"></td></tr>
<tr><td rowspan="4">侵权网站</td><td>名称 *</td><td colspan="4"></td></tr>
<tr><td>域名 *</td><td></td><td>备案号或<br>许可证号</td><td colspan="2"></td></tr>
<tr><td>IP 地址 *</td><td></td><td>电话</td><td colspan="2"></td></tr>
<tr><td>E-mail</td><td></td><td>传真</td><td colspan="2"></td></tr>
<tr><td colspan="2">侵权内容 *</td><td colspan="4"></td></tr>
<tr><td colspan="2">侵权内容网页地址 *</td><td colspan="4"></td></tr>
<tr><td colspan="2">侵权事实及证明材料 *</td><td colspan="4"></td></tr>
<tr><td colspan="2">通知要求 *</td><td colspan="4"></td></tr>
<tr><td colspan="2">保证声明</td><td colspan="4">通知人保证本通知内容的真实性,并对此承担法律责任</td></tr>
<tr><td colspan="2">权利人(或其代理人)<br>签名(盖章) *</td><td colspan="4">年　　月　　日</td></tr>
<tr><td colspan="2">备注</td><td colspan="4"></td></tr>
</table>

## 授权委托书

委托人______（身份证号：________________）特此授权______（身份证号：________________）作为代理人，全权处理委托人与________________网站之间关于侵犯音乐作品信息网络传播权相关事宜。

代理人的代理权限范围包括但不限于：发送权利通知书；调查、取证；进行谈判、和解、调解；签订授权许可文件；提交和收取有关法律文书。

代理人在上述代理权限范围内签署的有关文书，委托人均予以承认，并承担法律责任。

特此授权。

委托人（签字）：

年　月　日

## 二、律师函

有时候单纯发送权利通知书威慑力不够，侵权方可能置之不理。所以权利人也可以直接选择委托律师发送律师函。一般情况下，侵权方收到律师函都会积极应对，或停止侵权行为，或联系权利人协商解决赔偿。很少有侵权方收到律师函后完全无视，继续进行侵权活动。一般情况下，既然权利人已经委托了律师发送律师函，则表示其维权的态度比较坚定。如果侵权方再置之不理，则其被起诉的可能性极大。

发送律师函，需要与律师事务所签订委托协议，并支付律师费。律师费少则数千元，多则上万元。因此，在确定维权前也需考虑相应的成本。在发送律师函前，如需要求赔偿，可委托律师进行取证。否则律师函发出后，侵权方删除了侵权内容，后续再要求赔偿，则无法证明侵权事实。

委托律师发送律师函，并非简单地将侵权的基本情况告知律师。靠谱的律师会要求权利人提供其享有版权的证明文件，如下节所述的合法出版物、著作权登记证书、合同等。律师在核查权利人权属文件、侵权事实均属实的情况下才会接受委托,草拟并发送律师函。本质上,律师函是由律师代为草拟并以律师名义发出的正式的权利通知。

## 三、诉讼

在发送权利通知或律师函后,如果侵权方依然置之不理,则可以选择以诉讼的方式维权。

### (一)管辖法院

选择诉讼方式维权时,首先需要解决管辖问题,也就是向哪个法院提起诉讼的问题。

1. 地域管辖

根据地域管辖原则的基本要求,《民事诉讼法》第 28 条规定,因侵权行为引起的诉讼侵权行为地或者被告住所地人民法院管辖。结合《最高人民法院关于适用〈中华人民共和国民事诉讼法〉的解释》第 24 条的规定,侵权行为地,包括侵权行为实施地、侵权结果发生地。

假设我们发现主办方在举办的演唱会上未经许可表演著作权人的词曲作品。主办方是一家注册在北京市朝阳区的公司,该演唱会在江苏省南京市建邺区举办。根据上述规定,我们可以向被告住所地即北京市朝阳区有管辖权的人民法院起诉,也可以向侵权行为地即江苏省南京市建邺区有管辖权的人民法院起诉。如果演唱会是多家公司共同主办,则除了选择侵权行为地外,还可以向多家公司中的其中一家公司的住所地有管辖权的人民法院起诉。

《最高人民法院关于审理著作权民事纠纷案件适用法律若干问题的解释》第 4 条规定,因侵害著作权行为提起的民事诉讼,由《著作权法》第 47 条、第 48 条所规定侵权行为的实施地、侵权复制品储藏地或者查封扣押地、被告住所地人民法院管辖。前款规定的侵权复制品储藏地,是指大量或者经营性储存、隐匿侵权复制品所在地;查封扣押地,是指海关、版权等行政机关依法查封、扣押侵权复制品所在地。

因此,假设我们发现制作销售盗版专辑、DVD 的侵权行为,该制作公司住所地在广州市天河区,制作的大部分盗版专辑存放在位于广州市越秀区的库房，盗版专辑在深圳市南山区销售时被版权局查封。根据上述司法解释，我们可以向被告住所地即广州市天河区有管辖权的人民法院起诉，也可以向侵权复制品储藏地即广州市越秀区有管辖权的人民法院起诉，还可以向查封扣押地深圳市南山区有管辖权的人民法院起诉。

针对网络侵权行为，《最高人民法院关于适用〈中华人民共和国民事诉讼法〉的解释》第25条规定，信息网络侵权行为实施地包括实施被诉侵权行为的计算机等信息设备所在地，侵权结果发生地包括被侵权人住所地。《最高人民法院关于审理侵害信息网络传播权民事纠纷案件适用法律若干问题的规定》第15条规定，侵害信息网络传播权民事纠纷案件由侵权行为地或者被告住所地人民法院管辖。侵权行为地包括实施被诉侵权行为的网络服务器、计算机终端等设备所在地。侵权行为地和被告住所地均难以确定或者在境外的，原告发现侵权内容的计算机终端等设备所在地可以视为侵权行为地。

可以看出，在涉及网络侵权的案件中，除了侵权行为地和被告住所地法院有管辖权外，被侵权人住所地即原告住所地的法院也有管辖权。例如，在中国音乐著作权协会与咪咕音乐有限公司著作权权属、侵权纠纷案[①]中，原告中国音乐著作权协会与涉案歌曲作者签订的《音乐著作权合同》。被告在未征得作者及原告许可和支付相关著作权使用费的情况下，擅自在其网站（http://www.music.migu.cn）上使用原告管理的涉案歌曲，提供在线播放和下载服务。原告中国音乐著作权协会向北京市东城区人民法院提起诉讼。被告咪咕公司在提交答辩状期间提出管辖权异议，认为本案应当由被告住所地成都市高新技术产业开发区人民法院管辖。北京市东城区人民法院认为：

本案属于侵害作品信息网络传播权的侵权之诉，应当按照法律及相关司法解释关于侵权纠纷的规定确定管辖。《民事诉讼法》第28条规定，因侵权行为提起的诉讼，由侵权行为地或者被告住所地人民法院管辖。《最高人民法院关于适用〈中华人民共和国民事诉讼法〉的解释》（以下简称《民诉法解释》）第24条规定，侵权行为地包括侵权行为实施地、侵权结果发生地。《民诉法解释》第

① 北京市东城区人民法院民事判决书，（2017）京0101民初14428号。

25 条进一步明确规定，信息网络侵权行为实施地包括实施被诉侵权行为的计算机等信息设备所在地，侵权结果发生地包括被侵权人住所地。据此，信息网络侵权行为的被侵权人住所地人民法院作为侵权结果发生地人民法院对该类案件具有管辖权。《民事诉讼法》第 35 条规定，两个以上人民法院都有管辖权的诉讼，原告可以向其中一个人民法院起诉；本案中，原告中国音乐著作权协会作为被侵权人有权选择向其住所地人民法院提起本案诉讼。经查，本案原告中国音乐著作权协会的住所地位于北京市东城区东单三条 33 号京纺大厦 5 层，故本院对本案具有管辖权。被告咪咕公司提出的管辖异议与事实情况不符，且无法律依据，本院不予支持。

音乐著作权人可根据具体的侵权情形，充分考虑诉讼成本、司法环境等因素，选择到自身有利的法院提起诉讼。一般情况下就近不就远，能选择近的法院就不选远的法院，能选择发达地区的法院就不选欠发达地区的法院。笔者在代理的一起线下演出侵害表演权案件中，该场演出由三家公司联合主办，其中第一家公司住所地是霍尔果斯市，第二家公司住所地在浙江省杭州市萧山区，第三家公司住所地在郑州市管城区。演出地在河南省洛阳市洛龙区。按照法律规定，上述四个地区的法院均有管辖权。霍尔果斯市位于新疆伊犁，过于遥远。从时间成本和交通成本上不利于原告。剩余的三地，相对而言，杭州市属于经济更为发达的地区。知识产权案件的审理专业性较强，经济发达地区的知识产权案件更多，当地法院的法官也相对更加专业。最终，笔者建议当事人到杭州市萧山区人民法院提起诉讼。

2. 级别管辖

实际上单通过地域管辖，我们依然不能确定向哪一个法院起诉。《民事诉讼法》第 17 条规定，基层人民法院管辖第一审民事案件，但本法另有规定的除外。《最高人民法院关于审理著作权民事纠纷案件适用法律若干问题的解释》第 2 条规定，著作权民事纠纷案件，由中级以上人民法院管辖。各高级人民法院根据本辖区的实际情况，可以报请最高人民法院批准，由若干基层人民法院管辖第一审著作权民事纠纷案件。

目前在我国部分经济较为发达的地区，当地高级人民法院指定部分基层人民法院有权审理著作权纠纷。就前述举例的主办方在举办的演唱会上未经许可表演著作权人的词曲作品来说，主办方注册地在北京市朝阳区，演唱会在江苏省南京市建邺区举办。北京市高级人民法院和江苏省高级人民法院规定了北京市朝阳区人民法院和南京市建邺区人民法院有关审理辖区内著作权一审案件。因此，我们可以选择向北京市朝阳区人民法院或江苏省南京市建邺区人民法院提起诉讼。

2014 年 8 月，全国人民代表大会常务委员会决定在北京、上海、广州设立知识产权法院①，随后，最高人民法院就北京、上海、广州知识产权法院案件的管辖作出了司法解释。《最高人民法院关于北京、上海、广州知识产权法院案件管辖的规定》第 3 条规定，北京市、上海市各中级人民法院和广州市中级人民法院不再受理知识产权民事和行政案件。第 6 条规定，当事人对知识产权法院所在市的基层人民法院作出的第一审著作权、商标、技术合同、不正当竞争等知识产权民事和行政判决、裁定提起的上诉案件，由知识产权法院审理。因此，如果选择北京市朝阳区人民法院作为一审法院，北京市朝阳区人民法院做出一审判决或裁定后，只能上诉至北京知识产权法院。而如果选择南京市建邺区人民法院作为一审法院。南京市尚未建立专门的知识产权法院，仅在南京市中级人民法院内部建立了知识产权法庭，因此不服南京市建邺区人民法院一审判决或裁定，应上诉至南京市中级人民法院进行二审审理。

2017 年至 2018 年，我国分别在北京、杭州、广州设立了互联网法院。根据《最高人民法院关于互联网法院审理案件若干问题的规定》第 2 条，北京、广州、杭州互联网法院集中管辖所在市的辖区内应当由基层人民法院受理的在互联网上首次发表作品的著作权或者邻接权权属纠纷，在互联网上侵害在线发表或者传播作品的著作权或者邻接权而产生的纠纷的第一审案件。

因此，如果权利人的住所地在北京市、杭州市、广州市，结合前述地域管辖所述的网络侵权案件，侵权结果发生地包括被侵权人住所地。涉及通过互联网侵权音乐作品、录音录像制品等著作权、表演者权、录音录像制作者权等，可起诉至当地的互联网法院。

---

① 参见《全国人民代表大会常务委员会关于在北京、上海、广州设立知识产权法院的决定》。

### （二）诉讼时效

2017年10月1日施行的《民法总则》将诉讼时效统一改为3年，其第188条规定：向人民法院请求保护民事权利的诉讼时效期间为3年。法律另有规定的，依照其规定。诉讼时效期间自权利人知道或者应当知道权利受到损害以及义务人之日起计算。2021年1月1日生效的《民法典》第188条作出相同的规定。

根据2020年的《最高人民法院关于审理著作权民事纠纷案件适用法律若干问题的解释》第27条规定，侵犯著作权的诉讼时效为3年，自著作权人知道或者应当知道侵权行为之日起计算。权利人超过3年起诉的，如果侵权行为在起诉时仍在持续，在该著作权保护期内，人民法院应当判决被告停止侵权行为；侵权损害赔偿数额应当自权利人向人民法院起诉之日起向前推算3年计算。

在《民法典》规定诉讼时效为3年的背景下，根据上述司法解释的精神，对于持续侵权的，如果超过3年的诉讼时效期间起诉，法院可以判决被告停止侵权，侵权损害赔偿数额可按照起诉之日起向前推算3年计算。

### （三）诉前禁令

《著作权法》第56条规定，著作权人或者与著作权有关的权利人有证据证明他人正在实施或者即将实施侵犯其权利、妨碍其实现权利的行为，如不及时制止将会使其合法权益受到难以弥补的损害的，可以在起诉前依法向人民法院申请采取财产保全、责令作出一定行为或者禁止作出一定行为等措施。由于诉前禁令是在案件尚未审理之前依照权利人的“一面之词”作出，法院的审查相对比较严格。在审查权利人的诉前禁令申请时，一般会考虑原告胜诉的可能性、是否有其他充分的法律救济手段、是否会导致无法弥补的损失、是否会危及公共利益、是否提供了相应的担保等要素进行综合判断。诉前禁令涉及的侵权具有紧迫性，法律规定如果法院审查后认为符合法定条件的，应在48小时内作出书面裁定，责令被申请人立即停止侵权行为。

北京鸟人艺术推广有限责任公司与汤某军签订经纪约，汤某军成为公司专属签约艺人，同时约定北京鸟人艺术推广有限责任公司对歌曲《狼爱上羊》享有无期间限制的专有使用权。后双方还签订了《歌曲作品目录及权属确认书》,约定北京鸟人艺术推广有限责任公司享有汤某军创作的《爱大了受伤了》等 12 首歌曲的著作财产权。北京鸟人艺术推广有限责任公司发现举办方北京华夏弘扬国际文化艺术有限公司拟于 2010 年 5 月 15 日在北京展览馆剧场举办《狼行天下》汤某军个人演唱会,公布的演唱曲目中包括了北京鸟人艺术推广有限责任公司享有权利的 13 首歌曲。北京鸟人艺术推广有限责任公司在演唱会开始前立即申请诉前禁令。北京市第二中级人民法院经审理后 2010 年 5 月 13 日做出国内首个针对演唱会的诉前禁令,禁止汤某军在《狼行天下》演唱会中演唱《狼爱上羊》等 13 首歌曲。[①]

但在 5 月 15 日北京展览馆举办的这场演唱会中,汤某军和华夏弘扬公司没有执行法院的裁定,而是按照事前公布的节目单进行表演,其中《狼爱上羊》《爱大了受伤了》《愤怒的情人》等 9 首歌曲属于法院禁唱令中的内容。法院认为汤某军和华夏弘扬公司拒不执行法院生效判决、裁定已经构成妨害民事诉讼,决定对汤某军处以 1 万元罚款,对主办方北京华夏弘扬国际文化艺术有限公司处以 20 万元罚款。[②]

在涉及表演权的侵权中,事前发现举办方即将侵权依赖于侵权方提前公布的曲目单,有时候存在取证困难问题。而在侵害信息网络传播权的案件中则不同,只要歌曲发布到网络平台,即可立即着手取证,相对比较容易。实践中涉及的绝大多数信息网络传播侵权案中,涉及的曲目庞大,不申请诉前禁令,等待诉讼程序结束往往需要一两年的时间,权利人的损失无法挽回,这时候权利人往往会申请诉前禁令。如在深圳市腾讯计算机系统有限公司诉广州网易计算机系统有限公司、网易(杭州)网络有限公司、杭州网易雷火科技有限公司音乐版权侵权案[③]中,涉案的曲目 600 多首,深圳市腾讯计算机系统有限公司向武汉市中级人民法院申请诉前禁令。武汉市中级人民法院认为:

---

① 崔宁、王安勤:《中院开出国内首个诉前“禁唱令”》,载北京法院网,http://bjgy.chinacourt.gov.cn/article/detail/2010/06/id/876662.shtml。

② 《拒不执法“禁唱令” 〈狼爱上羊〉演唱者汤某军被处 1 万元罚款》,载中国法院网,https://www.chinacourt.org/article/detail/2010/06/id/414665.shtml。

③ 湖北省武汉市中级人民法院民事裁定书,(2014)鄂武汉中知禁字第 5 号、第 5-1 号、第 5-2 号。

腾讯公司对上述623首音乐作品依法享有信息网络传播权,五被申请人以互联网络、移动手机"网易云音乐"畅听流量包、内置"网易云音乐"移动手机客户端等方式,向公众大量提供涉案音乐作品,该行为涉嫌侵犯腾讯公司对涉案音乐作品依法享有的信息网络传播权,且被申请人向公众提供的音乐作品数量较大,造成了腾讯公司巨大的经济损失。在网络环境下,该行为如不及时禁止,将会使广州网易不当利用他人权利获得的市场份额进一步快速增长,损害了腾讯公司的利益,且这种损害将难以弥补,理应禁止各被申请人通过网络传播623首音乐作品涉嫌侵权部分的行为。

法院据此裁定发布诉前禁令措施,要求各被告于裁定生效之日起立即停止向公众提供涉案623首音乐作品的行为。

需要注意的是,权利人在申请诉前禁令时,有必要根据具体侵权的情形评估是否有必要申请诉前禁令。如果属于即便经过审理,法院也很有可能判决不停止侵权的情形①,如影视剧背景音乐类侵权,举重以明轻,则尚未审理前让法院做出诉前禁令的可能也就很小了。

## 第四节　原告的举证

### 一、原告身份的证明

原告如果要想胜诉,首先需要证明自己的主体身份。自然人的身份证明通常是身份证,法人或其他主体的身份证明是营业执照。但仅证明原告是具有民事行为的主体是不够的,适格的原告是对涉案作品享有合法权利的主体。如在广东大圣文化传播有限公司与王某成、王某星、王某燕侵犯著作权纠纷案②中,被告大圣公司主张,原告已经加入中国音乐著作权协会,不再具有起诉的主体资格。最高人民法院提审认为:

① 构成侵权法院却没有判决停止侵害的情形见下节民事责任部分的论述。

② 最高人民法院民事判决书,(2008)民提字第57号。

《著作权集体管理条例》第20条规定："权利人与著作权集体管理组织订立著作权集体管理合同后，不得在合同约定的期限内自己行使或者许可他人行使合同约定的由著作权集体管理组织行使的权利。"根据该规定，音乐作品的著作权人将著作权中的财产权利授权中国音乐著作权协会管理之后，其诉讼主体资格是否受到限制，取决于其与中国音乐著作权协会订立的著作权集体管理合同是否对诉权的行使作出明确的约定。因本案王某成等在其与中国音乐著作权协会的合同中未对诉权问题作出约定，故其行使诉权不应受到限制。原审法院认定王某成等具有诉讼主体资格并无不当。大圣公司提出的王某成等不符合诉讼主体资格的理由，本院不予支持。

## 二、原告权属的证明

在确定原告的主体身份后，还需要确定原告系相关作品、制品的合法权利人。《最高人民法院关于审理著作权民事纠纷案件适用法律若干问题的解释》第7条规定："当事人提供的涉及著作权的底稿、原件、合法出版物、著作权登记证书、认证机构出具的证明、取得权利的合同等，可以作为证据。"

### （一）底稿原件

对音乐作品而言，底稿、原件是指音乐人创作音乐作品的原始记录，比如单纯的歌词底稿、原件，单纯的简谱或五线谱底稿、原件，附有和弦进行和歌词的底稿、原件，附有简谱或五线谱及歌词的底稿、原件等。但是，大多音乐人创作音乐作品时很少写谱，甚至很多创作者不识谱，同时没有其他证据，底稿的真伪很难辨别。因此，司法实践中，运用书面底稿或原件作为证据的情况不多。

### （二）合法出版物

就涉及音乐作品的出版物来说，常见的包括CD、DVD等音像制品，也包括吉他谱等乐谱类书籍。

国家对于制作、出版、发行音像制品和图书实行许可制度。判断音像制品

是否是合法出版物,可以从以下几个方面综合考虑:

1. 包装标识信息是否完备

《音像制品管理条例》(2016 年修订)第 12 条第 1 款规定:“音像出版单位应当在其出版的音像制品及其包装的明显位置,标明出版单位的名称、地址和音像制品的版号、出版时间、著作权人等事项;出版进口的音像制品,还应当标明进口批准文号。”《文化部关于严厉打击违法进口音像制品的通知》第 2 条规定:“进口境外(含我国港澳台地区)音像制品,必须经文化部批准。未经文化部批准进口的音像制品,一律为违法音像制品。

据此,可以查看 CD、DVD 等音像制品封套、内页、盘面上是否标明出版单位的名称、地址和音像制品的版号、出版时间、著作权人等事项,同时注意封套、内页、盘面各处标识是否一致。如果是进口音像制品,还应该标明进口批准文号。

例如,李志专辑《李志、电声与管弦乐》,封套背面、歌词页、盘面均标明了出版发行北京电视艺术中心音像出版社有限公司,在歌词页每首歌曲的歌词附近均标明的每首歌曲的相应的版号,如第 12 首歌曲《回答》的版号为 CN-C07-17-00402。封套正面右上角注明“2017 年限量发行”,封套背面及歌词页末页均注明:“本专辑所有录音制品之录音制作者权、表演者权归李志所有,未经授权,不得使用”,歌词内页均注明了每首歌曲的词曲作者。

2. 是否有 SID 码

《音像制品管理条例》(2016 年修订)第 25 条规定:“从事光盘复制的音像复制单位复制光盘,必须使用蚀刻有国务院出版行政主管部门核发的激光数码储存片来源识别码的注塑模具。”新闻出版署《关于实施激光数码储存片来源识别码(SID 码)的通知》(新出联〔1995〕15 号)第 5 条规定:“从 1995 年 11 月 1 日起,凡在市场上公开销售没有 SID 码的激光数码储存片(经国家批准进口的音像制成品及电子出版物的单位进口的有特殊标记的激光数码储存片除外),一律作为非法出版物,依法予以收缴。”

因此,对于 1995 年 11 月 1 日之后公开出版的音像制品,可以查看盘片内圈是否有来源识别码(Source Identification Code 即 SID 码)。来源识别码是通过对激光数码储存片注塑模具定模镜面板规定位置进行蚀刻的方式,压制在激光数码储存片表面的一组四位数编码。前两位为厂名代码,后两位为模具编号。这组编码也叫作模具 SID 码,一般位于盘片内圈的塑料片上。通过查看是否有 SID 码可以判断是否属于合法出版物。

例如,李志专辑《李志、电声与管弦乐》在盘片内圈的塑料片位置标明的模具 SID 码为 ifpiX422。另外,在该专辑的盘片内圈数据区导入处,即银色或金色区域内圈的起始处,还有一组编码 IFPILC20 是母盘 SID 码。① 不过也有的正版专辑盘片上没有母盘 SID 码,只在盘片内圈的塑料片位置标明一个模具 SID 码。

3. 是否具有书号及条形码

根据《中国标准书号》(GB/T5785—2006)及《中国标准书号使用手册》的相关规定,在中国大陆所有正式出版、发行的音像制品或电子出版物,均应使用中国标准书号作为出版物标识。中国标准书号在出版物外装帧面和载体标识面上表示为条形码。例如,李志专辑《李志、电声与管弦乐》封套背面、盘面均标明书号为 ISBN 978-7-88330-362-6,并附有条形码。

广东高级人民法院根据法律法规针对如何认定正版音像制品作出具体规定,如《广东省高级人民法院关于审理侵害影视和音乐作品著作权纠纷案件若干问题的办案指引》(粤高法发〔2012〕42 号)在第 1 条关于影视作品著作权权利基础的审查中规定:在侵害著作权诉讼中,权利人提供的音像制品合法出版物和经国家版权局认可的版权认证机构出具的认证材料,可以作为确定权利人主体资格的证据。人民法院对权利人提供的音像制品是否为合法出版物仅作形式审查,权利人不承担提交音像制品正版鉴定结论的举证责任。被控侵权人抗辩主张权利人提交的音像制品系盗版的,应就其抗辩主张承担举证责任。正版音像制品是指经合法渠道获得版权并由在文化部登记在册的合法音像出版发行机构出版发行的音像制品。在侵害著作权诉讼中,人民法院通过形式审查识别正版音像出版物时,应审查是否有合法的音像出版社及发行人信息;音像

① 每一个母盘 SID 码(Mastering SID Code)对应一个独立的母盘刻录的激光头。母盘 SID 码设置在激光头的 FIRMWARE 里,在母盘生成时,该编码将直接刻录于母盘之上。母盘 SID 码是用来鉴别光盘制作源的。

制品及包装物上是否标明了出版单位的名称、地址、音像制品的版号、出版时间、责任编辑、著作权人、条形码及进口批准文号等;光盘上是否标注有来源识别码(SID码)以及SID码是否被以磨蚀、伪造、覆盖等手法人为破坏,等等。

当然,现实中有些音像出版单位没有严格执行上述规定,标识没有完整标明,能否作为证据使用,需要根据个案具体情况和其他证据综合分析判断。司法实践中,法院对权利人提供的音像制品是否为合法出版物仅作形式审查,权利人不承担提交音像制品正版鉴定结论的举证责任。如果被控侵权人抗辩主张权利人提交的音像制品系盗版的,应就其抗辩主张承担举证责任。

乐谱类书籍能否作为著作权权属证明,主要取决于该乐谱是否属于合法出版物。合法出版的书籍都有个统一编号即中国标准书号。根据《中国标准书号》(GB/T5785—2006)及《中国标准书号使用手册》的相关规定,中国标准书号应当同时印刷在书籍的版本记录页和封底。因此,对于乐谱类书籍是否为合法出版物,则可以通过中国标准书号来认定。

在深圳市声影网络科技有限公司与深圳市喜喜饮食娱乐有限公司著作权权属、侵权纠纷案①中,原告提交的由九洲音像出版公司出版的出版物,包装盒正面均显示有"九洲音像出版公司出版,深圳市声影网络科技有限公司版权所有"字样;封底均显示有"版权人:深圳市声影网络科技有限公司……版权所有,翻版必究;未经版权人深圳市声影网络科技有限公司许可,任何单位和个人不得使用;如有非法复制侵权使用,版权人依法追究责任"字样,并附有ISBN码。被告辩称其在中国版本图书馆ISBN中心无法查询到相应的出版信息,据此认为涉案出版物并非合法出版物。对此,法院认为:

> ISBN编码是由出版社向ISBN中心申请获得的,ISBN中心并不具备穷尽检索ISBN编码的功能,被告在该中心未能检索到涉案出版物的ISBN编码并不能证明该出版物是非法出版物,对于被告的抗辩意见,本院不予采纳。

### (三)著作权登记证书

根据《最高人民法院关于审理著作权民事纠纷案件适用法律若干问题的解

① 广东省深圳市罗湖区人民法院民事判决书,(2019)粤0303民初17384-17413号。

释》第7条的规定，著作权登记证书可以作为证据。1994年年底，国家版权局发布了《作品自愿登记试行办法》，其中第3条规定：各省、自治区、直辖市版权局负责本辖区的作者或其他著作权人的作品登记工作。国家版权局负责外国以及台湾、香港和澳门地区的作者和其他著作权人的作品登记工作。但是，国家版权局和各省一级版权局的职能经历多次变化调整，实际上国家版权局并不进行具体的作品登记工作，而是交给其直属事业单位中国版权保护中心负责。中国版权保护中心以国家版权局的名义进行登记工作，登记完成发给权利人的证书盖的是国家版权局的印章。另外需要注意，中国版权保护中心登记的作品范围不仅是《作品自愿登记试行办法》规定的外国以及台湾、香港和澳门地区的作者和其他著作权人的作品。中国版权保护中心在其官网的登记常见问题中对于"哪些人可以在中国版权保护中心申请作品著作权登记?"的回答是："中国版权保护中心是我国唯一的综合性的国家级版权公共服务机构，负责国内，港、澳、台地区及海外作品著作权登记，即全国各省、直辖市、自治区及国外的作者或其他著作权人均可到中国版权保护中心申请作品著作权登记。"也就是说全国各省市的著作权人均可到中国版权保护中心进行登记。

以下简要介绍在中国版权保护中心登记音乐作品的具体操作(主要以音乐作品登记为例，录音制品、录像制品、表演的登记与音乐作品类似，不再赘述)。

第一，先登录中国版权保护中心官网(http://www.ccopyright.com.cn/)，进行实名注册，然后登录。进入以下页面。选择Z11作品著作权登记申请，如果是登记录音录像制作者权或者表演，则选择Z31与著作权有关的权利事项登记申请。

第二，在线填写登记申请表。

具体的填写说明和注意事项如下①：

(1)作品信息。

①作品名称：填写申请著作权登记的作品名称(可以使用中文或英文名称)。《申请表》中的作品名称应与该作品其他申请文件中出现的作品名称一致。

① 参见官网作品登记的填表说明，http://www.ccopyright.com.cn/index.php? optionid=1062。

②作品类别。

选择“音乐”。

(2)著作权人信息。

①姓名或名称:著作权人是自然人的,应填写真实姓名。著作权人是法人或其他组织的,应填写名称全称。著作权人的姓名或名称应与其提交的有效身份证明文件中的姓名或名称一致。

②类别。

自然人:包括中国公民,作品作者所属国或者经常居住地国同中国签订有协议或共同参加国际条约的外国人、无国籍人,或者作品首先在中国境内出版的外国人、无国籍人。

法人:包括企业法人、机关法人、事业单位法人、社会团体法人或其他组织。

③证件类型。

自然人证件类型包括:身份证、军官证、警官证、护照等。各类法人证件类型包括:各类法人证书、组织机构代码证书、营业执照等以及其他有效身份证件。

④署名情况。

指在作品上作者或其他著作权人的署名情况,包括署真名、匿名(不署名)以及其他署名(别名、笔名、艺名等)。

(3)作品基本信息。

①作者姓名或名称及作品署名:作者姓名或名称应按真实情况填写,作品署名指的是作者署名情况;如作品署名为笔名或别名,应用括号标注,填写为××(笔名)或××(别名)的格式。

②作品创作性质:可选择是原创或者根据他人作品再创作。根据他人作品再创作的,请在改编、翻译、注释、整理各类别中选择,并填写使用的原作品名称、著作权人和作品出处等。

③创作完成日期:选择所申请登记作品创作完成的具体日期(年、月、日)。

④创作完成地点:填写创作完成该作品的国家和城市。

⑤发表状态:可选择已发表或未发表。选择已发表的,应填写首次发表日期(精确到年、月、日)及发表地点。

(4)权利状况说明。

①权利取得方式:根据实际情况进行选择,包括原始取得、继承、承受。

②权利归属方式:根据实际情况选择各类权属,包括个人作品、合作作品、法人作品、职务作品以及委托作品。

③权利拥有状况:根据实际情况选择拥有著作权法规定的各种权利。

(5)留存作品样本:选择样本交存的方式,包括电子介质和纸介质。如果是登记词曲作品,一般为纸介质,即线下提交给中心的纸质的曲谱,可以是五线谱形式也可以是简谱形式。如果是录音录像制品、表演的登记,选择电子介质,线下需将音视频刻录存贮在光盘中提交给中心。

(6)申请办理信息:选择申请办理方式,包括著作权人亲自办理(由著作权人申请)和委托他人代为办理(由代理人申请)两种。

(7)申请人信息和代理人信息:包括姓名或名称、电话、详细地址(通信地址)和邮编、电子邮箱和传真等。如果是委托代理人办理登记,则线上增加填写代理人信息。线下提交材料时候,需附上权利人的授权书及代理人的身份证复印件。

(8)声明和签章:申请人准确理解了所需填写的内容,并保证所填写的内容真实之后,在"申请人签章"处签章。申请人为自然人时,需签字;申请人为法人或其他组织时,需盖章。

第三,提供书面申请材料并缴费。需要提交的材料:(1)《作品著作权登记申请表》[①];(2)申请人身份证明文件复印件;(3)权利归属证明文件[②];(4)作品的样本(音乐作品提交纸质的乐谱,录音录像制品或表演者权的登记则提交存贮了录音、录像、表演的光盘);(5)作品说明书(从创作目的、创作过程、作品独

---

① 即在步骤二在线填写申请表后打印出来《作品著作权登记申请表》。

② 根据官网的登记常见问题解答,权利归属方式可以分为:个人作品、合作作品、法人作品、职务作品、委托作品。个人创作的作品不需要提交权利归属证明;合作作品需提交合作创作协议(复印件)或其他能证明合作创作的声明等证明文件;法人作品需提交法人创作声明,即说明该作品是由法人或其他组织主持,代表法人或者其他组织意志创作,并由法人或者其他组织承担责任的作品;职务作品,需提交职务创作声明(需作者签字、公司盖章)或作者与单位签订的创作协议(复印件);委托作品需提交委托协议(复印件)或其他能证明委托创作的声明等证明文件。

创性三方面写,并附申请人签章,标明签章日期)[①];(6)委托他人代为申请时,代理人应提交申请人的授权书(代理委托书)及代理人身份证明文件复印件。

目前除了北京,中国版权保护中心在西南、华南、华中等地设立了多个登记大厅[②],权利人可以就近选择,当然也可以选择通过邮寄的方式提交材料。线下提交材料时,如果材料齐备,则需根据不同的登记事项和作品数量等缴费。中国版权保护中心在官网公布了登记收费标准(与音乐版权有关的登记收费标准见表6)。

**表6　版权登记收费标准**

<table>
<tr><th>收费项目</th><th>计价单位</th><th>收费标准</th><th>备注</th></tr>
<tr><td>文字作品</td><td>件</td><td>100字以下100元<br>101~5000字150元<br>5001~10,000字200元<br>1万字以上300元</td><td>系列作品登记第二件起<br>每件100元</td></tr>
<tr><td>音乐作品</td><td>件</td><td>词曲300元,曲200元</td><td>系列作品登记第二件起<br>每件100元</td></tr>
<tr><td rowspan="2">录音制品</td><td rowspan="2">件</td><td>歌曲300元/首,专辑2000元</td><td rowspan="2">系列作品协商确定</td></tr>
<tr><td>其他半小时以内300元<br>半小时以上500元</td></tr>
<tr><td rowspan="3">录像制品</td><td rowspan="3">件</td><td>半小时以内300元</td><td rowspan="3">系列作品协商确定</td></tr>
<tr><td>每多半小时加100元</td></tr>
<tr><td>1小时以上800元</td></tr>
<tr><td>表演</td><td>件</td><td>按照表演作品的类型著作权<br>登记收费标准执行</td><td>系列作品协商确定</td></tr>
</table>

注:如单独登记歌词,可以作为文字作品登记,因此将文字作品登记费用一并列入。

---

① 根据官网的登记常见问题解答,作品说明书分为三段进行描述:(1)创作目的(为什么创作该作品);(2)创作过程(该作品从无到有的具体产生过程,包括如何构思、创作时间、创作中采用了哪些工具或电脑软件等具体创作过程);(3)独创性声明(该作品由作者独立创作完成,且不存在抄袭、复制他人作品的情形)。

② 中国版权保护中心版权登记大厅(天桥)、中国版权保护中心雍和版权登记大厅、中国版权保护中心西南版权登记大厅、中国版权保护中心华东版权登记大厅、中国版权保护中心粤港澳版权登记大厅、中国版权保护中心华中版权登记大厅、中国版权保护中心华南版权登记大厅等。

第四，缴费后则基本完成了登记工作，具体的相关证书可以让中国版权保护中心以邮寄的方式交付。

同上述中国版权保护中心登记相比，省一级的版权登记则存在诸多问题：

（1）登记机构混乱。

有的省一级版权局将版权登记工作交给其直属事业单位负责，如北京市版权保护中心、河北省版权保护中心、江苏省版权保护中心。有的省一级版权局自己负责版权登记工作，如辽宁省版权局、山东省版权局。还有的地方版权局授权或委托版权协会、版权学会、甚至版权代理公司负责登记，如上海版权协会、湖南版权代理有限责任公司等。更有甚者，有的地方版权登记机构暂停业务，黑龙江、青海相关登记机构尚未明确。很多著作权人想去省一级的版权登记机构登记，实际上很难找到相关的登记机构。

当然，虽然登记机构混乱，但除了版权局自己负责登记外，其余的机构的共同点是均以各省一级版权局的名义从事登记工作。

（2）登记流程各异。

有的登记机构与中国版权保护中心类似，先线上提交申请，再线下提交材料，如北京市版权保护中心。有的登记机构，如江苏省版权保护中心，全程网上办理，不需要线下提交材料。更多的则是没有网站，网上也查不到相关的信息。笔者从《中国版权年鉴》中找到部分登记机构的电话，咨询得知，只可线下提交材料，网上申请系统尚未建立。

（3）登记收费不统一。

大多数省一级版权登记不收取费用，也有少数收取费用。

（4）登记证书不完善。

目前，中国版权保护中心与省一级登记机构的版权登记证书都是国家版权局统一监制。国家版权局曾下发《关于规范作品登记证书的通知》，要求从2016年6月1日起启用由国家版权局统一监制的新版作品登记证书。从法律效力上看，中国版权保护中心与省一级登记机构的作品登记证书是没有区别的，如江苏省版权保护中心下发的作品登记证书可以在全国作为证据使用。但是中国版权保护中心的证书更加完善。

以登记音乐作品词曲为例，中国版权保护中心的作品登记证书背面有附图盖章，即附有国家版权局盖章的曲谱（含歌词），目前新的证书上印有二维码，扫码可查看作品登记时提交的作品样本（歌词、曲谱）。[①] 而大多数省一级的作品登记证书无法直接查询到歌词和曲谱。由于存在很多同名歌曲，而且仅凭歌名无法判断词曲内容，实际上单纯靠一张证书依然很难判断作品的具体内容。而中国版权保护中心颁布的证书提供查看歌词、曲谱的方式，维权或者其他需要证明版权归属的时候，可以直接使用。而省一级登记机构下发证书，在登记时仅提交音频不需要提供纸质曲谱，也未提供歌词、曲谱的查询方式。将证书作为唯一的版权证明时，需提前向相应的登记机构申请查档，让登记机构提供盖章密封的载有音频的光盘。但查档的光盘只可使用一次。光盘一旦在法庭出示拆开密封后，即有了替换的可能性，下次维权只能再次申请查档。因此，省一级登记机构下发的没有附图盖章的证书要么需要查档，要么需要其他证据配合使用[②]。

（5）登记范围不统一。

省一级版权登记机构原则上只受理户籍、注册地在本省市辖区内的个人、法人或其他组织的登记申请。但现实中有部分登记机构也受理涉外涉港澳台地区权利人的登记申请。

现实中，除了上述中国版权保护中心及省一级登记机构负责音乐作品等作品登记外，中国音乐著作权协会也在进行音乐作品的登记工作。《中国音乐著作权协会章程》第8条规定，中国音乐著作权协会为集体管理的目的可以进行音乐作品的登记和有关信息的收集。中国音乐著作权协会官网专门建立了数字音乐版权注册平台。注册版权全程在注册平台系统内完成，不需要线下提交材料。注册费用为每首作品45元，如需书面证书加收30元的工本及邮资费。针对中国音乐著作权协会注册证书的法律效力，能够作为版权证明，在实践中一直存在争议。

在深圳市声影网络科技有限公司与珠海九州湾畔酒店有限公司星歌会歌

① 如果登记的为录音制品、录源制品，则可以扫码播放相应的音频、视频。

② 中国版权保护中心登记录音制品、录像制品、表演时，后附盖章密封的刻录光盘，在作为证据使用时，也存在类似问题。

舞厅、珠海九洲湾畔酒店有限公司侵害作品复制权纠纷、侵害作品表演权上诉案[①]中，声影公司提交了由中国音乐著作权协会颁发的《数字音乐版权注册证书》，该证书中载明涉案音乐作品《戒不掉你的温柔》的词曲作者。两原审被告对此提出异议，认为该注册证书缺乏客观真实性，且与中国版权保护中心颁发的加盖国家版权局公章的著作权登记证书在证明力方面不能等同，应结合其他权属证据使用。法院认为：

中国音乐著作权协会是由国家版权局授权开展音乐版权保护的单位，其开展音乐版权在线注册、权利认证等音乐版权保护工作是其正常活动范围。因此，加盖有中国音乐著作权协会电子公章的《数字音乐版权注册证书》可以视为著作权登记证书作为证据使用。在两原审被告未提交相反证据的情况下，根据《作品自愿登记试行办法》第一条以及《最高人民法院关于民事诉讼证据的若干规定》第七十条的规定，可以认定《数字音乐版权注册证书》的证明效力。

虽然多数法院认可中国音乐著作权协会证书的证明效力，但实际上，包括中国版权保护中心在内登记机构对此持否定态度。在中国版权保护中心设置的登记常见问题栏目中，就“我国的版权登记机构有哪些著作权集体管理组织是版权登记机构”问题的答复是：“我国的版权登记机构包括中国版权保护中心和各省、自治区、直辖市版权局。中国版权保护中心作为国家级版权公共服务机构，是我国唯一的计算机软件著作权登记、著作权质权登记机构，负责国内和国外的作品著作权登记，并出具作品登记证书。著作权集体管理组织不是版权登记机构，其开展版权登记工作没有法律依据，不能出具著作权登记证书。”[②]实际上，中国版权保护中心否定了中国音乐著作权协会不是版权登记机构，无权进行音乐作品版权登记工作。

---

① 广东省珠海市中级人民法院民事判决书，(2015)珠中法知民终字第66号。类似的案件，如深圳市声影网络科技有限公司与江门市蓬江区金华娱乐城侵害作品复制权纠纷、侵害作品表演权纠纷案，广东省江门市蓬江区人民法院民事判决书，(2015)江蓬法知民初字第21号。

② 参见中国版权保护中心门户网站，http://www.ccopyright.com.cn/index.php?optionid=1065&page=4。

### （四）版权合同

在本书第八章授权许可和转让中已经说明，专有使用权人和版权转让的受让方均有权进行维权。专有使用权人和版权受让方取得权利的基础是相关的授权许可协议和转让协议。在诉讼中，可以出示授权许可协议或转让协议作为证据。当然，为了不泄露商业秘密，对于协议中与专有授权或版权转让无关的条款，特别是授权费等，可以遮盖。或者，如前所述，出示协议附件的授权书或声明。

当然，在诉讼中，仅有版权合同作为证据是不够的。无论是版权转让还是授权许可，取得权利的链条必须是连贯完整的。版权合同必须与上游授权方的原始权利证明，如底稿、合法出版物、版权登记证书等配合使用。

### （五）版权认证

各国和地区对于著作权的规定各不相同。对于其他国家和地区的版权权属文件需要进行认证方可作为证据。目前我国经国家版权局指定认可的境外版权的认证机构主要有国际作者和作曲者协会联合会（CISAC）、国际唱片业协会（IFPI）、日本唱片业协会（RIAJ）、韩国著作权委员会（KCC）等，他们出具的认证报告可以作为法院在审理著作权案件时认定权利人资格的证据。如在正东唱片公司诉北京城乡贸易中心股份有限公司等侵犯录音制作者权上诉案[①]中，对于涉案录音制作者权的归属，法院认为：

> 关于正东唱片公司是否为涉案7首歌曲录音制品唯一的权利人的问题，正东唱片公司提交的国际唱片业协会的“版权认证报告”已经包含对正东唱片公司提供的正版权利制品进行审查的内容，故“版权认证报告”足以证明正东唱片公司是对涉案7首歌曲录音制品享有录音制作者权的权利人。

在涉及境外作品的著作权侵权案中，有时候原告方出示的并非上述认证机

① 北京市高级人民法院民事判决书，（2002）高民终字第750号。

构出具的认证报告，而是上述机构在中国设立的常驻机构出具的著作权归属证明作为证据，对于其证明力曾引起争议。

如国家版权局在2006年批准韩国著作权审议调停委员会在京设立常驻代表机构，同意韩国著作权审议调停委员会接受韩国音源制作者协会、韩国艺术表演者团体联合会、韩国音乐著作权协会、韩国电影制作者协会、韩国影像产业协会等有关著作权协会组织的委托，在京设立常驻代表机构，从事协会会员的音乐、电影、录音录像权利认证联络工作。[①] 在申请再审人广东中凯文化发展有限公司与被申请人石家庄市战神传奇网吧侵犯著作权纠纷案[②]中，最高人民法院认为，韩国著作权审议调停委员会北京代表处仅可从事著作权认证的联络活动，但其并不具有证明著作权归属的资格；确认境外作品著作权的归属，应结合合法出版物等其他证据综合判断。[③] 同时，最高人民法院也认为，韩国著作权审议调停委员会北京代表处出具的证明仅是中凯公司提供的证据之一，还应结合中凯公司提供的合法出版的音像制品、进口音像制品批准单、权益证明书等其他证据综合判断。[④] 广东高级人民法院也持类似观点，在《广东省高级人民法院关于审理侵害影视和音乐作品著作权纠纷案件若干问题的办案指引》（粤高法发〔2012〕42号）第1条关于影视作品著作权权利基础的审查（三）中规定，国家版权局、国家工商行政管理局《国外著作权认证机构在中国设立常驻代表机构管理办法》第8条规定，常驻代表机构只能从事与著作权认证有关的联络活动，不得从事其他业务活动。据此，在侵害著作权诉讼中，对国家版权局认可的国外（境外）著作权认证机构以自己的名义出具的证明，符合域外证据条件的，应当认定其权利凭证效力。国家版权局认可的国外（境外）著作权认证机构在我国境内设立的常驻代表机构，以常驻代表机构的名义出具的证明，是否产生权利凭证效力，应结合当事人提供的其他证据综合认定，不能仅以境外著作权认证机构在我国境内设立的常驻代表机构的行为违反行政管理办法为由不予采信。

---

① 《关于批准韩国著作权审议调停委员会在京设立常驻代表机构的函》（国权〔2006〕39号）。

② 最高人民法院民事判决书，（2009）民申字第127号。

③ 《最高人民法院知识产权案件年度报告（2009）》（法〔2010〕173号）。

④ 《最高人民法院知识产权案件年度报告（2009）》（法〔2010〕173号）。

实际上，对于常驻代表机构的名义出具的认证报告，法院一般都会结合在案其他证据综合判断认定版权归属问题，并非一概否认其效力。如在正东唱片有限公司与北京城乡贸易中心股份有限公司、佛山金珠激光数码储存片有限公司、武汉音像出版社侵犯录音制作者权纠纷案①中，原告为证明其享有涉案歌曲的录音制作者权，向法院提交了国际唱片业协会亚洲区办事处出具的《版权认证报告》，内容为：

兹证明下列歌曲版权拥有人：《几何三角》《花花宇宙》《失忆周末》《心不设防》《都是你的错》《心太软》《恋爱情色》的版权拥有人为正东唱片有限公司。本报告所称版权即指录音制作者权。

法院根据原告提交的激光唱盘上的署名，结合《版权认证报告》，认定原告享有涉案歌曲的录音制作者权。

（六）域外证据

这里所指的“域”是“法域”而非“地域”。域外证据的界定不以国境作为标准，而是强调将法的空间效力作为判断证据形成地标准。我国香港特别行政区、澳门特别行政区、台湾地区实行与内地或大陆不同的法律，所以就形成于我国香港特别行政区、澳门特别行政区、台湾地区的证据也属于域外证据，亦应履行相关的证明手续。

《最高人民法院关于民事诉讼证据的若干规定》（法释〔2019〕19 号）第 16 条规定：“中华人民共和国领域外形成的涉及身份关系的证据，应当经所在国公证机关予以证明并经中华人民共和国驻该国使领馆认证，或者履行中华人民共和国与该所在国订立的有关条约中规定的证明手续。当事人向人民法院提供的证据是在香港、澳门、台湾地区形成的，应当履行相关的证明手续。”因此，根据该条规定，在国外形成的证据，原则上均需经所在国公证认证或者履行相关证明手续。在香港特别行政区、澳门特别行政区形成的证据通过委托公证人制

① 北京市第一中级人民法院民事判决书，(2001)一中知初字第 00276 号。

度办理,在我国台湾地区形成的证据经过公证,并由我国台湾地区海基会转递大陆的公证协会,并由大陆地区公证协会出具认证。

如我国台湾地区著名音乐人叶某修在中国大陆发起了一系列针对 KTV 经营者的维权活动,在他的系列案件中都不可避免出现域外证据证明问题。如叶某修于 2014 年 7 月 1 日出具授权书,委托吴某坚就其音乐著作权遭受不法侵害事宜,在中国大陆执行维权行动,代理权限包括代为起诉,以及承认、放弃、变更诉讼请求,进行和解、调解等,有权就上述权项再授权大陆各地维权公司、律师事务所或个人执行相关维权事宜。委托期为 5 年。授权书附件中列明 87 首歌曲的歌名,其中包括有本案涉案歌曲。该委托授权经过我国台湾地区新北地方法院所属民间公证人新北联合事务所公证,公证书经与台湾海峡交流基金会邮寄至湖北省公证协会,由湖北省公证协会于 2014 年 7 月 22 日出具了(2014)鄂公协核字 474 号证明书予以证明。① 为了证明作品权属,叶某修不但提交了在我国台湾地区发行的唱片,同时还对在我国台湾地区公开市场所购买公开出版的唱片事宜也进行了公证,该公证书同样经过台湾海基会转递湖北省公证协会。②

但是并非所有的域外证据都需要履行公证认证或者相关证明手续。《最高人民法院第二次全国涉外商事海事审判工作会议纪要》第 39 条规定:“对当事人提供的在我国境外形成的证据,人民法院应根据不同情况分别作如下处理:(1)对证明诉讼主体资格的证据,应履行相关的公证、认证或者其他证明手续;(2)对其他证据,由提供证据的一方当事人选择是否办理相关的公证、认证或者其他证明手续,但人民法院认为确需办理的除外。

对在我国境外形成的证据,无论是否已办理公证、认证或者其他证明手续,人民法院均应组织当事人进行质证,并结合当事人的质证意见进行审核认定。”

在原告北京音未文化传媒有限责任公司诉被告徐州自由自在网络科技有限公司、被告北京春雨听雷网络科技有限公司侵害录音录像制作者权纠纷案③

① 广东省广州市海珠区人民法院民事判决书,(2016)粤 0105 民初 8848 号。

② 安徽省合肥高新技术产业开发区人民法院民事判决书,(2016)皖 0191 民初 2414 号。

③ 北京互联网法院民事判决书,(2019)京 0491 民初 22014 号。

中,原告方提交了一份视频证据证明 Lullatone 公司为录音制作者,Shawn James Seymour 为作曲者和表演者。视频中说 Shawn James Seymour 持有其身份证件在屏幕前进行了展示,该证件上显示名字为“Seymour Shawn James”;Shawn James Seymour 展示了音序器中的音轨文件。而该视频形成与国外而原告并没有进行公证认证。法院认为:

本案中的视频证据属于视听资料,该类证据具有独特的展现形式,无论证据形成的地点,在播放过程中均具有很高的还原再现属性,结合本案涉案音乐通过网络首次发表,诸多音乐软件均能展现作者照片及视频中人员展示其身份证明的客观情况,本院认为证据5(指该视频证据—笔者注)足以以体现 Shawn James Seymour 为作曲者和表演者的证据目的。

最终北京互联网法院在认可该视频证据效力并结合其他在案证据的基础上,认定 Lullatone 公司为录音制作者。

2007 年 1 月 11 日最高人民法院公布的《关于全面加强知识产权审判工作为建设创新型国家提供司法保障的意见》第 15 条中规定:“对于域外形成的公开出版物等可以直接初步确认其真实性的证据材料,除非对方当事人对其真实性能够提出有效质疑而举证方又不能有效反驳,无需办理公证认证等证明手续。”因此,境外出版物等如果作为证明著作权归属的证据,则属于域外证据。对于不作为诉讼主体资格证据的境外出版物,除非法院认为需要办理或者对方当事人对其真实性提出有效质疑而举证方不能有效反驳,一般情况下,可以由提供证据的一方选择决定是否办理相关公证认证或者其他证明手续。

### 三、被告身份的证明

确定被告的身份才能找到适格的被告,否则就是告错了主体,最终将导致败诉。例如,在网络侵权中网站经营者是适格的被告,要认定网站经营者,在对网络侵权行为进行取证时,可以在工信部网站备案系统中输入网址,查询对应的网站登记备案信息并保存证据,或者将网站标示的指向经营者的信息一并进行取证。

《北京市高级人民法院审理涉及网络环境下著作权纠纷案件若干问题的指导意见(一)(试行)》(京高法发〔2010〕166号)第34条明确规定,网站登记备案信息、网站中标示的信息载明的经营者,是网站经营者。网站登记备案信息、网站中标示的信息所载明的经营者不一致的,除有相反证据证明外,可以认定网站登记备案信息、网站中标示的信息所载明的经营者为共同经营者。第35条规定,域名持有者注册信息可以作为证明网站经营者身份的初步证据,但有相反证明的除外。因此,在没有相反证据的情况下,网站登记备案信息、网站中标示的信息所指向的经营者、域名持有者应当被认定网站经营者,是网络侵权案件中的被告。

## 四、侵权行为的证明

原告除了证明自己享有版权或者取得专有使用权外,还需要证明被告实施了侵权行为。很多权利人一旦发现侵权行为,尤其是网络侵权时,第一时间即在网络发声,通过舆论压力倒逼侵权方。这种方式的好处是维权的成本低,能够较快督促侵权方停止侵权。但如果侵权方停止侵权并删除相关链接,而权利人对于侵权方的处理方式不满意,如没有进行道歉或者不愿意赔偿,权利人再想提起诉讼方式维权,则无法进行取证,无法在法庭上向法官证明侵权方实施了相关的侵权行为。笔者在被咨询过程中,很多权利人告知其已经完成取证,如网页截图、手机拍照。事实上,除非侵权方自认存在侵权行为,单凭这些作为证据起诉,一旦侵权方否认证据的真实性,则侵权事实无法确定,维权诉讼必定失败。因此,笔者认为,对于轻微侵权行为,权利人不打算采用诉讼方式维权,则可以通过网络维权,达到让侵权方停止侵权的效果即可。如涉及严重侵权行为,或者权利人决定必须起诉,那么就需要在公开发声前迅速做好取证工作,防止侵权方删除链接,致使权利人的维权无法推进,陷入尴尬境地。

### (一)公证取证

公证是公证机构根据申请,依照法定程序对民事法律行为、有法律意义的事实和文书的真实性、合法性予以证明的活动。公证时需要向公证处提交权利人的身份证明和权属证明材料。

目前公证侵权行为最多的是针对网络侵权和线下 KTV 侵权。针对网络侵权，在取证前，需要对终端设备，如电脑或手机等进行清理，例如将手机恢复出厂设置。在公证取证行为之外，还需要注意将侵权方的相关资料一并取证。如网页取证时，需要下拉至网页底端，将网站主办单位的名称录制到取证视频中。如没有名称，可查看是否有《网络文化经营许可证》《信息网络传播视听节目许可证》等。如果有，持证单位即为网站主办单位即侵权方。如果是手机 App 涉及侵权，在清理手机后下载该 App，需留意下载前浏览 App 的开发主体。该开发主体即为侵权方。

在对线下 KTV 侵权取证时，需要预约相关的公证员，然后以普通消费者的名义进入 KTV 进行消费。在 KTV 包厢内，公证人员通过摄像机对点播系统内的侵权歌曲进行取证。取证完毕支付费用时，一定让商家开具发票。发票不仅是证明消费金额的证据，发票上的商家名称也直接能够证明侵权方的主体身份。

### (二)可信时间戳取证

公证方式固然稳妥，但需要线下操作并且费用相对较高。可信时间戳是北京联合信任技术服务有限公司开发的一个电子取证平台，适合对网络侵权进行取证。可信时间戳可对互联网上发生的行为和事实通过自动网页取证或录屏取证方式进行固化保全。可信时间戳的手机客户端权利卫士 App，可以通过拍照取证、录像取证、录音取证、网页取证、录屏取证功能对相关事实进行固化保全，证明所取证据内容的客观真实性、产生的时间及地理位置。① 利用可信时间戳进行的取证已经获得了法院系统的认可，根据可信时间戳网站公示，截至 2021 年 9 月 17 日，已经有超过 4 万个生效法院判例采信了可信时间戳，覆盖全国 649 家法院。

### (三)购买音像制品

在数字音乐出现之前，主要的侵权是盗版实体唱片。打击盗版主要依靠行政手段。其实正版实体唱片也可能存在侵权问题，例如，在未经许可，也不适用

---

① 可信时间戳的具体操作流程参见联合信任时间戳服务中心官网 www. tsa. cn。

制作录音制品的法定许可的情况,使用他人音乐作品制作出版实体唱片。虽然存在侵权行为,但该类唱片取得了版号和书号,由正规的出版社出版发行,属于合法出版物。为了证明侵权行为,权利人需要到正规的新华书店或唱片店购买涉嫌侵权的音像制品。在起诉时,可以将音像制品上标明的制作、出版、发行单位均列为被告。

### (四)申请信息公开

网络侵权容易被发现,但对于线下商业演出活动中未经许可现场演唱他人音乐作品的侵权行为是比较难取证的。在演唱前没人能预料到侵权行为的发生,即便提前知道,权利人也无法守候在每一个演出场所进行取证。

举办营业性演出,属于行政许可事项,应当向演出所在地县级人民政府文化主管部门提出申请。如果举办我国香港特别行政区、澳门特别行政区、台湾地区,或者国外的文艺表演团体、个人参加的营业性演出,应当向演出所在地省级人民政府文化主管部门提出申请。根据《营业性演出管理办法》第 16 条:申请举办营业性演出,提交的申请材料应当包括下列内容:其一,演出名称、演出举办单位和参加演出的文艺表演团体、演员;其二,演出时间、地点、场次;其三,节目及其视听资料。因此,任何合法的营业性演出,在举办前均需提交演唱的曲目的歌名、歌词、相关的视听资料,文化主管部门经过审查认为符合《营业性演出管理办法》的相关规定的,发给批准文件。

笔者曾代理的李志诉霍尔果斯哇唧唧哇娱乐文化有限公司等侵害作品表演权的案件①,主要的证据是网络上传播的一段现场观众用手机拍摄的演唱涉案音乐作品的视频片段。但如果这段视频无法体现演唱场所,没有其他的海报等相佐证,是无法确认演出的地点和场地的。笔者在起诉前分别向洛阳文化局、河南省文化厅寄送了政府信息公开申请表(见表 7),要求文化主管部门将演出批文等文件向权利人公开。文化主管部门的批文记载了该场演出的举办方、演出时间、地点、场次、演出人员、演出曲目等详细信息,为后续维权锁定被告、确定被侵权作品都起到了关键作用。

---

① 杭州市萧山区人民法院判决书,(2018)浙 0109 民初 17142 号。

**表 7　政府信息公开申请表**

<table>
<tr><td rowspan="12">申请人信息</td><td rowspan="5">公民</td><td>姓名</td><td></td><td>工作单位</td><td></td></tr>
<tr><td>证件名称</td><td></td><td>证件号码</td><td></td></tr>
<tr><td>通信地址</td><td></td><td>邮政编码</td><td></td></tr>
<tr><td>联系电话</td><td colspan="3"></td></tr>
<tr><td>电子邮箱</td><td colspan="3"></td></tr>
<tr><td rowspan="5">法人/其他组织</td><td>名称</td><td></td><td>组织机构代码</td><td></td></tr>
<tr><td>营业执照信息</td><td colspan="3"></td></tr>
<tr><td>法人代表</td><td></td><td>联系人姓名</td><td></td></tr>
<tr><td>联系人电话</td><td colspan="3"></td></tr>
<tr><td>联系人电子信箱</td><td colspan="3"></td></tr>
<tr><td colspan="2">申请人签名或者盖章</td><td colspan="3"></td></tr>
<tr><td colspan="2">申请时间</td><td colspan="3"></td></tr>
<tr><td rowspan="5">所需信息情况</td><td>所需信息的内容描述</td><td colspan="4">【　　】年【　】月【　】日在【　　　】体育馆举办的《　　　》的营业性演出准予许可决定等审批文件，包含该场演出的主办方、演出节目内容等</td></tr>
<tr><td colspan="5">选　填　部　分</td></tr>
<tr><td>所需信息的用途</td><td colspan="4">了解侵权责任主体（主办方）情况（该场演唱会中毛某易演唱了本人享有著作权的音乐作品《关于郑州的记忆》，涉嫌侵犯著作权）</td></tr>
<tr><td>所需信息的指定提供方式（可多选）</td><td colspan="4">☑纸面　□电子邮件　□光盘　□磁盘</td></tr>
<tr><td>获取信息的方式（可多选）</td><td colspan="4">☑邮寄　□电子邮件　□传真　□自行领取、当场阅读、抄录</td></tr>
</table>

附：申请人的居民身份证复印件一份。

### （五）申请鉴定

就音乐版权侵权而言，鉴定主要用于涉嫌抄袭的案件。目前中国大陆地区具有音乐版权鉴定资质的机构，比较有名的有两家，其中一个是中国版权保护中心。根据中国版权保护中心官网的介绍，中国版权保护中心版权鉴定委员会成立于1998年，是我国成立最早的国家级版权领域知识产权司法鉴定机构，于2003年经最高人民法院审核批准进入人民法院司法鉴定机构名册。中国版权保护中心可以为司法机关和行政管理机关在执法工作中遇到的版权异同性问题提供鉴定意见。鉴定委员会对作品或者录音录像制品异同性的鉴定，即通过对文字、音乐、美术、摄影、影视、计算机软件、私服、外挂、图形、网络游戏等作品和录音录像制品异同性进行比对并出具鉴定报告。

根据《中国版权保护中心版权鉴定委员会鉴定程序》第1条的规定，中国版权保护中心版权鉴定委员会的受案范围为各级司法机关及行政管理机关、行业组织及其他承担相应管理职能的单位、著作权权利人委托鉴定的涉及著作权的案件。根据该条规定，委托鉴定的主体包括著作权权利人。但实际上目前中国版权保护中心版权鉴定委员会不接受个人或公司委托进行音乐版权的鉴定，仅接受司法机关和行政机关的委托。因此，如果权利人认为第三方抄袭自己的作品，只能先起诉到法院，然后申请法院委托中国版权保护中心版权鉴定委员会进行鉴定。

另一家从事音乐作品鉴定业务的机构是中国音乐著作权协会。根据该会网站公示的《关于协会接受委托从事音乐作品鉴定业务的收费标准（试行）》，中国音乐著作权协会可以根据需求为社会各方提供有关音乐作品著作权的鉴定咨询服务。鉴定咨询服务主要分为两类：一类是委托协会进行音乐作品权属类鉴定。收费标准是在按每次500元计收基础鉴定费基础上，鉴定500首以下（含500首）音乐作品的，按每首音乐作品人民币30元计收鉴定费；鉴定500首以上音乐作品的，按每首20元计收鉴定费，分段累计计算。另一类是委托协会组织进行音乐作品原创性比对等业务鉴定的。这种鉴定与前述鉴定委员会对作品或者录音录像制品异同性的鉴定本质上类似。原创性比对的业务鉴定的收费额需要根据具体情况（包括鉴定数量、内容、难度和工作量等因素）由协会和委托方协商议定。

需要注意的是，鉴定部门并不会直接鉴定出是否构成抄袭。《北京市高级人民法院关于审理著作权纠纷案件若干问题的解答》第47条就能否委托鉴定部门对被告的行为是否构成抄袭、剽窃等进行鉴定进行了专门解答：著作权鉴定的对象应是属于事实本身的专门性问题，是否构成抄袭、剽窃是在适用法律对事实进行认定后产生的结果,应由法院根据事实和法律作出判断,不应委托鉴定部门鉴定。换言之,鉴定是以权利人主张权利的作品与被控侵权的作品为依据,对作品与被控侵权物表达的比较,对音乐作品或者音乐录音录像制品异同性做出判断。但不会,也无权直接认定构成抄袭或剽窃。是否在法律上构成抄袭、剽窃由法院适用法律做出裁判。

目前能够查询到进行版权鉴定的比较经典的案例是原告广东太阳神集团有限公司(以下简称广东太阳神公司)诉被告可口可乐(中国)饮料有限公司(以下简称可口可乐饮料公司)、被告可口可乐中国有限公司(以下简称可口可乐中国公司)著作权侵权、不正当竞争纠纷案①。广东太阳神公司诉称对企业歌曲《当太阳升起的时候》和广告歌《当太阳升起的时候》享有著作权。可口可乐饮料公司和可口可乐中国公司的"雪碧"产品《日出》广告中的词、曲及主旋律与广东太阳神公司上述企业歌和广告歌雷同,构成了抄袭、剽窃。就涉案歌曲是否构成雷同,中国版权研究会版权鉴定专业委员会于 2001 年 12 月 20 日和 2003 年 7 月 23 日分两次出具鉴定书。2001 年 12 月 20 日出具的鉴定书内容为:

就构成歌曲音乐作品的表现形式的基本要素考察,两首作品之间不存在使之显著区别的成分,现存的微小差别不足以使其受众感觉该两部作品是不同的作品。即两部作品是基本相同的。理由为:雪碧广告歌"日出"与太阳神"当太阳升起的时候"主体均为两句话,四小节音节。更重要在于:(1)第一句(1、2 小节)词和曲几乎完全一样。音乐的起音、起句、弱起的节奏、旋律的走向、重复的模仿的句式和词曲的结合等均相同。虽然雪碧的广告歌"当那太阳升起的时候……"比太阳神广告歌多了个"那"字,但该字处于经过的最弱拍上,不具有明显的区别意义,对主题乐句的相同无丝毫影响。"时候"二字的时值虽有区别,仍不能改变该句的音乐形象。一般来说,音乐作品,特别是歌曲作品的第一句中的词和曲给人以最深的印象,其产生的结果是不言而喻的;(2)第二句(3、4 小节)八拍音乐中有六拍半是完全相同的,而且,就音乐形象而言,这也仅是语

① 北京市高级人民法院民事判决书,(2000)高知初字第 19 号。

句的不同所产生的音乐口语化的改变,于音乐主题的风格、走向、性质无任何根本改变,更不足以使二者区分为两部不同的作品;(3)两首作品听觉感觉雷同。无论是初次听还是多次对比听,两者的主旋律无明显的听觉区别。虽然听觉感受仅限于感性的知觉范畴,但对音乐作品的受众,即便是广告的受众来说,却是感觉的全部。而广告传媒的目的即在于给受众以鲜明的感觉。特别是调式、节奏和结构方式和情调这些因素的雷同更能给人以相同的感受。

中国版权研究会版权鉴定专业委员会于2003年7月23日出具的鉴定书,鉴定书认为:

音乐通常以七声阶为基础,构成旋律、曲调。而节奏、速度等也同样是音乐的重要因素。音乐的个性是组织起七个音符的调式、施法、节奏、速度、和声、织体上的不同,表现不同风格、情绪和感受,这是区别两首作品是否相同的重要标志。依据这一原则,对广东太阳神集团有限公司的企业歌《当太阳升起的时候》与可口可乐(中国)饮料有限公司、可口可乐中国有限公司提供的在广东太阳神集团有限公司企业歌《当太阳升起的时候》、广告歌《当太阳升起的时候》出现之前的歌曲的词、曲进行分析比较,作出下述鉴定结论:广东太阳神集团有限公司的企业歌《当太阳升起的时候》、广告歌《当太阳升起的时候》与可口可乐(中国)饮料有限公司、可口可乐中国有限公司提供的在广东太阳神集团有限公司的企业歌《当太阳升起的时候》、广告歌《当太阳升起的时候》出现之前的歌曲的词、曲不具有同一性。

法院最终根据各方当事人提交的证据和中国版权研究会版权鉴定专业委员会的鉴定结论认定广东太阳神公司企业歌《当太阳升起的时候》和广告歌《当太阳升起的时候》与“雪碧”产品广告中的广告歌《真我》属于雷同的作品,可口可乐饮料公司、可口可乐中国公司构成侵权。

## 第五节　被告的辩解

如果受到侵权指责，甚至原告已经向法院提起诉讼，作为被告可提出以下辩解理由。

### 一、不构成作品

有的时候，由于原告的错误认识，误认为其创作成果属于作品，进而指责被告构成侵权。被告可审查原告所谓的“作品”属于是否属于著作权法意义上的作品。如在谭某然、深圳普乐文化传播有限公司与北京千琦科贸有限公司、幺某强侵犯著作权纠纷案[①]中，原告谭某然独创了一种钢琴记谱方法《钢琴 OK 娱乐速成法》，其乐谱的标注形式既非五线谱亦非简谱，仅用阿拉伯数字 1、2、3、4、5 进行标注。数字表示五个手指指法位置。该案中，原告仅提供了《钢琴 OK 娱乐速成法》的《著作权登记证书》，没有提交该作品。假设原告展示了其所谓独创记谱方法编写的曲谱，如果与原歌曲的旋律、节奏等没有任何变化，存在一一对应的关系，仅是记谱方式的不同，则其编写的曲谱的表达依然是原音乐作品。记谱方法只是一套记录音乐作品的技术解决方案。《著作权法》只保护具有独创性的表达，而对于操作方法、技术方案等属于思想的范畴，不受《著作权法》的保护。记谱方法不属于著作权法意义上的作品。

### 二、不享有版权

从原告起诉的角度看，原告为了证明被告侵权前，需授权证明对涉案作品享有版权一样。从被告抗辩的角度看，需要审核原告提交的权属证明是否能够证明原告是作品的权利人。

在版权经过多次转让或专有授权的情况下，被告着重核对原告取得版权的链条是否完整，包括权利类型、地域范围、期限等细节上是否存在无法衔接的瑕

① 北京市第一中级人民法院民事判决书，(2009)一中知民初字第 9159 号。

疵。如果存在瑕疵,则被告可主张原告并没有通过受让取得版权或通过许可取得专有使用权。原告不享有作品的版权,则其指控侵权的权利基础将不存在。

## 三、公有领域

著作权的保护并非永久。保护期限的设定本质上是对著作权的限制。如果原告主张的作品已经超过了著作权法规定的保护期限,则该作品进入公有领域,任何人均可以利用该作品。在音乐版权侵权的案例中,涉及公有领域最多的可能是涉及民歌的著作权侵权问题。如在林某娜、林某等与何某立、梁某武侵犯著作权纠纷上诉案①中,法院认为:

> 林某春虽较早地采集到了民歌素材"诗窝窝",并且按照壮语演唱的意思把壮语歌词翻译成汉语"夜了天",谱写了新歌词并根据歌词内容的需要发展了后面的乐句,进而创编出作品《夜了天来夜了天》,林某春虽然对该作品拥有著作权,但对于其作品中包含的民间传统音乐中固有的成分并不享有禁止他人利用的权利,无权阻止他人就同一民间传统曲调进行运用和创作,由于民间传唱的壮语歌词表达简洁、含义明确,对应的汉译形式有限,因此,林某春也不能禁止他人就同一壮语歌词或具有相同意思的简短的壮语歌词作同样的汉语翻译,梁某武、何某立在其作品中采用该传统民间曲调,以该曲调为基础进行创作,以及使用"夜了天"的汉译形式并未侵犯林某春的著作权。

我国《著作权法》规定的作品类型中包括口述作品,但需要注意并非日常生活的口头表达都是口述作品。《著作权法实施条例》第 4 条规定,口述作品是指即兴的演说、授课、法庭辩论等以口头语言形式表现的作品。日常生活的常用表达属于公有领域,如果两首音乐作品的歌词中都采用了相同或相近的属于公有领域的常用表达,均不会构成侵权。如在王某华与陈某钢、中国国际电视总公司侵犯著作权纠纷上诉案②中,王某华主张著作权的作品《我和你》的具体歌

① 广西壮族自治区高级人民法院民事判决书,(2008)桂民三终字第 18 号。
② 北京市高级人民法院民事判决书,(2012)高民终字第 30 号。

词内容为:“我和你也许从未见过面,我们的心却已紧紧相连,阳光照耀世界每一个角落,仁爱的雨露滋养我们共同的家园。蓝天连着大地,高山连着海洋,鲜花与芳草连着我和你,春日,我们播撒希望,秋日,我们收获梦想。我和你,说着不同的语言,微笑已把我们紧紧相连,星星闪耀每一条奋斗之路,和合的微风传递友谊与温暖,同一个世界连着你,同一个梦想连着我,世界与梦想连着我和你!我们播撒希望,我们收获梦想,一起铸就人类文明的辉煌!”。2008年北京奥运会主题歌《我和你》的词作者是陈某钢,歌词具体内容为:“我和你,心连心,同住地球村,为梦想,千里行,相会在北京。来吧,朋友,伸出你的手。我和你,心连心,永远一家人”。就歌词是否构成抄袭,法院认为:

对比陈某钢的作品《我和你》与王某华主张权利的作品《我和你》,二者的表达差异明显,且王某华明确表示其指控的是陈某钢作品中使用了“我和你”以及“梦想”这一表达。由于该表达过于简单,在陈某钢作品中所占比例非常小,且在案证据可以证明该表达系公有领域的常用表达,因此,仅凭陈某钢作品中使用该表达的事实,无法认定陈某钢作品与王某华主张权利的作品已经构成实质性相似。原审法院就此所作认定正确。王某华有关涉案两作品构成实质性相似的上诉理由,依据不足,不能成立。

## 四、独立创作

如果被告的作品是独立创作,已经形成了独创性的表达,被告可以以此作为抗辩理由。如在上诉人北京众得文化传播有限公司与被上诉人万达影视传媒有限公司、新丽传媒集团有限公司、天津金狐文化传播有限公司、岳某刚侵害作品改编权纠纷案①中,原告作为词作者专有使用权人,指责被告构成侵权。而该案中《五环之歌》的歌词分为两部分,一部分是某歌手的说唱,这部分与原歌词完全无关。另一部分是岳某刚填词、演唱的部分,该部分歌词为:

啊,五环,你比四环多一环

① 天津市第三中级人民法院民事判决书,(2019)津03知民终6号。

啊，五环，你比六环少一环
终于有一天，你会修到七环
修到七环怎么办，你比五环多两环

经对比，法院认为：

从两者的具体表达方式看。《五环之歌》中岳某刚演唱的部分与《牡丹之歌》的前1/3部分相对应，众得公司主张该部分内容为歌曲《牡丹之歌》的高潮部分、具有高识别性，但经比对，两首歌对应部分的歌词中仅有“啊”字这一不具有独创性的语气助词相同，除此之外，《五环之歌》的歌词中并未使用或借鉴《牡丹之歌》歌词中具有独创性特征的基本表达，且为配合歌曲的整体风格，《五环之歌》的歌词中还加入了说唱元素，故可以认定涉案《五环之歌》的歌词已脱离歌曲《牡丹之歌》的歌词，形成了独立的一种新的表达。

最终，法院认可本案的歌词改动属于一种新的创作，不属于原作品著作权人享有的改编权的控制范围。

## 五、合理使用

合理使用是对著作权的限制。本书第五章专门论述了合理使用的规则。这里不再赘述。如果确实属于合理使用的范畴，被告可以提出作为抗辩理由。

## 六、法定许可

法定许可同样是对著作权的限制，本书第七章专门进行了论述。如前所述，法定许可在法律特别规定的情况下，法律替代著作权人自动向行为人“发放”了使用作品的许可。[①] 需要注意，即便以法定许可的理由抗辩成功，在法律上不构成侵权，但依然需要支付报酬。之所以认定为不构成“侵权”，是因为法定许可将权利人的专有权限制、弱化为报酬请求权。法定许可的特点是“先使

① 王迁：《著作权法》，中国人民大学出版社2015年版，第370页。

用,后付费”。

### 七、诉讼时效

诉讼时效制度的目的是督促权利人尽快行使权利,以维护社会交易和秩序的稳定。权利人向人民法院请求保护民事权利的诉讼时效期间为3年,如果超过诉讼时效,在被告提起诉讼时效抗辩的情况下,权利人将失去向人民法院请求保护的权利。

### 八、默示许可

所谓默示许可,是指依据法律的规定,基于一定的合作关系,一方可以在适当范围内使用作品。如在委托创作中,如果约定了委托作品著作权归属受托人,或者因没有明确约定或没有签订合同导致委托作品著作权归属受托人,委托人均可以在约定范围内使用作品。如果没有约定使用范围,则根据委托创作的特定目的确定使用范围。[①] 例如,电影公司委托词曲作者创作电影主题曲,在词曲作者交付作品后双方一直没有签订合同,对于具体适用范围也没有约定,但基于委托创作的特定目的是为电影创作主题曲,电影公司依然可以在电影中使用作品作为主题曲。

同样,在一般的职务作品中,著作权由作者享有,但作者所在的单位有权在其业务范围内优先使用。这也是一种默示许可。

## 第六节　法 律 责 任

著作权是著作权法赋予著作权人及相关权人的专有权利。未经著作权人及相关权人的许可,如果没有法定许可、合理使用等特殊情形,则需要承担相应的法律责任。根据责任的类型划分,主要为民事责任、行政责任、刑事责任。

---

① 参见《最高人民法院关于审理著作权民事纠纷案件适用法律若干问题的解释》第12条。

## 一、民事责任

《著作权法》第52条[①]、第53条[②]对于各类侵害著作人身权和财产权情形进行了列举。承担民事责任的具体形式包括：

### （一）停止侵害

一般情况下，如法院认为构成侵权，而侵权行为在诉讼期间还在持续，法院会支持原告停止侵权的主张，要求被告停止侵权行为。如网站未经许可提供在线试听、下载权利人的音乐作品，经通知后网站拒不删除，权利人诉至法院，法院会判决网站停止侵权，删除网站上的歌曲。

但在一些特殊情况下，法院认定构成侵权，却没有支持原告停止侵权的请求。如在正东音乐娱乐咨询（北京）有限公司与北京东仑国际文化传媒有限公

---

① 《著作权法》第52条规定，有下列侵权行为的，应当根据情况，承担停止侵害、消除影响、赔礼道歉、赔偿损失等民事责任：（1）未经著作权人许可，发表其作品的；（2）未经合作作者许可，将与他人合作创作的作品当作自己单独创作的作品发表的；（3）没有参加创作，为谋取个人名利，在他人作品上署名的；（4）歪曲、篡改他人作品的；（5）剽窃他人作品的；（6）未经著作权人许可，以展览、摄制视听作品的方法使用作品，或者以改编、翻译、注释等方式使用作品的，本法另有规定的除外；（7）使用他人作品，应当支付报酬而未支付的；（8）未经视听作品、计算机软件、录音录像制品的著作权人、表演者或者录音录像制作者许可，出租其作品或者录音录像制品的原件或者复制件的，本法另有规定的除外；（9）未经出版者许可，使用其出版的图书、期刊的版式设计的；（10）未经表演者许可，从现场直播或者公开传送其现场表演，或者录制其表演的；（11）其他侵犯著作权以及与著作权有关的权利的行为。

② 《著作权法》第53条规定，有下列侵权行为的，应当根据情况，承担本法第52条规定的民事责任；侵权行为同时损害公共利益的，由主管著作权的部门责令停止侵权行为，予以警告，没收违法所得，没收、无害化销毁处理侵权复制品以及主要用于制作侵权复制品的材料、工具、设备等，违法经营额5万元以上的，可以并处违法经营额1倍以上5倍以下的罚款；没有违法经营额、违法经营额难以计算或者不足5万元的，可以并处25万元以下的罚款；构成犯罪的，依法追究刑事责任：（1）未经著作权人许可，复制、发行、表演、放映、广播、汇编、通过信息网络向公众传播其作品的，本法另有规定的除外；（2）出版他人享有专有出版权的图书的；（3）未经表演者许可，复制、发行录有其表演的录音录像制品，或者通过信息网络向公众传播其表演的，本法另有规定的除外；（4）未经录音录像制作者许可，复制、发行、通过信息网络向公众传播其制作的录音录像制品的，本法另有规定的除外；（5）未经许可，播放、复制或者通过信息网络向公众传播广播、电视的，本法另有规定的除外；（6）未经著作权人或者与著作权有关的权利人许可，故意避开或者破坏技术措施的，故意制造、进口或者向他人提供主要用于避开、破坏技术措施的装置或者部件的，或者故意为他人避开或者破坏技术措施提供技术服务的，法律、行政法规另有规定的除外；（7）未经著作权人或者与著作权有关的权利人许可，故意删除或者改变作品、版式设计、表演、录音录像制品或者广播、电视上的权利管理信息的，知道或者应当知道作品、版式设计、表演、录音录像制品或者广播、电视上的权利管理信息未经许可被删除或者改变，仍然向公众提供的，法律、行政法规另有规定的除外；（8）制作、出售假冒他人署名的作品的。

司、上海东上海国际文化影视(集团)有限公司侵犯著作权纠纷案①中,原告享有歌曲《甜蜜蜜》《月亮代表我的心》的录音制作者权。两被告未经原告许可在其出品的电视剧《成家立业》中突出使用了歌曲《甜蜜蜜》《月亮代表我的心》作为背景音乐。原告的诉讼请求包括判令被告立即停止侵权,在《新京报》上刊登声明消除影响,赔偿经济损失和合理诉讼支出。对于停止侵权的诉讼请求,法院认为:

由于电视剧《成家立业》使用的涉案两首歌曲的录音制品占整剧的比例较小,故停止发行和删除该录音制品会造成资源浪费。同时考虑到该种使用虽然构成侵权,但电视剧的继续发行对录音制品本身的发行不会产生较大影响,故本院不再支持停止侵权的请求,但应适当增加赔偿额。

在中国音乐著作权协会与福建周末电视有限公司、福建电视台电视剧制作中心、北京图书大厦有限责任公司侵犯著作权纠纷案②中,原告发现被告福建周末电视公司和被告福建电视剧中心联合摄制的22集电视连续剧《命运的承诺》中,使用了《青藏高原》《我热恋的故乡》《辣妹子》《一无所有》4首音乐作品。上述音乐作品的著作权人是原告的会员。被告福建周末电视公司和被告福建电视剧中心将联合摄制的上述电视剧授权国内多家电视台播放,并授权他人以VCD光盘的形式出版发行。原告的请求包括要求被告赔偿原告损失、立即停止销售电视连续剧《命运的承诺》的VCD光盘、支付原告为制止侵权所支付的合理费用等。对于立即停止销售VCD光盘,法院认为:

鉴于被告福建周末电视公司及被告福建电视剧中心未经许可使用原告管理的3首音乐作品在电视剧《命运的承诺》中仅占较小部分,原告主张权利的音乐作品已与如导演、演员等其他民事主体的智力创作成果不可分割,并形成了新的作品,即电视剧《命运的承诺》,而该剧的出版发行,满足了社会公众欣赏该

① 北京市朝阳区人民法院民事判决书,(2012)朝民初字第12869号。
② 北京市第一中级人民法院民事判决书,(2003)一中民初字第11687号。

剧的精神需求,体现了社会公共利益。如果判令被告北京图书大厦停止销售《命运的承诺》VCD光盘,则不仅损害了其他民事主体的利益,而且损害了社会公共利益。因此,原告要求被告北京图书大厦停止销售《命运的承诺》VCD光盘的诉讼请求,本院不予支持。

以上案例的共同特点是影视剧场景下使用音乐,音乐在侵权产品即影视剧中占比不大,影视剧投资较大,法院基于公共利益的角度,没有支持停止侵权的请求。《北京市高级人民法院侵害著作权案件审理指南》第8.1条对于停止侵害的例外情况作了规定:"如果被告停止被诉侵权行为可能有悖公序良俗,或者违反比例原则的,可以不判令停止侵害,宜根据案件情况从高确定赔偿数额或者判令被告支付相应的对价。"在浙江永乐影视制作有限公司与程某栋、安徽广播电视台、北京市新华书店王府井书店、浙江广播电视集团、江苏省广播电视总台侵害著作权纠纷上诉案[①]中,对于张某季要求停止侵权的诉讼请求,法院认为:

由于涉案电视剧的投资较大,且涉及多地播出、销售及网上传播,一旦停止播出、销售及网上传播必将造成社会资源的极大浪费并将产生不利于社会公众的后果,故张某季要求停止播出、销售及网上传播等侵权行为的诉讼请求,不予支持,但法院将在确定赔偿数额时对此因素予以考虑。

该案的判决与《北京市高级人民法院侵害著作权案件审理指南》第8.1条的精神不谋而合,"一旦停止播出、销售及网上传播必将造成社会资源的极大浪费",没有支持停止侵权,酌定从高确定赔偿数额实际上是适用比例原则的结果。

在笔者代理的部分音乐版权侵权案件中,侵权方网站在接到起诉状后删除了相关的歌曲链接停止了侵权行为,这种情况下,在诉讼中继续坚持要求停止侵权就没有实际意义,只能撤回该项诉讼请求。

---

① 北京市第二中级人民法院民事判决书,(2012)二中民初字第2221号。

### （二）赔礼道歉

《北京市高级人民法院侵害著作权案件审理指南》第8.15条规定了赔礼道歉的适用条件，侵害著作人身权或者表演者人身权的，可以判令被告承担赔礼道歉的民事责任。确定赔礼道歉方式、范围，应当考虑著作人身权受侵害的方式、程度等因素，并应当与侵权行为造成损害的影响范围相适应。侵权行为情节轻微的，可以判令被告书面道歉；被告在诉讼中已主动道歉并记录在案的，可以不再判令其赔礼道歉。

赔礼道歉一般仅适用于侵害著作人身权和表演者人身权。笔者曾经代理的一起侵害音乐版权案件中，被告网站给予作为表演者的歌手署名为“网络歌手”，法院据此判决被告应当承担赔礼道歉的责任。赔礼道歉方式、范围应当与著作人身权受侵害的方式、程度、行为造成损害的影响范围相适应。如果是网站未经许可传播音乐构成侵权，以宜在网站传播歌曲相应的网页首页或二级页面刊登道歉声明。如果是线下演出构成侵害人身权，则可以考虑传统方式，在具有一定影响力的刊物刊登道歉声明。

当然，如果没有侵害著作人身权（包括表演者涉及的署名权等人身性质的权利），仅涉及侵害著作财产权，则无法要求法院判决赔礼道歉。

### （三）赔偿损失

《北京市高级人民法院关于确定著作权侵权损害赔偿责任的指导意见》第1条规定：“被告因过错侵犯著作权人或者与著作权有关的权利人的合法权利且造成损害的，应当承担赔偿损失的民事责任。”《北京市高级人民法院侵害著作权案件审理指南》第8.2条规定：“被告承担损害赔偿责任，应当以被告存在过错为前提。”赔偿损失需侵权行为人具有过错。无过错的侵权方可能需要停止侵权，但一般不需承担赔偿损失的责任。同时，赔偿损失适用于侵犯著作财产权，如果仅侵害著作人身权，一般不需承担赔偿责任。

《著作权法》第54条规定：“侵犯著作权或者与著作权有关的权利的，侵权人应当按照权利人因此受到的实际损失或者侵权人的违法所得给予赔偿；权利人的实际损失或者侵权人的违法所得难以计算的，可以参照该权利使用费给予赔偿。对故意侵犯著作权或者与著作权有关的权利,情节严重的,可以在按照上述方法确定数额的一倍以上五倍以下给予赔偿。权利人的实际损失、侵权人的违法所得、权利使用费难以计算的,由人民法院根据侵权行为的情节,判决给予五百元以上五百万元以下的赔偿。"该条规定了三种赔偿数额的计算方式,第一种是按照权利人的实际损失或违法所得计算。第二种是参照该权利使用费计算。第三种是法定赔偿额。根据《北京市高级人民法院侵害著作权案件审理指南》第8.4条规定:确定损害赔偿数额应当遵循权利人的实际损失、侵权人的违法所得、法定赔偿的顺序。无法精确计算权利人的实际损失或者侵权人的违法所得时,可以根据在案证据裁量确定赔偿数额,该数额可以高于法定赔偿最高额。无法精确计算权利人的实际损失或者侵权人的违法所得,也无法以合理方法裁量确定赔偿数额的,应适用法定赔偿确定数额。包括《最高人民法院关于审理著作权民事纠纷案件适用法律若干问题的解释》第24条①、《北京市高级人民法院侵害著作权案件审理指南》第8.5条、第8.6条②等对权利人的实际损失、侵权人的违法所得如何计算进行了较为详细的规定。但实践中,只有极少数案件中的权利人能提供部分证据证明实际损失、违法所得,绝大数案件中,对于赔偿数额都依赖于法官根据作品的类型、作品知名度和市场价值、权利人的知名度、作品的独创性程度,被告的主观过错、侵权方式、时间、范围、后果等酌情确定。

如在原告许某清与被告北京麦田映画文化传媒有限公司、被告深圳市腾讯

① 《最高人民法院关于审理著作权民事纠纷案件适用法律若干问题的解释》第24条规定:"权利人的实际损失,可以根据权利人因侵权所造成复制品发行减少量或者侵权复制品销售量与权利人发行该复制品单位利润乘积计算。发行减少量难以确定的,按照侵权复制品市场销售量确定。"第25条规定:"权利人的实际损失或者侵权人的违法所得无法确定的,人民法院根据当事人的请求或者依职权适用著作权法第四十九条第二款的规定确定赔偿数额。人民法院在确定赔偿数额时,应当考虑作品类型、合理使用费、侵权行为性质、后果等情节综合确定。当事人按照本条第一款的规定就赔偿数额达成协议的,应当准许"。

② 《北京市高级人民法院侵害著作权案件审理指南》第8.5条【权利人的实际损失】计算"权利人的实际损失"可以依据如下方法:(1)侵权行为使权利人实际减少的正常情况下可以获得的利润,但权利人能够举证证明其获得更高利润的除外;(2)侵权行为直接导致权利人的许可使用合同不能履行或者难以正常履行,从而产生的预期利润损失;(3)参照国家有关稿酬规定计算实际损失;(4)合理的许可使用费;(5)权利人因侵权行为导致复制品销售减少的数量乘以单位利润之积;(6)侵权复制品销售数量乘以权利人销售复制品单位利润之积;(7)其他方法。第8.6条【侵权人的违法所得】通常依据侵权人因侵权行为获得的利润计算"侵权人的违法所得"。若在案证据证明侵权人存在明显侵权恶意、侵权后果严重的,可以直接依据因侵权行为所获得的营业收入计算其违法所得。

计算机系统有限公司侵害著作权纠纷案①中，许某清是著名的作曲家，其为1986版电视剧《西游记》中音乐作品《云宫迅音》(又名《西游记前奏曲》或《西游记序曲》)《女儿情》的曲作者。二被告未经许某清许可，擅自在共同出品的《孙悟空七打九尾狐》网络电影预告片中使用了《云宫迅音》曲作品，在《西游之女儿国篇》网络电影中使用了《女儿情》曲作品。预告片及网络电影在腾讯视频网上广泛传播。原告主张被告经济损失600,000元及合理开支52,500元(合理开支包括律师费5万元、公证费2500元)。为证明其主张的赔偿数额合理，原告许镜清提交了多份证据予以证明。如原告提交了涉案歌曲的授权许可使用合同②，并提交了相关荣誉证书，以证明其在中国乐坛具有很高的知名度。对于赔偿损失的数额，法院审理后认为：

一方面，尽管许某清提交了《云宫迅音》《女儿情》曲作品的相关授权合同，但其授权第三方的权利范围与麦田公司、腾讯公司的具体使用情况存在一定差异，故根据许某清提交的现有证据无法证明其遭受的实际损失；另一方面，麦田公司提交的结算表和结算单系其自行制作，亦无法如实反映《孙悟空七打九尾狐》预告片、《女儿国》影片的获利，也难以证明其因使用涉案作品的违法所得，故现有证据无法充分证明许某清因本案侵权行为遭受的实际损失及二被告的违法所得，本院根据本案的具体情况，综合考虑如下因素酌定赔偿数额：(1)涉案作品及作者许某清具有很高的知名度，涉案作品亦为1986年版电视连续剧《西游记》中的经典曲目；(2)许某清提交的涉案作品相关授权合同、协议能够证明涉案作品具有较高的商业价值；(3)第879号公证书中显示，《孙悟空七打九尾狐》预告片的播放次数为199.7万次，《女儿国》的播放次数为8579万次，可见上述预告片及影片传播范围很广；(4)从麦田公司自行提交的结算表等可知两部影片获得了较大收益；(5)《孙悟空七打九尾狐》《女儿国》系以西游为

---

① 北京市海淀区人民法院民事判决书，(2018)京0108民初61417号。

② 2016年9月30日，许某清将《云宫迅音》的曲作品非独家授权给乐开花影视传媒无锡有限公司用于电影《大闹天竺》，授权费用为40万元，授权期限自协议签署之日起至永久。2016年6月，许某清将《女儿情》的曲作品授权给毅翔影片制作有限公司用于永久重制于电影《西游记：女儿国》的配乐和翻唱以及用于影片播放和影片相关宣传中。授权费用为20万元，授权期限为永久使用，后双方于2017年7月20日签订补充协议，约定了《女儿情》曲作品的部分改编内容，授权费用为25万元。

主题的网络电影,二被告理应知晓使用1986年版《西游记》中的主题曲及插曲需经授权,其未经许可使用具有主观恶意。综合以上因素,本院认为,许某清主张的赔偿数额合理,本院予以全额支持。许某清主张为本案支出了律师费、公证费并提交了相关票据,属于维权合理开支,麦田公司、腾讯公司应一并予以负担。

为了防止不同法院在审理中出现畸高畸低的情况,有些地方高院制定了赔偿标准,供中院和基层人民法院参考。如《浙江省高级人民法院关于审理网络著作权侵权纠纷案件的若干解答意见》(浙法民三〔2009〕6号)第35条规定:"在网络环境中侵犯音乐作品著作权的,适用法定赔偿方法确定赔偿数额应考虑哪些因素:对于在网络环境中侵犯音乐作品著作权的,在适用法定赔偿方式确定赔偿数额时,应综合考虑侵权行为的持续时间、点击率、网站的性质和规模、侵权行为人的过错程度、音乐作品、制品的流行程度、音乐作品、制品的合理许可使用费等因素,每首音乐作品一般在人民币1000元以下酌情确定赔偿额。"广东省高级人民法院在《关于审理侵害影视和音乐作品著作权纠纷案件若干问题的办案指引》中制定了影视和音乐作品著作权纠纷案件的赔偿标准,供广东地区法院参照。其中关于音乐作品、音乐录音制品等的具体赔偿数额见表8:

**表8　广东地区音乐作品、音乐录音制品等的具体赔偿数额**

| 类别 | 情形 | 侵权基准 | 赔偿额下限/元 | 赔偿额上限/元 |
| --- | --- | --- | --- | --- |
| 侵害音乐作品、音乐电视(MTV)和录音录像制品著作权的赔偿标准 | 1.卡拉OK经营者未经许可提供音乐作品、音乐电视作品或录音录像制品构成侵权的 | 每首作品 | 1000 | 2000 |
| | 2.销售盗版音乐光碟(主要指CD光碟)的 | 每碟(单碟以正版光碟容量为准) | 1000 | 5000 |
| | 3.销售盗版音像制品光碟(主要指VCD、DVD光碟)的 | 每碟(单碟以正版光碟容量为准) | 2000 | 10,000 |
| | 4.销售盗版游戏光碟的 | 每碟 | 1000 | 3000 |

续表

| 类别 | 情形 | 侵权基准 | 赔偿额下限/元 | 赔偿额上限/元 |
|---|---|---|---|---|
| 侵害音乐作品、音乐电视(MTV)和录音录像制品著作权的赔偿标准 | 5.制造盗版音像制品光碟的 | — | 100,000 | 300,000 |
| | 6.影视作品使用音乐作品构成侵权的 | 电影使用 | 15,000 | 25,000 |
| | | 电视剧使用(每首每集) | 15,000 | 20,000 |
| | 7.网站在线提供音乐作品播放或者下载服务的 | 每首作品 | 2000 | 10,000 |
| | | 单独提供歌词(每首歌词) | 1000 | 3000 |
| | 8.网吧在局域网提供音乐作品的 | 每首作品 | 1000 | 2000 |

如本书第九章所述,中国音乐著作权协会和中国音像著作权集体管理协会自设立以来一直进行维权诉讼活动。《北京市高级人民法院关于确定著作权侵权损害赔偿责任的指导意见》第 29 条[①]、第 30 条[②]规定,著作权集体管理组织提起诉讼的,赔偿标准按公布的许可费标准计算。

考虑到音乐电视中使用了相关的音乐作品的特殊性,《重庆市高级人民法院关于确定知识产权侵权损害赔偿数额若干问题的指导意见》(渝高法〔2007〕89 号)第 30 条特别作出区分性的规定:音乐电视著作权侵权纠纷案件中,音乐电视制片者单独起诉的,分别案件具体情况按以下方法处理:(1)音乐电视制片者能够证明与音乐作品的著作权人就音乐作品的使用、报酬支付等有约定的,人民法院应该将音乐作品著作权人的作品表演权费用计入赔偿范围。但是

① 《北京市高级人民法院关于确定著作权侵权损害赔偿责任的指导意见》第 29 条规定:侵犯音乐作品著作权、音像制品权利人权利的,可以按照以下方法确定赔偿数额:(1)原告合理的许可使用费;(2)著作权集体管理组织提起诉讼的,按其许可费标准;(3)商业用途使用的,可以参考本规定第二十八条确定赔偿数额的方法。

② 《北京市高级人民法院关于确定著作权侵权损害赔偿责任的指导意见》第 30 条规定:提供图片、音乐等下载服务的,可以按照以下方法确定赔偿数额:(1)原告合理的许可使用费;(2)著作权集体管理组织提起诉讼的,按其许可费标准;(3)被告提供侵权服务获得的利润。

侵权人有证据表明已经支付过作品表演权费用或者已经在另案中赔偿过该费用的除外。(2)音乐电视制片者不能够证明与音乐作品的著作权人就音乐作品的使用、报酬支付等有约定的,人民法院应该只判决赔偿音乐电视制片者所受到的损失。

除了赔偿损失外,《著作权法》规定权利人为了维权支出的合理开支可以要求侵权方承担。合理支出包括律师费、公证费及其他调查取证费、审计费、差旅费、诉讼材料印制费等。

权利人一般会提交律师费发票、委托代理协议证明律师费的数额,但法院最终会根据案件的复杂难易程度、律师工作量、裁判结果等因素综合酌情处理。律师费被支持的情况下,还需要考虑与赔偿金额的比例关系。如《北京市高级人民法院侵害著作权案件审理指南》第8.14条规定:“被告应当承担损害赔偿责任的,可以根据赔偿请求被支持的情况酌情确定计入合理开支的律师费数额。被告不承担损害赔偿责任,但应承担停止侵害、赔礼道歉等民事责任的,可以根据原告诉讼请求被支持的情况酌情确定计入合理开支的律师费数额。”《重庆市高级人民法院关于确定知识产权侵权损害赔偿数额若干问题的指导意见》(渝高法〔2007〕89号)第26条:“律师代理费是指我国执业律师收取的符合国家有关部门规定的诉讼代理费用。在确定合理的代理费数额时,应综合考虑权利人诉讼请求被支持的程度以及请求赔偿额与实际判赔额的比例等因素。”

也有地方高院对此持不同意见,如《广东省高级人民法院关于审理侵犯音像著作权纠纷案件若干问题的指导意见》(粤高法发〔2009〕21号)第18条规定,适用《最高人民法院关于审理著作权民事纠纷案件适用法律若干问题的解释》第26条的规定认定权利人主张的律师费,当事人支付的律师费数额符合国家、省、市相关部门的收费实施办法的相关规定的,应当全额予以支持。第19条规定,在没有证据显示原告滥用诉权,故意提出不存在的巨额赔偿导致诉讼费不合理增加情形的,即使原告的赔偿请求没有得到全额支持,也可以判决被控侵权人承担全部或绝大部分诉讼费用。

在成都好乐迪音乐娱乐有限责任公司、中国音乐著作权协会与杨某林侵犯著作权纠纷上诉案中,一审胜诉后,原告杨某林没有提出上诉,一审被告成都好乐迪音乐娱乐有限责任公司、中国音乐著作权协会不服四川省成都市中级人民法院(2006)成民初字第664号民事判决,提起上诉。二审中,杨某林以好乐迪公司、中国音乐著作权协会不服原判提起上诉,导致其的律师费增加为由,向四川省高级人民法院提交“增加诉讼请求申请书”。四川省高级人民法院经审理认为①:

根据《民事诉讼法》第151条规定,“第二审人民法院应当对上诉请求的有关事实和适用法律进行审查”。本案中,杨某林不是二审案件的上诉人,上诉人好乐迪公司、中国音乐著作权协会对该部分未提起上诉,故本院对此不予审查认定。

(四)精神损害抚慰金

《北京市高级人民法院关于确定著作权侵权损害赔偿责任的指导意见》第21条规定,侵犯原告著作人身权或者表演者人身权情节严重,适用停止侵权、消除影响、赔礼道歉仍不足以抚慰原告所受精神损害的,应当判令被告支付原告精神损害抚慰金。法人或者其他组织以著作人身权或者表演者人身权受到侵害为由,起诉请求赔偿精神损害的,不予受理。② 第22条规定:具有以下情形之一的,可以判令被告支付原告精神损害抚慰金:(1)未经原告许可,严重违背其意愿发表其作品,并给原告的信誉、社会评价带来负面影响的;(2)抄袭原告作品数量大、影响广,并使被告因此获得较大名誉的;(3)严重歪曲、篡改他人作品的;(4)未经许可,将原告主要参加创作的合作作品以

① 四川省高级人民法院民事判决书,(2007)川民终字第286号。

② 《北京市高级人民法院侵害著作权案件审理指南》第8.16条对此进行了重申。第8.16条规定了精神损害赔偿的适用原则:侵害著作人身权或者表演者人身权,造成严重精神损害,且适用停止侵害、消除影响、赔礼道歉仍不足以抚慰的,可以判令被告支付精神损害抚慰金。法人或者非法人组织主张赔偿精神损害的,一般不予支持。第8.17条规定了精神损害抚慰金数额的确定:被告应当承担精神损害赔偿责任的,可以根据原告遭受精神损害的程度、被告侵权的主观过错、侵权方式、侵权情节、影响范围等因素综合确定精神损害抚慰金数额。

个人名义发表，并使被告获得较大名誉的；(5)没有参加创作，为谋取个人名利，在原告作品上署名的；(6)严重歪曲表演形象，给原告的社会形象带来负面影响的；(7)制作、出售假冒原告署名的作品，影响较大的；(8)其他应当支付权利人精神损害抚慰金的情形。第23条规定：精神损害抚慰金的数额应当根据被告的过错程度、侵权方式、侵权情节、影响范围、侵权获利情况、承担赔偿责任的能力等因素综合确定。精神损害抚慰金一般不低于2000元，不高于5万元。

在前述张某庭与北京牧宇兄弟文化传媒有限责任公司、上海全土豆网络科技有限公司著作权权属纠纷、侵权纠纷案[①]中，原告于2004年创作完成公益歌曲《1937南京大屠杀纪念单曲》。被告未经原告许可，擅自把《1937南京大屠杀纪念单曲》的歌名篡改成《曾经的誓言》，并由旗下艺人演唱，同时进行网络传播。关于原告要求被告赔偿精神抚慰金的诉请，法院经审理认为：

> 被告北京牧宇兄弟文化传媒有限责任公司擅自篡改了原告的作品名称，使公众无法了解作者真实的思想和观点、作品的内涵以及作品体现的积极意义，从而使公众对作品产生曲解，降低了作品自身的价值和效果，尤其是原告通过作品向公众表达自己思想的想法会落空，这无疑对作者造成了精神上的伤害。同时被告北京牧宇兄弟文化传媒有限责任公司明知《1937》的词曲作者为原告，仍未经许可擅自更改歌曲名称后由其旗下艺人进行演唱，侵权情节、主观过错及后果均比较严重。因此被告北京牧宇兄弟文化传媒有限责任公司应当向原告支付精神抚慰金以弥补原告受到的精神上的伤害。

最终法院判决北京牧宇兄弟文化传媒有限责任公司偿付张某庭精神抚慰金人民币5000元。

在潘某江与北京市新华书店王府井书店等著作权权属、侵权纠纷案[②]中，潘

---

① 上海市浦东新区人民法院民事判决书，(2009)浦民三(知)初字第262号。

② 北京市东城区人民法院民事判决书，(2015)东民(知)初字第12405号。

某江认为，被告王府井书店作为销售商，曾在其他的案件中作为被告，知道涉案作品存在侵权的情况，故被告是第二次侵权，其对销售涉案CD光盘未尽到合理的审查义务，给原告造成了精神损害，要求被告共同补偿原告精神损失费20,000元。对于精神损失赔偿是否应当支持，法院认为：

> 鉴于被告因侵犯了原告同一歌曲的曲发行权曾被判决停止侵权的事实，其在本案中再次侵犯原告的相关权利，侵权行为的过错程度及侵权行为情节严重，适用停止侵权、赔偿经济损失等民事责任仍不足以抚慰原告所受精神损害，因此还应承担精神损害赔偿的责任，故对原告要求被告支付精神损失的诉讼请求予以支持，具体数额予以酌定。

## 二、行政责任

如前所述，《著作权法》第52条、第53条对各类侵害著作人身权和财产权情形进行了列举，也均规定需要承担民事责任。但仔细分辨这两条列举的情形，我们可以发现，《著作权法》第53条规定的侵权情形，如果同时损害公共利益的，可以由著作权行政管理部门责令停止侵权行为，没收违法所得，没收、销毁侵权复制品，并可处以罚款；情节严重的，著作权行政管理部门还可以没收主要用于制作侵权复制品的材料、工具、设备等。

之所以进行如此区分，是因为第52条规定的情形主要涉及发表权、署名权、保护作品完整权等人身性权益，或者是侵害著作财产权中的相对情节轻微的情形等。针对这类侵害著作权的行为，只需要承担民事责任即可。第53条规定的侵害著作财产权中相对情节较重的情形，在需要承担民事责任外，如果同时损害公共利益的，则需要承担行政责任。

至于何为损害公共利益，法律并没有具体解释其构成要件。浙江省版权局曾在查处著作权侵权案件时如何理解适用“损害公共利益”问题的请示国家版权局，国家版权局在复函中认为①：“就如何认定损害公共利益这一问题，依据

---

① 《国家版权局关于查处著作权侵权案件如何理解适用损害公共利益有关问题的复函》（国权办〔2006〕43号）。

《著作权法》规定,第47条①所列侵权行为,均有可能侵犯公共利益。就一般原则而言,向公众传播侵权作品,构成不正当竞争,损害经济秩序就是损害公共利益的具体表现……如商业性卡拉OK经营者,未经著作权人许可使用作品,特别是在著作权人要求其履行合法义务的情况下,仍然置之不理。主观故意明显,应属情节严重的侵权行为。这种行为不仅侵犯了著作权人的合法权益,并且损害了市场经济秩序和公平竞争环境。我局认为该行为应属一种损害公共利益的侵权行为。"实践中,各地版权行政执法部门在进行行政查处中即根据该复函的答复认定是否损害公共利益。

《著作权行政处罚实施办法》第4条规定:对著作权法及其他相关行政法规规定的著作权违法行为,著作权行政管理部门可以依法责令停止侵权行为,并给予下列行政处罚:(1)警告;(2)罚款;(3)没收违法所得;(4)没收侵权制品;(5)没收安装存储侵权制品的设备;(6)没收主要用于制作侵权制品的材料、工具、设备等;(7)法律、法规、规章规定的其他行政处罚。

就罚款的数额问题,《著作权法实施条例》第36条规定:有著作权法第四十八条所列侵权行为,同时损害社会公共利益,非法经营额5万元以上的,著作权行政管理部门可处非法经营额1倍以上5倍以下的罚款;没有非法经营额或者非法经营额5万元以下的,著作权行政管理部门根据情节轻重,可处25万元以下的罚款。《信息网络传播权保护条例》(2013年修订)第18条规定针对通过信息网络擅自向公众提供他人的作品、表演、录音录像制品等侵害信息网络传播权的罚款金额问题,也做了同样规定。

### 三、刑事责任

我国1990年的《著作权法》和当时的《刑法》并未规定侵犯著作权的刑事责任。1997年《刑法》修订时,在刑法分则增加了专门针对著作权的犯罪的罪名,第217条是侵犯著作权罪,第218条是销售侵权复制品罪。

---

① 即2020年《著作权法》第53条。

现行《刑法》第217条规定，以营利为目的[1]，有下列侵犯著作权或者与著作权有关的权利的情形之一，违法所得数额较大或者有其他严重情节的，处3年以下有期徒刑，并处或者单处罚金；违法所得数额巨大或者有其他特别严重情节的，处3年以上10年以下有期徒刑，并处罚金：(1)未经著作权人许可，复制发行、通过信息网络向公众传播其文字作品、音乐、美术、视听作品、计算机软件及法律、行政法规规定的其他作品的；(2)出版他人享有专有出版权的图书的；(3)未经录音录像制作者许可，复制发行、通过信息网络向公众传播其制作的录音录像的；(4)未经表演者许可，复制发行录有其表演的录音录像制品，或者通过信息网络向公众传播其表演的；(5)制作、出售假冒他人署名的美术作品的；(6)未经著作权人或者与著作权有关的权利人许可，故意避开或者破坏权利人为其作品、录音录像制品等采取的保护著作权或者与著作权有关的权利的技术措施的。

**表9 侵犯著作权罪构罪标准与量刑标准**

<table>
<tr><th colspan="3">构罪标准</th><th>量刑</th></tr>
<tr><td rowspan="6">以营利为目的</td><td>违法所得数额较大</td><td>违法所得数额在3万元以上[1]</td><td rowspan="6">处3年以下有期徒刑或者拘役，并处或者单处罚金</td></tr>
<tr><td rowspan="5">有其他严重情节的</td><td>非法经营数额在5万元以上的[2]</td></tr>
<tr><td>复制发行的复制品数量合计在500张(份)以上的[3]</td></tr>
<tr><td>传播他人作品的实际被点击数达到5万次以上的[4]</td></tr>
<tr><td>以会员制方式传播他人作品，注册会员达到1000人以上的[5]</td></tr>
<tr><td>数额或者数量虽未达到1~4规定标准，但分别达到其中两项以上标准一半以上的[6]</td></tr>
</table>

① 《最高人民法院、最高人民检察院关于办理侵犯知识产权刑事案件具体应用法律若干问题的解释》第11条规定，以刊登收费广告等方式直接或者间接收取费用的情形，属于《刑法》第217条规定的"以营利为目的"。最高人民法院、最高人民检察院、公安部印发《关于办理侵犯知识产权刑事案件适用法律若干问题的意见》的通知(法发〔2011〕3号)第10条关于侵犯著作权犯罪案件"以营利为目的"的认定问题：除销售外，具有下列情形之一的，可以认定为"以营利为目的"：(1)以在他人作品中刊登收费广告、捆绑第三方作品等方式直接或者间接收取费用的；(2)通过信息网络传播他人作品，或者利用他人上传的侵权作品，在网站或者网页上提供刊登收费广告服务，直接或者间接收取费用的；(3)以会员制方式通过信息网络传播他人作品，收取会员注册费或者其他费用的；(4)其他利用他人作品牟利的情形。

续表

| 构罪标准 | | | 量刑 |
|---|---|---|---|
| 以营利为目的 | 违法所得数额巨大 | 违法所得数额在 15 万元以上的[7] | 处 3 年以上 10 年以下有期徒刑，并处罚金 |
| | 有其他特别严重情节的 | 非法经营数额在 25 万元以上的[8] | |
| | | 复制发行的复制品数量合计在 2000 张 500(份)以上的[9] | |
| | | 数额或者数量达到 1～5 规定标准 5 倍以上的[10] | |

注：①《最高人民法院、最高人民检察院关于办理侵犯知识产权刑事案件具体应用法律若干问题的解释》第 5 条。

②《最高人民法院、最高人民检察院关于办理侵犯知识产权刑事案件具体应用法律若干问题的解释》第 5 条。

③《最高人民法院、最高人民检察院关于办理侵犯知识产权刑事案件具体应用法律若干问题的解释(二)》第 1 条。

④参见《最高人民法院、最高人民检察院、公安部关于办理侵犯知识产权刑事案件适用法律若干问题的意见》(法发〔2011〕3 号)十三、关于通过信息网络传播侵权作品行为的定罪处罚标准问题。

⑤参见《最高人民法院、最高人民检察院、公安部关于办理侵犯知识产权刑事案件适用法律若干问题的意见》(法发〔2011〕3 号)十三、关于通过信息网络传播侵权作品行为的定罪处罚标准问题。

⑥参见《最高人民法院、最高人民检察院、公安部关于办理侵犯知识产权刑事案件适用法律若干问题的意见》(法发〔2011〕3 号)十三、关于通过信息网络传播侵权作品行为的定罪处罚标准问题。

⑦《最高人民法院、最高人民检察院关于办理侵犯知识产权刑事案件具体应用法律若干问题的解释》第 5 条。

⑧《最高人民法院、最高人民检察院关于办理侵犯知识产权刑事案件具体应用法律若干问题的解释》第 5 条。

⑨《最高人民法院、最高人民检察院关于办理侵犯知识产权刑事案件具体应用法律若干问题的解释(二)》第 1 条。

⑩参见《最高人民法院、最高人民检察院、公安部关于办理侵犯知识产权刑事案件适用法律若干问题的意见》(法发〔2011〕3 号)十三、关于通过信息网络传播侵权作品行为的定罪处罚标准问题。

《刑法修正案(十一)》通过前,刑法条文上的侵犯著作权罪只针对侵害著作财产权中的复制发行权的行为。《最高人民法院、最高人民检察院关于办理侵犯知识产权刑事案件具体应用法律若干问题的解释》第11条第3款规定,通过信息网络向公众传播他人文字作品、音乐、电影、电视、录像作品、计算机软件及其他作品的行为,应当视为《刑法》第217条规定的"复制发行"。因此通过信息网络传播方式传播音乐作品、音乐录音制品、录像制作,只要符合前述表格中司法解释规定的条件,也构成侵犯著作权罪。通过司法解释将"信息网络传播"解释为"复制发行"并不符合著作权法对于复制发行权、信息网络传播权的区分。著作权法意义上的复制发行仅涉及作品载体即有体物的转移,不包括网络传播,2020年12月26日通过的《刑法修正案(十一)》在规定"复制发行"行为的基础上,增加规定"通过信息网络向公众传播"行为构成侵害著作权罪。

《最高人民法院、最高人民检察院关于办理侵犯知识产权刑事案件具体应用法律若干问题的解释》第11条和《最高人民法院、最高人民检察院、公安部关于办理侵犯知识产权刑事案件适用法律若干问题的意见》(法发〔2011〕3号)第10条,将以刊登收费广告等方式直接或者间接收取费用的情形解释为属于《刑法》第217条规定的"以营利为目的"。因此,即使网站不针对歌曲试听、下载进行收费,而只是在网页刊登广告,也属于以营利为目的。

《刑法》第218条规定:以营利为目的,销售明知是本法第217条规定的侵权复制品,违法所得数额巨大或者有其他严重情节的,处五年以下有期徒刑,并处或者单处罚金。根据《最高人民法院、最高人民检察院关于办理侵犯知识产权刑事案件具体应用法律若干问题的解释》第6条,违法所得数额在十万元以上的,属于"违法所得数额巨大",应当以销售侵权复制品罪判处三年以下有期徒刑或者拘役,并处或者单处罚金。从以上规定可以看出,销售侵权复制品罪仅控制发行权。同时《最高人民法院、最高人民检察院关于办理侵犯知识产权刑事案件具体应用法律若干问题的解释(二)》第2条将侵犯著作权罪中的"复制发行"解释为包括复制、发行或者既复制又发行的行为。这种情况下,侵犯著作权罪本身就包含了销售侵权复制品罪。《刑法》第218条规定的专门控制发行权的销售侵权复制品罪就没有存在的必要了。

笔者在代理维权活动中，发现很多人在淘宝网等网络平台非法售卖音源，或者在自己运营的微信公众号传播他人音乐作品，通过查看销售数据和播放数据，有一部分已经接近甚至超过构成侵犯著作权罪的最低门槛，但是由于对法律的无知，他们浑然不觉。实际上现实中已经发生了侵犯音乐著作权被追究刑事责任的案件。如 2018 年年初，被告人黄某财在未经著作权人许可的情况下，从网上购买拷贝机、金属外壳、塑料片、空白芯片、音乐 U 盘等物品，通过拷贝机将音乐 U 盘内的音乐拷贝到空白芯片内，形成内存不一的音乐芯片，再利用上述金属外壳、熟料片等组装成音乐 U 盘。同年 4 月至案发，黄某财在其经营的名为深圳市华玲智能科技有限公司的淘宝网店，以标价 19 元至 55 元不等的价格销售音乐 U 盘共计 27,131 个，经营额合计人民币 795,523 元，获利人民币 50,000 余元。其中同年 7 月至 9 月，黄某财销售给刘某、童某、亢某经营的天猫君智旗舰店音乐 U 盘共计 1749 个，经营额合计人民币 37,056 元，并将存有歌曲的百度网盘提供给君智旗舰店的客户更新下载。最终法院判决被告人黄某财犯侵犯著作权罪，判处有期徒刑 3 年 6 个月，并处罚金人民币 15 万元。违法所得人民币 5 万元，予以追缴；扣押的涉案电脑主机 2 台、拷贝机 2 只、优盘壳、音乐 U 盘 44 个等物品及从君智旗舰店扣押的 U 盘 71 个，均予没收。[①]

① 浙江省新昌县人民法院刑事判决书，(2019) 浙 0624 刑初 229 号。